Antonio Firmino de Proença:
professor, formador, autor

Prefácio

Inaugurar este livro sobre a vida e história do Professor Antonio Firmino de Proença é uma honra para nós, familiares.

Deparar-se com o projeto pronto, após larga busca de informações sobre o passado e obras do Mestre, é recompensador.

Homem simples, extraordinariamente didático, chegou mesmo a revolucionar o ensino em nosso País com a criação da chamada "Cartilha Proença", utilizada por mais de três décadas em todo o Brasil, implantando um método de ensino aritmético difundido até no Japão.

Visionário, o Doutrinador codificava o conhecimento em linguagem clara, objetiva.

Sua satisfação pessoal era ver as crianças aprendendo com grande facilidade através de seu revolucionário método de ensino.

Interessado nos meios de comunicação, ainda que no telégrafo e no telefone, sonhava com épocas futuras nas quais o conhecimento pudesse desbravar a barreira do tempo com um apertar de botão.

Inovador, o Mestre revelou sua enorme capacidade de fazer do aprendizado algo simples.

Há cento e trinta anos, quando de seu nascimento, o Homenageado não possuía ao alcance a facilidade que atualmente a globalização nos traz.

Isso, sem dúvida, revela ainda mais a sua capacidade criativa e doutrinária que fez com que seu método ultrapassasse oceanos sem a ajuda da Internet.

Inaiá Nogueira da Silva Diniz, bisneta do Professor, idealizou o livro contando sempre com a importante colaboração de Luiz Cesar de Proença, neto de Firmino, entregando sua organização à Professora Marcia Razzini que, assistida por outros competentes autores, frutificou as páginas que seguem com maestria.

Com orgulho, a família Proença arcou com os custos da publicação e divulgação desta história no anseio de que a ímpar competência do Educador seja reconhecida e eternizada.

Levar a mensagem do conhecimento de forma agradável e competente aos pequenos é tarefa para poucos, dentre eles o singular ANTONIO FIRMINO DE PROENÇA.

Bem-vindos à sua vitoriosa jornada.

Família Proença

Sumário

Antonio Firmino de Proença:
professor, formador, autor

Marcia de Paula Gregorio Razzini (organizadora)

Editor
Sebastião Haroldo de Freitas Corrêa Porto

Idealizadora da Obra
Inaiá Nogueira da Silva Diniz

Projeto Gráfico
Juliana Signal

Capa
Fernando José Marques Junior
Inaiá Nogueira da Silva Diniz

Finalização da Capa
Caroline Silva

Preparação e Revisão de texto
Lucas de Sena Lima

Dados Internacionais de Catalogação na Publicação (CIP)
(Câmara Brasileira do Livro, SP, Brasil)

Antonio Firmino de Proença : professor, formador, autor (Sorocaba, 1880 - São Paulo, 1946) / Marcia de Paula Gregorio Razzini, (organizadora). -- São Paulo : Porto de Idéias, 2010.

Vários autores
ISBN 978-85-60434-73-2

1. Educadores - Arquivos pessoais 2. Educadores - Biografia I. Razzini, Marcia de Paula Gregorio.

10-03508 CDD-370.92

Índices para catálogo sistemático:
1. Educadores : Biografia e obra 370.92

EDITORA PORTO DE IDEIAS LTDA.
Rua Pirapora, 287 – Vila Mariana
São Paulo – SP – 04008.060
Tel. (11) 3884-3814 Fax (11) 3884-5426
portodeideias@portodeideias.com.br
www.portodeideias.com.br
twitter.com/portodeideias

Antonio Firmino de Proença:
professor, formador, autor

Marcia de Paula Gregorio Razzini
(organizadora)

Porto de Idéias
EDITORA

São Paulo, 2010

Notas de Família

Tudo começou com um sonho...

Comentando com minhas irmãs, Maetê Nogueira da Silva Diniz Neves e Anaí Nogueira da Silva Diniz, sobre um sonho que tivera com nossa avó, Fátima Proença Nogueira da Silva, já falecida, começamos a relembrar as histórias que ela nos contava e a ligação especial que ela manteve com o pai, Antonio Firmino de Proença.

Quando meus avós vinham de Poços de Caldas passear em São Paulo, ficavam hospedados na casa de meus pais, Zeyneb Proença Nogueira da Silva Diniz (Bibi) e Tapajós Sepé Diniz. Era uma festa! Passávamos horas conversando... Vovó gostava de nos contar sobre sua infância e juventude, que vivenciou na capital e da relação muito próxima que tinha com seu pai. Ela falava de suas idas ao Mappin, sempre acompanhada do pai, para saborear o famoso chá que lá era servido. Comentava que andava de carro com o pai, época em que ele era Diretor da Escola Normal Caetano de Campos e, quando ele não estava junto, descia do automóvel alguns quarteirões antes da escola, pois não ficava bem para uma moça andar sozinha com o chofer. Ela gostava muito da companhia do pai e a recíproca deveria ser verdadeira, pois ela sempre o acompanhava nos saraus realizados por Tarsila do Amaral, onde se reuniam vários intelectuais da época.

Com a recordação dessas histórias, notamos a importância da figura do pai na vida da vovó. Sabíamos que, além de pai extraordinário, fora um grande educador e autor de vários livros escolares. Minhas lembranças e, sobretudo, meu instinto pesquisador me levaram a iniciar a busca e reunião de documentos, fotografias, recortes de jornal, e dos livros didáticos de meu bisavô, principalmente a Cartilha Proença, sobre a qual vovó tanto comentava.

O ponto de partida foi um encontro com minha "tia Janja", Mariângela Proença Nogueira da Silva Reis, que entregou três livros de autoria de meu bisavô, editados pela Melhoramentos, os quais li com muito interesse, sendo que um texto do Terceiro Livro de Leitura me encantou particularmente, "Os Benfeitores da Humanidade":

> 1. Conta-se que estava um dia a plantar uma nogueirinha um velho já entrando em anos. Admirando-se de ver naquela tarefa lhe perguntou alguém que por alí passava:
> Ora, dize-me cá, meu velho, quantos anos já viveste?
> Para mais de oitenta, respondeu êle, mas graças a Deus sinto-me ainda tão forte como se apenas vinte.

> Sendo assim, redarguiu o intrometido, quantos anos contas viver ainda, pois agora te vejo plantar uma árvore que por sua natureza só daquí a muitos anos dará frutos?
> Ao plantar esta árvore, disse o velho, não penso em quem colherá os frutos. Talvez não seja eu, mas será o meu filho, e se não for o meu filho, será o meu neto. Assim como nossos pais nos legaram as árvores que nós hoje desfrutamos, justo é que também plantemos árvores para que as desfrutem aqueles que vierem depois de nós.
> 2. Como êste plantador octogenário são os grandes inventores e os grandes cientistas. A sua obra, êles bem sabem, não ficará completa no tempo de sua vida. Que lhes importa, porém? Hoje lançam em terra a semente. Se não chegarem a ver aflorar a plantinha, outros virão para regá-la [...] Aqueles, os sábios, labutam às ocultas, no silêncio dos seus gabinetes e laboratórios, não esperando mais recompensa que a satisfação de haverem lutado por um ideal. Se sua obra não ficar terminada, paciência... Outros hão de vir para completá-la.
> Um invento ou uma descoberta nunca é obra de um só homem ou uma só geração. [...] É que as coisas de valor não se conseguem sem trabalho, perseverança e sacrifício!

O segundo passo foi uma visita à própria editora, juntamente com meu primo Luiz Cesar de Proença, quando vimos todos os livros que Antonio Firmino de Proença tinha publicado.

Depois disso, minhas irmãs, meu primo e eu viajamos para Sorocaba, Piracicaba, Pirassununga, São Carlos e Campinas, cidades onde nosso bisavô havia morado e trabalhado, e encontramos vários documentos.

Nosso desejo sempre foi materializar as informações e documentos encontrados sobre nosso bisavô numa publicação em sua homenagem, o que só começou a se concretizar após o apoio e a dedicação da família, o encontro com o editor da Melhoramentos e o contato com a organizadora do livro, indicada pela própria editora, um projeto de cunho coletivo que ora temos o prazer de ver concluído, graças aos esforços de todos.

Agradeço a meus familiares que participaram desta publicação, aos professores, funcionários da Editora Melhoramentos, incluindo o Sr. Walter Weiszflog, das Escolas Normais, dos Arquivos Públicos e das Bibliotecas, que nos receberam nas cidades que visitamos, quando estávamos à procura de documentos sobre nosso bisavô, e aos meus amigos, grandes incentivadores.

Agradecimentos Especiais: Fernando José Marques Junior, autor da Capa; Luiz Henrique Miranda, assessor de imprensa da família; Srª. Silvana Pereira de Oliveira e Sr. Lucas de Sena Lima, por parte da Editora Porto de Idéias; aos meus tios Ivanhoé Proença Nogueira da Silva e Mariângela Proença Nogueira da Silva Reis, que relembraram fatos importantes da vida do avô Antonio Firmino de Proença; ao meu cunhado e consultor Jurídico Eduardo Simões Neves; às minhas irmãs Maetê Nogueira da Silva Diniz Neves e Anaí Nogueira da Silva Diniz; aos meus primos: Luiz Cesar de Proença , Sonia Maria de Proença Cury, Ana Lúcia de Proença Gianico, Rubens Proença, David Cury Neto, Maitê Proença, René Augusto Proença e aos primos "Nogueira da Silva" de Poços de Caldas e Fortaleza, por fazerem parte do resgate da trajetória de um nome: PROENÇA.

Inaiá Nogueira da Silva Diniz

Não conheci o vovô Proença. Era assim que o tratavam em casa. Eu nasci em 1952. Em 1960 fui matriculado no Instituto de Educação Caetano de Campos para iniciar o primário. Lá, parece que ainda se respirava um ar diferente, do mesmo clima educacional que ele deixou. Lembro-me de que eu era sempre saudado pelo prof. Cardim, diretor da escola, quando nos encontrávamos nos corredores. Minha professora do 4o ano dizia que havia sido aluna de meu avô. Eu gostava muito dela. Seu nome era Dalila Carneiro. Na minha mente de criança eu via, no Caetano de Campos, a extensão do mesmo respeito pela memória de meu avô, que havia em casa.

Certo dia, mexi em alguns documentos que estavam sempre enrolados, sem que eu nunca os tivesse visto abertos. Era um rolo grosso. Meu pai correu em minha direção quase gritando: "Não mexa nisso, são documentos importantes de seu avô". Eu nunca me esqueci daquela reação que apontava para um apreço inestimável de Alaor Proença para com a memória de seu pai. Contavam-me também que havia na Mooca um Instituto de Educação que trazia o nome de meu avô. Com tudo isto, deduzi que a figura do professor Antonio Firmino de Proença era importante.

O tempo passou e eu saí de casa em 1976 para construir uma carreira religiosa no Mosteiro de São Bento.

Em 1980 houve vários eventos comemorativos pela ocasião do centenário de nascimento de meu avô. Naquelas festividades, pela primeira vez entrei na EEPSG Antonio Firmino de Proença, no bairro da Mooca. Minha tia Fátima doou à escola algumas coisas que ela guardava de seu pai para compor o Museu, inaugurado como parte das comemorações. Papai falecera alguns dias antes destes acontecimentos.

Eu me lembrei daquele rolo que meu pai zelava com meticuloso cuidado. Indaguei então à minha mãe, Anna Ramos de Proença, a respeito daqueles documentos. Ela me disse que estavam em sua casa e eu lhe disse que o Museu recém inaugurado seria o lugar ideal para preservá-los. Ela comprometeu-se a providenciar isso, tão logo reunisse as condições necessárias. Não quis mais saber do verdadeiro paradeiro dos documentos, mas nunca os esqueci.

O tempo passou, com ele nossa juventude.

Em 2005, por motivos de saúde, minha e de minha mãe, passei a ficar em sua casa alguns dias por semana. Ela já tinha 87 anos. Assim, aproveitei aqueles dias para fazer uma limpeza em papéis antigos. Minha mãe guardava tudo. Parecia que nenhum papel ia para o lixo.

Joguei fora muita coisa... contas antigas, etc. De repente, no meio da papelada, encontrei um rolo com documentos antigos. Foi um achado! Eram os documentos sobre a trajetória profissional de meu avô Proença que nunca tinham saído de casa.

Trouxe-os para o Mosteiro para verificar com atenção e cuidado. Mas o rolo ficou uns meses num canto, sem serem esquecidos. Eu tinha dificuldade de manusear papéis antigos enrolados e não gostaria de rasgar, sem querer, algum documento.

Conversando sobre isto com minha prima Inaiá, ela passou a incentivar o início do trabalho de verificação. E assim, juntos, abrimos os documentos na casa de minha prima Mariângela, em Poços de Caldas, e ficamos todos surpresos com o valor daquele tesouro. Em outra oportunidade, mostrei para minha irmã, Sonia Maria de Proença Cury, e refletimos como ela mesma tinha seguido os passos do vovô, ao ter se tornado professora de língua inglesa, idealizadora de método de ensino de idioma e formadora de professores.

Hoje, esses documentos vêm à luz.

Luiz Cesar de Proença

Sobre meu bisavô, Antonio Firmino de Proença, lembro-me de minha mãe comentando que era um homem das letras com livros publicados, que havia um busto dele em alguma praça de São Paulo. Essa parte me impressionava muitíssimo, e nem sei se é fato ou se a história cresceu na minha imaginação, desde cedo bastante fértil (seriam eflúvios criativos herdados do bisa e de mamãe?). Não cheguei a ver o tal busto, mas, é verdade que passados tantos anos, provável que não esteja mais onde esteve um dia. Vá saber... Como Antonio Firmino, minha mãe Margot soube combinar o magistério com o trabalho na administração pública. Foi professora de filosofia, do Colégio Culto à Ciência; professora de música, num ginásio estadual; dirigente de ensino e, por um período, ocupou o cargo de secretária de cultura da cidade de Campinas. A seu respeito, registrei no livro Uma vida inventada (Agir, 2008):

> "Minha mãe foi uma mulher extraordinária. Era alegre, vibrante, gostava de brincar, dançar, falar, e era muitíssimo inteligente. Não conheço uma pessoa que a tenha conhecido que não se recorde dela com entusiasmo. Margot era professora de filosofia, e seus alunos viviam passando lá em casa para estar com ela também no dia-a-dia. Mais tarde, acumulou a função de secretária de Cultura de Campinas, onde vivíamos, e com isso nossa casa virou palco para ensaios de ópera, da orquestra municipal, e para toda manifestação artística que estivesse precisando de espaço. A casa era grande, e assim foi virando uma espécie de depósito das obras de arte que aguardavam exposições – eram telas e esculturas de toda sorte encostadas pelas paredes das salas e dos quartos. Lembro-me de um galo de ferro esquisitíssimo que passou um par de meses ciscando pela cozinha. Peças estranhas era o que mais havia, e eram essas que mais chamavam a atenção. Eu parava diante delas por dias, até que se tornassem bonitas, ou feias – em geral o processo demorava para acontecer dentro de mim, e eu gostava de sentir a evolução, como se a própria peça estivesse, fisicamente, se transformando na minha frente. Por conta desse contato, resolvi pintar. Margot me deu uma caixa com tintas a óleo e várias telas. Pintei, pintei, pintei, e pedi outras telas, mas ela sugeriu que eu improvisasse com novos materiais. Quando acabaram-se os troncos do jardim, as cartolinas e as caixas de papelão, decidi, de pirraça, pintar a parede do quarto. Fiz um troço feio, em relevo, roxo e preto, e levei minha mãe para ver. Ela examinou aquilo em silêncio por alguns minutos e com a voz mais tranquila do mundo disse:
> – Há muito tempo não vejo coisa tão bonita!
> Tive de conviver com aquele pavor por uns bons meses. As telas só vieram depois. No meio da sala de estar de nossa casa havia um piano de cauda alemão. Marrom-escuro, de verniz fosco, era imponente e lindo. Costumava ficar aberto. Minha mãe e aquele piano tinham uma relação simbiótica, e era magnífico vê-la de olhos fechados com o corpo balançando ao dedilhar de Haendel, Bach, Mozart, Chopin, Debussy... Lembro-me de cada detalhe de sua mão quando tocava, das veias saltadas, das unhas bem-cortadas, dos nós fortes nos dedos, que eram longos e belos como os de mais ninguém. [...] Minha mãe passava tardes inteiras num transe sonoro sem que nada do mundo a pudesse perturbar. Tenho certeza de que naqueles momentos ela atingia a plenitude, e, se fosse possível comparar, diria que ela amava mais aquele instrumento do que a nós a sua volta."

Maitê Proença

Apresentação

130 anos separam o nascimento de Antonio Firmino de Proença e esta publicação sobre sua trajetória profissional como normalista, professor do curso primário, formador de professores em escolas normais e autor de artigos e de obras didáticas.

A iniciativa partiu do desejo de seus familiares de compreender sua história, após a localização de velhos papéis guardados, mobilizando a todos na busca por mais informações para conhecer passagens da vida de um antepassado que, durante mais de trinta e três anos, dedicou-se ao ensino público no estado de São Paulo. Por isso, observa-se nas rememorações da família a profunda deferência que ele inspirou em seus descendentes, seja no plano das memórias sedimentadas nas camadas das sucessivas gerações, seja na lembrança daqueles que seguiram suas pegadas no exercício do magistério.

O encontro com o editor da Melhoramentos, em 2008, além de adicionar dados sobre os livros que Proença lá publicara, na década de 1920, colocou os familiares em contato com pesquisadores de várias universidades brasileiras. Nessa junção de forças, aquele interesse inicial pelos acontecimentos da vida de um parente ilustre se viu transformado em projeto de estudo, centrado na busca da compreensão das especificidades da história da atividade docente, lastreada no escopo da história da educação em São Paulo e no Brasil, com liberdade de recorte e a partir de um quadro geral de referência que não mais se apresentasse em *continuum*, como alertara Paul Veyne, nas reflexões sobre *Como se escreve a história*.

É necessário prevenir, contudo, que a intenção não é reverenciar um educador de outrora para inspirar professores atuais, nem se pretende, através do estudo de uma trajetória docente, requentar a falsa ideia de que a escola de ontem era melhor do que a escola de hoje. Já faz tempo que essas dicotomias foram caducadas pela historiografia da educação. Trata-se, com base no rico arquivo pessoal guardado por sua família e em diversas outras fontes levantadas ou ativadas pelos autores da coletânea, de compreender aspectos singulares da trajetória profissional de Antonio Firmino de Proença (destacando suas atividades como professor, formador, autor), e de relacionar tal conjunto de informações com o contexto educacional da época e com os estudos de história da educação.

Nesse sentido, a trajetória profissional de Antonio Firmino de Proença é exemplar. Formado em 1904, pela principal Escola Normal, da Praça da República, num momento de intensa reforma educacional, em que sucessivos governos se empenhavam, desde 1892, para implantar e expandir o modelo do Grupo Escolar nas zonas urbanas do estado, Proença participou ativamente deste projeto de modernização do ensino público elementar. Ao longo de sua carreira de mais de trinta anos no serviço público da educação paulista, ele lecionou em escolas modelo e escolas normais, exerceu cargos de direção, publicou diversos artigos em revistas pedagógicas e se projetou no cenário nacional como escritor de cartilha de alfabetização e de quatro livros de leitura, todos editados pela Melhoramentos, entre 1926 e 1928, obras escolares que formaram várias gerações de brasileiros que passaram pela escola primária, reeditadas até o início dos anos de 1960, quando deixaram as salas de aula.

Quanto às premissas de organização, a obra coletiva carrega o designativo não só pela reunião dos estudos de vários autores, mas também pela lógica colaborativa que presidiu sua fatura, envolvendo os familiares de Proença, a Melhoramentos e os pesquisadores.

Assim, foram compartilhados os dados do acervo pessoal do professor Proença, acervo cuidadosamente reunido e conservado por sua família – composto de fotografias, diploma de normalista, registros de nomeação em cargos públicos, correspondências diversas e recortes de jornais – arquivo que foi acrescido de páginas de jornais, certidões de nascimento e óbito, atestados da Cúria e registros administrativos das Escolas Normais onde Proença trabalhou, documentos localizados por familiares em Sorocaba, Piracicaba, São Carlos, Pirassununga. Por se constituir como base importante do trabalho, sem a qual não teria sido possível empreender os estudos ora apresentados, tal conjunto documental é apresentado no fim desta publicação, em forma de "Anexo". Nesse sentido, é preciso ressaltar o empenho da família Proença no fornecimento de informações, seja na forma judiciosa de digitalizar todos os documentos do arquivo pessoal de Antonio Firmino, seja no franco acesso para esclarecer dúvidas, concedendo inclusive entrevista oral com parentes que moram em São Paulo e em outras cidades, seja ainda no incansável acompanhamento do trabalho, apoio que agradecemos imensamente.

Foram ainda enviadas aos pesquisadores informações sobre contratos e edições dos livros escolares de Antonio Proença, fornecidas à família pela Editora Melhoramentos, documentos que também estão elencados no referido "Anexo". Sobre a contribuição da Melhoramentos, é necessário um aparte para reiterar os agradecimentos a Walter Weiszflog, Breno Lerner, Lia Veiga de Mattos e Gilmar Augusto da Silva, pelas informações e por terem autorizado a reprodução das imagens dos livros de Proença na presente obra. O reencontro de Proença com a Melhoramentos, aqui nesta publicação, é duplamente festivo neste ano de 2010, quando a empresa comemora 120 anos da Companhia Melhoramentos de São Paulo que, depois da fusão, em dezembro de 1920, deu continuidade ao esforço pioneiro dos irmãos Weiszflog, que emigraram da Alemanha para se dedicarem à produção de livros em São Paulo, no início do século XX.

A facilidade da reprodução digital permitiu que os estudos fossem acompanhados de mais de oitenta imagens do arquivo pessoal de Proença, de documentos coletados pela família e pelos pesquisadores, das revistas pedagógicas onde Proença publicou seus artigos e dos livros didáticos que saíram pela Melhoramentos, ampliando sobremaneira as possibilidades significativas do diálogo entre textos e imagens.

Na preparação dos originais, as dificuldades de acesso a algumas obras analisadas foram superadas com o envio de fotografias digitais a quem precisava. Já o risco de haver sobreposições e repetições em excesso, que poderia resultar da proposta para que todos os autores partissem da mesma base documental, foi ultrapassado pela demarcação estrita do tema de cada capítulo. Marcado, portanto, por identidade temática e diversidade caleidoscópica das abordagens, o conjunto de análises oferece variados pontos de vista de assuntos próximos e ligados a uma única trajetória profissional, a de Antonio Firmino de Proença.

Deste modo, abre a coletânea Ana Chrystina Venancio Mignot, com o texto "Uma vida entre papéis", em que faz uma reflexão sobre os sentidos da constituição de arquivos pessoais de professores, a exemplo do acervo de Proença, entendido como uma forma de escrita de si mesmo, que encerra significados que vão muito além do ato de guardar, tais como: preservar, esconder, perpetuar – operações que, segundo a pesquisadora, não só indicam a intenção do titular, de ser lembrado e reconhecido pela posteridade, mas que também conduzem ao reconhecimento da importância da preservação desses documentos para a pesquisa em história da educação e para a memória cultural brasileira.

O estudo de Luiz Carlos Barreira, sobre a "Trajetória de Antonio Firmino de Proença no magistério público do estado de São Paulo (1905-1938)", relaciona cada fase da carreira de Proença (tempos de normalista; início no magistério; progressão, consolidação e ápice da carreira) com o contexto de formação docente nas Escolas Normais do estado de São Paulo, nas quais ele se formou e trabalhou. Partindo da base documental de Antonio Proença e inscrevendo sua trajetória de formação e exercício profissional no tecido da história da educação, Luiz Barreira analisa currículos, grade de disciplinas, legislação, composição do corpo docente e discente, relações profissionais e de sociabilidade com os pares, e relaciona tais aspectos com as sucessivas reformas do sistema público de ensino paulista, de modo a compor um painel analítico bastante revelador das condições de formação dos professores primários, dos modos de composição do quadro docente das Escolas Normais e das variadas funções e atividades que estes profissionais podiam alcançar.

Marta Maria Chagas de Carvalho, Luiz Carlos Barreira e Ana Clara Bortoleto Nery, no capítulo intitulado "Antonio Firmino de Proença na imprensa de educação e ensino", matizam a atuação de Proença nas escolas normais, mostrando como ele soube aliar à docência "um persistente e minudente trabalho de difusão impressa de saberes pedagógicos", ao publicar "inúmeros artigos em revistas das escolas em que construiu sua carreira", constituindo, assim, "uma espécie de elo de transmissão na capilaridade do sistema que irrigava as escolas paulistas, com saberes e modelos que as fizessem funcionar de modo uníssono e sintonizado com os preceitos da *moderna pedagogia*". Ao examinarem seu "perfil profissional", sua adesão "às crenças pedagógicas que balizaram a política de institucionalização da escola republicana em São Paulo, até 1930" e a sintonia que tinha com outros educadores de sua geração, os pesquisadores conseguem captar os vários sentidos "de sua prática engajada", na análise dos artigos que ele publicou na imprensa periódica educacional.

Em "Proença, autor didático da Melhoramentos, e o mercado de livros escolares em São Paulo", Marcia de Paula Gregorio Razzini inscreve a produção dos cinco volumes da *Série Proença*, publicada pela Editora Melhoramentos, entre 1926 e 1928, no contexto "de expansão escolar e de crescimento editorial", vivido pelo mercado de livros didáticos na São Paulo das primeiras décadas do século XX. Reflete sobre os significados de se tornar autor didático dos materiais que tinham maior circulação entre os alunos do curso primário: cartilhas e livros de leitura. Ao comparar diferentes edições e diversos exemplares, a autora traça uma espécie de biografia dos livros escolares do professor Proença, contemplando regularidades e mudanças (de conteúdo, de forma, de título, de preço), ao longo dos quase quarenta anos de existência da coleção, registrando, inclusive, seu desaparecimento dos catálogos da editora, em 1963. De maneira semelhante, traça a trajetória do livro *Como se ensina Geographia*, também de autoria de Antonio Firmino, sétimo volume da importante coleção Biblioteca de Educação, dirigida e organizada por Lourenço Filho, livro publicado em 1928, pela Melhoramentos, e reeditado apenas uma vez, em 1932.

Maria do Rosário Longo Mortatti, no texto "Antonio Firmino de Proença, na história da alfabetização no Brasil", situa e examina a participação de Proença no momento de inflexão da história da alfabetização no Brasil, caracterizado pela "disputa entre os defensores do então novo e moderno método analítico para o ensino da leitura (e escrita), em oposição ao que denominavam 'ensino tradicional', representado pelos antigos métodos sintéticos (alfabético, fônico e silábico), herdados do século XIX". O estudo apresenta e compara a proposta de alfabetização subjacente à *Cartilha Proença* com propostas anteriores, de cartilhas de alfabetização elaboradas por outros autores, também representativas do método analítico, destacando a "interlocução" direta e indireta que a obra de Antonio Firmino estabeleceu com publicações congêneres de professores "de sua geração intelectual".

A análise dos aspectos gráficos e visuais da *Cartilha Proença* e do livro *Leitura do Principiante*, assim como suas implicações históricas e pedagógicas no interior do processo inicial de ensino-aprendizagem da leitura e da escrita, compõem o tópico principal focalizado por Isabel Cristina Alves da Silva Frade, em "Cartilha Proença e Leitura do Principiante de Antonio Firmino de Proença: configurações gráficas e pedagogia". Com o olhar voltado para o "conjunto de recursos" que forma a "*mise-en-page*" da série de livros de Antonio Firmino (conteúdo, tamanho, volume, cores, tipologia, margens, distribuição e organização, na página, da letra impressa, das imagens, dos esquemas gráficos e dos espaços em branco), a pesquisadora aponta aspectos definidores e recorrentes, em duas obras. Tais regularidades, oferecidas juntamente com 22 reproduções de páginas da *Cartilha Proença* e *Leitura do Principiante*, revelam não só intenções e significados próprios da "escolarização da escrita", como também surgem em forma de dispositivos específicos dos "livros para ensinar os princípios da leitura e da escrita".

Considerando "a série completa de leitura" graduada, Francisca Izabel Pereira Maciel e Kátia Gardênia Henrique da Rocha Campelo concentram a análise nos três últimos volumes: *1º, 2º* e *3º Livro de Leitura*, títulos que seriam alterados, no final da década de 1940, respectivamente, para *2º, 3º* e *4º Livro de Leitura*. A partir de contextualização histórica sobre o ensino primário, que possibilita a "compreensão do cenário educacional" que acolheu essas obras, o capítulo "A série de leitura graduada de Firmino Proença nas escolas primárias na primeira metade do século XX" discute as principais características que se articulam nesse modelo de ensino de leitura e escrita, elaborado por Antonio de Proença. Para isso, as pesquisadoras buscam indícios e "protocolos de leitura" nos paratextos (prefácios, dados sobre o autor e suas obras, capa, página de rosto, quarta capa), na quantidade de páginas, nos modos de apresentação das lições, na organização dos textos, nos personagens criados, na gradação dos assuntos, nas temáticas predominantes, nas atividades prescritas, enfim, nas modificações de forma e de conteúdo que visavam atender às exigências dos programas de ensino.

A proposta de Antonio Firmino de Proença para o ensino-aprendizagem da Geografia é o tema que orienta o estudo de Maria Helena Camara Bastos e Maria Stephanou, intitulado "*Pátria, patriota, patriotismo, compatriota, patrício*: valor do ensino da 'Geographia da Pátria' na escola brasileira". Com referenciais da história das disciplinas escolares, as autoras acompanham a entrada e permanência dessa disciplina no currículo das escolas primárias e secundárias, ao longo do século XIX, detectando a "preocupação" das autoridades educacionais "com as matérias ligadas à representação da nação, que compunham o chamado tripé da nacionalidade (língua materna, história e geografia)", preocupação que se transformaria em consenso, na escola brasileira das primeiras décadas do século XX, quando estes "saberes" foram "considerados estratégicos para a formação de uma consciência nacional" e passaram a "ocupar papel central tanto nos cursos destinados à formação de professores quanto no ensino primário". No quadro de inovações pedagógicas que caracterizou a década de 1920 e 1930, a análise evidencia a importância do livro de Proença, *Como se ensina Geographia* que, ao integrar a Biblioteca de Educação, organizada por Manoel Bergström Lourenço Filho, para a editora Melhoramentos, reconhecia-se "não somente o texto, mas a própria trajetória profissional e de autoridade de Proença".

Monalisa Renata Gazoli, em "Bibliografia *de* e *sobre* A. F. Proença: um instrumento de pesquisa", retoma parte de seu Trabalho de Conclusão de Curso de Pedagogia, de 2007, realizado na Universidade Estadual Paulista (campus de Marília), sob a orientação de Maria do Rosário Longo Mortatti, em que reuniu extenso repertório de obras "de" Antonio Firmino de Proença, assim como sistematizou referências "sobre" obras onde ele é citado. A inclusão do texto visa dar visibilidade e reconhecer a importância deste tipo de pesquisa de base para os estudos realizados de uma perspectiva histórica, além de colocar ao alcance do leitor "um instrumento de pesquisa" que foi alvo de várias percepções, ao ser compartilhado com todos os participantes da coletânea, como se verificam nas referências dos capítulos.

Por fim, cumpre não esquecer, com Michel de Certeau, em *A escrita da história*, que "uma leitura do passado, por mais controlada que seja pela análise dos documentos, é sempre dirigida por uma leitura do presente", de modo que o estudo coletivo materializado nas páginas seguintes, não apenas evidencia a "particularidade" do lugar de onde se fala, do ponto de vista da pesquisa em história da educação, com diversos enfoques e liames, como também considera promissoras parcerias que possam promover o encontro de especialistas com arquivos de professores para examinar aspectos difusos ou pouco conhecidos, de modo a expandir o horizonte de inteligibilidade sobre a formação e as atividades da carreira docente, sobre essas redes profissionais e suas sociabilidades. No fundo, deseja-se, sobretudo, chamar a atenção para a importância da preservação dos acervos pessoais de professores, que são, ao mesmo tempo, repositórios da vida privada e profissional e lugares de memória da cultura escolar no Brasil.

A organizadora

Uma vida entre papéis

Ana Chrystina Venancio Mignot

Como um *refúgio do eu*,[1] o arquivo pessoal de Antonio Firmino de Proença, constituído por documentos diversos, de temporalidades distintas, reunidos ao longo de sua vida, desperta curiosidade sobre as intenções que o levaram a acumular tantos papéis durante sua existência. Tal como outros, o seu contém certidões, diploma, portarias de nomeação, fotografias, livro de ofícios de uma escola, cartas, recortes de jornais, contrato com editora e livros de sua autoria, que possibilitam seguir o traçado da trajetória profissional dedicada ao exercício do magistério.

Distante dos olhares indiscretos dos pesquisadores, este arquivo vem à tona, pelas mãos de seus familiares, no momento em que descobrem a importância de dar visibilidade a estes guardados que estavam condenados, no âmbito do privado, ao esquecimento.

Dar a conhecer a documentação de um ente querido, muitas vezes, envolve situações difíceis e complexas. Geralmente, há uma grande carga afetiva dos responsáveis pela documentação, pois protegem segredos, sonhos, expectativas e projetos. Compreender isto, obriga pesquisadores comprometidos com a preservação da memória a se colocarem no lugar daqueles que escreveram, conservaram e classificaram de formas muito próprias, inúmeros papéis que cumprem a função social de edificar a memória pessoal ou familiar [2], para entender as *razões para guardar*,[3] por tanto tempo, tantos papéis.

Neste inventário dos documentos cuidadosamente guardados por Firmino de Proença, o seu arquivo pessoal é entendido como uma forma de escrita de si, o que significa considerá-lo como fruto de uma contradição:

> o desejo, talvez a necessidade que habita em todo coração humano de falar de si e de refletir sobre a própria experiência da vida é um desejo que, sem dúvida, deve vencer muitos obstáculos, objeções, acusações de exibicionismo, pudores. Quer dizer, deve vencer toda classe de resistência que a autobiografia, em geral, suscita. As resistências externas, geradas por uma espécie de rechaço coletivo à possível crueza da verdade, são eco natural de uma resistência interior; ou seja, dos reparos psicológicos que homens e mulheres devem enfrentar se querem deixar-nos o

1. Ver MIGNOT, BASTOS e CUNHA (2000). Para as autoras os arquivos pessoais, juntamente com as cartas, diários, agendas, autobiografias, que fazem parte do amplo universo escritural autobiográfico se constituem em refúgios do eu, refúgios da intimidade.

2. Ver DAUPHIN, Cécile e POUBLAN, Danièle. (2002)

3. Ver MIGNOT e CUNHA (2006) artigo no qual comentam arquivos pessoais de professores comuns e professores que tiveram destaque na cena educacional, particularmente os signatários do Manifesto dos Pioneiros da Educação Nova.

> testemunho de sua precisa e singular luta pela vida. (...) A escritura autobiográfica é sempre reflexo de um impulso, uma contradição, uma dinâmica conflitiva, entre a vida íntima de cada um e a aparência conhecida de todos, entre o desejo e as defesas que todo desejo gera.[4]

Este entendimento convida a passear pelos significados do ato de guardar: preservar, esconder, perpetuar. Trata, portanto, de proteção, censura e exibição, aspectos que estão presentes na memória que o educador construiu de si mesmo e que pretendeu legar para as futuras gerações de educadores.

***

O cuidado com o qual Antonio Firmino de Proença acumulou papéis de sua trajetória profissional (e, depois de sua morte, em 1946, o desvelo com que o filho mais velho, Alaor Proença, se tornou guardião desses papéis, protegendo-os da luz e do contato com quem se aproximasse deles) sugere que, assim como tantos educadores de seu tempo, ele também ocupara um lugar de destaque na cena educacional e que estes documentos comprovariam, na posteridade, o reconhecimento acerca de sua importância e de seu trabalho.[5]

Prática de construção de si, os arquivos pessoais de educadores, via de regra, sinalizam para a própria formação, os cargos ocupados, as ideias que defenderam, os livros que deixaram, o que permite reconstituir itinerários profissionais, a inserção no magistério, os embates no campo educacional e a cultura política de uma época, de uma geração.

No arquivo de Proença, diploma e portarias de nomeação convidam a vasculhar seus papéis, tomando como ponto de partida, a compreensão que arquivar a própria vida é uma estratégia para preservar a memória do inevitável esquecimento. Arquiva-se, como diz o historiador francês Philippe Artiéres, para ter a identidade reconhecida, controlar a vida, recordar e retirar lições do passado, preparar o futuro e inscrever a existência.[6]

Os papéis guardados por ele instigam, inicialmente, a seguir, cada um, pois funcionam como pequeninas pistas de seu itinerário no magistério, desde o início da sua formação até a sua aposentadoria. Estes documentos oficiais mostram as

---

4. BONET, Joana e CABALLÉ, Anna. *Mi vida es mía*. Barcelona: Plaza & Janés Editores S.A. 2000. p. 16.

5. Ver MIGNOT e CUNHA (2006). Comentando a este respeito, as autoras afirmam que a produção de arquivos pessoais foi uma prática comum entre alguns educadores que ocuparam cargos à frente de administrações que procuraram reformar a educação pública, como Anísio Teixeira, Lourenço Filho e Fernando de Azevedo. Outros, como Edgar Süssekind de Mendonça, Armanda Álvaro Alberto, Paschoal Lemme e Cecília Meireles, para citar apenas alguns signatários do Manifesto dos Pioneiros da Educação Nova, de 1932, exerceram o magistério e participaram politicamente do debate educacional ou exercitaram a crítica às propostas educacionais postas em prática, por intermédio da atividade jornalística.

6. Ver Philippe Artières (1998, p. 31).

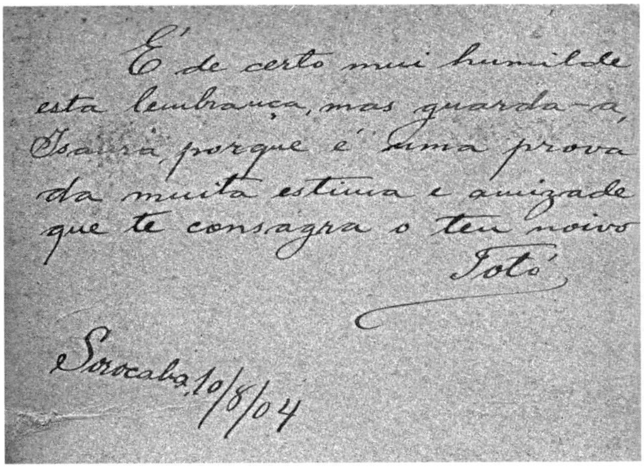

É de certo mui humilde
esta lembrança, mas guarda-a,
Isaura porque é uma prova
da muita estima e amizade
que te consagra o teu noivo
Totó
Sorocaba, 10/8/04

Fotografia de Antonio Firmino de Proença (Totó), oferecida à noiva,
Isaura Ciríaco de Arruda, no ano de sua formatura na Escola Normal de São Paulo. (frente e verso)

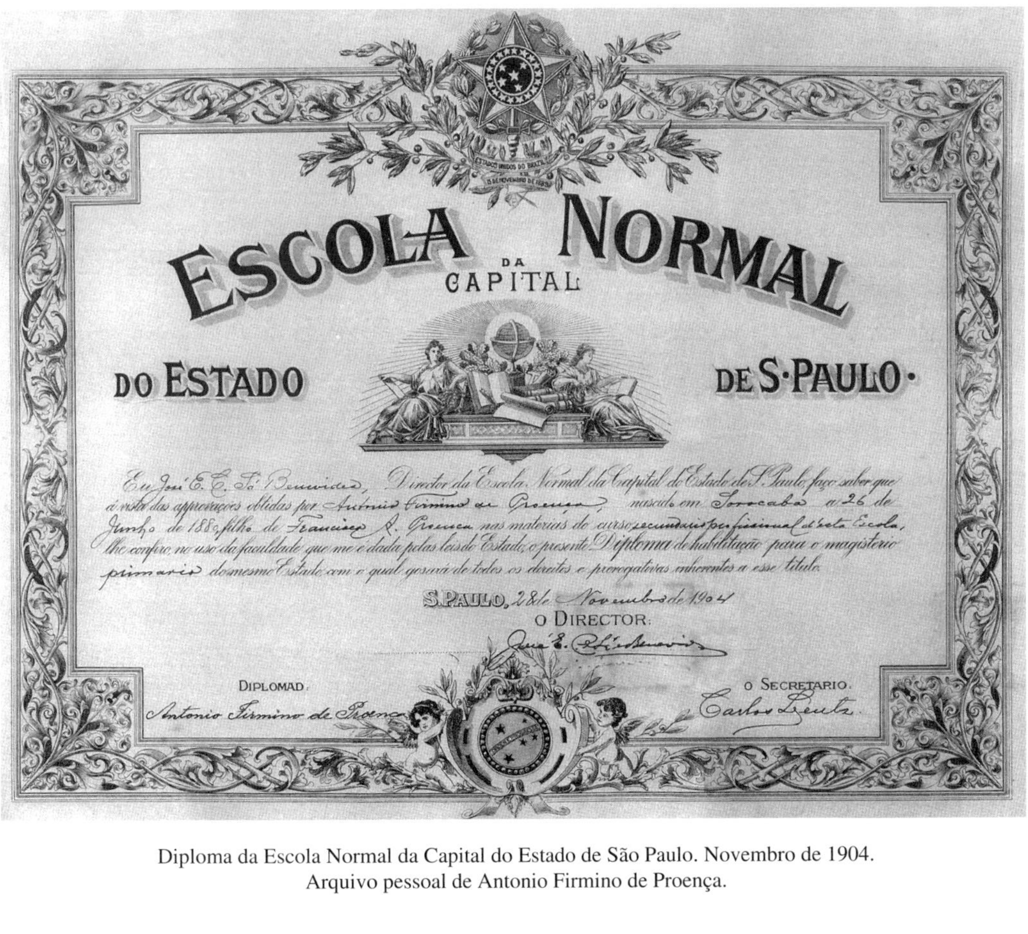

ESCOLA NORMAL DA CAPITAL DO ESTADO DE S. PAULO

Director da Escola Normal da Capital do Estado de S. Paulo, faço saber que á vista das approvações obtidas por Antonio Firmino de Proença, nascido em Sorocaba a 26 de Junho de 188, filho de Francisco A. Proença nas materias do curso secundario profissional d'esta Escola, lhe confiro, no uso da faculdade que me é dada pelas leis do Estado, o presente Diploma de habilitação para o magisterio primario do mesmo Estado com o qual gozará de todos os direitos e prerogativas inherentes a esse titulo.

S. PAULO, 28 de Novembro de 1904

O DIRECTOR:

DIPLOMAD.

Antonio Firmino de Proença

O SECRETARIO.

Diploma da Escola Normal da Capital do Estado de São Paulo. Novembro de 1904.
Arquivo pessoal de Antonio Firmino de Proença.

escolas nas quais exerceu o magistério na sala de aula ou na direção de escolas, propiciando interpretar cada novo desafio que assumia, a partir do momento no qual saiu da Escola Normal da Capital do Estado de São Paulo, em 1904. Indicam que mal recebeu o diploma, seu exercício profissional passou por várias instituições em cidades diversas do interior e na capital, tanto em ginásios, como em escolas normais.

Ainda assim, os papéis guardados não traduzem toda a sua trajetória profissional. Ele não deixou indicações sobre os motivos que o levaram a abraçar o magistério, mas, na medida em que, após sua morte, o seu arquivo pessoal foi sendo objeto de acréscimos por seus familiares, um artigo escrito em sua homenagem, permite capturar as possibilidades profissionais que se apresentaram, quando era jovem. O autor, amigo dos tempos de mocidade, lembra que Antonio Firmino de Proença – que tinha um gênio muito retraído, com pouco sorriso nos lábios, mas sempre com extrema delicadeza no trato com os amigos – com o fechamento da casa comercial de atacados de arreios, em Sorocaba, deixou a atividade que exercia, seguiu para São Paulo e retomou seus estudos:

> Antonio Firmino, moço estudioso, concentrado e muito dado aos estudos, não tinha pendores para a carreira comercial. E, foi por isso que ao fechar-se a casa em que era auxiliar, rumou para São Paulo para conseguir sua matrícula na Escola Normal da Praça da República. O curso deste nosso conterrâneo, naquela escola, foi dos mais brilhantes, culminando com a homenagem que lhe prestou o seu diretor apresentando-o pessoalmente ao Presidente do Estado, que era na ocasião o Dr. Domingos de Morais, como o aluno mais distinto daquela acreditada escola, recebendo do Presidente calorosas felicitações. [7]

Curiosamente, não existem anotações de aula, diários de classe, modelos de provas que comprovem seu exercício profissional na sala de aula como lente de Aritmética, Álgebra e Geometria, na Escola Primária de Piracicaba, onde ingressou em 1911, nem de Métodos e processos de ensino, crítica pedagógica e exercícios de ensino da Escola Normal de São Carlos, onde trabalhou a partir de 1913. Tampouco existem registros do seu fazer cotidiano como professor de Psicologia e Pedagogia ou Prática Pedagógica, disciplinas que ministrou na Escola Normal de Pirassununga, a partir de 1920, que certamente subsidiaram sua reflexão e lhe forneceram a base para, anos depois, publicar manuais escolares com várias edições e tiragens expressivas, considerados por seus contemporâneos, como *obras de assinalado mérito*, como destacou o jornal *O Estado de São Paulo*, de 05/04/1946, em longa nota sobre seu falecimento (p. 6), ou ainda, como foi assinalado em outro artigo, intitulado "Um educador", em recorte de jornal guardado por sua família:

---

7. Cf. I. Al. "Um vulto sorocabano". *Cruzeiro do Sul*. 29/3/1949.

> Faleceu há dois dias, nesta Capital, o professor Antonio Firmino de Proença. É mais um educador especializado que se vai desta para a outra vida. O mestre se vai com 66 anos de idade, depois de bem servir no magistério público, já como professor primário e das escolas normais, já como diretor das escolas normais, notadamente a de São Carlos do Pinhal. Onde, porém, o seu espírito mais se revelou em plena atividade eficiente foi na feitura de livros de leituras, de feição antológica e acrescida de explicações rápidas em linguagem simples e incisiva. Quem, como pai ou como professor primário, haja lutado com as dificuldades de encontrar um bom livro didático, a fim de ministrar os primeiros conhecimentos aos meninos, não poderá negar que embora relativamente necessitados de refundição, os livros do professor Proença são os que mais revelaram, entre nós, na simplicidade do mestre, a compreensão precisa do elemento a que se destina a sua obra. (...)
>
> O professor Proença que acaba de falecer merece ser apontado como um dos raros professores que, no seu tempo e na sua vida profissional ativa, escreveu livros didáticos certos nos informes e acessíveis no texto. É pena que a morte haja tirado da atividade este educador despretensioso e admirável.
>
> Dele se poderá dizer, com inteira justiça, que foi um amigo certo das crianças.[8]

Embora a família tenha relatado que a esposa se desfez da biblioteca de Antonio Firmino, logo após seu falecimento, em 1946, a ausência de referências feitas por Proença ao seu ingresso no magistério, à sua atividade profissional na sala de aula ou aos seus livros, nos documentos deixados em seu arquivo pessoal, se constitui em convite para pensar que existe uma grande diferença entre viver, registrar e arquivar, diferença esta que remete ao processo de acumulação, seleção e descarte que todo arquivo é portador.

Aos papéis de nomeação profissional de Antonio Proença, foram acrescentados muitos outros documentos, após levantamento minucioso de sua bisneta, Inaiá Diniz, coadjuvada por outros membros da família, que vasculharam pistas não só nos guardados da família, mas também em acervos de Escolas Normais, em jornais e em cartórios de diversas cidades paulistas, onde Antonio Proença viveu e trabalhou. Assim, foram reunidos dados de livros administrativos das Escolas Normais, recortes de jornais, certidões de nascimento e de óbito, fotografias, registros de comemoração do centenário de seu nascimento, em 1980, documentos que foram digitalizados.

De suas atividades docentes, restam, portanto, vários documentos comprobatórios de sua nomeação, frequência e atividades mais destacadas: portarias diversas, um livro de pontos, atas de concursos dos quais participou como membro das bancas, e livros de registros da Escola Complementar de Piracicaba, onde trabalhou entre 1909 e 1913.

No livro de registro da Escola Complementar de Piracicaba, em uma das anotações mais detalhadas, de 1909, está um incidente que protagonizou com um aluno, flagrado colando em uma prova, e que saiu da sala de aula dizendo-se

8. "Um Educador", recorte de jornal sem referência, s.d. [06/04/1946]. Arquivo pessoal de Antonio Firmino de Proença.

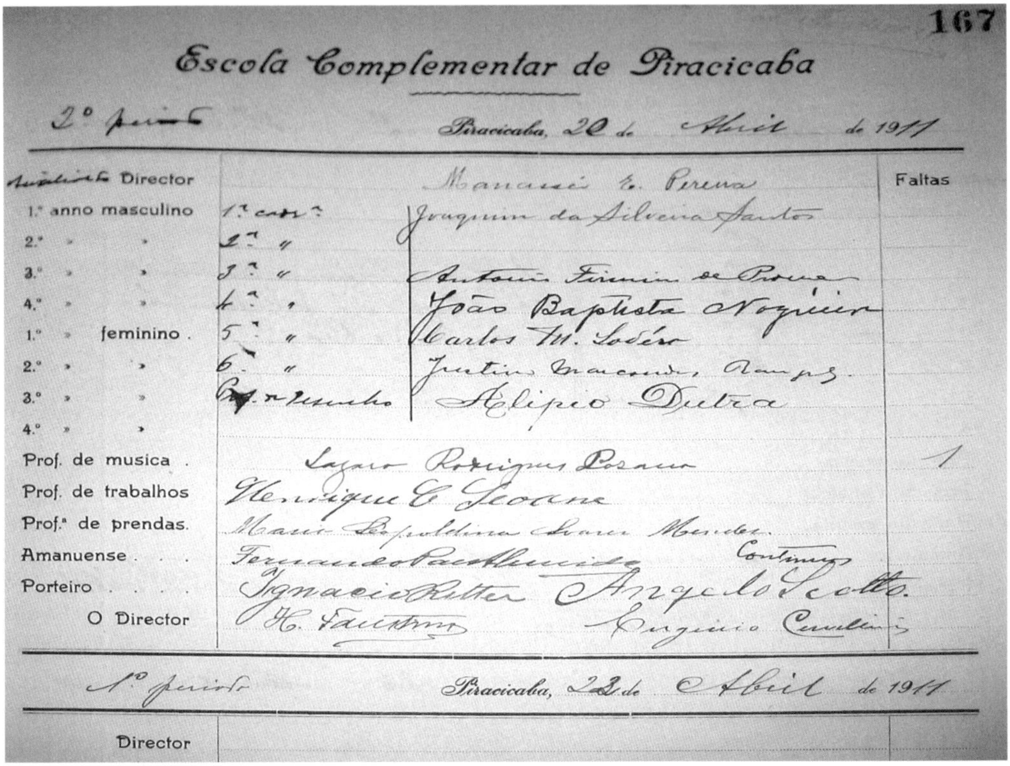
167

Escola Complementar de Piracicaba

2º periodo Piracicaba, 20 de Abril de 1911

Director — Manoel E. Pereira

1.º anno masculino — 1º anno — Joaquim da Silveira Santos

2.º » » — 2º »

3.º » » — 3º » — Antonio Firmino de Proença

4.º » » — 4º » — João Baptista Nogueira

1.º » feminino — 5º » — Carlos M. Sodero

2.º » » — 6º » — Justino Macondes Ramos

3.º » » — [illegible] — Alipio Dutra

4.º » »

Prof. de musica — Lazaro Rodrigues Pozana — Faltas: 1

Prof. de trabalhos — Henrique E. Seoane

Prof.ª de prendas — Maria Leopoldina [illegible] Mendes

Amanuense — Fernando Paes Almeida — Continuo

Porteiro — Ignacio Ritter — Angelo Scotto

O Director — H. Faustino — Eugenio Cavalheiro

1º periodo Piracicaba, 22 de Abril de 1911

Director

Livro de ponto da Escola Complementar de Piracicaba, p. 167, 20 de abril de 1911 (assinatura de Antonio Firmino de Proença é a terceira de cima para baixo)

perseguido e injustiçado pelo professor, episódio este que resultou em registro policial e expulsão da escola:

> Vinte minutos mais ou menos depois da sahida do edifício da escola, vi-o entrar precipitadamente, com a phisionomia alterada, dirigindo-se para a sala de aula. Pressentindo uma intenção malévola naquelles modos bruscos, sahi em seu encalço e alcancei-o, antes de entrar na sala, e trouxe-o para o escriptório, onde confessou estar resolvido a tomar uma desforra do professor onde o encontrasse.
>
> Obriguei-o a entregar-me um revólver que trazia num dos bolsos, e, em vista da gravidade do facto, lavrei-lhe imediatamente um termo de pena de expulsão deste estabelecimento, fazendo-o retirar-se. Em seguida comuniquei o facto ao Dr. Sebastião Nogueira de Lima, Delegado de Polícia, para que fossem dadas as providencias relativas ao caso e para prevenir uma possível agressão.
>
> Junto a prova escripta do alumno eliminado, com os papeis aprehendidos, de que fasia seu ilícito, bem como as suas notas de aplicação e exames.
>
> Por essas notas verifica-se a falta de fundamento na supposição de perseguição por parte do professor, que é corretissimo no cumprimento dos deveres do seu cargo e criterioso em seus julgamentos; (...)
>
> Em sabatinas a que assisti no terceiro anno, sempre verifiquei que as notas do

professor Proença em relação ao alumno (...) eram justas, pois este dava habitualmente lições medíocres.

Deste episódio, ficou, ainda, um abaixo-assinado em solidariedade, cuja permanência no arquivo pessoal parece sugerir que Proença guardou o documento como uma prova de que teria agido com correção e senso de justiça, ou com a intenção, talvez, de preservar sua imagem profissional:

> Nós, abaixo assignadas, profundamente consternadas com o attentado de que acabas de ser victima, vimos por este meio, manifestar ao distincto collega a mais cordial prova da nossa inteira solidariedade.
>
> Outrossim, podemos assegurar-lhe que os acontecimentos que ora lamentamos com sinceridade, servirão apenas para elevar a vossa reputação, de reconhecida justiça ao mais alto grao no meio escolar em que vivemos. [9]

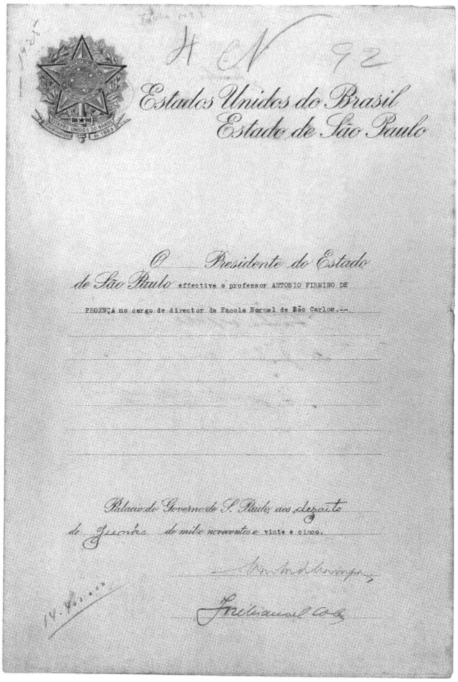

Estados Unidos do Brasil
Estado de São Paulo

O Presidente do Estado de São Paulo effective o professor ANTONIO FIRMINO DE PROENÇA no cargo de director da Escola Normal de São Carlos.--

Palacio do Governo de S. Paulo, aos dezoito de Junho de mil novecentos e vinte e cinco.

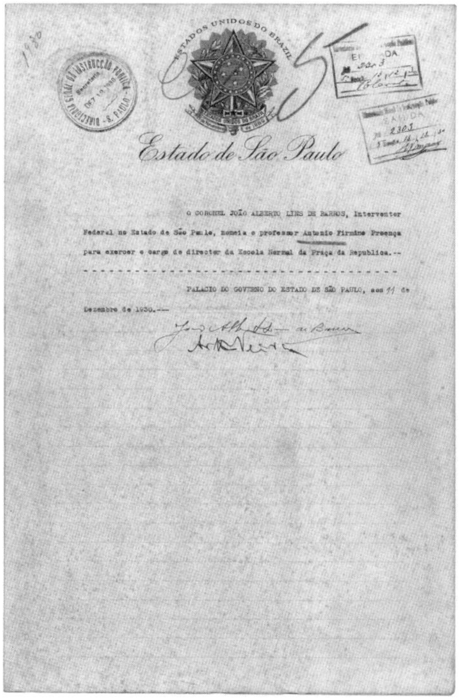

Estado de São Paulo

O CORONEL JOÃO ALBERTO LINS DE BARROS, Interventor Federal no Estado de São Paulo, nomeia o professor Antonio Firmino Proença para exercer o cargo de director da Escola Normal da Praça da Republica.--

PALACIO DO GOVERNO DO ESTADO DE SÃO PAULO, aos 11 de Dezembro de 1930.--

Documentos de nomeação para direção da Escola Normal de São Carlos, 1925, e para a direção da Escola Normal da Praça da República, 1930. Arquivo pessoal de Antonio Firmino de Proença

9. Abaixo assinado por professoras, datado de 1909.

As portarias de nomeação, por sua vez, indicam que sua atuação não se restringiu ao espaço escolar. Exerceu o cargo de Inspetor Geral do Ensino, em 1928, cargo que deixou de ocupar pouco antes de encerrar sua atividade profissional na esfera pública e criar uma escola denominada *Ginásio Caetano de Campos*, cujo nome escolhido é revelador de suas afinidades, convicções e valores, uma vez que se um nome tem o poder de diferenciar, significar, identificar o que foi nomeado, também expressa as vivências daqueles que nomeiam.[10]

A escolha de Caetano de Campos como patrono da escola na qual encerrou sua vida profissional, indica que Antonio Firmino de Proença admirava o homenageado, que, em meio às esperanças dos novos tempos republicanos, dirigiu a Escola Normal da Praça, em 1890, vindo a falecer quando ainda não havia completado dois anos no cargo.

Se nomear envolve selecionar, escolher, eleger, [11] ao nomear sua escola, ele agia provavelmente como tantos outros normalistas de sua geração que reconheciam, no antigo diretor, o *herói adequado para a fabricação de um mito fundador* [12] da educação republicana. Rendia, assim, um tributo a quem, no seu entendimento, deixara marcas significativas na formação de professores e que merecia ser lembrado, cultuado, reverenciado.

ESTADO DE SÃO PAULO
BRAZIL

Eu, Antonio Firmino Proença,
director do Grupo Escolar Modelo de Pirassununga
faço saber que, á vista da approvação obtida no quarto anno
deste Grupo, pela alumna Adelina Bueno Penteado,
nascida em Pirassununga, a 30 de abril
de 1905, filha de Cherubim Bueno da Silva,
lhe confiro, no uso da faculdade que me é dada pelas
leis do Estado, o presente certificado de habilitação, visto
ter concluido os estudos do curso preliminar, em 30
de novembro de 1920, conforme se verifica a fls.
do livro de actas de promoção. Plenamente - 8,87

O Director,

Certificado de habilitação de conclusão do Curso Preliminar, de Adelina Bueno Penteado, concedido por Antonio Firmino de Proença, diretor do Grupo Escolar Modelo de Pirassununga, 1920.

10. Ver HOUAISS, Antonio. Prefácio. In. MACHADO, Ana Maria. (1976).

11. Idem.

12. A respeito de Antonio Caetano de Campos e da construção de sua memória, consultar verbete de autoria de WARDE, Mirian e GONÇALVES, Gisele Nogueira. 2002.

Em meio aos documentos oficiais, suas fotografias eternizam momentos significativos. As anotações, nas próprias imagens ou no verso, registram espaços de atuação do professor que exerceu cargos administrativos como o de Diretor da Escola Normal Primária de Piracicaba (1912), Diretor Substituto da Escola Normal de São Carlos (1913), Diretor interino da Escola Normal de São Carlos (1914), Diretor interino da Escola Normal Secundária de São Carlos (1915), Diretor da Escola Normal de São Carlos (1916), Diretor em comissão da Escola Normal Primária de Pirassununga (1920), Diretor da Escola Normal de São Carlos (1922), Diretor do Ginásio do Estado, de Campinas (1928), Diretor da Escola Normal da Praça da República (1930), Diretor do Instituto Pedagógico de São Paulo (1931), Diretor do Instituto Caetano de Campos (1930), e Diretor da Escola Normal Modelo da Capital (1938).

Escola Complementar de Pirassununga em 1922, Arquivo pessoal de Antonio Firmino de Proença

Alunos do Curso de Aperfeiçoamento, Instituto de Educação de São Paulo, novembro de 1933
Arquivo pessoal de Antonio Firmino de Proença.

As dedicatórias de alunos das escolas por onde passou testemunham a itinerância por inúmeras escolas: "*Como tributo de gratidão, os alunos do 3º anno offerecem seu retrato ao inteligente professor Antonio Firmino Proença. Piracicaba, novembro de 1908" ou "Ao nosso bondoso e distinto Director Sr Antonio Firmino Proença. Como lembrança do 2º anno da Escola Complementar. Pirassununga. 13-6-1922"*. Ilustram, deste modo, juntamente com duas cartas preservadas em seu arquivo pessoal, os inúmeros momentos de despedida e recomeço em novas cidades e instituições de ensino que marcam e deixam marcas em sua vida profissional e ajudam a compreender os motivos pelos quais ocupou tantas funções administrativas:

> Ao ter conhecimento da vossa nomeação, em comissão, para occupardes o cargo de director da Escola Normal de Pirassununga, cumpre-me apresentar-vos sinceras congratulações pela honrosa missão que vos foi conferida, manifestar-vos, em meu nome particular e no da Escola a que pertenceis como um de seus digníssimos lentes, o quanto ella perde com a vossa ausência, o quanto ella sente, porque não dize-lo, - com o vosso afastamento.O convívio de oito annos, o habito de vos admirar, quer como lente, quer como director interino, cargo que por vezes nella occupastes, dã-nos a mim e à Escola, o direito de assim nos manifestarmos. Que a direcção de um dos mais illustrados e dignos membros do magistério publico paulista na Escola Normal de Pirassununga seja de effeitos que correspondem aos meritos quem vai exercê-la, e que, finda a vossa missão, possaes, muito em breve, reencetar neste estabelecimento a vossa cooperação proveitosíssima, de que elle tanto carece, são os votos que faço. (Diretor da Escola Normal Secundária de São Carlos, em 18 de novembro de 1920).
>
> Do vosso devotamento profissional, do escrúpulo que sempre vos mereceu a execução fiel da reforma do ensino; do interesse com que vos houvestes, por exemplo, na fundação da Caixa Escolar, tão sabiamente destinada a amparar a infância pobre de luz, orphan de toda protecção material; do vosso patriótico empenho pela cultura cívica da mocidade, cuja attenção buscastes sempre atrahir para as nossas datas nacionaes; do estimulo que vos empenhastes em imprimir ao escotismo, instituição independente da escola, mas, a ella vinculada por íntimos laços educativos; de todas as benéficas iniciativas, emfim, de que aqui vos tornastes o centro e a vida, deixaes nesta casa, Sr. Proença, honrosos e duradouros documentos. É por isso, insigne Professor, que muito pezar nos vae na alma, ao ver-vos partir e deixar-nos – timoneiro consciencioso, sereno e amigo, que infelizmente, por tão pouco tempo nos foi dado ver ao leme deste barco, de cujas alterosas amuradas vos acenamos com o saudoso adeus de despedida. (Assinado por vários professores, Pirassununga, 10 de abril de 1922)

Entendido como um espaço autobiográfico, no qual se exibe e, ao mesmo tempo se esconde, o seu arquivo pessoal permite percorrer seus espaços de atuação, mas, curiosamente, é repleto de lacunas e silêncios. Nada se sabe, por exemplo, das dúvidas que o assaltavam quando se via diante de um novo convite para mudar de escola e cidade. Onde depositaria segredos, projetos e decepções? Em quais circunstâncias começou a juntar seus papéis? O que rasgou? O que destruiu? O que desprezou? Teriam sido as constantes mudanças que o levaram a abandonar pelo caminho alguns papéis? Em meio a zonas de sombra, deixou aquilo que provavelmente julgou mais importante. Ao selecionar, guiou o olhar de um futuro leitor para o que deveria ser retido e valorizado, possibilitando assim a elaboração de sua biografia.

Nesta perspectiva, ao preservar uma carta oficial de agradecimento, assinada por Sampaio Dória, sugere que se orgulhava de, ao longo de sua carreira, ter seu compromisso com a coisa pública reconhecido por aqueles que conduziam os destinos da educação:

> Ilmo Snr,
>
> Está terminado, em todo o Estado, o recenseamento da população escolar. Para o bom exito desse difficil emprehendimento, muito concorreram os vossos esforços, e dos que trabalharam sob vossa orientação. Venho, por isto, cumprir o grato dever de, em nome do Governo do Estado, enviar-vos os mais cordeaes agradecimentos, pedindo-vos que delles façais scientes, egualmente, a todos aquelles que comvosco collaboraram. (São Paulo, 06 de setembro de 1920).

***

Imbuído da importância que desempenhou na cena pública, e, como tantos educadores de seu tempo, Antonio Firmino de Proença arquivou a própria vida, provavelmente com a intenção de legar, às futuras gerações, provas incontestes da participação que tivera em importantes eventos educacionais. Isto significou um apagamento da dimensão do privado. Muito pouco permaneceu de sua esfera familiar e de sua intimidade. Apenas, algumas fotografias, um livro de genealogia da família de sua mulher, revelando que, juntamente com Isaura Ciríaco Arruda de Proença, teve quatro filhos: Alaor, Cleófanes, Fátima e Aristófanes.

O arquivo pessoal de Antonio Firmino de Proença, provavelmente, não fugiu à sina de tantos outros: *voluntária ou involuntariamente há seleção, eliminação de documentos pelo próprio interessado, seus herdeiros ou as variadas circunstâncias que sucedem no transcurso do tempo – traslados, incêndios, reformas no edifício...*[13] , ou que sob os cuidados de uma família, integra e confunde-se com o arquivo familiar.

Ao gesto primeiro de reunir documentos da vida, muitos outros se somaram, com outras lógicas de acumulação, outros acréscimos, outras leituras que pretenderam apenas *desafiar a ordem das coisas: a justiça dos homens assim como o trabalho do tempo.*[14]

13. Cf. Rosa Maria Blasco Martinez, 2002, p. 391

14. ARTIÈRES. Philippe. op.cit. p. 31.

Isto pode ser observado pela presença de recortes de jornais que noticiaram sua morte, comemoraram seu centenário de nascimento, como as homenagens póstumas que deram seu nome a uma rua de Sorocaba, sua cidade natal, e a uma escola inaugurada no bairro da Mooca, em São Paulo, em 1948, que indicam que o seu trabalho foi lembrado e o seu nome consagrado, reverenciando uma vida dedicada ao magistério.

Em que pese tanto empenho, também como tantos outros arquivos que permaneceram sob a guarda das famílias [15], o seu se manteve escondido, esperando um momento para vir à tona. Seus escritos guardados em outros *lugares de lembrar*, [16] já haviam sido consultados por alguns pesquisadores interessados na história da educação deste período, e, em especial, na história do livro e da leitura.[17]

15. É o caso do arquivo pessoal de Edgar Süssekind de Mendonça, preservado ao longo do tempo por um sobrinho que tem sido incansável em disponibilizar a documentação a pesquisadores/as. Assim como Armanda Álvaro Alberto, com quem Edgar se casou, em 1928, o arquivo pessoal deste educador que esteve presente na fundação Associação Brasileira de Educação, escreveu vários livros e teve intensa participação no debate educacional e político de seu tempo, tem recortes de jornais, fotografias, pequeninos livros escritos na infância, diários e notas de leitura. Em meio a esta farta documentação, as cartas recebidas na prisão política, entre 1935 e 1936, que chamam a atenção dos historiadores. É ainda o caso da documentação de Cecília Meireles, cujos escritos encontram-se dispersos em muitas instituições de guarda, mas que uma parte significativa está sob a guarda da família, que tem disponibilizado fotografias, poemas e crônicas que têm sido estudadas e publicadas. Recentes estudos feitos e/ou publicados, especialmente por ocasião das comemorações do seu centenário de nascimento, em 2001, quando sua obra foi reeditada, as publicações procuraram dar visibilidade à sua presença na vida intelectual brasileira, e a sua atividade no magistério foi objeto de análise. Estes trabalhos mostram como Cecília Meireles se aproximou do ideário da Escola Nova, aproximação esta que não se resumiu a ser professora, dirigir uma escola no Distrito Federal, escrever e editar a Página da Educação, no *Diário de Notícias*, entre 1930 e 1934. Ela foi responsável pela criação da primeira biblioteca pública destinada às crianças, a Biblioteca Infantil do Pavilhão Mourisco.

16. Termo usado por José Gondra (2000) para se referir à dispersão do arquivo pessoal de Anísio Teixeira. No caso de Antonio Firmino de Proença, o termo se justifica em parte, em função de parte significativa de sua obra estar disponível em diferentes instituições de guarda em Marília, Campinas e São Paulo, conforme levantamento feito por Monalisa Renata Gazoli (2007).

17. Idem. Para Gazoli (2007), são muitas as referências feitas a Antonio Firmino da Proença, mas destacam-se, no campo da história da leitura, alguns trabalhos: DONATO, Hernani. *100 anos da Melhoramentos*: 1890-1990. São Paulo: Melhoramentos, 1990; MACIEL, Francisca Isabel P.; FRADE, Isabel Cristina A. S. Cartilhas de alfabetização e nacionalismo. In: PRERES, Eliane; TAMBARA, Elomar (Org.). *Livros escolares e ensino a leitura e da escrita no Brasil (século XIX – XX)*. Pelotas: Seivas, 2003. p.27-51; MELO, Luis Correa. *Dicionário de autores paulistas*. São Paulo: Irmãos Andriolis, 1954; MORTATTI, Maria do Rosário Longo. *Os sentidos da alfabetização: São Paulo/ 1876-1994*. São Paulo: Editora UNESP, 2000; FRADE, Isabel Cristina Alves da Silva (coor.). *Cartilhas escolares: ideários, práticas pedagógicas e editoriais: construção de repertórios analíticos e de conhecimento sobre a história da alfabetização e das cartilhas* (MG/RS, 1870-1980). *Net*, Belo Horizonte/Pelotas, 2001. Disponível em: <http://www.ufpel.tche.br/fae/pesquisa/cartilha.htm>. Acesso em: 05 de março de 2007; VALDEZ, Diane. *Livros de leitura seriados para a infância*: fontes para a história da educação nacional (1866/1930). Net, [Campinas], 2004. Disponível na internet em: <http://www.periodicos.

Ao disponibilizar estes papéis para os pesquisadores, a família de Antonio Firmino de Proença mostra que, reconhecendo o valor histórico dos documentos, superou seus possíveis receios e respeitou a vontade daquele que, certamente, guardou documentos de si mesmo, com o desejo de perpetuar-se, uma vez que a elaboração de arquivos pessoais, responde ao desejo de forjar uma glória, encerra a intenção do titular de ser reconhecido pela posteridade por *uma identidade digna de nota.* [18] Constitui-se, assim, em lição que merece ser seguida, imitada e cultivada de modo a preservar a memória da educação.

13291

ESTADO DE SÃO PAULO

O DOUTOR ADHEMAR PEREIRA DE BARROS, Interventor Federal no Estado de São Paulo, nomeia o professor ANTONIO FIRMINO DE PROENÇA, diretor da Escola Secundária do Instituto de Educação da Universidade de São Paulo, para exercer o cargo de DIRETOR DA ESCOLA NORMAL MODELO DA CAPITAL.

Palácio do Governo do Estado de São Paulo, 22 de junho de 1938.

Documento de nomeação para diretor da Escola Normal Modelo da capital, 1938.

udesc.br/linhas/ojs)include/getdoc.php?id=43&article=29&mode=pdf&OJSSID=8c17e4>. Acesso em: 22 junho. 2007; e, VIDAL, Diana Gonçalves. *Uma biblioteca escolar: práticas de formação docente no Rio de Janeiro,* 1927-1935. Net, [S/L], 2005-2007. Disponível em: <http://www.extralibris.info/artigo/1>. Acesso em: 22 jun. 2007.

18. RIBEIRO, Renato Janine. (1998, p. 35).

Referências

ARQUIVO PESSOAL DE ANTONIO FIRMINO DE PROENÇA.

ARTIÈRES, Philippe. Arquivar a própria vida. In. *Estudos Históricos*. Rio de Janeiro: CPDOC/FGV, 1998. pp. 9-34.

BLASCO MARTINEZ, Rosa Maria. Los archivos familiares, planteamiento general y cuestiones para el debate. In SAEZ, Carlos (ed). *Actas del VI Congreso Internacional de Historia de la Cultura Escrita*. Vol. II. Biblioteca Literae. Calambur, 2002. pp. 391-404.

BONET, Joana e CABALLÉ, Anna. *Mi vida es mía*. Barcelona: Plaza & Janés Editores S.A. 2000.

DAUPHIN, Cécile e POUBLAN, Danièle. Maneiras de escrever, maneiras de viver: cartas familiares no século XIX. In BASTOS, Maria Helena Camara, CUNHA, Maria Teresa Santos, e MIGNOT, Ana Chrystina Venancio (orgs) *Destinos das letras: história, educação e escrita epistolar*. Passo Fundo: EDUPF, 2002. pp. 75-87.

GAZOLI, Monalisa Renata. *Bibliografia de e sobre Antonio Firmino de Proença* (1880-1946): um instrumento de pesquisa. Marília, SP: 2007: (mimeo).

GONDRA, José. Lugares de lembrar. In *Teias: Revista da Faculdade de Educação da UERJ*, 2000, pp. 74-81.

HOUAISS, Antonio. Prefácio. In. MACHADO, Ana Maria. *Recado do nome*. Martins Fontes, 1976.

MIGNOT, Ana Chrystina Venancio, BASTOS, Maria Helena Camara e CUNHA, Maria Teresa Santos. (orgs). *Refúgios do eu: educação, história e escrita autobiográfica*. Florianópolis: Editora Mulheres. 2000.

__________. e CUNHA, Maria Teresa Santos. Razões para guardar. In *Educação em questão*. Natal: UFRN, 2006, pp. 25-41.

RIBEIRO, Renato Janine. *Estudos Históricos*. Rio de Janeiro: CPDOC/FGV, 1998. pp. 35-42.

WARDE, Mirian e GONÇALVES, Gisele Nogueira. Antonio Caetano de Campos. In. *Dicionário de Educadores no Brasil: da colônia aos dias atuais*. Rio de Janeiro. Editora URRJ: MEC/INEP, 2002, pp. 104 -113.

Trajetória de Antonio Firmino de Proença

no magistério público do estado de São Paulo (1905-1938)[1]

Luiz Carlos Barreira

Escola Normal de São Paulo – Foto de junho de 1933. Acervo particular da família Proença.

Antonio Firmino de Proença iniciou sua jornada no magistério público do Estado de São Paulo, diplomando-se professor pela Escola Normal da Praça, na cidade de São Paulo. Sua vida de normalista teve início em 1901, poucos meses

1. Não tivemos acesso à informação relativa à data em que Antonio Firmino de Proença se exonerou do magistério público paulista. A data aqui considerada refere-se à sua última nomeação para ocupar um cargo público no Estado de São Paulo, neste caso, o de diretor da Escola Modelo da Capital.

antes de completar vinte e um anos de idade. Nesse mesmo ano, Oscar Thompson [2] assumia a direção da Escola Normal, cargo que ocuparia pelos vinte anos seguintes.

Diferentemente da grande maioria dos normalistas recém-diplomados naqueles tempos, Proença não ingressou no magistério lecionando em grupos escolares e, menos ainda, em escolas isoladas. Dois meses após sua formatura, ocorrida em dezembro de 1904, foi nomeado professor interino da Escola Complementar de Guaratinguetá.[3] Alguns meses depois, foi transferido para a Escola Complementar de Piracicaba, que ficava mais próxima de Sorocaba, sua cidade natal. Nesta escola, atuou como professor do 3º ano até a reforma de 1911, que transformou as escolas complementares em escolas normais primárias e criou as escolas normais secundárias. Em decorrência dessa reforma, foi nomeado para assumir a cadeira de Aritmética, Álgebra e Geometria na, já então denominada, Escola Normal Primária de Piracicaba.

Começava, assim, a peregrinação de Firmino de Proença pelas escolas normais do Estado de São Paulo, ora desempenhando a função de professor, ora a de diretor e, às vezes, as duas funções concomitantemente. A primeira dessas escolas foi a de Piracicaba (1911); depois, a de São Carlos (1913); em seguida, a de Pirassununga (1920); novamente a de São Carlos (1922); uma rápida passagem por Campinas, não para dirigir a escola normal da cidade, mas o seu Ginásio do Estado (1927); e, por último, a Escola Normal da Capital (1930). Sua transferência para a cidade de São Paulo ocorreria, entretanto, dois anos antes.

Em 5 de maio de 1928, Proença foi nomeado, pelo Secretário de Estado dos Negócios do Interior, para substituir Benedicto Maria Tolosa no cargo de

---

2. Oscar Thompson nasceu em 12 de fevereiro de 1872, na cidade de Paraibuna, Estado de São Paulo, e faleceu no dia 25 de novembro de 1935. Diplomou-se normalista em 1891 pela Escola Normal da Capital e titulou-se bacharel em Ciências Sociais e Jurídicas em 1899, pela Faculdade de Direito do Largo São Francisco. Logo após ter-se diplomado normalista, foi nomeado adjunto da Direção da Escola-Modelo masculina, anexa à Escola Normal da Capital, que era então dirigida por Miss Márcia Browne. Em 1901, assumiu o cargo de diretor da Escola Normal de São Paulo, nele permanecendo até 1920. Um dos seus mais importantes feitos no período em que dirigiu a Escola Normal da Praça foi a transformação, em 1914, do Gabinete de Psicologia dessa escola, criado em 1912, em Laboratório de Pedagogia Experimental. Esse feito, de acordo com alguns dos seus biógrafos, pode ser tomado como uma evidência das marcas do americanismo na formação de Oscar Thompson e simboliza a crença dos dirigentes modernos na ciência e nas tecnologias. Em 1920, aposentou-se e desligou-se completamente dos assuntos públicos da educação. A partir de então e até o seu falecimento, dedicou-se à cafeicultura. Cf. GONÇALVES, Gisele Nogueira; WARDE, Mirian Jorge. Oscar Thompson. In: FÁVERO, Maria de Lourdes de Albuquerque; BRITTO, Jader de Medeiros. *Dicionário de educadores no Brasil: da colônia aos dias atuais*. 2.ª ed. Rio de Janeiro: Editora UFRJ/MEC-Inep-Comped, 2002, p. 867-872.

3. Em 1903, o Congresso do Estado de São Paulo criou a Escola Complementar de Campinas e transferiu para Guaratinguetá, como escola independente, o curso complementar anexo à Escola "Prudente de Moraes", criada em 1897. Além destas duas escolas complementares, o Estado de São Paulo já contava com outras três: a da Capital, anexa à Escola Normal, criada em 1895; a de Itapetininga e a de Piracicaba, criadas em 1897.

Inspetor Geral do Ensino, durante o impedimento deste, por motivo de licença. Um ano depois, com a aposentadoria de Tolosa, foi efetivado no cargo. Somente depois dessa passagem pela Inspetoria Geral do Ensino é que seria nomeado, em dezembro de 1930, diretor da Escola Normal da Capital, na Praça da República, para nela permanecer até sua aposentadoria no magistério público estadual, no final dos anos de 1930. Depois disso, ainda teria ânimo e disposição para fundar uma escola, o ginásio "Caetano de Campos", situado à Rua Augusta, na cidade de São Paulo, do qual foi professor e diretor. Nessa escola encerraria, definitiva e prematuramente, sua carreira no magistério.

Este texto focaliza a trajetória de Antonio Firmino de Proença no magistério público do Estado de São Paulo, marcada, como se verá, por parte significativa da história do ensino normal no Estado de São Paulo, nas quatro primeiras décadas do século XX.

Na juventude, uma decisão que mudaria o curso da sua história

Antonio Firmino de Proença, à direita, 1888

Filho de Francisca Amélia de Proença, Antonio Firmino nasceu na cidade de Sorocaba, interior do Estado de São Paulo, no dia 26 de junho de 1880. Quase não há registros sobre sua ascendência, infância e adolescência. Sabe-se apenas que seu pai era de origem portuguesa. Nem mesmo os seus descendentes têm o registro ou a lembrança desses dados. Homem considerado recatado e tímido por alguns dos seus biógrafos, Firmino de Proença parece ter assim se comportado até mesmo no seio familiar. Pelo menos são essas as lembranças que dois de seus netos ainda guardam dele, através de comentários e relatos que ouviram de seus pais sobre o avô. [4] Seus documentos pessoais não informam sobre sua filiação paterna. Sua certidão de batismo, por exemplo, traz apenas o nome de sua mãe, apontada como solteira. De qualquer forma, a escassez de registros sobre a ascendência de Firmino de Proença é por si só reveladora da sua muito provável "humilde" origem social.

Nos idos de 1896, havia em Sorocaba um grupo de rapazes "estudiosos e amantes das letras" que, dentre outros feitos próprios da juventude, fundaram o Grêmio Literário 13 de Março. Firmino, como era então conhecido na roda de amigos, era um desses rapazes. O objetivo da agremiação que fundaram era a comemoração das datas nacionais, por meio de conferências e festas literárias. Nos encontros que frequentemente realizavam, debatiam "assuntos de caráter instrutivo". [5]

Nessa época, Firmino trabalhava como auxiliar de vendas no estabelecimento comercial Madureira & Barros, que atuava no comércio atacadista de arreios. A falência desse estabelecimento comercial, quase na virada do século, foi decisiva para que Firmino desse um novo rumo à sua vida. Sem o emprego com o qual não se identificava, decidiu rumar para São Paulo a fim de conseguir uma vaga na Escola Normal. Mas ainda não seria dessa vez que ele romperia definitivamente os vínculos com sua cidade natal.

Ainda em Sorocaba, mas depois de diplomado normalista, casou-se com Isaura Ciríaco de Arruda, filha de uma tradicional família sorocabana. Seu primogênito, Alaor Proença, foi o único filho do casal a nascer em Sorocaba. Cleófanes Proença e Fátima Proença (Nogueira da Silva) nasceram em Piracicaba. E o filho caçula, Aristofanes Proença, em Pirassununga. Seguiram, por assim dizer, os passos do pai nas suas andanças pelas escolas normais do Estado.

É interessante observar que, dos filhos de Proença, apenas Fátima diplomou-se normalista, também pela Escola Normal da Praça da República, como o pai. Já Alaor e Aristofanes eram físicos e Cleófanes, bancário. Duas das suas três noras também se diplomaram normalistas: Ana Ramos (de Proença), que se casou com Alaor, e Jair Veltre (Proença), casada com Cleófanes. Fechando o ciclo das mulheres normalistas da família, houve ainda cinco netas: Margot Proença, filha única de Cléofanes; Marisa Proença Nogueira da Silva, Marilena Proença Nogueira da Silva, Zeyneb Proença Nogueira da Silva e Mariângela Proença Nogueira da Silva, todas filhas de Fátima.

Muitos anos depois, o ilustre filho de Sorocaba voltaria uma última vez à sua cidade natal, "aposentado e com a saúde abalada", para descansar. Mas não permaneceu na cidade por muito tempo. De retorno a São Paulo, faleceu repentinamente aos sessenta e seis anos de idade. Era 4 de abril de 1946. No dia

4. Dados obtidos com dois netos de Antônio Firmino de Proença, em entrevista realizado em dezembro de 2008: Luiz Cesar de Proença, filho de Alaor Proença, e Mariângela Proença Nogueira da Silva, filha de Fátima Proença Nogueira da Silva.

5. Estas informações foram extraídas de fontes jornalísticas, especialmente de uma matéria publicada no dia 29 de março de 1949 no jornal *Cruzeiro do Sul*, de Sorocaba, intitulada "Reminiscências (Um vulto sorocabano)" e rubricada por I. AL, que afirma ter sido amigo de Proença nos idos de 1896-1900.

seguinte, o jornal *O Estado de S. Paulo* noticiava o falecimento e informava que o corpo do professor Proença estava sendo velado na Rua Apeninos, 980, e seria sepultado naquele mesmo dia, às 13 horas, no Cemitério São Paulo (*O Estado de S. Paulo*, 05/04/1946, p. 6).

No centenário do seu nascimento, Firmino de Proença receberia uma última homenagem de seus conterrâneos. Em carta dirigida à sua nora, Ana Ramos de Proença, nessa ocasião juíza do trabalho na capital paulista, o então prefeito de Sorocaba, José Theodoro Mendes, comunicou que decidira prestar, em nome da cidade, uma homenagem póstuma ao professor Proença, dando o seu nome a uma via pública de Sorocaba, no bairro do Caguassu. No parágrafo único do Decreto n. 3.674, de 11 de junho de 1980, que fez anexar uma cópia a essa carta,[6] consta que as placas denominativas da referida rua trariam a seguinte expressão: "Historiador – 1880-1946". Estranho aposto! Por que razão o professor Proença deveria ser lembrado por seus conterrâneos como historiador e não como educador?

Tempos de normalista na "Caetano de Campos": o lugar onde tudo começou

Como já dissemos, o ingresso de Firmino de Proença como aluno da Escola Normal da Capital ocorreu em 1901, cerca de dez anos após o início da reforma do ensino no Estado de São Paulo, iniciada por Caetano de Campos e continuada por muitos outros, como Gabriel Prestes, por exemplo. Proença viveu o cotidiano dessa escola até dezembro de 1904, quando então se diplomou. No período em que lá esteve, o curso normal estava organizado de acordo com o plano de estudo detalhado no quadro a seguir.

Quadro I – Plano de Estudo da Escola Normal (1896)

Regulamento da Escola Normal de São Paulo, aprovado pelo Decreto nº. 397, de 09 de outubro de 1896, com a distribuição das disciplinas e cargas horárias, eliminadas as séries semestrais:

6. Cf. Prefeitura do Município de Sorocaba. Secretaria de Atividades Jurídicas e Internas. Processo n.º 7.304/79 (19 de junho de 1980). Acervo particular da família Proença.

Disciplinas	**Seção Masculina Número de aulas / Ano**					**Seção Feminina Número de aulas / Ano**				
	1º	**2º**	**3º**	**4º**	**Total**	**1º**	**2º**	**3º**	**4º**	**Total**
Português	3	3			**6**	3	3			**6**
Português (história da língua)			1		**1**			1		**1**
Francês	3	3			**6**	3	3			**6**
Latim		3	3		**6**		3	3		**6**
Inglês			3	3	**6**			3	3	**6**
Aritmética e Àlgebra	5				**5**	5				**5**
Geometria, Trigonometria e Agrimensura (aplicações)		4			**4**		3			**3**
Escrituração Mercantil	2				**2**					
Economia Doméstica							3			**3**
Astronomia e Mecânica			4		**4**			4		**4**
Física e Química			5		**5**			5		**5**
História Natural				3	**3**				3	**3**
Anatomia e Fisiologia				3	**3**				3	**3**
Geografia do Brasil	1				**1**	1				**1**
Geografia Geral		3			**3**		3			**3**
História do Brasil	2				**2**	2				**2**
História Universal				2	**2**				2	**2**
Caligrafia e Desenho	3				**3**	3				**3**
Desenho		3			**3**		3			**3**
Trabalhos Manuais	3				**3**	3				**3**
Música	2	3			**5**	2	3			**5**
Exercícios Militares e Ginástica			3		**3**					
Ginástica								3		**3**
Pedagogia e Direção de escolas				3	**3**				3	**3**
Exercícios de Ensino (Escola Modelo)			5	6	**11**			5	6	**11**
Total	**24**	**22**	**24**	**20**	**90**	**22**	**24**	**24**	**20**	**90**

Fonte: Casemiro dos Reis Filho, 1995, p. 223-225.

Destacam-se, do quadro acima, os seguintes aspectos:

– Um amplo e diversificado conjunto de disciplinas, a conferir ao curso normal um perfil essencialmente enciclopédico e propedêutico, um tanto quanto distante daquele idealizado por Caetano de Campos. A reforçar esse aspecto, o espaço, bastante reduzido, que as disciplinas e atividades profissionalizantes ocupam nesse Plano.

– A importância atribuída ao aprendizado de línguas. Um terço, aproximadamente, da carga horária total do curso é reservado para o ensino, bastante equilibrado, de três línguas: português, francês, latim e inglês. A sequência em que estas línguas eram trabalhadas também chama a atenção. Talvez revele a importância que os legisladores de então, refletindo a opinião pública da época, atribuíam a cada uma daquelas línguas. Não se pode deixar de notar que boa parte da bibliografia do curso normal era em francês, visível no catálogo da Biblioteca da Escola Normal, formada por Paulo Bourroul, na década anterior, o que justificaria, ao menos em parte, a necessidade de fornecer ao futuro professor o acesso a essa língua nos dois primeiros anos.

– O espaço consagrado ao ensino das ciências, destacadamente às ciências exatas e biológicas, também chama a atenção. Espaço um pouco menor que aquele ocupado pelo ensino de línguas é reservado para o ensino dos seguintes agrupamentos de disciplinas: a) Aritmética, Álgebra, Geometria, Trigonometria e Agrimensura; b) História Natural, Anatomia e Fisiologia; c) Química e Física. A justificação da sequência desses agrupamentos está na dimensão da carga horária atribuída a cada uma das disciplinas que compõem cada um desses agrupamentos.

– Disciplinas e atividades que hoje denominaríamos de "educação artística" (desenho, caligrafia, música e trabalhos manuais) eram ministradas e desenvolvidas nos dois primeiros anos do curso normal. No que diz respeito ao espaço de tempo que ocupavam no Plano de Estudo da Escola Normal, de um total de 90 aulas, 14 delas (pouco mais que 15%) eram destinadas ao ensino dessas disciplinas. Elas eram menos "valorizadas" que o ensino de línguas e ciências exatas e biológicas e mais "valorizadas" que o ensino das disciplinas propriamente pedagógicas, assim como das ciências humanas (História e Geografia).

– Apenas 8 aulas (menos que 10% do total) eram destinadas ao ensino das disciplinas Geografia (Geral e do Brasil) e História (Geral e do Brasil). Na comparação do local com o universal, a relação é a seguinte: 5 aulas dedicadas ao universal (3 de Geografia e 2 de História) e apenas 3 ao local (1 de Geografia e 2 de História).

– "Exercícios de ensino" (prática de ensino), programados para os dois últimos anos do curso, eram realizados na Escola Modelo e consumiam pouco mais de 10% do total da carga horária do curso.

– Disciplinas propriamente pedagógicas, como Pedagogia e Direção de Escolas, eram ofertadas apenas aos alunos que cursavam o último ano e, em termos proporcionais, ocupavam o mesmo espaço de tempo que destinado à ginástica (para mulheres) e aos exercícios militares (para homens): apenas 3 aulas semanais.

– No que diz respeito à carga horária total do curso, não há distinção entre os sexos. Com exceção de duas disciplinas arroladas no Plano de Estudos da Escola Normal (Educação Doméstica, para mulheres, e Escrituração Mercantil, para homens), todas as demais estão presentes no currículo de um e de outro sexo. Há, ainda, um último aspecto a destacar no que diz respeito ao tratamento diferenciado dispensado aos sexos: ambos estavam obrigados às atividades de ginástica, mas os exercícios militares voltavam-se exclusivamente aos homens.

Para "atenuar as aperturas do horário" desse Plano de Aulas, que não abria espaço suficiente para os estudos pedagógicos, havia, segundo Almeida Júnior, algumas artimanhas. Na avaliação deste ex-aluno da Escola Normal da Capital, duas delas teriam sido bastante eficazes: a influência particular do professor e a ação pessoal do diretor. Por ocasião das comemorações do cinquentenário da Escola Normal, Almeida Júnior (1946, p. 16) assim se manifestou sobre esse assunto:

> Ciridião Buarque (insisto neste nome porque o do mestre, que, por três decênios, representou a Pedagogia oficial da Escola) sabia distinguir os alunos estudiosos, e, isto feito, procurava ampliar-lhes o horizonte. Dava a um, como tarefa especial, a leitura do "*Emílio*"; a outro, o da "*Educação*" de Spencer; a um terceiro fazia examinar páginas de Pestalozzi ou de Fröebel. Encarregou-me de apresentar-lhe um estudo sobre Jesus como educador. Involuntariamente herético li Renan.
>
> Os diretores da Escola exerceram grande influência na formação pedagógica de seus alunos. Os depoimentos pessoais dizem da ação fecunda e benéfica de Caetano de Campos, de Gabriel Prestes, de Alberto Sales. Vi, por minha vez como atuaram, sucessivamente, Oscar Thompson e Rui de Paula Sousa. Thompson, firme, como uma tempestade sempre em potencial, disciplinador, prático, acentuou ainda mais o vinco americano produzido por Miss Browne; Rui de Paula Sousa, elegante no pensamento e nas maneiras, apaixonado, desigual, de uma capacidade admirável de proselitismo, trouxe para a Escola a cultura francesa. Thompson fazia ler os manuais de Parker; Rui indicava Montaigne, e aos mais íntimos, "*Verité*" ou "*Le livre de mon ami*". Thompson punha nas mãos do estudante "*The Popular Educator*"; Rui emprestava-lhe "*L'Éducation*", e à puridade, zombava um pouco da didática, como é costume fazerem os franceses.

Em linhas gerais, pode-se dizer que o Plano de Aulas da Escola Normal da Capital, que começou a ser cumprido em 1896, visava à formação de um(a) professor(a) letrado(a), mas também conhecedor e praticante das ciências, sobretudo das ciências exatas e naturais. Talvez estejam aí as marcas da influência do positivismo sobre alguns dos influentes educadores e legisladores que ultimaram a reforma do ensino público no Estado de São Paulo, que fora iniciada por Caetano de Campos, em fins do século XIX. Refiro-me, especialmente, a Gabriel Prestes. Mas essas marcas não explicam, não justificam tudo. É preciso também considerar, na análise que fazemos das reformas do ensino, as práticas escolares. A julgar pelo testemunho de Almeida Júnior, parcialmente acima transcrito, professores e diretores da Escola Normal exerceram forte influência na formação profissional dos alunos daquela escola. Das influências recebidas e sofridas, Almeida Júnior faz referência a duas delas. A primeira refere-se à forte presença da cultura norte-americana, evidenciada na prática docente de Miss Browne, de Manuel Ciridião Buarque, lente de Pedagogia, e nas orientações que Oscar Thompson imprimiu à direção da escola. A segunda refere-se à presença da cultura francesa, cuja existência é atribuída à atuação de Paula Sousa na direção da escola, que ele exerceu entre 1910 e 1914, quando Thompson dela se afastara temporariamente para aperfeiçoar seus estudos pedagógicos nos Estados Unidos da América do Norte.

A considerar verdadeiras as palavras de Almeida Júnior, pode-se afirmar que Firmino de Proença deve ter sido fortemente influenciado pela cultura norte-americana na sua formação profissional, seja por ter sido aluno de Ciridião Buarque, seja por ter estudado na Escola Normal quando Oscar Thompson foi seu diretor.

O início da carreira no magistério público em escolas complementares

Embora algumas das breves referências biográficas de Firmino de Proença informem ter ele atuado em "diversas escolas isoladas" ou ter "peregrinado como tantos outros pelas escolas isoladas do Estado", não foram encontrados registros que confirmem tais informações. [7] Como já antecipado na introdução deste texto, o professor Proença não iniciou a sua carreira no magistério público, lecionando em escolas isoladas ou em grupos escolares. Dois meses após ter-se diplomado pela Escola Normal da Capital, foi nomeado para exercer o cargo de professor interino na Escola Complementar de Guaratinguetá. [8] Cabe, aqui, uma pequena reflexão sobre o significado histórico das escolas complementares na formação do professor primário nos anos iniciais da República, no Estado de São Paulo.

Com a Proclamação da República, em 1889, Caetano de Campos é indicado por Rangel Pestana para promover a reforma da Instrução Pública em São Paulo. Reforma que se inicia com a reestruturação da escola normal, considerada, pelos protagonistas da República recém-implantada, a *cellula mater* da nova sociedade.

7. Dentre as notas biográficas aqui referidas, conferir, especialmente, as de D'Ávila (1945 e 1946b).

8. Em decreto de 13 de fevereiro de 1905, o então presidente do Estado de São Paulo, Dr. Jorge Tibiriçá, nomeou Antonio Firmino de Proença para exercer o cargo de professor interino da Escola Complementar de Guaratinguetá, por decreto. Proença assumiu o cargo em 16 de fevereiro de 1905. Cf. Tesouro do Estado de São Paulo. Processo n.º 21.530/34 (4 de agosto de 1934). Acervo particular da família Proença

Para Caetano de Campos, a expansão e a consolidação da escola popular (a escola primária) dependeriam da formação dos seus professores. Sem professores bem-preparados, não haveria como fazer expandir a oferta de ensino elementar no Estado. A formação que Caetano de Campos então advogava para os novos mestres da República deveria ser pautada pelas modernas pedagogias então em voga nos Estados Unidos e na Europa, como a de Pestalozzi, como exemplo.

Sob a ação reformadora de Caetano de Campos, "a montagem do sistema público paulista levou até as últimas consequências o primado da visibilidade", uma vez que o sucesso da reforma condicionava-se "*à experiência de ver em execução* os novos métodos e processos de ensino que ela pretendia instaurar" (CARVALHO, 1994, p. 55). O futuro mestre da escola de 1º grau (da escola primária) deveria ver fazer e fazer por si, antes de assumir a regência de uma classe. E isto ele deveria aprender na escola-modelo, anexa à escola normal.

A escola-modelo pode ser considerada a espinha dorsal da reforma do ensino paulista no início da República. O significado histórico-pedagógico da arte de aprender a fazer (ensinar), vendo e fazendo, foi assim apresentado por Carvalho (*Ibidem*, p. 56-57):

> A ênfase dada à educação do professor na *arte de ensinar* fundava-se no princípio pestalozziano de que "a atividade é uma lei da puerícia". Deste princípio decorre a prescrição de acostumar às crianças a produzir, educando-lhes as mãos e cultivando-lhes as "faculdades em sua ordem natural". A *arte de ensinar* torna-se largamente dependente da capacidade de observar. Observar, inicialmente, a prática de professores experientes em "escolas para os mestres" [escola-modelo], já que, "sem ter visto fazer", não se aprende a ensinar. Mas, nesta situação de aprendizado, observar a própria prática de observação de que se tece a arte de instruir, modelarmente exibida nestas escolas. Observar, mais tarde, como professor já formado, que já aprendeu "de hábeis mestres todos os mil segredos que só uma arte consumada pode revelar", a "natural atividade" da criança, como o exige uma pedagogia que se propõe cultivo das "faculdades em sua ordem natural". Tal pedagogia é uma arte da minúcia, da dosagem, da gradação, que requer a observação de cada aluno na experiência de cada situação de aprendizagem. É uma pedagogia da oportunidade: nela, a observação do aluno baliza o ensino como arte cujo exercício supõe capacidade de agir no momento oportuno, transformando-o em situação propícia ao cultivo minudente e naturalmente ordenado de suas "faculdades". Pedagogia como arte, como saber-fazer. Nela, a prática da observação modula a relação ensino-aprendizagem. É uma pedagogia que, assim, se estrutura sob o primado da visibilidade, contrapondo-se ao modelo pedagógico até então dominante, centrado nos processos de memorização do saber ensinado nas escolas.[9]

9. As frases entre aspas são de Caetano de Campos. Elas foram extraídas de uma carta que Campos endereçou à Redação do jornal O Estado de S. Paulo, em 30 de março de 1890, na qual ele esclarece pontos da reforma que então realizava na Escola Normal. A carta foi literalmente transcrita por João Lourenço Rodrigues em *Um retrospecto* (1930), fonte utilizada por Marta Maria Chagas de Carvalho no texto aqui referido.

Mas o alcance da reforma do ensino idealizada por Caetano de Campos não se circunscreve, evidentemente, aos limites da escola-modelo. No sistema de ensino que idealizara, a escola de 2º grau deveria seguir à do ensino primário e estaria voltada para crianças entre 10 e 15 anos de idade. Enquanto os alunos das escolas de 1º grau (escolas do ensino primário) estariam "adquirindo algum hábito de trabalho intelectual, a vantagem da leitura, escrita e princípios de cálculo, junto com algumas noções do mundo exterior", os alunos das escolas de 2º grau seriam submetidos a um estudo "mais longo, mais completo [...] e feito de um modo integral, isto é, o mesmo para todos, e em todos os seus detalhes", qualquer que fosse "o destino a que volte o futuro cidadão" (CAMPOS *apud* RODRIGUES, 1930, p. 269). As escolas de 2º grau deveriam ensinar "tudo". Nas palavras de Campos (*Ibidem*, p. 262):

> [...] tudo que pelo conhecimento do concreto pode levar ao do abstrato, o que importa dizer: tudo que pode fazer de uma criança, um homem. A meditação sobre as ciências naturais, isto é, o conhecimento do mundo físico que nos cerca constitui hoje a melhor disciplina mental, porque esse estudo só deve fazer-se experimentalmente. O menino que se habitua a experimentar será um homem apto em todos os sentidos.
>
> Depois vem a matemática como elemento de clareza no raciocínio. O estudo incessante da língua materna, língua em que se pensa; em que se organiza a mentalidade, enriquece o vocabulário e as fórmulas de linguagem que são o transumpto do pensamento, deverá ser mantido com uma tenaz insistência. Finalmente, todos os meios gráficos de reproduzir a ideia, quer na escrita, quer no desenho, quer mesmo na música e o trabalho manual, que educa obrigando a "fazer", são também meios indispensáveis de preparo intelectual.

Na sequência do novo desenho de sistema de ensino, estaria a escola de 3º grau. Voltada para a faixa etária entre os 15 e 18 anos de idade, o objetivo desta escola era "completar a formação do homem culto", qualquer que fosse o seu destino. Para tanto, deveria completar a formação dos que quisessem ingressar nas academias, ensinando-lhes as línguas estrangeiras, as ciências abstratas (como a Filosofia) e as ciências naturais, concretas (como a Biologia). Na sequência viriam o ensino das matemáticas (como a trigonometria e a astronomia) e o da "mais complexa e difícil das ciências, a sociologia, [...] coroamento dos estudos de história, literatura, economia política e educação cívica". Por fim, o ensino da mecânica, que sintetizaria "os conhecimentos até então adquirido nos trabalhos manuais, no estudo da força etc." (*Ibidem*, p. 273).

A morte prematura de Caetano de Campos, em 12 de setembro de 1891, não interromperia, entretanto, o curso da reforma por ele iniciada, ainda que com algumas modificações. A Lei n. 88, de 8 de setembro de 1892, criou dois tipos novos de escola: as escolas de 2º grau, denominadas "complementares", e as de 3º grau, denominadas "ginásios". E, nesse mesmo momento, os legisladores paulistas promoveram uma mudança curricular radical na Escola Normal da

Capital, uma mudança ruim, na avaliação de João Lourenço Rodrigues, guardião da memória do ensino normal paulista daqueles tempos (1930, p. 296):

> Caetano de Campos, justificando pela imprensa a reforma de 1890, havia afirmado que a chave do seu mecanismo consistia antes na prática que deviam ter os alunos-mestres na escola-modelo do que nas novas cadeiras criadas no curso normal. O legislador de 1892 não pensou do mesmo modo: elevou o número das cadeiras de 10 para 17, restabeleceu o Francês, suprimida na reforma de 1890, e introduziu, no programa da Escola Normal da Capital, novas disciplinas: Inglês, Alemão, Anatomia e Fisiologia, Psicologia, Astronomia elementar, Mecânica e até Agrimensura.

Tal medida, ainda de acordo com a avaliação de João Lourenço Rodrigues, fez com que se perdesse de vista a finalidade específica da escola normal, que era a de ministrar aos candidatos ao magistério um preparo, não enciclopédico, mas profissional e prático. Embora não interrompessem o curso da reforma iniciada por Caetano de Campos, em 1890, as medidas adotadas feriam o seu espírito.

As escolas complementares, as escolas de 2º grau criadas por força de lei, em 1892, e que seriam instaladas apenas dois anos depois, tiveram o seu programa curricular estabelecido pelo Regulamento de 27 de novembro de 1893. O quadro a seguir apresenta as matérias do novo curso, distribuídas pelos seus quatro anos de duração.

Quadro II – Programa de estudo da escola complementar: 1893-1911

1º ANO	2º ANO	3º ANO	4º ANO
Português	Português	Português	Física
Francês	Francês	Trigonometria	Química
Aritmética	Álgebra	Mecânica	História Natural
Geografia do Brasil e História Pátria	Escrituração Mercantil	Cosmosgrafia	Noções de Higiene
Caligrafia	Geometria	Geografia e História Geral	Economia Política (sexo masculino) ou Doméstica (sexo feminino)
Desenho	Moral e Educação Cívica	Trabalhos Manuais	Exercícios Ginásticos
Exercícios Ginásticos	Desenho	Ecercícios Ginásticos	
	Exercícios Ginásticos		

Fonte: Rodrigues, 1930, p. 410-411

A primeira escola complementar do Estado de São Paulo foi a da capital. Ela foi instalada em 1896, anexa à Escola Normal, para "servir de paradigma para as demais, bem como de escola de aplicação para os normalistas, já que eles seriam seus futuros docentes" (TANURI, 1994, p. 47).

Em princípios de 1897, três outras escolas complementares foram instaladas no Estado de São Paulo: uma na capital, anexa à Escola Modelo "Prudente de Moraes" e duas no interior: em Piracicaba e Itapetininga. Em 1903, o Congresso do Estado de São Paulo transferiria para Guaratinguetá, como escola independente, o curso complementar anexo à Escola "Prudente de Moraes" e criaria a Escola Complementar de Campinas.

Somente com a reforma de 1911 (Decreto nº 2.025, de 29 de março de 1911) as escolas complementares deixariam de existir. De 1903 até aquela data, o Estado de São Paulo contou com apenas cinco escolas complementares, assim distribuídas: capital, Piracicaba, Itapetininga, Guaratinguetá e Campinas. Esse era o quadro de possibilidades que se apresentava a Proença quando de sua remoção para a Escola Complementar de Piracicaba.

Proença e seus alunos do 3º ano, da Escola Complementar de Piracicaba – Novembro de 1908.
(Antonio Firmino de Proença é o primeiro, à direita, sentado)

As escolas complementares apresentavam praticamente as mesmas características das escolas primárias superiores:

> [...] recebiam alunos portadores apenas do certificado do curso preliminar, independentemente do exame de admissão; possuíam um único professor para todas as disciplinas de cada série; eram desprovidas de feição profissional pela natureza de

> seu currículo, fornecendo o diploma de professor mediante um rápido treinamento prático, sem nenhuma disciplina de cunho teórico (TANURI, 1994, p. 47).

Nas rememorações e avaliações de João Lourenço Rodrigues (1930, p. 412), que foi professor complementarista, o trabalho imposto aos professores das escolas complementares era muito exaustivo: "além das 5 horas de aula, a que estavam sujeitos pelo regimento interno, deviam eles ter, no mínimo, três horas de trabalho doméstico, para o preparo conveniente das lições do dia".

A julgar pelos indícios e evidências extraídos das fontes documentais e bibliográficas que embasam a reconstrução histórica da trajetória profissional de Antonio Firmino de Proença, aqui esboçada, torna-se difícil concordar com Antônio D'Ávila (1946b, p. 107), quando este, a propósito do ingresso de Proença em uma escola complementar, afirma ter sido essa escola "a oficina mais cobiçada de nossos mestres" de então.

O mesmo Antonio D'Ávila (1946a, p. 30), rememorando, anos depois, o feito quase heroico daqueles professores complementaristas – que "romperam a estrada da vida, áspera e rude e a venceram com galhardia, graças à solidez de seus conhecimentos, firmeza de formação moral e intelectual e forças de entusiasmos com que se armaram para a luta de todos os dias" – destaca, com "os defeitos da omissão, ou esquecimento involuntário", as seguintes "figuras ilustres" que compuseram os corpos docentes das cinco escolas complementares paulistas ao longo da breve existência desse tipo de escola:

Acácio de Paula Ferreira	Erasmo de Toledo	Malvino de Oliveira
Américo de Moura	Estevam Lange Adrien	Martinho Nogueira
Antônio Alvez Aranha	Fabiano Lozano	Paulo Afonso de Andrade
Antônio Vilela Júnior	Faria Neto	Pedro Voss
Armando Bayeux	**Firmino de Proença**	Plínio Paulo Braga
Ataliba de Oliveira	Francisco Azzi	Presciliana de Almeida
Augusto Ribeiro de Carvalho	Gomes Cardim	Salvador Rocco
César Prieto Martinez	Horácio Silveira	Sud Menucci
Cimbelino de Freitas	João Lourenço Rodrigues	Tales Castanho de Andrade

Apesar de uma existência bastante efêmera – afinal, as escolas complementares existiram por apenas dezesseis anos, de 1895 a 1911 –, D'Ávila assim conclui sua homenagem aos professores acima arrolados: "Honra aos bravos complementaristas que encheram de glórias o nome da velha escola de 2º grau de S. Paulo!" (*Ibidem*).

Com exceção de Presciliana de Almeida, apenas nomes masculinos são contemplados na lista, elaborada por Antonio D'Ávila, das "figuras ilustres" que integraram os corpos docentes das escolas complementares paulistas. Precavido, ele se desculpa antecipadamente por algum "esquecimento involuntário". Curiosamente, quatro nomes de professoras complementaristas chegaram casualmente às nossas mãos: Aurélia Gomes Ribeiro, Laura Martins de Melo, Lillia Ellis M. Intyres e Vicentina Soares. Todas elas docentes de uma mesma escola complementar, a de Piracicaba, e colegas de Antonio Firmino de Proença. Supomos que Piracicaba não tenha sido uma exceção e que as outras quatro escolas complementares paulistas também tenham tido representantes do sexo feminino em seus corpos docentes. Teriam sido essas professoras pouco ou nada "ilustres" para terem sido "esquecidas" por Antonio D'Ávila? Pensamos que não. Então, o que teria produzido esse "esquecimento"? [10]

Das escolas complementares às escolas normais: reformas e progressão na carreira

As reformas do ensino normal, de 1911 e 1912, consolidaram um sistema dual de formação de docentes no Estado de São Paulo, que seria extinto apenas sete anos depois. O Decreto nº 2.025, de 29 de março de 1911, nada mais fez do que oficializar o que já vinha ocorrendo na prática: reconheceu a função que as escolas complementares vinham desempenhando até então, isto é, formar professores para o ensino primário. A partir de então, as escolas complementares foram denominadas de escolas normais primárias e "passaram a ter professores especializados por disciplinas e a incluir formação pedagógica no currículo, ainda que limitada a uma única disciplina: Pedagogia" (TANURI, 1994, p. 47). Dois grupos de cadeiras passaram a pautar a organização das recém-convertidas escolas complementares em escolas normais primárias, como demonstrado no quadro abaixo.

Quadro III – Quadro curricular das escolas normais primárias (1911)

CADEIRA	1º grupo: "Línguas e ciências	2º grupo: "Artes e trabalhos práticos"
1ª	Português	Música
2ª	Francês	Desenho e Caligrafia
3ª	Aritmética, Àlgebra e Geometria	Trabalhos Manuais
4ª	Geografia e História	Economia Doméstica
5ª	Física, Química e História Natural	Ginástica
6ª	Pedagogia e Educação Cívica	

Fonte: Rodrigues, 1930, p. 412-413

10. Cf. Estado de São Paulo. Secretaria do Interior. Diretoria Geral da Instrução Pública. Prontuário de Antonio Firmino de Proença. Carta de desagravo assinada por quatro professoras da Escola Complementar de Piracicaba (13 de novembro de 1909). Acervo particular da família Proença. Manuscrito.

O mesmo decreto que instituiu o sistema dual de formação de professores no Estado de São Paulo, também converteu os antigos docentes das escolas complementares em professores catedráticos, "aliviando-lhes os encargos por uma divisão equitativa de trabalho e permitindo-lhes a especialização como garantia de ensino mais eficiente" (RODRIGUES, 1930, p. 412).

Na mesma data em que esse decreto foi publicado (29/03/1911), Antonio Firmino de Proença, que desde 1905 era professor da Escola Complementar de Piracicaba, foi nomeado, pelo então presidente do Estado de São Paulo, Albuquerque Lins, para ocupar a cadeira de Aritmética, Álgebra e Geometria na mesma escola, que a partir de então passou a ser denominada de Escola Normal Primária de Piracicaba. Aproximadamente um ano depois (12/01/1912), seria nomeado para exercer, em comissão, o cargo de diretor dessa escola.

Sobre o significado político e social da reforma de 1911, que converteu as escolas complementares em normais primárias, assim Casemiro dos Reis Filho (1995, p. 161) se manifestou:

> São as escolas complementares, convertidas em curso normal primário, que vão difundir-se pelo interior para formar, em número suficiente, professores primários, especialmente a partir de 1903. A crônica deficiência quantitativa de professores para as escolas primárias encontrará solução com a implantação das escolas complementares nas cidades interioranas onde a clientela, constituída da classe média urbana, encontrava no magistério primário condições de trabalho. Mas essa solução encontrada reduziu o plano de ensino da formação de professor a um aprofundamento do plano de ensino das escolas elementares. Data de então a cultura geral superficial fornecida aos profissionais do magistério na Primeira República.

Em decorrência da reforma de 1911, que converteu as escolas complementares em escolas normais primárias, outra reforma foi realizada no ano seguinte. Concretizada pela Lei nº 1.341, de 16 de dezembro de 1912, essa reforma promoveu pequenas alterações no antigo currículo da Escola Normal da Capital, que passou também a contemplar a disciplina Psicologia Experimental. Ato complementar criou um laboratório de Psicologia Experimental, cuja direção foi inicialmente entregue ao professor Clemente Quaglio (cf. TANURI, 1946, p. 49). Tais medidas não produziram mudanças significativas no currículo de 1896. Este, além de ter preservado o seu caráter enciclopédico, continuou a oferecer uma precária formação pedagógica ao professor normalista.

Para se diferenciar das demais, que foram convertidas em Escolas Normais Primárias, em 1911, a Escola Normal da Capital passou a ser então denominada de Escola Normal Secundária da Capital, conforme a Lei de 1912. Foi também no âmbito dessa reforma de 1912 que outras duas escolas normais, criadas e instaladas no Estado de São Paulo no ano anterior, ganharam o status de "escola normal secundária": a de Itapetininga e a de São Carlos.

Um ano depois de ter sido nomeado para exercer, em comissão, o cargo de diretor da Escola Normal Primária de Piracicaba, Antonio Firmino de Proença foi transferido [11] para a Escola Normal Secundária de São Carlos, para nela exercer o cargo de lente da 13ª cadeira, de Métodos e Processos de Ensino, Crítica Pedagógica e Exercícios de Ensino. A partir de então e até a ocorrência de outra transferência de instituição e de município, Proença exerceria simultaneamente a função de lente e a de diretor da nova instituição. Por cinco vezes (em: 09/05/1913, 14/01/1914, 04/11/1915, 11/04/1916 e 09/08/1916), seria nomeado para assumir interinamente a direção da escola, durante os afastamentos do seu titular, Juvenal Penteado, que fora seu colega nos tempos de normalista na Escola Normal da Capital. Apenas em 10 de fevereiro de 1916 seria considerado, pelo então presidente do Estado, Francisco de Paula Rodrigues Alves, vitalício no cargo correspondente à 13ª cadeira.

A reforma do ensino iniciada por Sampaio Dória, então Diretor Geral da Instrução Pública, em 1920, alterou uma vez mais a configuração do sistema de ensino paulista. Pela Lei nº 175, de 18 de dezembro de 1920, deu-se a unificação das escolas normais, primária e secundária, pelo padrão desta última. Com essa lei, desfazia-se o sistema dual de formação docente do Estado de São Paulo. Para Leonor Tanuri (1994, p. 49),

> A década de 20 constituiu-se numa fase de reformas sucessivas em relação à estabilidade e ao continuísmo do decênio anterior. Processa-se nessa década a progressiva divulgação do ideário escolanovista, que se traduziu, no âmbito da Escola Normal, na preocupação de transformá-la em instituição de caráter essencialmente profissionalizante, com condições de proporcionar a formação técnico-pedagógica indispensável ao sucesso do ensino renovado que se queria implantar.

Escola Normal de Pirassununga – Formandos de 1921. Acervo particular da família Proença.

---

11. Nos termos do artigo 1º, § 1º da Lei nº. 1.341, de 16 de dezembro de 1912.

Em 10 de novembro de 1920, um mês e poucos dias antes da promulgação da Lei nº 175, Antonio Firmino de Proença seria nomeado, pelo então presidente do Estado de São Paulo, Washington Luís Pereira de Souza, para exercer, em comissão, o cargo de diretor da Escola Normal Primária de Pirassununga, que brevemente perderia o qualificativo de escola normal "primária" e teria o seu currículo reformulado à luz das escolas normais "secundárias", que também seriam extintas. Talvez tenha pesado, na decisão dos políticos e educadores que encabeçavam a reforma do ensino que então se iniciava (Washington Luís e Sampaio Dória), a experiência que Proença acumulara nos últimos anos, como lente e, principalmente, como diretor, ainda que interino, de uma escola normal secundária, como a de São Carlos. Por ser um cargo "em comissão", Proença permaneceria como professor efetivo (vitalício) da 13ª cadeira (Métodos e Processos de Ensino, Crítica Pedagógica e Exercícios de Ensino) da Escola Normal de São Carlos.

Um mês após a promulgação da Lei nº 175, Proença teve o seu cargo de professor transferido para a escola que começara a dirigir, mas, desta vez, para ocupar duas outras cadeiras: a de Psicologia e Pedagogia e a de Prática Pedagógica, sendo esta última, em comissão. Não se sabe por que permaneceu à frente da Escola Normal de Pirassununga por pouco mais de um ano. Em 31 de março de 1922, retornou a São Carlos, desta vez para exercer, ainda em comissão, a direção da Escola Normal da cidade.

Anos vinte: carreira consolidada (lente, diretor, escritor e inspetor)

Foi na Escola Normal de São Carlos que Proença se firmou no magistério público paulista, seja atuando como lente de disciplinas pedagógicas, seja como diretor dessa instituição. Ausentou-se dela por um curto período de tempo, entre 10 de novembro de 1920 e 31 de março de 1922, para, como dito anteriormente, assumir a direção da Escola Normal de Pirassununga, em um importante momento de redefinição do sistema de ensino normal no Estado de São Paulo, quando então se pôs fim à dualidade desse sistema, que a reforma de 1911 instituíra. Retornou à Normal de São Carlos para exercer o cargo de diretor desse estabelecimento, inicialmente como substituto e, depois, como efetivo.

A cidade de São Carlos era, nessa época, um dos principais polos de desenvolvimento econômico do Estado. Sua importância econômica, política e cultural igualava-se, ou até mesmo superava, a de outras cidades paulistas como Piracicaba, Pirassununga, Ribeirão Preto e Campinas. Ser sede de uma escola normal pertencente ao sistema público de ensino era, nesse momento da história, um sinal de riqueza, de importância política e de distinção cultural do município. É notória a importância que a sociedade paulista então atribuía às escolas normais. Evidências desse prestígio podem ser constatadas, por exemplo, nas cerimônias oficiais dos festejos cívicos ocorridos naqueles tempos. Em muitos deles, lá estavam os diretores das escolas normais registrando presença em meio às autoridades de expressão local, nacional e até mesmo internacional.

Comissão de festejos do Centenário da Independência, em São Carlos, 7 de setembro de 1922. Da esquerda para a direita, **sentados:** 1) Anníbal Silva, 2) Doutor Theodorico de Camargo, 3) Doutor Vicente Mamede de Freitas Júnior (Juiz de Direito e presidente da comissão), 4) Bellarmino de Sousa (Prefeito Municipal), 5) Padre Joaquim Manuel Gonçalves (cura da Catedral), 6) Professor Octaviano de Mello (Delegado Regional do Ensino), 7) Doutor Álvaro Sanches (Delegado de Saúde), 8) Major Manuel R. Arruda Campos; **em pé:** 1) Professor José Ferraz (do Correio de São Carlos), 2) C. Martinez (Vice-cônsul espanhol), 3) António Luiz Olaio (Vice-cônsul português), 4) Francisco Serpe (Vice-cônsul italiano), 5) Lazaro Pacheco, 6) Domingos Marinho de Azevedo, 7) Elias Zaimann, 8) Miguel Damiano, 9) **Professor Antonio Firmino Proença** (Diretor da Escola Normal de São Carlos), 10) Bento Carlos de Arruda Botelho, 11) Doutor Alípio Correa Leite. Fotografia tirada na sala das sessões da Câmara Municipal de São Carlos. Acervo particular da família Proença.

Um dos biógrafos de Proença, Antonio D'Ávila (1945, p. 147), assinala que a "velha Escola Normal Secundária de São Carlos" – que, com a reforma empreendida por Sampaio Dória, em 1920, deixara de ostentar o qualificativo de escola normal "secundária" – fora uma das mais produtivas nesse grau de instrução. "Viveiro de grandes mestres", intelectuais da envergadura de João Toledo, Carlos da Silveira, Raggio Nóbrega, Juvenal Penteado, dentre outras "expressões de nossa pedagogia e cultura", teriam passado por aquela escola (*Ibidem*). Nessa escola, Proença teria preparado "gerações e gerações de mestres, que vieram depois enobrecer nosso ensino", e estruturado "as linhas de sua didática simples, mas persuasiva, fundamentada em sólidas bases psicológicas" (*Ibidem*, p. 148).

Proença começou a escrever livros didáticos nesse momento da sua trajetória profissional. Data de 21 de outubro de 1924 o seu primeiro contrato de trabalho com a Companhia Editora Melhoramentos de São Paulo, tendo em vista a composição de uma série de quatro obras destinadas aos grupos escolares. As obras deveriam abranger todo o programa dos referidos grupos, seja no que diz respeito ao ensino primário, seja no que diz respeito ao médio. Nos termos desse contrato, encontram-se as seguintes especificações acerca da referida série de obras: uma cartilha e três livros de leitura. A cartilha deveria ter o necessário desenvolvimento para dispensar as então usuais "leituras intermediárias". Os demais livros da série deveriam abranger "todas as matérias que constam dos programas para os cursos preliminar e médio"; deveriam servir "para orientação do autor, não só os respectivos programas, como a sua experiência pessoal, e mais instruções que constam dos papéis oficiais, que se referem ao ensino público primário". Esse primeiro contrato firmado com a Companhia Melhoramentos de São Paulo estipulava, ainda, os prazos para a entrega dos trabalhos, a saber: cartilha: até 30 de abril de 1925; 1º livro: até 30 de setembro de 1925; 2º e 3º livro: até 31 de julho de 1926. A julgar pelas datas dos recibos relativos aos pagamentos estipulados em contrato, Proença não cumpriu todos os prazos. Entregou os originais da cartilha em 30 de setembro de 1925; os do 1º livro, em 5 de julho de 1926; os do 2º livro, em 20 de setembro de 1926; e os do 3º e último livro, em 25 de julho de 1927.[12]

Os primeiros e os mais significativos artigos que Proença escreveu para a imprensa paulista de educação e ensino também datam do período em que ele permaneceu na Escola Normal de São Carlos e foram publicados em periódicos a ela vinculados: a revista *Excelsior!* (1911-1916), órgão do Grêmio Normalista "Vinte e Dois de Março", e a *Revista da Escola Normal de São Carlos* (1916-1923), editada por iniciativa de um grupo de professores do corpo docente da escola. Além desses dois periódicos, Proença também publicou artigos na revista *Educação* (1927-1930), órgão da Diretoria da Instrução Pública e da Sociedade de Educação de São Paulo, e na *Revista do Professor* (1934-1939), órgão do Centro do Professorado Paulista, mas apenas depois de ter deixado definitivamente a Escola Normal de São Carlos.

Em 31 de agosto de 1927, Proença encerrava suas atividades na Escola Normal de São Carlos. Nessa data, foi nomeado, pelo então presidente do Estado de São Paulo, Dr. Júlio Prestes de Albuquerque, para exercer, em comissão, o cargo de diretor do Ginásio do Estado, em Campinas. Deveria permanecer no cargo durante o impedimento do diretor efetivo daquele estabelecimento de ensino, Amadeu Mendes, que se achava comissionado na Diretoria Geral da Instrução Pública. Aproximadamente oito meses após essa nomeação, foi indicado, pelo Secretário de Estado dos Negócios do Interior, para substituir Benedicto Maria Tolosa, como Inspetor Geral do Ensino. Proença exerceu esta função, inicialmente como substituto e, depois, como efetivo, até 11 de novembro de 1930. Nesta

12. Cf. Companhia Editora Melhoramentos de São Paulo. Contrato de cessão de direitos autorais (21 de outubro de 1924). Acervo particular da família Proença.

data, foi nomeado, pelo Interventor Federal no Estado de São Paulo, coronel João Alberto Lins de Barros, para exercer o cargo de diretor da Escola Normal da Praça da República.

Ápice da carreira: o retorno ao lugar onde tudo começou

Nos anos 30, sobretudo a partir da gestão de Lourenço Filho na Diretoria Geral do Ensino (1931-1933), o ensino normal, em São Paulo, passaria por outro ciclo de reformas. As mudanças que então começam a ocorrer na Escola Normal da Praça da República podem ser percebidas desde a denominação que esta passou a ter: Instituto Pedagógico de São Paulo.

No movimento dessas reformas, Fernando de Azevedo, ao assumir a Diretoria Geral do Ensino, em 1933, redige um novo Código de Educação para o Estado de São Paulo. Instituído pelo Decreto nº 5.884, de 21 de abril de 1933, o novo código inaugurava um novo momento na história do ensino público no Estado, especialmente no que diz respeito à formação de professores e, consequentemente, às escolas normais. O Instituto Pedagógico de São Paulo, por exemplo, teve o seu nome novamente alterado e passou a ser denominado Instituto de Educação. Nele, dois novos cursos seriam oferecidos: o secundário e o de formação de professores. Reduzido aos aspectos estritamente profissionalizantes do antigo curso normal, o curso de formação de professores seria da alçada da recém-criada Escola de Professores e teria a duração de apenas dois anos. Por sua vez, a formação propedêutica (humanista e clássica) do futuro professor, que fora até então garantida pela organização curricular da "antiga" escola normal, seria uma prerrogativa da também recém-criada Escola Secundária.

Os dirigentes que sucederam Fernando Azevedo na Diretoria Geral do Ensino, até a gestão de Almeida Júnior (1936-1938), inclusive, deram continuidade à política traçada por Azevedo.

Essa fase da história da Escola Normal da Capital teria sido, na avaliação de Almeida Júnior, a "grande fase diferenciadora" do ensino normal em São Paulo. "Uma revolução pedagógica, imposta pela evolução social" teria "naturalmente" vencido, segundo ele. Mas a que "revolução pedagógica" esse educador estaria a se referir? À extinção, em quase todos os países, dos cursos normais que visavam tanto à formação propedêutica, quanto à profissional. No Brasil, em São Paulo mais especificamente, essa "grande fase diferenciadora" teria sido inaugurada, em abril de 1933, com a transformação do Instituto Pedagógico de São Paulo em Instituto de Educação. No âmbito dessa transformação, pautada, como já afirmado anteriormente, pela separação entre formação propedêutica e profissional, foram abertos cursos para a formação de professores primários, secundários e administradores escolares, e foram mantidos apenas os cursos de aperfeiçoamento[13]. Mas não parou por aí. Um ano depois, o Instituto de Educação, isto é, "a velha Escola Normal Caetano de Campos, crescida e frondejante", seria incorporada à recém-criada Universidade de São Paulo (ALMEIDA JR., 1946, p. 19).

Primeira turma de professores universitários, do Instituto de Educação – 1939. Acervo particular da família Proença (Antonio Firmino de Proença é o quinto, da direita para a esquerda, sentado).

Para justificar a reforma que transformou o Instituto Pedagógico de São Paulo em Instituto de Educação, Almeida Júnior recorre às palavras daquele que foi o grande mentor e principal realizador dessa reforma, Fernando de Azevedo. Segundo este (AZEVEDO *apud* ALMEIDA JR., 1946, p. 18):

> As Escolas Normais, organizadas como estavam, segundo a sua velha estrutura tradicional, não serviam nem ao fim de dar uma cultura propedêutica e geral (função da escola secundária), nem ao objetivo da preparação técnica e profissional do

13. Os cursos de aperfeiçoamento de professores foram criados por Lourenço Filho, em 1931. "Ali podiam os normalistas, tanto novos como velhos, vir refazer, sob orientação atualizada, o curso profissional" (ALMEIDA JR., 1946, p. 19).

> professor primário. Era preciso, estabelecida a distinção dos dois cursos, de fins diversos, que se confundiam na mesma organização confusa e arcaica, fornecer ao curso de formação profissional uma sólida base de cultura humana ou humanista superior, de advogado, de médico ou engenheiro, como de professor primário ou secundário.

Nessa "grande fase diferenciadora" da história do ensino normal em São Paulo, Antonio Firmino de Proença desempenhou os seguintes papéis. Após a "Revolução de 1930", mais especificamente em 11 de dezembro de 1930, foi nomeado, pelo Interventor Federal em São Paulo, coronel João Alberto Lins de Barros, para exercer o cargo de diretor da Escola Normal da Praça da República. Com a reforma do ensino iniciada por Lourenço Filho e a transformação da Escola Normal em Instituto Pedagógico, foi nomeado pelo mesmo interventor federal, para exercer o cargo de diretor do Instituto Pedagógico de São Paulo. Isto, em 13 de dezembro de 1931.

À medida que avançava a reforma encetada pelos diretores da Diretoria Geral do Ensino em 1930, Proença foi, aparentemente, perdendo espaço político. Indícios dessa aparente perda de poder podem ser encontrados nas duas remoções seguintes de que foi objeto. Na primeira delas, deixou a direção do Instituto Pedagógico para assumir o posto de diretor da Escola Secundária do Instituto de Educação, criados, como se viu, durante a gestão de Fernando de Azevedo naquela Diretoria. Além desse posto de direção, foi também nomeado para exercer, em comissão, o cargo de professor-chefe da 5ª Seção (Prática de Ensino) da Escola de Professores do mesmo instituto.

Mas as forças políticas que davam sustentação ao grupo de "profissionais da educação", que entre 1930 e 1938 realizava a reforma do ensino no Estado de São Paulo, parece terem perdido espaço e mudanças ocorreram. Eis como Almeida Júnior (1946, p. 19) se refere ao momento em que foi mudado o curso daquela reforma do ensino:

> [...] certo dia de junho de 1938, inesperadamente, trazem os jornais a notícia de que o governo estadual suprimira o Instituto de Educação. Seus professores universitários eram despachados para a Faculdade de Filosofia, onde iriam constituir a seção de Educação. O resto, isto é, os cursos de preparação e de aplicação, permaneciam onde estavam, destinados a servir de suporte à futura Escola Caetano de Campos.

Pois foi nesse mesmo mês de junho, no dia 22, que Ademar Pereira de Barros, Interventor Federal no Estado de São Paulo, nomeou o então diretor da Escola Secundária do Instituto de Educação da Universidade de São Paulo, professor Antonio Firmino de Proença, para exercer o cargo de diretor da Escola Normal Modelo da Capital. Na data dessa nomeação de Proença, Luiz Gonzaga de Queiroz respondia pela direção da Diretoria Geral do Ensino. Esta seria a última nomeação de Antonio Firmino de Proença, antes de sua aposentadoria no magistério público do Estado de São Paulo.

A Escola Normal Modelo da Capital, criada por força do Decreto n.º 9.256, de 22 de junho de 1938, destinava-se a servir de padrão didático aos estabelecimentos de ensino normal, ginasial, primário e pré-primário do Estado e oferecia os seguintes cursos: a) o normal, de três anos de duração, destinado à formação do professor primário e pré-primário; b) o ginasial fundamental, de cinco anos de duração; c) o primário, de cinco anos de duração, sendo o último pré-vocacional; d) o pré-primário, de três anos de duração. O curso normal estava organizado em cadeiras e aulas, como demonstrado no quadro a seguir.

Quadro IV – Cadeiras e aulas do curso normal da Escola Normal Modelo da Capital (1938)

CADEIRAS		AULAS	
Ordem	**Denominação**	**Ordem**	**Denominação**
1ª	Pedagogia r História da Educação	1ª	Desenho Pedagógico
2ª	Psicologia Educacional	2ª	Música e Canto Orfeônico
3ª	Biologia Educacional	3ª	Artes Industriais e Domésticas para homens
4ª	Sociologia Educacional	4ª	Artes Industriais e Domésticas para mulheres
5ª	Metodologia e Prática de Ensino Primário	5ª	Educação Física Masculina
6ª	Metodologia e Prática de Ensino Pré-primário	6ª	Educação Física Feminina

Fonte: Decreto n.º 9.256, de 22 de junho de 1938, publicado no jornal *O Estado de S. Paulo* em 23 de junho de 1938, p. 5.

As escolas anexas do extinto Instituto de Educação da Universidade de São Paulo, quais sejam, a Escola Secundária (voltada para o curso ginasial fundamental), a Escola Primária e o Jardim da Infância (que oferecia o curso pré-primário) passaram a ser anexadas, com a nova reforma do ensino, à Escola Normal Modelo da Capital.

Com a supressão do Instituto de Educação da Universidade de São Paulo, vinha abaixo, na avaliação de Almeida Júnior (1946, p. 19), "o esforço de vários anos no sentido de fazer-se da Educação em todos os graus, como sucede ao Direito, à Saúde, à Agricultura, um assunto de universidade. [...] Dava-se um passo para trás".

A criação da Escola Normal Modelo da Capital reforça a avaliação de Almeida Júnior, não necessariamente no que diz respeito ao suposto recuo a que ele se refere, mas, sobretudo, quanto ao lugar que então se definia para a formação do professor primário paulista: a escola secundária.

À guisa de conclusão

A trajetória de Antonio Firmino de Proença no magistério público não foi um caso singular. Como tantos outros professores do sexo masculino formados pela Escola Normal da Praça nos primórdios da República, desenvolveu uma pluralidade de atividades: galgou quase todos os degraus da carreira do magistério público oficial – professor, diretor e inspetor de ensino –, escreveu livros didáticos e publicou artigos na imprensa periódica de educação e ensino. Trajetória pautada, como se viu, por acontecimentos que marcaram a história do ensino normal no Estado de São Paulo, como: a criação das escolas complementares e o papel que estas escolas desempenharam na formação da grande maioria dos professores das escolas primárias de então; a criação das escolas normais primárias e normais secundárias, e a consequente institucionalização de um sistema dual de ensino no Estado; a unificação das escolas normais primárias com as secundárias, sob o padrão destas últimas; a transformação da Escola Normal da Capital em Instituto Pedagógico e, depois, em Instituto de Educação, vinculado à Universidade de São Paulo; o processo de redefinição do lugar de formação do professor, com a extinção do Instituto de Educação e a criação da escola normal modelo.

Depois de ter se aposentado no magistério público e até bem pouco tempo antes de falecer, Antonio Firmino de Proença dirigiu sua própria escola, o Colégio "Caetano de Campos", e nela também lecionou. Infelizmente, não conseguimos encontrar documentos ou registros dessa sua experiência.

As primeiras homenagens póstumas ao professor Proença ocorreram por ocasião das comemorações do centenário do ensino normal em São Paulo, em 1946. Em 9 de junho daquele ano, o então denominado Instituto de Educação "Caetano de Campos" [14] "fez celebrar na Igreja da Consolação solene missa por intenção da alma dos professores e diretores falecidos, que exerceram o magistério na Escola Normal da Praça" (POLIANTEIA, 1946, p. 136).

Vinte e cinco anos depois, o nome de Antonio Firmino de Proença seria uma vez mais lembrado. Desta feita, para ser patrono de uma das mais antigas e tradicionais escolas públicas da zona Leste da cidade de São Paulo, a hoje denominada Escola Estadual "Prof. Antonio Firmino de Proença", situada no bairro da Mooca. A gênese da história desse estabelecimento de ensino [15] está na criação do primeiro Grupo Escolar da Mooca, em 1906, cujo edifício passaria também a abrigar, a partir de 1945, o então recém-criado Ginásio Estadual da Mooca. Por força da reforma do ensino de 1971, essas duas escolas seriam unificadas e a nova instituição passaria a ser denominada Escola Estadual de Primeiro Grau "Prof. Antonio Firmino de Proença". A atual denominação da escola data de 1996 e se deve a um outro movimento de reforma do ensino no Estado de São Paulo, mas esta é uma outra história.

---

14. Denominação que a Escola Normal Modelo "Caetano de Campos" (1939), antes denominada Escola Normal Modelo da Capital (1938), passou a ter a partir da reforma empreendida pelo Ministério da Educação, em 1946.

15. Disponível em: <http://www.crmariocovas.sp.gov.br>. Acesso em: 5 jan. 2009.

Referências

ALMEIDA JR, Antonio Ferreira de. A Escola Normal e a sua evolução. *Polianteia comemorativa do 1º centenário do Ensino Normal de São Paulo* (1846-1946). São Paulo: Gráfica Brescia, 1946, p. 15-19.

CARVALHO, Marta Maria Chagas de. A escola do olhar. In: REIS, Maria Cândida Delgado (org.). *Caetano de Campos: fragmentos da história da instrução pública no Estado de São Paulo*. São Paulo: Associação de Ex-alunos do Instituto de Educação Caetano de Campos, 1994, p. 53-59.

D'ÁVILA, Antonio. A escola complementar de São Paulo. *Polianteia comemorativa do 1º centenário do Ensino Normal de São Paulo* (1846-1946). São Paulo: Gráfica Brescia, 1946a, p. 29-30.

D'ÁVILA, Antonio. Antonio Firmino de Proença. *Polianteia comemorativa do 1º centenário do Ensino Normal de São Paulo* (1846-1946). São Paulo: Gráfica Brescia, 1946b, p. 107-108.

D'ÁVILA, Antonio. Antonio Firmino de Proença: sua vida e sua obra. *Educação* – Órgão do Departamento de Educação, São Paulo: Imprensa Oficial do Estado de São Paulo, v. XXXIV, nº 48 e 49, p. 146-150, jul./dez. 1945.

POLIANTEIA *comemorativa do 1º centenário do Ensino Normal de São Paulo* (1846-1946). São Paulo: Gráfica Brescia, 1946

REIS FILHO, Casemiro dos. *A educação e a ilusão liberal: origens do ensino público paulista.* Campinas, SP: Autores Associados, 1995.

RODRIGUES, João Lourenço. *Um retrospecto: alguns subsídios para a história pragmática do ensino público em S. Paulo.* São Paulo: Instituto D. Anna Rosa, 1930.

TANURI, Leonor Maria. A Escola Normal no Estado de São Paulo: de seus primórdios até 1930. In: REIS, Maria Cândida Delgado (org.). *Caetano de Campos: fragmentos da história da instrução pública no Estado de São Paulo.* São Paulo: Associação de Ex-alunos do Instituto de Educação Caetano de Campos, 1994, p. 39-52.

Antonio Firmino de Proença
na imprensa de educação e ensino

Marta Maria Chagas de Carvalho
Luiz Carlos Barreira
Ana Clara Bortoleto Nery

Formado pela Escola Normal da capital, em 1904, Firmino de Proença partilha um traço geracional distintivo: como muitos outros normalistas que frequentaram essa escola na década seguinte ao chamado "período áureo" das reformas escolares republicanas, Firmino alicerçou sua carreira profissional ocupando postos e desempenhando funções em perfeita sintonia com as estratégias políticas e pedagógicas de institucionalização escolar em São Paulo. Fazer essa afirmação não significa somente pôr em evidência o perfil de um profissional cuja bem sucedida carreira se estruturou, de modo previsto pelas práticas vigentes, galgando, sucessivamente, os postos de professor de escola complementar, de escola normal primária, de escola normal secundária, de Diretor de Escola Normal e, finalmente, de Inspetor. Não é, também, apenas destacar o traço de sua adesão profissional às crenças pedagógicas que balizaram a política de institucionalização da escola republicana em São Paulo, até 1930. Falar de uma sintonia entre as estratégias políticas e pedagógicas que regeram essa política e a vida profissional de Firmino de Proença como traço geracional distintivo é tentativa de captar o sentido de sua prática engajada, como autor de inúmeros artigos sobre questões pedagógicas, publicados na imprensa periódica educacional paulista, entre 1913 e 1934.

É preciso explicar. A economia das providências com que os republicanos paulistas promoveram a institucionalização da escola no Estado foi caudatária de uma concepção específica de "pedagogia moderna": uma "pedagogia prática", na qual "ensinar a ensinar" é fornecer bons moldes e modelos de lições (CARVALHO 1997; 2000; 2001; 2002). Centrada na reprodução de um modelo escolar por estratégias de produção de visibilidade de práticas exemplares, essa lógica punha em cena uma política educacional caracterizada pelo recurso a inúmeros dispositivos de propagação e implantação de "bons moldes", com vistas à fabricação de novas práticas de sala de aula, moldadas segundo os preceitos do que era entendido e proposto como *pedagogia moderna*. Política que punha em cena estratégias de formação docente centradas em demonstrações práticas da "arte de ensinar", exibidas nas Escolas Modelo e na divulgação impressa de modelos ou planos de lições, em livros e revistas dirigidos a professores.

Nesses termos, o sucesso da política de institucionalização da escola republicana dependia do que Hilsdorf caracterizou como "tradicional sistemática capilar da organização do ensino pela qual o conhecimento cultivado nas Escolas Normais Secundárias era disseminado paras as Escolas Normais Primárias e Complementares, e daí para as escolas Modelo, Grupos Escolares e Escolas Isoladas, estrategicamente implantados na capital e no interior" (HILSDORF, 1998, p 98).

Tal sistemática poderia se traduzir, por exemplo, em uma política de alocação de profissionais em postos estratégicos para a difusão de saberes e práticas modelares, como foi o caso das nomeações feitas por Sampaio Dória, em 1920, para os postos-chave de professores e diretores de Escolas Normais. E, certamente, tal sistemática se traduziu, como foi o caso de muitas iniciativas, em estratégias editoriais de propagação de saberes e modelos pedagógicos por todo o Estado.

Assim, como outros tantos seus contemporâneos masculinos, egressos da Escola Normal da capital no início do século, Antonio Firmino de Proença parece ter-se imbuído da mística de uma missão: atuar como uma espécie de elo de transmissão, na capilaridade do sistema que irrigava as escolas paulistas, com saberes e modelos que as fizessem funcionar de modo uníssono e sintonizado com os preceitos da *moderna pedagogia*. Instalado estratégica e sucessivamente em escolas destinadas à formação de professores, nelas aliou a docência a um persistente e minudente trabalho de difusão impressa de saberes pedagógicos. Publicando inúmeros artigos em revistas das escolas em que construiu sua carreira e, mais tarde, retomando-os, no periódico *Educação* e na *Revista do Professor*, Firmino deu continuidade a uma prática cujo produto conhecera, ainda nos bancos da Escola Normal, como aluno de Cirydião Buarque, consultando a revista *A Eschola Pública*, por indicação do mestre, nos horários destinados à frequentação da biblioteca da escola [1].

A Eschola Pública [2] foi iniciativa de professores da Escola Modelo cujo in-

---

1. A informação de que os alunos eram direcionados pelo professor para a Biblioteca, com a recomendação de que consultassem a revista *Eschola Pública*, consta do caderno de Norberto de Almeida, que cursava, em 1903, o 4º ano da escola. Os registros do aluno sobre os livros e revistas indicados pelo professor para consulta dos alunos incluem os autores José Augusto Coelho, Spencer e Werneck, de *A arte de educar nossos filhos*; e as revistas *Eschola Pública; Revista do Ensino*; *Educação*.

2. A edição consultada da revista *A Eschola Pública* corresponde à segunda fase do periódico, que tem o seu primeiro número editado em 1896. O Editorial desse número é assinado pelos professores João Borges, René Barreto, Pedro Voss, Aristides de Castro, Joaquim de Brito, Arnaldo Barreto, Ramon Roca, Alfredo Bresser, Benedito Tolosa, Oscar Thompson, Joaquim Santana, e Romão Puiggari. Esse primeiro número da 2a fase tem formato distinto do da 1a fase. Segundo o Editorial, a revista saia "em livro pelo menos de 64 páginas, oitavo francês, trazendo a capa o sumário da matéria inserta." Cf. *A Eschola Pública*. São Paulo, Typ da In-

tuito teria sido divulgar os métodos empregados nessa escola. Tratava-se, segundo João Lourenço Rodrigues, de realizar o programa proposto por Caetano de Campos, segundo o qual havia "muito a fazer na criação de bons moldes, muito livro a escrever, muita noção a adquirir". Tratava-se de colocar "à disposição dos colegas de fora, com o mais nobre desprendimento, os resultados de sua prática metodológica, das suas observações, das suas experiências; [...] modelos sugestivos para lições de linguagem, de aritmética, de ciências naturais etc." (RODRIGUES, 1930, p. 320).

Tal modo de organizar o impresso como *caixa de utensílios* (CARVALHO, 2000; 2001; 2006) mantém estreita relação com as "regras culturalmente enraizadas que compunham a crença dos republicanos paulistas no impacto renovador do que era entendido e proposto como *pedagogia moderna*" (CARVALHO, 2001, p. 144). Na materialidade desse tipo de impresso, como observa Carvalho, é todo um repertório de saberes que se ordenam e se dispõem como ferramentas de organização da escola em moldes compatíveis com essa pedagogia:

> [...] a crença na eficácia inconteste dos processos de *ensino intuitivo*; concepções acerca da natureza infantil formuladas nos marcos de uma psicologia das *faculdades mentais*; a aposta na pedagogia moderna como *corpus* de saberes e de instrumentos metodológicos aptos a viabilizar a escola de massas, organizando o ensino simultâneo em classes numerosas (2001, p. 146).

A revista *A Eschola Pública* foi publicada entre 1893 e 1897[3], mas seus exemplares, encadernados em volumes, na forma de livros, eram geralmente dispostos para a consulta de professores e alunos nas bibliotecas das escolas complementares e Normais, como espécies de Manuais de Pedagogia. Tais usos da revista produziram-na como referência para um tipo de produção escrita dos professores e diretores das escolas normais e dos inspetores de ensino que se auto-investiam da incumbência de propagar os *bons moldes*, tal como propusera Caetano de Campos, valendo-se do impresso como ferramenta de formação de professores e de divulgação de práticas conformadas aos preceitos da *pedagogia moderna*.

---

dustrial de São Paulo, 1896, Ano I, n.I.

3. No catálogo *Imprensa Periódica Educacional Paulista*, organizado por Denice Barbara Catani e Cynthia Pereira de Sousa, consta a informação de que a revista circulou como publicação mensal em 1893 e 1894, e que a partir de 1895 obteve apoio financeiro da Secretaria do Estado do Interior. Nesse ano é publicado um número especial da revista. A partir de 1896 a revista passa a ser publicada trimestralmente. Cf. Catani e Sousa (1999).

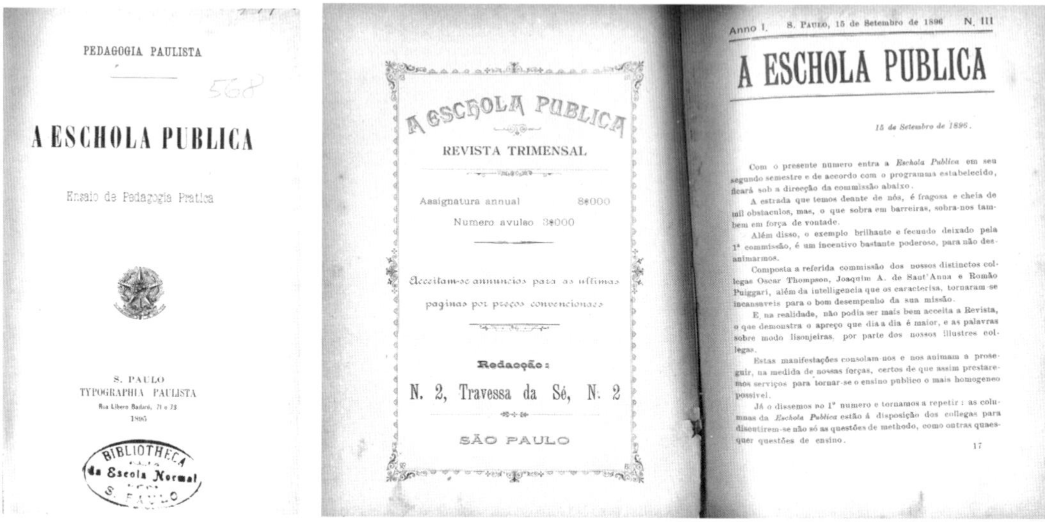
PEDAGOGIA PAULISTA

A ESCHOLA PUBLICA

Ensaio de Pedagogia Pratica

S. PAULO
TYPOGRAPHIA PAULISTA
Rua Libero Badaró, 71 e 73
1895

A ESCHOLA PUBLICA

REVISTA TRIMENSAL

Assignatura annual 8$000
Numero avulso 3$000

Acceitam-se annuncios para as ultimas paginas por preços convencionaes

Redacção:

N. 2, Travessa da Sé, N. 2

SÃO PAULO

Anno I. S. Paulo, 15 de Setembro de 1896 N. III

A ESCHOLA PUBLICA

15 de Setembro de 1896.

Com o presente numero entra a *Eschola Publica* em seu segundo semestre e de accordo com o programma estabelecido, ficará sob a direcção da commissão abaixo.

A estrada que temos deante de nós, é fragosa e cheia de mil obstaculos, mas, o que sobra em barreiras, sobra-nos tambem em força de vontade.

Além disso, o exemplo brilhante e fecundo deixado pela 1ª commissão, é um incentivo bastante poderoso, para não desanimarmos.

Composta a referida commissão dos nossos distinctos collegas Oscar Thompson, Joaquim A. de Sant'Anna e Romão Puiggari, além da intelligencia que os caracterisa, tornaram-se incansaveis para o bom desempenho da sua missão.

E, na realidade, não podia ser mais bem acceita a Revista, o que demonstra o apreço que dia a dia é maior, e as palavras sobre modo lisonjeiras, por parte dos nossos illustres collegas.

Estas manifestações consolam-nos e nos animam a proseguir, na medida de nossas forças, certos de que assim prestaremos serviços para tornar-se o ensino publico o mais homogeneo possivel.

Já o dissemos no 1º numero e tornamos a repetir: as columnas da *Eschola Publica* estão á disposição dos collegas para discutirem-se não só as questões de methodo, como outras quaesquer questões de ensino.

17

Revista a Eschola Publica, 1ª fase – 1895 e 2ª fase – 1896.

A *Revista do Ensino* (1903-1918) e a *Revista Escolar* (1925-1927) são testemunhos da longevidade desse modo de conceber o papel do impresso como dispositivo de produção do campo normativo da Pedagogia. Também alguns Manuais, como os de autoria de João Toledo, *Didática* e *Planos de Lição*, publicados, respectivamente, em 1930 e 1934, são testemunhos da longevidade dessa modalidade de configuração material do impresso que Carvalho chama de *caixa de utensílios*. Nesses impressos, reproduzia-se uma prática que se representava herdeira de um legado e continuadora de uma tradição; legado e tradição produzidos nos discursos que, nas duas primeiras décadas do século, instauraram, como bem observa Catani (1993), a representação nostálgica de um *período áureo* da educação paulista.

Catani entende que, nas primeiras duas décadas do século XX, a recorrente invocação dessa representação nostálgica nos discursos dos professores paulistas cumpre um duplo papel: "fornece o modelo exemplar de compreensão e condução das questões educacionais e reafirma a existência de 'tradições' a serem cultivadas ou celebradas, como que a fortalecer os limites do campo que se estava organizando profissionalmente" (CATANI, 1993, p. 5).

Partilhando esse entendimento, consideramos que, nas primeiras décadas do século XX, em São Paulo, as práticas de difusão impressa de *modelos de lições* e de *bons moldes* de ensino cumprem papel análogo ao apontado por Catani, com relação à invocação nostálgica do referido *período áureo*. De modo não nostálgico – ressalte-se – essas práticas atualizam as convicções pedagógicas e os projetos que, segundo as representações dominantes, animaram esse período, propondo-se a si próprias como continuadoras de uma tradição e herdeiras de um legado.

A partir dos últimos anos da década de 1920, quando são muitos os indícios de que, sob o impacto da tumultuada difusão das proposições da *pedagogia da escola nova*, a chamada *pedagogia moderna* começa a dar sinais de esgotamento, difundir *modelos de lições* na imprensa especializada em educação é prática que passa a indiciar posições no já então conturbado campo de disputas pelo controle da escola paulista. Mas é preciso esclarecer: a relação forte que tal prática manteve com uma concepção de pedagogia como *arte de ensinar*, como foi o caso dos modelos de lições apresentados na revista *Eschola Pública*, nem sempre está presente. Muitas matérias publicadas na imprensa de educação são *planos de lições*, calcados nos *passos formais* de Herbart, que configuram o impresso como *caixa de utensílios* e não *modelos de lições* propostos à imitação, como práticas exemplares, como foi o caso da revista *Eschola Pública*.

Nas cinco primeiras décadas republicanas, muitas iniciativas foram tomadas por instituições públicas ou privadas que, de algum modo, consideravam importante o papel do impresso como dispositivo de difusão e propaganda de preceitos e modelos pedagógicos entre o professorado. Alguns desses periódicos, afinados com os propósitos da primeira geração republicana, privilegiavam a publicação de *modelos de lições*, como foi o caso da *Revista do Ensino*, órgão da *Associação Beneficente dos Professores Públicos do Estado*, especialmente em sua terceira fase (1911-1918) [4], publicada "sob a imediata orientação" dessa Diretoria; ou a divulgação impressa de *planos de lições*, como foi o caso da *Revista Escolar* (1925-1927) [5], editada por iniciativa da Diretoria Geral da Instrução Pública de São Paulo. Iniciativas editoriais distintas, menos convencidas do acerto dessa estratégia de uso impresso na moldagem das práticas de sala de aula, deram menos espaço à difusão impressa de *modelos* ou *planos de lições*, como foi o caso da *Revista da Sociedade de Educação* (1923-1924), órgão da Sociedade de Educação de São Paulo, fundada em 1922, que reuniu, entre outros, Sampaio Dória, Lourenço Filho, Fernando de Azevedo, Renato Jardim e, mais tarde, entre 1927 e 1931, Antonio Firmino de Proença [6]. Esse foi também o caso da revista *Educação* (1927-1930), publicada pela Diretoria Geral da Instrução Pública de São Paulo em parceria com a *Sociedade de Educação*, que teve Firmino de Proença como um dos seus principais colaboradores.

A partir de 1911, com a ampliação do número de Escolas Normais e com a organização de Grêmios Normalistas, vem a público uma série de publicações periódicas, voltadas para as questões de educação e ensino. Entre elas, a *Revista*

4. Cf. Catani (2003).

5. Cf. Nery (1994).

6. Proença foi membro da Sociedade de Educação na sua 2ª fase de existência (1927-1931). Compunha a Comissão de Ensino Primário criada para discutir temas relativos a este nível de ensino nas sessões da entidade. A Comissão era formada por Antonio Firmino Proença, Branca Canto e Mello, Hortência Pereira Barreto, José de Azevedo Antunes, Renato Jardim e Zuleika de Barros Pereira (NERY, 1999; SILVA, 2008).

da Escola Normal Secundária de São Carlos (1916-1923) e a revista *O Estudo* (1912), ambas, iniciativas de professores da Escola Normal Secundária de São Carlos; e a *Revista de Educação* (1921-1923), da Escola Normal de Piracicaba, também iniciativa de professores. Há ainda indícios da publicação de outros periódicos pelos professores, em Piracicaba, como o jornal *O Monitor*, da Escola Complementar de Piracicaba [7]. É importante referir, ainda, publicações periódicas de iniciativa de alunos, que contaram com a participação de professores, como a revista *O Estímulo*, publicada de 1904 a 1920 pelo grêmio normalista 22 de agosto, da Escola Normal Secundária da Capital, e *Excelsior* (1911-1916), revista dos alunos da Escola Normal Secundária de São Carlos, representantes do Grêmio Normalista.

Revista Excelsior, n. 3, fev. 1913 (capa).
Fonte: Nery, 2007.

A revista *Excelsior* foi o primeiro periódico em que Firmino de Proença colaborou. Editada entre 1911 e 1916, a existência dessa revista é devida à iniciativa dos alunos do Grêmio Normalista "Vinte e Dois de Março", da Escola Normal Secundária de São Carlos [8]. Em seu primeiro editorial, são apresentados os objetivos da publicação: "cultivar o próprio gosto literário, desenvolver o seu discernimento discutindo os problemas didáticos de maior momento, congregar os esforços, formar o espírito de classe" (*Excelsior*, n.1, 1911, p. 5).

---

7. A Escola Complementar de Piracicaba, criada em 1896, foi transformada em Escola Normal Primária de Piracicaba em 1911.

8. Sobre a revista Excelsior, consultar NERY (2007 e 2008).

Criada com o incentivo do diretor da escola, João Chrysostomo Bueno dos Reis Júnior, a revista tem à sua frente João Lourenço Rodrigues, então Lente de Aritmética e Álgebra da Escola Normal de São Carlos [9]. Dirigida aos alunos das Escolas Normais, parece que sua circulação não ficou restrita à Escola Normal Secundária de São Carlos, pois há indicações de que houve troca de publicações entre os grêmios estudantis. Ao que parece, a revista circulou também fora da escola, na cidade de São Carlos, atraindo leitores extra-muros escolares. A revista propagava ideais republicanos, com ênfase positivista, e propunha-se como revista literária, trazendo em suas páginas escritos de autores consagrados, como Machado de Assis, Rui Barbosa e Euclides da Cunha, misturados com pequenos ensaios poéticos, escritos pelos próprios alunos.

Iniciativa de alunos, a revista publicou artigos dos professores: Antonio Firmino de Proença; João Lourenço Rodrigues; Mario Natividade; Flávio Sampaio; Pinto e Silva; Roldão Lopes de Barros e Theodoro de Moraes. Apenas dois artigos de Proença foram publicados nela. O primeiro deles foi editado no quinto número, que veio a público em 1913. Intitulado "A bandeira nacional", é um dos primeiros, senão o primeiro artigo que Proença publicou na imprensa de educação e ensino. Nesse artigo, recua no tempo em busca das diferentes bandeiras usadas no Brasil ao longo da sua história política, assim balizada por ele: Brasil-Colônia (1500-1815), Brasil-Reino (1815-1822), Brasil-Império (1822-1889) e Brasil-República (desde 1889). A narrativa tem início com a descrição da primeira bandeira dessa história, a bandeira real portuguesa, e é finalizado com a transcrição literal e integral do decreto n. 4 de 19 de novembro de 1889, que conferiu ao Brasil nova bandeira e novas armas. O fio condutor da narrativa parece ser a lógica que propõe reconhecer nessas mudanças dos símbolos nacionais o "respeito à continuidade histórica". Três anos mais tarde, Proença publicaria o segundo (e último) artigo de sua autoria nessa revista. Intitulado "No domínio da técnica – Lições indutivas", o artigo traz, como se verá mais adiante, uma explanação bastante didática do método de ensino herbartiano.

A *Revista da Escola Normal de São Carlos* foi o segundo periódico a publicar artigos do professor Proença. Essa revista veio a público graças à iniciativa de um grupo de professores pertencentes ao corpo docente dessa escola, interessados em divulgar "as lucubrações a que, por dever de ofício, se entregavam" (*Revista da Escola Normal de São Carlos*, v. 1, n. 1, p. 1). O primeiro número do periódico apresenta os seus propósitos:

> Era sensível [...] a falta de uma publicação que servisse por fonte informativa, relativamente à orientação do ensino em tal instituto pedagógico, bem como para mais tarde lembrar os dias alegres passados na labuta de formação dos futuros mestres

9. Além de autor de livros como *Um retrospecto* e *Livro jubilar da Escola Normal* (de São Paulo), João Lourenço Rodrigues foi professor da Escola Normal da Capital e Inspetor da Instrução paulista.

> que em São Carlos recebem a investidura para a tarefa pesadíssima do magistério primário.
>
> Esse é o motivo do apparecimento da presente publicação que registrará em suas páginas trabalhos sobre pedagogia, critica de livros, ensaios philosophicos e outros que possam contribuir para augmentar entre os moços o amor pelos estudos.
>
> Serão recebidas com grande deferência, e mesmo com reconhecimento as criticas que os entendidos se dignarem fazer com relação ás matérias aqui tratadas (RENSC, vol. 1, n. 1, p. 1).

O público-alvo da revista era os alunos da própria escola, bem como os das demais escolas normais, principalmente do Estado de São Paulo. Circulou entre 1916 e 1923 e, nesse período, apenas treze números foram editados [10]. Deles, constam 90 artigos escritos por professores e ex-professores da Escola Normal de São Carlos e de outras Escolas Normais paulistas. Nela colaboraram, entre outros, Carlos da Silveira, João Augusto de Toledo, Antônio Firmino de Proença e Francisco Azzi [11] . Quando, em 1920, com a Reforma Sampaio Dória, muitos professores da instituição foram transferidos para outras Escolas Normais do Estado,

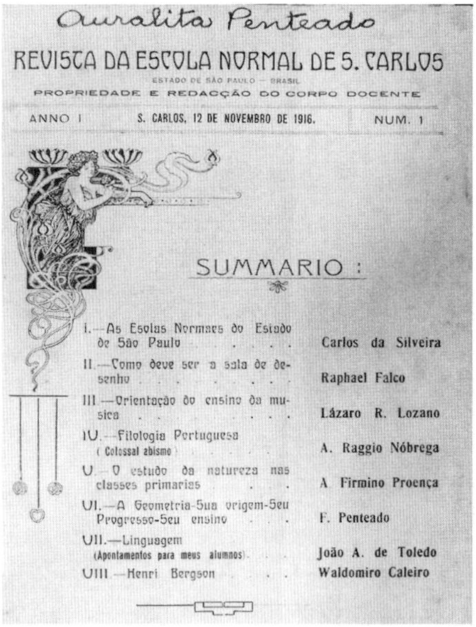
Auralita Penteado

REVISTA DA ESCOLA NORMAL DE S. CARLOS

ESTADO DE SÃO PAULO — BRASIL

PROPRIEDADE E REDACÇÃO DO CORPO DOCENTE

ANNO I | S. CARLOS, 12 DE NOVEMBRO DE 1916. | NUM. 1

SUMMARIO :

I.—As Escolas Normaes do Estado de São Paulo	Carlos da Silveira
II.—Como deve ser a sala de desenho	Raphael Falco
III.—Orientação do ensino da musica	Lázaro R. Lozano
IV.—Filologia Portugueza (Colossal abismo)	A. Raggio Nóbrega
V.—O estudo da natureza nas classes primarias	A. Firmino Proença
VI.—A Geometria-Sua origem-Seu Progresso-Seu ensino	F. Penteado
VII.—Linguagem (Apontamentos para meus alumnos)	João A. de Toledo
VIII.—Henri Bergson	Waldomiro Caleiro

Revista da Escola Normal de São Carlos, n. 1, Nov. de 1916.
Fonte: Nery, 2007.

10. Sobre a Revista da Escola Normal de São Carlos, consultar NERY (2007 e 2008).

11. Arthur Raggio Nóbrega; Astor Dias de Andrade; Ataliba de Oliveira; Atugasmin Médici; Dagoberto Salles; Domingos de Vilhena; Duilio Ramos; Elisiario Fernandes de Araújo; Ezequiel de Moraes Leme; Fausto de Souza; Francisco Z. de Oliveira Penteado; Lázaro R. Lozano (irmão de Fabiano Lozano e criadores do Orfeão Escolar nas Escolas Normais); Manoel de Toledo Silva; Mário Natividade; Mello Ayres; Raphael Falco; Sebastião Paulo de Toledo Pontes; Theodorico L. de A. Camargo; Waldomiro Caleiro.

o vínculo com a revista não foi rompido e muitos deles continuaram a produzir artigos para o periódico, o que provavelmente ampliou sua circulação [12].

Proença foi responsável pela organização da seção Escola Primária, a única da revista, tendo publicado treze artigos no periódico. Esses artigos não trazem, apenas, planos de lições calcadas nas proposições herbartianas, um dos principais traços da produção de Proença. Contemplam, também, discussões de temas candentes, como o serviço militar obrigatório, cuja institucionalização Proença comemora e festeja, em sintonia com as campanhas da Liga Nacionalista de São Paulo, entidade cuja voz se faz ouvir em diversos artigos publicados na revista. Trazem discussões sobre os modernos métodos de ensino. É o autor de um tocante elogio fúnebre ao colega e amigo Juvenal Penteado, revelador de algumas das práticas escolares daqueles tempos, especialmente no que diz respeito aos métodos de ensino de língua estrangeira. Seus artigos recorrem a muitos autores estrangeiros, destacando-se a defesa que faz de um tipo de ensino baseado nos princípios proclamados por Pestalozzi e nos passos formais de Herbart. Em seu artigo Methodo Didactico, ao expor o "plano da escola herbartiana", conclui que "ensinar não é mais do que ajudar o aluno a aprender" (PROENÇA, 1917, p. 25). Foi colaborador da revista não apenas no período em que foi professor da escola, publicando artigos nela após sua transferência para Pirassununga.

O terceiro e mais importante periódico da imprensa paulista de educação e ensino em que Proença publicou artigos foi a revista *Educação* [13]. Voltada principalmente para o professor do ensino primário, essa revista circulou entre 1927 e 1961. O primeiro número veio a público em outubro de 1927, em substituição à *Revista Escolar*. Das várias fases ou ciclos de vida da revista *Educação*, apenas a primeira interessa aqui destacar: o período em que ela foi órgão da Diretoria da Instrução Pública em parceria com a Sociedade de Educação de São Paulo, ou seja, entre 1927 e 1930 [14]. Nesse período, cinco membros compunham a sua Comissão de Redação: Amadeu Mendes, Roldão de Barros e João Toledo, representando a Instrução Pública; Lourenço Filho e Pinto e Silva, representando a Sociedade de Educação de São Paulo (VILELA, 2000, p. 15). É interessante observar que Proença foi membro da Sociedade de Educação de São Paulo e só publicou artigos na revista *Educação* no período em que a edição dessa revista esteve sob a responsabilidade da parceria acima informada [15].

---

12. Fonte importante para o estudo da Reforma de 1920, a revista capta, sob determinado ângulo, saberes e práticas pedagógicas e educacionais anteriores a esta e o momento posterior, com um entusiasmo inicial perante a reforma e com algum desânimo após as modificações implantadas por Guilherme Kuhlmann, que substituiu Doria, após sua exoneração do cargo de Diretor Geral da Instrução Pública, em 1921. Guilherme Kuhlmann permaneceria no cargo de Diretor Geral da Instrução Pública de maio de 1921 a outubro de 1924.

13. Sobre a revista Educação, consultar Catani (2003), especialmente o primeiro apêndice, Vilela (1997 e 2000).

14. Em 1930, a revista Educação contava com aproximadamente 4.500 assinantes (SÃO PAULO, 1930, p. 219).

15. É interessante também registrar que a Revista Escolar é publicada pela Diretoria de

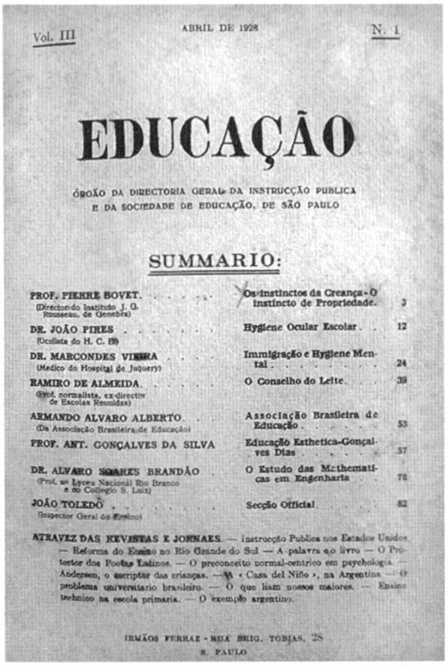

Vol. III ABRIL DE 1928 N. 1

EDUCAÇÃO

ÓRGÃO DA DIRECTORIA GERAL DA INSTRUCÇÃO PUBLICA E DA SOCIEDADE DE EDUCAÇÃO, DE SÃO PAULO

SUMMARIO:

PROF. PIERRE BOVET (Director do Instituto J. J. Rousseau, de Genebra)	Os instinctos da Creança - O instincto de Propriedade	3
DR. JOÃO PIRES (Oculista do H. C. [illegible])	Hygiene Ocular Escolar	12
DR. MARCONDES VIEIRA (Medico do Hospital de Juquery)	Immigração e Hygiene Mental	24
RAMIRO DE ALMEIDA (Prof. normalista, ex-director de Escolas Reunidas)	O Conselho do Leite	39
ARMANDO ALVARO ALBERTO (Da Associação Brasileira de Educação)	Associação Brasileira de Educação	53
PROF. ANT. GONÇALVES DA SILVA	Educação Esthetica-Gonçalves Dias	57
DR. ALVARO SOARES BRANDÃO (Prof. no Lyceu Nacional Rio Branco e no Collegio S. Luiz)	O Estudo das Mathematicas em Engenharia	78
JOÃO TOLEDO (Inspector Geral do Ensino)	Secção Official	82

ATRAVEZ DAS REVISTAS E JORNAES — Instrucção Publica nos Estados Unidos — Reforma do Ensino no Rio Grande do Sul — A palavra e o livro — O Protector dos Poetas Latinos — O preconceito normal-centrico em psychologia — Andersen, o escriptor das crianças — A « Casa del Niño », na Argentina — O problema universitario brasileiro — O que liam nossos maiores — Ensino technico na escola primaria — O exemplo argentino.

IRMÃOS FERRAZ - RUA BRIG. TOBIAS, 28
S. PAULO

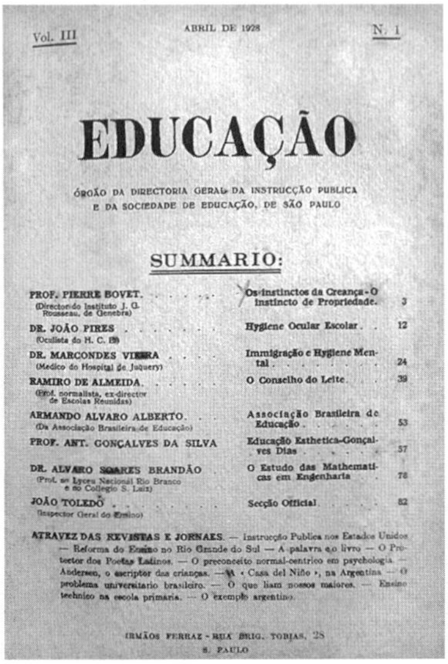

Vol. III ABRIL DE 1928 N. 1

EDUCAÇÃO

ÓRGÃO DA DIRECTORIA GERAL DA INSTRUCÇÃO PUBLICA E DA SOCIEDADE DE EDUCAÇÃO, DE SÃO PAULO

SUMMARIO:

PROF. PIERRE BOVET (Director do Instituto J. J. Rousseau, de Genebra) — Os instinctos da Creança - O instincto de Propriedade 3
DR. JOÃO PIRES (Oculista do H. C. [illegible]) — Hygiene Ocular Escolar 12
DR. MARCONDES VIEIRA (Medico do Hospital de Juquery) — Immigração e Hygiene Mental 24
RAMIRO DE ALMEIDA (Prof. normalista, ex-director de Escolas Reunidas) — O Conselho do Leite 39
ARMANDO ALVARO ALBERTO (Da Associação Brasileira de Educação) — Associação Brasileira de Educação 53
PROF. ANT. GONÇALVES DA SILVA — Educação Esthetica-Gonçalves Dias 57
DR. ALVARO SOARES BRANDÃO (Prof. no Lyceu Nacional Rio Branco e no Collegio S. Luiz) — O Estudo das Mathematicas em Engenharia 78
JOÃO TOLEDO (Inspector Geral do Ensino) — Secção Official 82

ATRAVEZ DAS REVISTAS E JORNAES — Instrucção Publica nos Estados Unidos — Reforma do Ensino no Rio Grande do Sul — A palavra e o livro — O Protector dos Poetas Latinos — O preconceito normal-centrico em psychologia — Andersen, o escriptor das crianças — A « Casa del Niño », na Argentina — O problema universitario brasileiro — O que liam nossos maiores — Ensino technico na escola primaria — O exemplo argentino.

IRMÃOS FERRAZ - RUA BRIG. TOBIAS, 28
S. PAULO

Revista Educação, v. III, abr. 1928 e v. VI, jan.fev.mar., 1930

A grande maioria dos artigos que o professor Firmino publicou na revista *Educação* traz basicamente *planos de lições*, sobretudo "lições" de ciências naturais e exatas para as escolas primárias e secundárias. Parte significativa deles, entretanto, já havia sido publicada na *Revista da Escola Normal de São Carlos*, com pequenas alterações de título ou de conteúdo.

Com o encerramento da primeira fase da revista *Educação*, em setembro de 1930, até a sua aposentadoria no magistério público oficial, Proença não mais publicaria artigos na imprensa de educação e ensino. Tais ocorrências coincidem com sua nomeação para a diretoria da Escola Normal da Praça da República, ocorrida em novembro de 1930. A única e singela exceção foi a sua fugaz (e talvez pouco significativa) participação na *Revista do Professor*, órgão do Centro do Professorado Paulista – CPP [16]. Nos primeiros números desta revista, publicados no primeiro semestre de 1934, Proença colaborou apenas com quatro pequenos artigos (de uma ou duas páginas) sobre o que considerava "erros" no ensino da Aritmética. Já havia antecipado esse assunto, entretanto, aos seus leitores da revista Educação alguns anos antes. Dentre os "erros" apontados por ele no ensino

Instrução Pública durante a administração de Pedro Voss, que adquire a Cartilha Proença, publicada em 1926, e a divulga amplamente nas escolas primárias do Estado. A reforma do ensino empreendida por Pedro Voss, em 1925, foi considerada por alguns dos participantes do Inquérito promovido por Fernando de Azevedo, em 1926, para O Estado de S. Paulo, como retrógada e reacionária, por retomar as idéias presentes na reforma Caetano de Campos, no chamado período áureo da Instrução paulista.

16. Sobre o Centro do Professorado Paulista, o CPP, e a sua *Revista do Professor*, consultar Vicentini (1997).

da Aritmética destacam-se os seguintes: "raciocinar pelo aluno" e "não exigir do aluno exatidão nos cálculos e nos resultados".

O quadro a seguir traz informações sobre os artigos que Proença publicou na imprensa de educação e ensino, desde os seus primeiros tempos de professor, na Escola Normal de São Carlos, até o momento em que assumiu a função de Inspetor Geral do Ensino, em São Paulo.

Quadro IV – Cadeiras e aulas do curso normal da Escola Normal Modelo da Capital (1938)

TÍTULO	PERIÓDICO	N^0	DATA	PÁG.
A bandeira nacional	*Excelsior!*	5	Nov. 1913	16-18
No domínio da técnica. Lições indutivas	*Excelsior!*	7	Set. 1916	8-9
O estuda da natureza nas classes primárias: algumas considerações acerca do assunto	*Revista da Escola Normal de São Carlos*	Ano I, n.1	Nov. 1916	24-26
Método didático	*Revista da Escola Normal de São Carlos*	Ano I, n.2	Jun. 1917	25-26
Ensino primário - Estudo da natureza: O milho	*Revista da Escola Normal de São Carlos*	Ano II, n.4	Jun. 1918	45-56
Juvenal Penteado	*Revista da Escola Normal de São Carlos*	Ano III, n.6	Jun. 1919	3-12
Ensino primário - Lições indutivas	*Revista da Escola Normal de São Carlos*	Ano IV, n.7	Dez. 1919	61-67
A escola e a caserna - ensino primário	*Revista da Escola Normal de São Carlos*	Ano IV, n.8	jun. 1920	63-70
Ensino primário – Linguagem nas classes inferiores (vocabulário) – Linguagem nas classes adiantadas (composição	*Revista da Escola Normal de São Carlos*	Ano IV, n. 8	Jun. 1920	95-107
Desperdício de energia nas escolas	*Revista da Escola Normal de São Carlos*	Ano V, n. 9	Nov. 1920	50-54

TÍTULO	PERIÓDICO	Nº	DATA	PÁG.
Ensino primário: sugestões para o estudo da natureza no 1º ano preliminar	*Revista da Escola Normal de São Carlos*	Ano VI, n. 10	Jun. 1921	59-65
A mosca	*Revista da Escola Normal de São Carlos*	Ano VII, n. 12	Dez. 1922	65-71
Métodos de ensino elementar	*Revista da Escola Normal de São Carlos*	Ano VII, n. 12	Dez. 1922	72-73
Lições de Aritmética	*Revista da Escola Normal de São Carlos*	Ano VIII, n. 13	Dez. 1923	54-58
Ciências naturais: forficulideos	*Revista da Escola Normal de São Carlos*	Ano VIII, n. 13	Dez. 1923	58-59
Ciências naturais: contribuições para o ensino desta disciplina nas escolas primárias (crustáceos)	*Educação*	V. IV, n. 1	Jul. 1928	60-63
Ciências naturais: contribuições para o ensino desta disciplina nas escolas primárias (insetos)	*Educação*	V. IV, n. 2-3	Ago./set. 1928	162-166
Ensino primário – Propriedades do álcool	*Educação*	V. V, n. 2-3	Nov./dez. 1928	294-296
Linguagem nas classes adiantadas (composição)	*Educação*	V. VI, n. 2	Jan./fev. 1929	153-162
Planos de lições primárias: sugestões para o estudo da natureza no 1º ano preliminar	*Educação*	V. VI, n. 3	Mar. 1929	303-309
Planos de aulas primárias – Lepidópteros	*Educação*	V. VIII, n. 1	Jul. 1929	71-79
Estudo da natureza – A mosca doméstica	*Educação*	V. VIII, n. 2	Ago. 1929	227-236
Planos de lições	*Educação*	V. IX, n. 1	Out./dez. 1929	136-142
Colecionação de insetos	*Educação*	V. IX, n. 1	Out./dez. 1929	143-144
Ensino primário – Orientação – Planos de aula: O milho	*Educação*	V. X, n. 1	Jan. 1930	59-67
Ensino primário – Problemas de Aritmética	*Educação*	V. X, n. 1	Jan. 1930	67-70
Ensino primário – Erros no ensino da Aritmética	*Educação*	V. XI, n. 2	Maio. 1930	207-211
Ensino primário – Primeiras lições de botânica	*Educação*	V. XII, n. 2	Ago. 1930	196-203
Nota	*Educação*	V. XII, n. 3	Set. 1930	367

TÍTULO	PERIÓDICO	Nº	DATA	PÁG.
Questões de matemática elementar (notas para o ensino normal)	*Educação*	V. XII, n. 3	Set. 1930	368-372
Erros no ensino da Aritmética escolar – I	*Revista do Professor*	Ano 1, n. 2	Abr. 1934	3-4
Erros no ensino da Aritmética escolar – IV	Revista do Professor	Ano 1, n. 3	Maio. 1934	3
Erros no ensino da Aritmética escolar – VII	*Revista do Professor*	Ano 1, n. 4	Jun./jul. 1934	3
Erros no ensino da Aritmética escolar – XI	*Revista do Professor*	Ano 1, n. 5	Ago. 1934	5-6

Fontes: Vilela (2000), Nery (2007) e Gazoli (2007).

Os artigos de Proença que melhor explicitam, do nosso ponto de vista, as bases da metodologia de ensino que abraçou, foram publicados, na sua grande maioria, na *Revista da Escola Normal de São Carlos*. Foi no artigo intitulado "Métodos de ensino elementar", publicado no início dos anos 20 nessa revista, que Firmino de Proença expôs essa metodologia, de forma bastante clara e sistematizada.

LIÇÃO	Intuitiva	Indutiva	Dedutiva
Objetivo	Formação de um conceito individual ou formação de um conceito geral, porém de natureza psicológica.	Formação de um conceito lógico.	Antecipar um conhecimento, mediante inferências de princípios gerais ou explicar fatos particulares sobre a base de princípios gerais.
Aplicação	A todas as matérias de conhecimento, com exceção de história.	A todas as matérias de conhecimento, porém nas classes adiantadas.	A todas as matérias de conhecimento (aritmética, geometria, gramática, ciências físicas, ciências naturais, história e geografia).

Nesse artigo, Proença discorre sobre três tipos de lição: a intuitiva, a indutiva e a dedutiva. O quadro a seguir tem por finalidade apresentar de forma sintética esses três tipos de lição e possibilitar a comparação deles no que diz respeito aos seus objetivos, aplicações e fases de desenvolvimento.

LIÇÃO		Intuitiva	Indutiva	Dedutiva
DESENVOLVIMENTO	1a fase	Apresentação do objeto ou do assunto. Resultado: uma síntese vaga.	Preparação mental para assimilação (apercepção).	Os dados, isto é, as questões que se apresentam.
	2ª fase	Análise do objeto ou do assunto. Estabelecimento das relações entre os elementos do objeto ou assunto. Resultado: o objeto ou assunto fica decomposto em suas partes.	Apresentação dos objetos ou dos assuntos (fase de intuição).	Os princípios a que se subordinam as questões apresentadas.
	3ª fase	Reconstituição do todo pela união dos elementos em que foi decomposto. Resultado: uma síntese definida do objeto ou do assunto.	Comparação, dando em resultado a abstração dos caracteres diferentes e a síntese dos caracteres comuns.	A inferências ou conclusão.
	4ª fase		Generalização, produzindo uma definição ou o enunciado de uma lei, regra ou princípio.	A verificação.
	5ª fase		Aplicação da noção geral a casos particulares (fase da dedução).	61-67

Fonte: Proença (1922, p. 72-73).

Proença reconhecia, entretanto, que a formação da maioria absoluta dos professores primários daqueles tempos (anos 1910 e 20 do século passado) deixava muito a desejar e que nem todos seriam capazes de desenvolver as lições conforme a metodologia acima apresentada. Mas havia, ainda, outro componente presente na didática do professor primário que precisava ser combatido e, este, não por "deficiência" de formação profissional. Era frequente, segundo Proença, a substituição do aprendizado ativo (direto) pelo ensino dogmático. E acrescenta:

> Este [ensino] é mais fácil e produz aparentemente o mesmo resultado que aquele. Que há de mais fácil do que ir o professor ao quadro negro e fazer demonstrações para a classe ouvir? Ou ensinar o que é conjunção, definindo-a em termos de compêndio? Ou fornecer uma série de informações em geografia ou ciências naturais em vez de fatos, imagens, verdadeiras experiências? (1922, p. 73).

Nos artigos que trazem *planos de lições*, Proença evidencia algumas de suas preocupações de mestre interessado em fazer com que os professores primários aprendessem a lecionar de acordo com as modernas teorias pedagógicas e, assim, abandonassem os velhos padrões de ensino assentados na memorização de conteúdos abstratos, frequentemente extraídos de compêndios nada confiáveis. Com os professores e com os materiais que seus artigos veiculavam, os alunos do curso primário preliminar deveriam adquirir o hábito da pesquisa, preferencialmente pelo exame minucioso da natureza.

Proença já havia antecipado essa discussão no artigo intitulado "O estudo da natureza nas classes primárias", publicado no primeiro número da *Revista da Escola Normal de São Carlos*, em novembro de 1916. Em apenas três páginas, apresenta suas reflexões sobre o "complexo problema" da organização de um plano racional de ensino primário capaz de satisfazer as tendências naturais da infância e, ao mesmo tempo, prover suas necessidades futuras. A solução desse complexo problema demandaria, segundo ele, "profundo conhecimento da matéria e da psicologia infantil a par de muito tato e longa prática inteligente" (1916b, p. 24). Proença aconselha o futuro professor primário, ou o professor com pouca experiência, a abandonar compêndios que "não são mais do que reduções dos grandes tratados, (...) cheios de classificações, de leis, de princípios e não podem, por esse fato, satisfazer os interesses da criança, a quem repugnam as abstrações" (*Ibidem*, p. 26). Exorta-os, ainda, a pôr a criança "em contato direto com a natureza, para que a observe por si e lhe descubra os segredos" (*Ibidem*). Só assim a criança aprenderia mais do que meras palavras.

Muitos dos *planos de lições* que publicou na revista *Educação*, assim como na *Revista da Escola Normal de São Carlos*, versam sobre biologia, mais especificamente, sobre zoologia e botânica. Os insetos (grilo doméstico, borboleta, mosca doméstica) e os crustáceos (camarões) compõem o grupo de animais escolhidos por Proença para as lições de zoologia. O milho, dentre todas as plantas escolhidas por Proença para as suas lições de botânica, é o seu preferido. A cultura do milho, segundo ele, seria, sob o ponto de vista da didática, aquela que melhor se prestaria à observação e ao exame de todas as fases do seu desenvolvimento, da plantação à colheita, passando pelas fases de maior interesse pedagógico, as que vão da germinação à frutificação. Além do milho, o estudo das sementes (do milho, do feijão e do arroz, principalmente) ocupa lugar de destaque neste grupo de lições publicadas por Proença.

Além dessas, outras lições foram privilegiadas por ele nesse seu contato indireto com o professor primário. Dentre estas, as seguintes: lição de geometria (sobre a área do trapézio); de álgebra (sobre os sinais do produto) e de aritmética (sobre a multiplicação de um inteiro por uma fração), dentre outros *planos de lições* como a do cheiro, por exemplo.

A apresentação dessas lições quase sempre observa um mesmo e único plano de exposição, a saber: uma detalhada descrição do objeto da lição em questão, seguida da sugestão, não menos detalhada, de um "plano de ensino" ou de "sugestões didáticas". Isto, em poucas páginas, pois, em média, os artigos de Proença ocupam cerca de seis páginas e nenhum deles ultrapassa treze. Na primeira parte desse plano de exposição, todas as informações (dados, noções, conceitos) consideradas necessárias à observação do objeto são passadas ao professor. Na segunda, tudo o que deve ser observado e examinado pelo aluno, sob a orientação do professor, é didaticamente apresentado. Esta última parte é, sem sombra de dúvida, o "ponto forte", por assim dizer, das lições de Proença. É nela que o exímio professor de didática aplica e põe em circulação o método de ensino que abraçou.

As principais características desse método de ensino foram inicialmente apresentadas por Proença em 1916, em artigo publicado na revista *Excelsior*, intitulado "No domínio da técnica. Lições indutivas". Este artigo traz uma explanação, bastante didática, sobre os "passos formais do ensino", técnica elaborada pelos discípulos de Herbart. Feita a explanação, Proença afirma que esses "passos" não resumem toda a técnica do ensino. Para ele, "Ao ensino intuitivo, que faz o aluno adquirir fatos e idéias, deve seguir-se o ensino que o leva do particular às generalizações: das percepções às concepções, dos fatos individuais às leis e princípios, dos processos particulares às regras gerais" (1916a, p. 8). Apresenta dois modelos de lições indutivas, "não para serem copiadas servilmente, porém como simples orientação aos professores de pouca experiência que desejem afastar-se da rotina". O primeiro modelo é para curso secundário e o segundo para curso primário [17].

Em outro artigo, intitulado "Método didático", publicado algum tempo depois, desta vez na *Revista da Escola Normal de São Carlos*, Proença voltaria a abordar questões relativas aos métodos de ensino. Em apenas duas páginas, Proença discorre sobre o método herbartiano ou, segundo suas próprias palavras, sobre "o plano da escola herbartiana, conhecido pela denominação – *passos formais do ensino (die formalen Stufen des Unterrichts)"* (1917, p. 25). Discorre sobre a estrutura do método, lembrando que inicialmente apenas quatro passos o compunham. Informa que um sub-passo, que deveria anteceder ao primeiro, e ainda um quinto, foram agregados aos quatro passos originais por um dos discípulos de Herbart. Enfim, o plano da escola herbartiana, ou os "passos formais do ensino", seriam os seguintes: sub-passo: declaração do objeto da lição (criar expectativa); 1º passo: preparação (preparar o espírito para a assimilação de um

17. Ao encerrar esse artigo, Proença indica as seguintes leituras complementares, para aprofundamento do assunto: Mc. Murry, *The method of the Recitation*; De Garmo, *Essentials of method*; Bagley, *The educative Process*. Segundo Warde (2003), Mc.Murry e Bagley faziam parte do grupo que atuava na Teachers College (EUA), na década de 1920. Bagley atuava na área de Psicologia da Educação, ao lado Thorndike e Kilpatrick, este último em Filosofia da Educação. Thorndike era oponente à Dewey, segundo a referida autora.

conhecimento "novo" – passo essencialmente analítico); 2º passo: apresentação (com vistas à absorção do novo conhecimento – passo essencialmente sintético); 3º passo: associação (comparar e associar o conhecimento novo com o conhecimento velho que com ele se relaciona); 4º passo: generalização (compreendendo classificação, com vistas à formação da noção ou do conceito); 5º e último passo: aplicação (aplicação do conceito ou noção geral aos casos particulares – passo de dedução).

No artigo sobre a cultura do milho, publicado pela primeira vez na *Revista da Escola Normal de São Carlos* e, tempos depois, na revista *Educação* (cf. Quadro I), Firmino de Proença nos dá outro excelente exemplo de aplicação da metodologia de ensino a que aderiu. Quando publicado pela primeira vez, em 1918, este artigo integrou a seção "Ensino Primário" da *Revista da Escola Normal de São Carlos*, na época organizada por Proença, que era então o professor responsável pela 13ª cadeira (Métodos e Processos de Ensino, Crítica Pedagógica e Exercícios de Ensino) daquela escola. Neste artigo, de doze páginas, a escolha da cultura do milho é assim justificada:

> O milho é uma das plantas que melhor se prestam para estudo na escola primária, além de outros motivos, por ser anual e de crescimento rápido. Demais, sendo uma planta cultivada em quase todos os municípios [do Estado de São Paulo], as crianças terão fácil oportunidade para observar plantações em qualquer fase do seu desenvolvimento e bem assim os processos de cultura.
> O estudo pode abranger os quatro anos do curso e ser feito em épocas diferentes do mesmo ano (1918, p. 55).

Este texto traz um estudo individual e biográfico do milho. O leitor é informado que se trata de uma "tradução com modificações", mas nenhum outro dado lhe é passado, seja sobre o original, seja sobre o tradutor. Nele, o autor descreve pormenorizadamente todas as fases da cultura do milho, da plantação à colheita. Traz também informações históricas sobre a cultura desse vegetal, desde o momento em que começou a ser cultivado nas Américas pelos indígenas até os aprimoramentos que a "raça branca" teria introduzido em seu cultivo [18]. Depois desse "bosquejo precedente", ou seja, a apresentação do texto informativo sobre a cultura do milho, Proença apresenta um plano de ensino aos seus leitores, os professores do curso primário. Adverte, entretanto, que esse plano é apenas uma "simples sugestão para os professores amigos de método" e que estes encontrariam, no bosquejo precedente, o que deveria ser ensinado. O plano de ensino proposto era o seguinte:

> 1. Plantação e germinação do milho em caixõezinhos no peitoril das janelas – 1º ou 2º ano, em setembro.

18. O conceito de raça orienta a leitura que Proença faz da história aqui tratada.

> 2. Plantação e cultura do milho no jardim ou no campo de experiências da escola. Observá-lo em todas as fases do seu desenvolvimento, desde a germinação até a época da colheita, no outono (2º e 3º anos).
>
> 3. Nos últimos dias do ano letivo fazer exame completo de um pé de milho em pleno desenvolvimento na cultura da escola. Exame em classe de um exemplar arrancado especialmente para esse fim. Estudo da polinização (4º ano).
>
> 4. Colecionar plantas do grupo dos cereais e compará-las com o milho (3º e 4º ano).
>
> 5. Colecionar variedades de capim e compará-las com o milho (3º e 4º anos).
>
> 6. Visita a uma propriedade agrícola na época da plantação e na da colheita. Máquinas agrícolas empregadas na cultura e colheita do milho. O paiol (4ºano).
>
> 7. O milho como alimentação dos animais.
>
> 8. Produtos industriais fornecidos pelo milho.
>
> 9. Dados estatísticos sobre a produção e comércio do milho no Brasil e, especialmente, em São Paulo (Geografia).
>
> 10. A cultura do milho entre os indígenas (relacionado com História) (1918, p. 55-56).

Observar, examinar e acompanhar o desenvolvimento dos seres vivos, perceber as particularidades de cada um deles, colecioná-los, compará-los entre si e classificá-los (por sua forma, estrutura geral e, no caso dos animais, também por seus hábitos), eis o objetivo das experiências que as crianças deveriam realizar na escola, no âmbito das ciências da natureza. Assim procedendo, a criança adquiriria as primeiras noções de classificação científica.

A difusão impressa de *planos de lições* é, como já afirmamos, o traço principal da produção de Proença, como articulista na imprensa sobre educação e ensino. Não nos foi possível determinar com precisão a extensão e o significado dessa prática editorial, no campo das disputas doutrinárias em que podem ser situados os sujeitos envolvidos na institucionalização e gestão da escola paulista, nas cinco primeiras décadas republicanas. Mas parece-nos plausível caracterizá-la como prática inscrita no campo da *pedagogia moderna* que animou esses sujeitos. Compreendida como uma variante dessa pedagogia, a difusão impressa de *planos de lição* calcados nos *passos formais* herbartianos é também prática que se representa herdeira da tradição produzida como legado da primeira geração de reformadores republicanos; prática que promove uma espécie de didatização dos procedimentos de formação de professores, diferenciando-se daquela que, concebendo a pedagogia como *arte de ensinar*, propõe a imitação de práticas exemplares como recurso de modelagem das práticas docentes. Trata-se de uma variante da referida *pedagogia moderna*, compreendida, no caso, como *pedagogia científica*.

Referências

CARVALHO, Marta Maria Chagas de. Modernidade pedagógica e modelos de formação docente. *São Paulo em Perspectiva*, v.14, p.111-120, 2000.

CARVALHO, Marta Maria Chagas de. 2001. A caixa de utensílios, o tratado e a biblioteca: pedagogia e práticas de leitura de professores. In: VIDAL, Diana Gonçalves; HILSDORF, Maria Lúcia Spedo (org.). *Tópicas de História da Educação*. São Paulo: Edusp, 2001, p. 137-167.

CARVALHO, Marta Maria Chagas de. Livros e revistas para professores: configuração material do impresso e circulação internacional de modelos pedagógicos. In: Pintassilgo, Joaquim; Freitas Marcos Cezar; Mogarro, Maria João; Carvalho, Marta Maria Chagas de (org.). *História da Escola em Portugal e no Brasil:* circulação e apropriação de modelos culturais. 1ª ed., Lisboa: Edições Colibri; Centro de Investigação em Educação da Faculdade de Ciências da Universidade Lisboa, 2006, v. 1, p. 141-175.

CATANI, Denice Barbara. *Educadores à meia-luz*: um estudo sobre a Revista de Ensino da Associação Beneficente do Professorado Público de São Paulo (1908-1918). Bragança Paulista, SP: Editora da Universidade São Francisco – Edusf, 2003.

CATANI, Denice Bárbara; SOUSA, Cynthia Pereira de. *Imprensa Periódica Educacional Paulista*. São Paulo: Plêiade, 1999.

GAZOLI, Monalisa R. *O método analítico em Cartilha Proença* (1926) *de Antonio Firmino de Proença*. Marília, SP: Faculdade de Filosofia e Ciências da Universidade Estadual Paulista "Júlio de Mesquita Filho", 2007 (TCC Pedagogia).

HILSDORF, Maria Lúcia Spedo. Lourenço Filho em Piracicaba. In SOUSA, Cynthia Pereira de (org.). *História da Educação. Processos, práticas e saberes.* São Paulo: Escrituras, 1998, p. 95-113.

NERY, Ana Clara Bortoleto. *A Sociedade de Educação de São Paulo*: embates no campo educacional (1922-1931). São Paulo: Ed. Unesp, 2009.

NERY, Ana Clara Bortoleto (coord.). *Divulgando práticas e saberes: a produção de impressos pelos docentes das escolas normais de Brasil e Portugal*. Marília, SP: Edições M3T, 2007 (CD-Rom).

NERY, Ana Clara Bortoleto. *A Revista Escolar e o movimento de Renovação Educacional em São Paulo* (1925-1927). São Carlos: UFSCar, 1994 (Dissertação de Mestrado).

NERY, Ana Clara Bortoleto. Impressos de professores: representações sobre educação e ensino nos periódicos paulistas (1911-1923). *31ª Reunião Anual da ANPEd*. Caxambu, MG: ANPEd, 2008. Disponível em: <http://www.anped.org.br/reuniões/31ra/trabalho/GT02-4219--Int.pdf>. Acesso em: 27 jan. 2009.

PROENÇA, Antonio Firmino de. A bandeira nacional. *Excelsior!* Escola Normal de São Carlos, São Carlos, SP: Joaquim Augusto, n. 5, p. 16-18, nov. 1913.

PROENÇA, Antonio Firmino de. No domínio da técnica. Lições indutivas. *Excelsior!* Escola Normal de S. Carlos, São Carlos, SP: Joaquim Augusto, n. 7, p. 8-9, set. 1916a.

PROENÇA, Antonio Firmino de. O estudo da natureza nas classes primárias. *Revista da Escola Normal de São Carlos*, São Carlos, SP: Tipografia Aldina, ano I, n. 1, p. 24-26, nov. 1916b.

PROENÇA, Antonio Firmino de. Método didático. *Revista da Escola Normal de São Carlos*, São Carlos, SP: Tipografia Ideal, ano I, n. 2, p. 25-26, jun. 1917.

PROENÇA, Antonio Firmino de. Ensino primário – Estudo da natureza: O milho. *Revista da Escola Normal de São Carlos*, São Carlos, SP: Tipografia Joaquim Augusto, ano II, n. 4, p. 45-56, jun. 1918.

PROENÇA, Antonio Firmino de. Métodos de ensino elementar. *Revista da Escola Normal de São Carlos*, São Carlos, SP: Tipografia Joaquim Augusto, ano VII, n. 12, p. 72-73, dez. 1922.

PROENÇA, Antonio Firmino de. Ensino primário – O milho. *Educação*, São Paulo: Tipografia Irmãos Ferraz, v. X, n. 1, p. 59-70, jan. 1930a.

RODRIGUES, João Lourenço. *Um retrospecto*. São Paulo: Instituto D. Anna Rosa, 1930.

SÃO PAULO. Mensagem apresentada ao Congresso Legislativo, em 14 de julho de 1930, pelo Dr. Heitor Teixeira Penteado, Vice-presidente em exercício do Estado de São Paulo. São Paulo: Tipografia do Diário Oficial, 1930.

SILVA, Emerson Correia da. *O professor ideal em Excelsior!* (1911-1916). São Carlos: Rima, 2008.

VICENTINI, Paula Perin. *Um estudo sobre o CPP*: profissão docente e organização do magistério. São Paulo: Universidade de São Paulo, 1997 (Dissertação de Mestrado).

VILELA, Marize Carvalho. *Deixar falar a Educação*: escuta de um discurso pedagógico. São Paulo: Pontifícia Universidade Católica de São Paulo, 1997 (Dissertação de Mestrado).

VILELA, Marize Carvalho. *Discursos, cursos e recursos*: autores da revista Educação (1927-1961). São Paulo: Pontifícia Universidade Católica de São Paulo, 2000 (Tese de Doutorado).

WARDE, Mirian Jorge. O itinerário de formação de Lourenço Filho por descomparação. *Revista Brasileira de História da Educação*, Campinas: Autores Associados, n. 5, jan./jul. 2003, p. 125-167.

Proença, autor didático

da Melhoramentos, e o mercado de livros escolares em São Paulo

Marcia de Paula Gregorio Razzini

O que determinava a escolha de um autor de livros didáticos por uma editora nas primeiras décadas do século XX? Seriam sua formação e experiência profissional? Seriam suas habilidades técnicas para compor uma obra que estivesse em consonância com currículos, programas e ideias pedagógicas vigentes naquele tempo? Ou pesava mais quando o autor já era conhecido e adotado nas escolas? Ou, ainda, haveria influência de suas credenciais no meio educacional, que o identificavam com algum grupo de professores, detentor de certo "capital de consagração" (Bourdieu, 2004, p. 20)? Estas e outras perguntas foram colocadas durante a pesquisa sobre a produção de livros escolares de Antonio Firmino de Proença, assunto do presente capítulo, cujo contrato de cessão de direitos autorais foi assinado com a Companhia Melhoramentos de São Paulo, em 21 de outubro de 1924, conforme cópia digitalizada do documento, cedida pela empresa à família Proença e depois gentilmente autorizada para ser usada na elaboração desta publicação, centrada na trajetória profissional deste professor paulista, natural de Sorocaba.

Provavelmente, estas e outras questões relativas à escolha de um autor devem fazer parte das preocupações dos editores de livros didáticos, pois, na perspectiva de quem fabrica livros, em qualquer época, livro bom é aquele que vende bem e, de preferência, não requer alterações significativas após a primeira edição, o que não só contribui para amortizar o capital investido inicialmente com o pagamento dos direitos autorais e com as diversas etapas de produção (Araújo, 1986) envolvidas na transformação de um texto em livro (Chartier, 1990), como também permite colocar em prática uma das principais "estratégias editoriais" (Bourdieu, 2004, p. 105) de que se dispõe para a exploração de um acervo: as reedições.

Como já foi destacado em capítulos anteriores, Antonio Firmino de Proença reunia várias das características apontadas nas indagações acima. Tinha formação específica, realizada no âmbito de tendências educacionais modernas, adotadas na principal Escola Normal de um estado que vinha enriquecendo substancialmente, desde o final do século XIX, com a produção e exportação de café, cujo progresso podia ser medido não apenas pelas melhorias e modernidades implantadas na capital (eletricidade, bondes, viadutos, prédios públicos, etc) e pela crescente malha ferroviária rumo ao interior, mas também pelo investimento consecutivo na então chamada educação popular, cunhada nos moldes vindos, sobretudo, da Europa e América do Norte, embora mantivessem contato com as reformas educacionais que estavam em curso em países vizinhos, como a Argentina.[1]

Depois de receber o diploma de normalista, Antonio Firmino desenvolveu diversificada experiência profissional, macerada no contato direto com alunos do curso elementar, na formação de várias gerações de professores primários nas Escolas Normais e no exercício de cargos administrativos em diferentes instituições oficiais de ensino, durante longo período, marcado pela expansão dos Grupos Escolares, que por sua vez, impulsionava a formação de professores e a produção de livros didáticos. Contudo, para situar a produção dos livros de Antonio Proença no seu tempo de forma analítica, primeiramente, é necessário compreender o contexto de organização do ensino público no estado de São Paulo, porque ele determinava direta e indiretamente a produção de materiais e livros escolares.

A expansão da escola pública primária

Após a Proclamação da República, São Paulo foi o primeiro a colocar em prática um projeto de modernização da educação popular para todo o estado e, ao renovar seu sistema oficial de ensino elementar, influenciou outras unidades da federação na instalação de sistemas similares, fornecendo modelos e/ou mão-de-obra especializada para Santa Catarina, Mato Grosso, Sergipe e Espírito Santo, na década de 1910, e para o Paraná, Goiás, Pernambuco, Piauí e Ceará, na década de 1920. (*Poliantéia do centenário do ensino normal em São Paulo*, 1946; Cavalcante, 2000).

A reforma empreendida por Antonio Caetano de Campos (Decreto n. 27 de 12 de março de 1890), convertendo em Escolas Modelo as escolas preliminares anexas à Escola Normal de São Paulo, deu início às mudanças que seriam disseminadas, logo depois, com a criação dos Grupos Escolares (Lei n. 169 de 7 de agosto de 1893), espaços urbanos construídos ou adaptados especialmente para o funcionamento de escolas elementares, sujeitos a uma hierarquia administrativa e ao controle centralizado do estado:

1. Em pesquisa realizada para a elaboração do capítulo sobre o ensino de Língua Portuguesa no curso de Prática de Ensino da Escola Normal do Ceará, ministrado por Lourenço Filho, quando estivera à frente da reforma da instrução pública daquele estado, entre 1922 e 1923, constatei o uso da obra *Metodología Especial de la Enseñanza Primaria*, do educador argentino Víctor Mercante (1870-1934), manual impresso em dois tomos, em Buenos Aires, pela Cabaut & Cia. Editores, em 1911. A referência, como destaquei, abre uma interessante frente de estudo na área da história da educação comparada, entre Brasil e Argentina, porque liga Lourenço Filho a Víctor Mercante, e porque a historiografia sobre o ensino de psicologia e de prática pedagógica nas escolas normais de ambos os países, antes dos anos de 1930, tendem mais a comparar a produção local com as matrizes europeias ou estadunidenses (Razzini, 2009).

> A reunião de escolas, sob a denominação de *Grupos Escolares*, tem produzido resultado fecundo, quer pelo lado do aproveitamento, quer pelo da disciplina: o ensino, dividido em cinco annos, cada qual a cargo de um professor, offerece incontestaveis vantagens; revive a emulação entre os mestres, mantem-se o estimulo entre as crianças, facilita-se a inspecção, diminuem-se os encargos do Estado, quanto á construcção dos prédios escolares. (Pujol, 1896, p. 39)

Projetados por arquitetos renomados como Ramos de Azevedo, Victor Dubugras, José Van Humbeeck, Manuel Sabater, G. B Maroni, Hercules Beccari, João Bianchi, Carlos Rosencrantz, César Marchisio, entre outros, esses edifícios suntuosos foram construídos com material nobre importado, segundo preceitos médico-higienistas (São Paulo, 1907-1908; Corrêa et al, 1991; Ferreira et al, 1998).

A expansão da escola pública primária no estado de São Paulo, traduzida na invenção dos Grupos Escolares, assim chamados porque inicialmente agrupavam num único prédio escolas que existiam antes separadas, iria marcar as primeiras décadas da República, fazendo surgir na paisagem urbana "templos de saber" (Souza, 1998), cujas imagens seriam difundidas em publicações oficiais e em cartões-postais, produto cultural de ponta na época, graças aos avanços do serviço postal e da fotografia, que imprimia a noção de beleza e modernidade tão desejáveis ao projeto republicano.

> Na economia das providências com que os republicanos promoveram a institucionalização da nova ordem política, a escola foi marco a sinalizar a ruptura que pretendiam promover entre um passado sombrio e um futuro luminoso. Nessa retórica republicana, a escola foi sobretudo signo do "progresso" que a instauração do novo regime anunciava. Na monumentalidade de seus edifícios, ela deveria fazer ver a República inaugurada. (Carvalho, 2002, p. 203)

Se, em 1908, existiam 80 Grupos Escolares em São Paulo (18 na capital e 62 no interior), em 1913, eles já eram 120 (25 na capital e 95 no interior). Em 1918, o número de Grupos Escolares continuou a crescer a uma taxa de 50% a cada cinco anos, e somava 176, sendo 30 na capital e 146 no interior. (São Paulo, 1907-1908; São Paulo, 1913; São Paulo, 1918). Convém assinalar que, dada sua importância histórica, muitos desses prédios centenários foram tombados pelo Conselho de Defesa do Patrimônio Histórico, Artístico, Arqueológico e Turístico do Estado de São Paulo CONDEPHAAT, em agosto de 2002 (Processo 24929 de 04/08/1986).

Quando comparado ao total de escolas públicas estaduais, o número de Grupos Escolares parecia pequeno em 1913, pois predominava o modelo anterior, das escolas de primeiras letras, geralmente compostas de uma única sala de aula, mesmo na área urbana. Em publicação preparada para o 3o. Congresso de Instrução Primária e Secundária no Estado da Bahia, afirmava-se que o ensino primário em São Paulo era ministrado em "547 escolas rurais, 587 urbanas, 120 grupos escolares e 7 escolas reunidas, 19 escolas-modelo e 1 jardim da infância modelo, anexo à escola normal secundária da Capital" (São Paulo, 1913, p. 3).

Em outra publicação oficial, comemorativa dos 25 anos de República, o então Inspetor Escolar e membro da Diretoria Geral da Instrução Pública de São Paulo, Arnaldo de Oliveira Barreto, comparava a quantidade de matrículas nas escolas públicas do estado antes e depois da mudança de regime, assinalando seu crescimento:

> Em 1871, a Província de S. Paulo tinha 426 escolas publicas, sendo 266 do sexo masculino e 160 do sexo feminino, frequentadas por 8.147 alunos.
>
> Em todo o Brasil, o número de alunos de escolas publicas era de 106.705.
>
> 17 anos depois, essa população escolar não teria aumentado de 25%, podendo-se, todavia, computar em 10.174 alunos o número dos que frequentavam as escolas régias da Província de S. Paulo.
>
> Embora exagerada a cifra, ela nos servirá de ponto de partida para a demonstração.
>
> No primeiro decênio republicano, isto é, em 1898, já havia matriculados, no Estado de S. Paulo, 43.021 alunos, sendo daí em diante o movimento seguinte:

1899 – 46.467	1906 – 53.731
1900 – 30.831	1907 – 60.421
1901 – 32.349	1908 – 68.612
1902 – 40.253	1909 – 80.469
1903 – 40.347	1910 – 99.203
1904 – 46.696	1911 – 122.725
1905 – 50.112	1913 – 130.000, mais ou menos

(São Paulo, 1914, p. 55)

Além de relativizar o discurso político, é necessário analisar esses números com cautela, confrontando-os com outros (veja a seguir, Quadro 1), pois as taxas de frequência eram dramaticamente inferiores às taxas de matrícula, e havia várias escolas "desprovidas", sobretudo as rurais, ou seja, que não funcionavam por falta de professores, fatos que dimensionam problemas e impasses da escolarização paulista.

Mesmo assim e embora sua instalação fosse muito dispendiosa, o sucesso dos Grupos Escolares no estado de São Paulo fica patenteado tanto nas sucessivas inaugurações de novos prédios, como no aumento das matrículas, ou ainda no desdobramento dos turnos daquelas unidades situadas nas zonas mais populosas, que, em 1908, passaram a funcionar em dois ou até três períodos (Monarcha, 1999, p. 234).

Os dados levantados sempre confirmam a ampliação deste modelo escolar na rede estadual de ensino, quer seja no aumento geral de prédios, alunos e professores, quer seja na crescente concentração das matrículas nos Grupos Escolares. Em 1918, conforme se pode perceber no Quadro 1, as escolas estaduais respondiam por mais de 72% das matrículas do ensino primário (sendo 45% nos

Grupos Escolares e 27% nas Escolas Isoladas). Neste mesmo ano, o sucesso dos Grupos Escolares confirma-se também nos índices de frequência, pois eles concentravam quase 65% dos alunos que frequentavam a escola pública primária estadual, justificando a iniciativa e os investimentos oficiais para a modernização da escola primária.

QUADRO 1 - ESTADO DE SÃO PAULO - 1918

Ensino Primário	Escolas estaduais				Escolas Municipais	Escolas Particulares		Total
	Grupos Escolares		Escolas Isoladas					
	Capital	Interior	Capital	Interior	Interior	Capital	Interior	
Matricula Geral	28.018	73.111	9.101	52.320	12.464	24.362	24.025	223.401
*matricula nas escolas estaduais	101.129		61.421		-	-		162.550
**Frequência	19.450	49.053	4.288	32.820	-	-	-	105.611
Número de classes	618	1.794	-	-	-	-	-	3.982
Número de escolas	30	146	176	1.394	358	362	589	2.697

Fonte: **Annuario do Ensino do Estado de S. Paulo** (São Paulo, 1918)
* Não foram incluídas 31 Escolas Reunidas, cuja Matrícula Geral foi de 5.439 alunos e Frequência de 3.462 alunos.
** Não há dados sobre a Frequência das Escolas Municipais e Particulares.

A Escola Isolada continuou a existir, e existe até hoje, sobretudo na zona rural e em lugares com poucos habitantes (chamada atualmente de escola multisseriada), modelo antigo de escola primária que, geralmente, resumia-se a uma sala de aula, incrustada na casa do professor ou subvencionada pelo governo, arranjada em pequenas turmas (ou classes) de alunos, de diferentes idades e de diferentes níveis de aprendizagem, situação que os republicanos queriam mudar com o modelo do Grupo Escolar.

Os republicanos paulistas apregoavam a mudança do espaço, sobretudo, para promover a mudança da organização das turmas, da distribuição do tempo, do relacionamento professor-aluno, do modo e do método de ensino.

Com a reunião de várias escolas no Grupo Escolar houve a concentração de muitos alunos num mesmo prédio, o que viabilizou a organização de turmas maiores e mais homogêneas em cada sala de aula, tanto com relação à idade e ao sexo, quanto ao grau de adiantamento nos estudos.

> Os grupos escolares na capital são em número de 25, tendo no mínimo 10 classes e no máximo 34, como o da Barra Funda, com um total de 20.570 alunos donde a média de 48,5 para cada classe ou de 805 para cada estabelecimento.
>
> No interior do Estado existem 102 grupos, compreendendo-se nesse número 7 escolas reunidas. O total de classes é de 1.261, com o total de 50.800 alunos, sendo a média por classe de 40. (São Paulo, 1913, p. 7)

Com classes mais homogêneas, o novo modelo reorganizou o espaço, compondo turmas maiores, em torno de 40 alunos, número suficiente para encher uma sala de aula, então projetada para receber essa quantidade de alunos. As turmas passaram a se diferenciar umas das outras não só pelo sexo, mas também segundo a idade e os estágios de aprendizagem, o que reorganizou o tempo escolar, agora fracionado em níveis graduados, segundo um programa de estudos pré-estabelecido, onde a duração de cada nível correspondia a um ano letivo. O curso primário inicialmente fixado em cinco anos ficou definido pelo período de quatro anos, os quais correspondiam aos seus níveis de ensino.

A nova organização visava o emprego cada vez maior do modo simultâneo. Programas e horários publicados para uso dos Grupos Escolares paulistas apontam a preferência pelo modo simultâneo, que vai substituindo paulatinamente o modo individual, tradicionalmente empregado nas escolas de primeiras letras, que dispunham de apenas uma sala de aula para reunir alunos de diferentes níveis de ensino (São Paulo, 1894a; São Paulo, 1907-1908).

Os Grupos Escolares renovaram o modo simultâneo [2] de ensino, não só aplicando-o durante a maior parte do tempo, como utilizando-o para toda a sala de aula, inclusive para os iniciantes do curso primário. O "modo simultaneo", segundo Felisberto de Carvalho, é o modo de ensino "dado ao mesmo tempo e directamente pelo professor, a todos os alumnos, entre os quaes existe uma certa igualdade de forças" (Carvalho, 1909, p. 58). O modo simultâneo opunha-se aos modos de ensino individual e mútuo:

> O modo individual é aquelle em que o professor não ensina senão a um só aluno de cada vez.[...] O modo de ensino mutuo consiste no emprego dos alumnos mais adiantados, como monitores, para ensinar aos outros o que elles mesmos acabam de aprender directamente do professor. [...] Da combinação de dous ou tres modos simples de ensino, resulta o modo de ensino mixto, que aproveita as vantagens de cada um dos que se compõe, e attenua-lhes os inconvenientes. [...] (Carvalho, 1909, p. 57-61)

2. Difundido nas escolas urbanas francesas a partir do final do século XVII pelos Irmãos das Escolas Cristãs, notadamente por Jean-Baptiste de La Salle (1651-1718), o modo simultâneo exigia o uso de material pedagógico padronizado: quadros de letras e sílabas impressos, manuais idênticos (Hébrard, 2000). O conteúdo era dividido em três classes: leitura (em francês e latim), escrita (caligrafia) e aprendizagens mais elaboradas: gramática, ortografia e cálculo. Porém, a insuficiência do método, a subdivisão de cada classe em vários estágios, a pobreza dos programas e a repetição monótona das tarefas alongavam demasiadamente o tempo de escolarização gerando aborrecimento, distração e sanções severas (Lesage, 1999).

Felisberto de Carvalho recomenda o modo misto, segundo ele, o mais vantajoso, mas o modo simultâneo acabaria se impondo nos Grupos Escolares com a expansão da instrução popular. A generalização do ensino simultâneo deu-se, provavelmente, porque ele facilitava a execução de um programa unificado e graduado, reduzia as tarefas do professor, melhorava a inspeção dos alunos e, de forma geral, aumentava o controle sobre o trabalho dos professores.

Além da preferência pelo modo de ensino simultâneo, procura-se adotar oficialmente em São Paulo o método intuitivo, processo de aprendizagem em voga no Brasil desde a última década do Império. Ancorado nas ideias de Pestalozzi, Froebel, Herbart e Spencer (Barbanti, 1977, p. 180), o *método intuitivo* era assim chamado porque dava muita importância à intuição, à "observação das coisas, dos objetos, da natureza, dos fenômenos e para a necessidade da educação dos sentidos como momentos fundamentais do processo de instrução escolar" (Faria Filho, 2000, p. 143).

Ao mesmo tempo, considerava-se que o ensino simultâneo era a melhor forma de organizar as turmas para a aplicação do método intuitivo, e neste ponto o ensino simultâneo se opunha ao ensino individual, modo visto como ultrapassado para uso nas escolas públicas do Rio de Janeiro, no início da década de 1880:

> Já por meio de conselhos durante as visitas escolares, já por meio de circulares aos delegados de paróquias, tenho recomendado aos professores públicos primários que se abstenham das lições individuais, hoje em toda parte condenadas, e prefiram os exercícios em comum, a fim de melhor ser aproveitado o método intuitivo, o único que deve ser adotado nas escolas primárias. (Ofício de 4 de junho de 1883 do Inspetor da Instrução Pública da corte, A. H. de Souza Bandeira Filho, encaminhado ao Ministro e Secretário de Estado dos Negócios do Império, Conselheiro Dr. Francisco Antunes Maciel. In: Calkins, 1886, p. III e IV)

Indicado na Reforma do município da corte, em 1879, e no Regulamento da Escola Normal de São Paulo em 1880 (Barbanti, 1977, p. 179), o método intuitivo foi preconizado por Rui Barbosa, tanto nos seus pareceres sobre a *Reforma do Ensino Primário* (1883), como na tradução e adaptação que fez do manual de Norman Alison Calkins, *Primeiras lições de coisas*, (1886). Ao contrário do que registrava o título em português (o título em inglês é *Primary object lessons for training the senses and developing the faculties of children)*, o método intuitivo não se restringia às lições de coisas, mas se estendia ao ensino de todas as matérias do currículo. Segundo Rui Barbosa, no "Preâmbulo do tradutor", o ensino intuitivo não era

> uma seção do programa escolar, um assunto independente, com seu espaço reservado e horário: é o fundamento absoluto de *toda* a educação elementar, o sopro que há de anima-la em todas as suas partes, o *método* que se deve apoderar *exclusivamente* de toda ela, e afeiçoa-la inteiramente as suas leis. (Calkins, 1886, p. XI e XII.)

No capítulo sobre a "Leitura Elementar", por exemplo, depois dos comentários sobre as desvantagens dos métodos correntes, é apresentado o método intuitivo:

> O "método objetivo", ou "método intuitivo", de ensinar a ler principia, dirigindo a atenção dos alunos para algum objeto, cujo aspecto, nome e uso lhes sejam familiares. Sempre que exequível for, nas primeiras lições de leitura, se mostrará o objeto, discorrendo a seu respeito, e proferindo-lhe o nome; após o que exibirá o mestre uma estampa desse objeto, ou o desenhará no quadro preto, induzindo os alunos a notarem como essa é a *imagem* ou *pintura* dele. Em seguida se lhe imprimirá por inteiro o nome no quadro preto, ou apresentará impresso numa carta, ou mapa. Então aprenderá o discípulo a distinguir o objeto, a sua imagem e a palavra que o nomeia. (Calkins, 1886, p. 436)

Junto com a observação e a experiência, o método intuitivo privilegiava a aprendizagem através da ilustração e do desenho. Desta maneira, a imagem tornou-se tão importante quanto o texto dentro da sala de aula, daí a atenção especial que o ensino do desenho ganhou tanto no currículo das Escolas Normais quanto no currículo das escolas primárias.

Acompanhando esta mesma tendência de valorização da imagem, nota-se que os livros dirigidos ao ensino elementar (assim como os livros de literatura infantil) passaram a apresentar cada vez mais ilustrações e fotografias, inclusive nas capas, ampliando também o mercado de trabalho para artistas que até então atuavam em jornais e revistas.

Não se pode deixar de mencionar que a adoção do método intuitivo e o uso da imagem como importante recurso pedagógico só foi possível graças aos avanços das técnicas de impressão e das técnicas de fabricação do papel, em curso desde a metade do século XIX, que baratearam o custo do material didático impresso. Além de livros ilustrados com várias técnicas, muitas vezes com "clichês" importados, os alunos brasileiros passaram a conviver com mapas geográficos e quadros murais do ensino intuitivo pendurados nas paredes das salas de aula, muitos deles coloridos através da técnica da cromolitografia.

Ressalvadas as diferenças locais, verifica-se que esse modelo de escola elementar denominado de "educação popular" vinha se disseminando pela Europa e América desde a primeira metade do século XIX, e que países como França e Estados Unidos exerceriam forte influência na formação de nossas instituições de ensino.

Cabe ainda assinalar que os republicanos transplantaram para as escolas públicas de São Paulo alguns métodos e inovações que nas últimas décadas do Império já eram bem-sucedidos em instituições privadas, como o Colégio Abílio e o Colégio Menezes Vieira, da corte, ou o Colégio Pestana e a Escola Neutralidade, de São Paulo, ou ainda, nas escolas de confissão protestante, como a Escola Americana (depois Colégio Mackenzie), cuja influência foi preponderante na implantação da reforma republicana de ensino, através da assessoria de seu diretor, Horace Lane, que, além de livros, móveis e métodos de ensino, indicou a Caetano de Campos as professoras Marcia Browne e Maria Guilhermina Loureiro de Andrade, que seriam contratadas pelo governo em 1890 para dirigir, respectivamente, as seções masculina e feminina da Escola-modelo do Carmo (Barbanti, 1977, p. 180-181).

Segundo Rosa Fátima de Souza, a nova escola pública

> é uma escola para a difusão dos valores republicanos e comprometida com a construção e a consolidação do novo regime; é a escola da República para a República. [...] era preciso fundar uma escola identificada com os avanços do século, uma escola renovada nos métodos, nos processos de ensino, nos programas, na organização didático-pedagógica; enfim, uma escola moderna em substituição à arcaica e precária escola de primeiras letras existente no Império. (Souza, 1998, p. 29)

Evocando o ideário iluminista da Revolução Francesa, o projeto republicano de renovação da instrução popular patrocinado pelo governo paulista impunha a necessidade de uniformização para garantir a mesma formação aos cidadãos, tanto na escolha do modo e do método de ensino (modo simultâneo e método intuitivo) como na adoção dos conteúdos e condições materiais. Daí a importância dada à formação dos professores e à escolha do material didático para a execução de um programa graduado de estudos.

A Escola Normal de São Paulo, fundada em 1846 para a formação de professores primários, ganhou maior notoriedade depois da virada do regime, sobretudo a partir de 1894, com a inauguração do seu portentoso prédio, na Praça da República, topônimo então recente e sugestivo para abrigar uma instituição que serviria de vitrine e laboratório das inovações didáticas pretendidas pelos republicanos. Incumbida de servir de modelo para o ensino nos Grupos Escolares, a Escola Normal da Praça mantinha uma Escola-Modelo, onde os normalistas dos últimos anos faziam estágios, e um Jardim da Infância, primeira escola pública infantil, inaugurada em 1896 (São Paulo, 1907-1908; *Polianteia do centenário do ensino normal em São Paulo*, 1946).

Com a preocupação de profissionalizar a carreira docente, embora oferecendo ensino inferior ao da Escola Normal da Praça, até 1913 o governo já havia instalado mais nove Escolas Normais (que funcionaram como Escolas Complementares, entre 1895 e 1917) nas cidades de Itapetininga, Piracicaba, Campinas, Guaratinguetá, Pirassununga, São Carlos, Botucatu, São Paulo (Brás) e Casa Branca. Em 1918, apenas Itapetininga e São Carlos ofereciam o Curso Normal Secundário, igual ao da Escola Normal da capital (São Paulo, 1913; São Paulo, 1918; Corrêa et al, 1991; Ferreira et al, 1998).

Publicações oficiais, como revistas e anuários de ensino, complementavam os conteúdos oferecidos nas Escolas Normais, não só reforçando-os e ampliando-os, mas também tentando atingir os professores que já lecionavam antes das reformas.

Se na zona urbana predominava o novo modelo de ensino do Grupo Escolar e da Escola Reunida, na zona rural havia só a Escola Isolada, como indica o *Annuario do Ensino do Estado de São Paulo,* de 1923, que apontou a existência de 199 Grupos Escolares (com 2.141 classes), 355 Escolas Reunidas (com 1.544 classes), 1.607 Escolas Isoladas (com uma classe cada) e 37 Escolas Isoladas desdobradas, funcionando em mais de um turno (São Paulo, 1923, p. 39).

Tais diferenças organizacionais e curriculares, que desde o início da República traduziam escolas primárias bem distintas dentro de um mesmo sistema público de ensino, promoviam, evidentemente, ao menos dois tipos de formação: a do Grupo Escolar, mais completa, voltada para os cidadãos do meio urbano, extensa e identificada com as inovações pedagógicas e tecnológicas; e a da Escola Isolada, mais simplificada, dirigida aos cidadãos do meio rural, abreviada e mais próxima da então combatida escola imperial. Percebe-se, assim, o limitado alcance dessa escola moderna, uma vez que, nesta época, a maioria da população paulista se concentrava no campo.

Restrito, portanto, aos Grupos Escolares, o projeto republicano para a instrução popular previa também a renovação dos materiais didáticos como meio de garantir a uniformidade e o cumprimento dos programas graduados de ensino.

A nova conformação de escola primária criou nova demanda de materiais didáticos, porque passou a exigir uma variedade maior de produtos adaptados ao ensino graduado do programa e capaz de atender aos requisitos do método intuitivo e das matérias adicionadas ao currículo. Além disso, a uniformização e seriação dos conteúdos e a adoção do ensino simultâneo para toda a sala de aula criavam a necessidade de que cada aluno tivesse seu próprio material escolar, sobretudo os livros, antes partilhados por vários alunos em momentos diferentes. Nesse sentido, a escolha dos livros didáticos tornava-se crucial para a organização e controle dos programas estabelecidos pela legislação.

O aumento da demanda de livros escolares

Em São Paulo, desde o início da República o governo controlou a adoção dos livros didáticos nas escolas públicas primárias, quer seja sob a alegação da necessidade de uniformização do ensino, quer seja porque legislava sobre programas e currículos, ou ainda porque se convertera em principal comprador do produto. Assim, só poderiam ser adotados nas escolas públicas os livros didáticos aprovados previamente pelo Conselho Superior de Instrução Pública e, mais tarde, quando este foi extinto (1897), pela Diretoria Geral de Instrução Pública e, sucessivamente, pelas comissões designadas pelo Estado.

Além da construção e reforma de prédios e do fornecimento do mobiliário, que obedeciam aos preceitos higienistas, a legislação previa que o governo providenciaria outros materiais escolares, sendo que os livros didáticos, depois de passarem pelo crivo do Conselho Superior de Instrução Pública, seriam destinados aos alunos mais carentes.

> Artigo 17. No ensino ministrado pelas escolas públicas serão adotados somente os livros que o Conselho Superior aprovar.
> Artigo 18. Os livros e mais objetos destinados ao ensino preliminar serão distribuídos às escolas pela diretoria geral da instrução pública, que os enviará aos respectivos professores por intermédio do inspetor de distrito.
> § único. O inspetor passará recibo dos objetos que receber e bem assim o professor.
> Artigo 19. Fica ao critério do professor permitir que os alunos levem para suas casas os livros de que fizerem uso, tendo em vista, para essa permissão, o cuidado com que as crianças tratarem os mesmos livros.
> Artigo 20. Para ressalva de suas responsabilidades quanto aos livros, os professores são obrigados a consignar, no livro de inventário de suas escolas, todas as observações relativas aos estragos dos livros fornecidos.
> Artigo 21. Os livros serão distribuídos na proporção designada pelo Conselho Superior e destinando-se ao uso dos alunos cujos pais ou protetores não puderem fazer aquisição das obras adotadas para o ensino.
> (São Paulo, 1894b, p. 174-175)

De fato, inicialmente, os livros escolares comprados pelo governo paulista eram destinados aos alunos mais carentes, mas em 1913, a propaganda da Instrução Pública anunciava que em São Paulo o governo fornecia "gratuitamente às escolas: papel, pena, tinta, lápis, livros didáticos, etc" (São Paulo, 1913, p. 4), informação sempre contraditória quando confrontada com os relatórios de inspetores e diretores de escolas que afirmavam a precariedade do ensino e a falta de material didático, sobretudo nas Escolas Isoladas, localizadas no campo.

Importante notar a diferença entre os livros aprovados e os livros adotados pelo governo. Os primeiros estavam liberados para o uso nas escolas públicas, enquanto os últimos eram aqueles que seguramente seriam comprados pelo poder público. O anúncio da Livraria Civilização, na revista *A Eschola publica*, de 1896, aponta esta diferença.

Outro fator relevante do controle estatal na adoção de livros didáticos era o estabelecimento de que só os livros de leitura deveriam ser destinados ao uso dos alunos, restrição que, de saída, eximia o governo paulista de fornecer livros didáticos das demais matérias, às quais ficariam a cargo da "palavra do mestre".

> Relativamente aos livros, entendo que o Estado se deve limitar à distribuição de livros de leitura instrutiva e literária. Os aparelhos de ensino, as cartas e globos geográficos e a palavra do mestre completarão o material indispensável. (Pujol, 1896, p.46.)

Não obstante a restrição de que apenas os livros de leitura eram os únicos adequados para uso dos alunos, o que explicaria a multiplicidade de temas presentes nessas obras, outras fontes documentais, como as revistas pedagógicas, acusam maior quantidade de anúncios de livros didáticos em geral (Catani, 1999, p. 382-385), o que certamente é indício de aquecimento do mercado, tanto da oferta pelas editoras, quanto da demanda para uso nas escolas públicas, ratificando a hipótese de que a expansão da rede estadual de ensino em São Paulo foi acompanhada da expansão deste segmento editorial.

Fora do controle do estado, mas igualmente importante para o processo de produção do livro didático, era a progressiva (e massiva) evasão escolar nas escolas públicas paulistas. Em 1904, calcula-se que 40% das classes dos Grupos Escolares eram destinadas ao primeiro ano (Monarcha, 1999, p. 234), fato que tornava muito mais atrativo economicamente o segmento editorial dirigido aos iniciantes do curso elementar.

QUADRO 2 - NÚMERO DE CLASSES NOS GRUPOS ESCOLARES DO ESTADO DE SÃO PAULO EM 1918

Número de Classes	1° ano	2° ano	3° ano	4° ano	Total
Capital	240	189	117	72	618
Interior	714	494	373	213	1.794
Total	954	683	490	285	2.412

Fonte: *Annuario do Ensino do Estado de S. Paulo* (São Paulo, 1918, p. 325-326)

A evasão escolar era proporcionalmente muito maior nas áreas rurais do que nas áreas urbanas (ver quadro 2), por isso o tempo de escolarização definido pelo governo nas Escolas Isoladas rurais era sempre menor, variando entre dois e três anos.

A drástica diminuição das matrículas à medida que o curso primário avançava nos Grupos Escolares paulistas causava inchaço das classes de Primeiro Ano e um esvaziamento significativo a partir do Segundo Ano, como se percebe no Quadro 2, com dados de 1918, movimento que acabava refletindo diretamente na tiragem dos livros didáticos, que ia diminuindo bastante à medida que o produto era indicado para os níveis mais adiantados.

A Reforma Sampaio Dória, de 1920, que instituiu o ensino obrigatório para crianças de 9 e 10 anos e fixou o curso primário obrigatório em dois anos, diminuiu consideravelmente a evasão escolar e aumentou os índices de matrícula e de frequência às aulas (São Paulo, 1923, p. 39-43).

Porém, são dados localizados em curto período, pois, em geral, o curso primário enfrentava grande mobilidade de matrículas e eliminações durante o ano, sendo alto o número de alunos que desistiam. Em 1930, registra-se que 52% do total de matrículas do curso primário eram para o Primeiro Ano, 27% para o Segundo, 13% para o Terceiro e só 7% para o Quarto Ano (São Paulo, 1942). Tal situação, reproduzida por muito tempo, pode ser notada nas múltiplas tiragens das cartilhas de alfabetização e dos primeiros volumes dos livros de leitura graduada.

Verifica-se, desta maneira, que o desenvolvimento do mercado de livros didáticos sempre foi bem mais expressivo nos segmentos dirigidos às séries iniciais do curso primário, sobretudo daqueles produtos de uso do aluno, como cartilhas e livros de leitura. As sucessivas e numerosas reedições das cartilhas de alfabetização ilustram bem tal expansão e a grande quantidade de títulos lançada no mercado brasileiro reflete a concorrência acirrada entre as editoras. Portanto, os livros didáticos para o ensino primário que emergem desse controle estatal com estrondoso sucesso de mercado são as cartilhas de alfabetização e os livros de leitura graduada (além de outros materiais escolares dirigidos aos anos iniciais do curso primário, como as coleções impressas de cadernos de caligrafia, de linguagem e de desenho). Compreende-se, assim, o papel relevante que cartilhas e livros de leitura também passaram a assumir na consolidação da ideologia republicana.

Os livros didáticos de Antonio Firmino de Proença

É nesse contexto, portanto, de expansão escolar e de crescimento editorial que Antonio Proença estava inserido profissionalmente havia já vinte anos, se for considerado o período compreendido entre sua formatura como normalista (1904) e o ano da assinatura do contrato com a Melhoramentos (1924) para a elaboração da sua "serie de quatro obras destinadas aos Grupos Escolares" (Melhoramentos, 1924, p. 1).

Nesses vinte anos, o professor Proença já havia acumulado saber e experiência docente para sugerir práticas visando a alfabetização, o desenvolvimento da leitura corrente e da escrita, assim como propor a elaboração e seleção de textos (próprios e alheios) que fossem bem aceitos por professores e pais naquele momento, mas que também pudessem interessar aos alunos de cada ano do curso primário, estabelecendo uma ordem gradual entre extensão e conteúdos, como era então exigido pelos programas de ensino de língua materna. Decisões e escolhas que não devem ter sido simples de tomar, frente ao concorridíssimo mercado de cartilhas e livros de leitura, entre 1926 e 1928, período em que foram publicados os cinco livros de Antonio Firmino de Proença: *Cartilha Proença*, um livro de leitura intermediária, intitulado *Leitura do Principiante*, e os três *Livros de Leitura* graduada, 1º, 2º e 3º.

Não foi possível apurar de que forma Antonio Proença fez contato com os editores da Companhia Melhoramentos de São Paulo, nem se fora indicado por algum colega de profissão, que conhecia sua atuação no ensino público paulista e podia avalizar seu potencial como autor didático junto aos editores. O contato com os editores pode ter sido feito por intermédio de Mariano de Oliveira, professor e diretor da Escola Normal de São Carlos, que lá conviveu com Proença e era autor das duas primeiras cartilhas da casa e de um livro de leitura, obras publicadas em 1916 e 1917, pela então Weiszflog Irmãos, firma antecessora da

Companhia Melhoramentos de São Paulo. Ou ainda, Proença pode ter sido indicado por Octaviano de Mello, então Delegado Regional do Ensino, que também conhecia Antonio Firmino e era autor da Melhoramentos, do livro *Pequenos Trechos para leitura suplementar nas classes adiantadas do curso primário*, editado em 1920 (Razzini, 2007). Contudo, a julgar pelo prazo mais longo concedido no contrato de 21 de outubro de 1924, no qual Proença se comprometia:

> A entregar á Editora, na seguinte ordem, os originais da serie: os da "Cartilha", até 30 de abril do proximo anno de 1925; os do 1º livro, até 30 de setembro do mesmo anno; os do 2º livro, e os do 3º livro até 31 de julho de 1926 (Melhoramentos, 1924, p. 1).

depreende-se que o autor recebera a encomenda dos editores, pois, se fosse o contrário, se ele tivesse proposto a publicação da série, os livros teriam que estar prontos para uma primeira avaliação dos editores, como parece ter sido o caso da publicação das três obras referidas de Mariano de Oliveira, cujo contrato, de 15 de janeiro de 1916, estabelecia prazos bem curtos de entrega dos originais, entre 20 dias e três meses.[3]

De qualquer modo, em 1924, Antonio Firmino era conhecido entre professores de Escolas Normais e escolas primárias, pois já tinha publicado cerca de 14 artigos na *Excelsior* e na *Revista da Escola Normal de São Carlos* (Nery, 2007; Gazoli, 2007), exposição que potencializava a aceitação de seus livros junto ao professorado de São Paulo, principalmente nas regiões do estado onde fora (e ainda era) professor e/ou diretor de Escolas Normais, nos períodos em que permanecera em Piracicaba (1911-1913), São Carlos (1913-1919 e 1922-1927), Pirassununga (1920-1922), Campinas (1927-1929) e, depois, na capital (1929-1938).[4]

Certamente o preparo acurado e a atuação dinâmica de Proença na educação pública eram fatores decisivos para sua escolha como autor da editora Melhoramentos, porém, não explicam o risco que os irmãos Weiszflog decidiram correr ao apostar em um novo autor, que ainda não tinha publicado qualquer livro didático, sobretudo se considerarmos que era a primeira vez que esta editora encomendava a um único autor uma série completa de livros para o curso primário, que ia desde a cartilha até os livros de leitura graduada.[5]

---

3. Mariano de Oliveira era, provavelmente, o autor de cartilha que Arnaldo Barreto prometera apresentar aos editores Weiszflog, conforme está registrado no histórico do centenário da empresa (Donato, 1990, p. 45).

4. Para a análise dos artigos de Antonio Proença nas revistas pedagógicas, consultar o capítulo de Marta Carvalho, Luiz Barreira e Ana Clara Nery.

5. Até então, os irmãos Weiszflog haviam publicado apenas três livros de Mariano de Oliveira: *Nova Cartilha Analítico-Sintética* (1916), *Páginas Infantis: leitura preparatória* (1916) e *Cartilha Ensino Rápido de Leitura* (1917); três livros de Erasmo Braga (*Leitura I, II e III*); e o livro de Otaviano de Melo, *Pequenos Trechos*, para leitura suplementar nas classes adiantadas do curso primário (1920).

Francisco Alves, por exemplo, que chegou a ser o principal editor do Brasil, chamado de "rei do livro" (Bragança, 2001) e liderando o mercado de livros escolares nas duas primeiras décadas do século XX (até seu falecimento, em 1917), não costumava arriscar muito com novos autores didáticos. Dos livros escolares publicados pela Livraria Francisco Alves, identificados como sendo de autoria de professores oriundos do sistema público de ensino paulista, entre 1894, quando esta editora estabeleceu em São Paulo sua primeira filial, até 1917, apurou-se que poucos autores didáticos eram estreantes. João Köpke, Sá e Benevides, Thomaz Galhardo, Tancredo do Amaral, J. Borges Carneiro, Arnaldo de Oliveira Barreto, René Barreto, Romão Puiggari, Ramon Roca Dordal, José Stott, Horácio Scrosoppi, entre outros, já eram autores experientes de cartilhas, de livros de leitura e de outras matérias antes de figurarem no catálogo da Livraria Francisco Alves. Suas obras já tinham sido testadas e aprovadas pelo professorado de São Paulo e muitas tinham saído dos prelos de pequenas editoras da capital, sendo que alguns títulos eram adotados oficialmente nas escolas públicas, o que significava que tais títulos eram comprados pelo governo. Ao que parece, apenas Mario Bulcão (entre 1906 e 1908) e Rita de Macedo Barreto (entre 1913 e 1916), que era parente de Arnaldo e René Barreto, estrearam como autores didáticos na Livraria Francisco Alves com seus livros de leitura (Razzini, 2005).

Portanto ser escolhido por uma editora como autor didático naquela conjuntura, para elaborar uma coleção completa para o curso primário, era uma distinção e tanto. Os editores tinham que avaliar as possibilidades de venda da série de livros, após autorização oficial, e precisavam considerar as chances da coleção de livros frente a outros do mesmo segmento editorial, confrontando tais avaliações com os riscos do investimento inicial, geralmente vultoso já naquela época para uma série de cinco livros, todos fartamente ilustrados, como foi o caso das obras de Antonio Firmino de Proença.

Obviamente os irmãos Weiszflog recebiam ajuda na avaliação de riscos. Eles tinham contratado Arnaldo de Oliveira Barreto [6] que, além de organizador da Biblioteca Infantil, uma coleção de livros de literatura infantil inaugurada em 1915, emitia sua opinião sobre todos os livros e materiais didáticos que eram

6. Natural de Campinas, Arnaldo de Oliveira Barreto (1869-1925) formou-se na Escola Normal da capital (1891). Foi professor da Escola-Modelo do Carmo (1894), inspetor das escolas anexas à Escola Normal de São Paulo (1897), diretor do Ginásio de Campinas (1908-1923) e diretor da Escola Normal de São Paulo, de 1924 até 1925, ano de seu falecimento. Foi redator efetivo da revista *A eschola publica* e redator-chefe da *Revista de Ensino* (1902-1904), órgão da Associação Beneficente do Professorado Paulista. De família de educadores e autores de livros didáticos (René de Oliveira Barreto, Rita de Macedo Barreto), Arnaldo Barreto é autor de vários livros didáticos de sucesso, publicados por pequenas editoras paulistas e depois adquiridos pela Livraria Francisco Alves, onde foram reeditados durante décadas, tais como: *Primeiras Leituras* (2 ed., 1908), *Leituras Morais* (5 ed., 1909), *Cartilha Analítica* (1909) e *Cartilha das Mães* (12 ed., 1911). Em parceria, com Romão Puiggari, publicou pela Francisco Alves a série de quatro *Livros de Leitura* (*Primeiro*, 4 ed., 1909, *Segundo*, 5 ed., 1911, *Terceiro*, 3 ed., 1911 e *Quarto*, 1911); (Mortatti, 2000; Bernardes, 2003; Silva, 2004, Razzini, 2005).

produzidos pela Melhoramentos. Foi este professor, provavelmente, que então ocupava o cargo de diretor da Escola Normal de São Paulo, quem deve ter aprovado o nome de Antonio Firmino de Proença, em 1924, para ser contratado como autor de cartilha e de uma série de livros para o curso primário.

Com o falecimento de Arnaldo de Oliveira Barreto, em 1925, os irmãos Weiszflog convidaram Manuel Bergström Lourenço Filho, em 1926, para dar continuidade à organização da *Biblioteca Infantil* e para o aconselhamento sobre livros e materiais didáticos que deveriam ser publicados pela Companhia Melhoramentos de São Paulo, função que Lourenço Filho lá exerceria durante várias décadas (Donato, 1990).

Como vimos, a exigência de aprovação oficial dos livros escolares era feita a qualquer obra que almejasse ser adotada nas escolas públicas paulistas e, no caso dos livros de Firmino Proença, essa questão parecia bem encaminhada, tanto pelas qualidades técnicas das obras, calcadas na experiência dos editores e do professor Proença, quanto pelo lugar de destaque que esse último ocupava na administração do ensino, de diretor da Escola Normal de São Carlos, sendo pouco provável que as autoridades do ensino público do estado rejeitassem suas obras didáticas.

Com efeito, a *Cartilha Proença e o 1º Livro de Leitura*, lançados pela Melhoramentos, respectivamente, em Agosto e Outubro de 1926, receberam aprovação em 20 de outubro desse mesmo ano (Diario Official, 20/10/1926). Os outros livros também receberam aprovação imediata, à medida que eram apresentados às autoridades. No início de 1930, todos os livros da Série Proença tinham sido aprovados pelo governo paulista (Diario Official, 14/01/1930).

O contrato de cessão de direitos autorais determinava que Antonio Proença elaborasse "uma serie de quatro obras destinadas aos Grupos Escolares", composta de uma cartilha e de três livros de leitura:

> sendo que a "Cartilha" terá o necessário desenvolvimento para dispensar a "Leitura Intermediaria"; e os demais livros da serie abrangerão todas as materiais que constam dos programmas para os cursos preliminar e médio; e servirão para orientação do autor, não só os respectivos programmas, como a sua experiencia pessoal, e mais intrucções que constam do papeis officiaes, que se referem ao ensino publico primario" (Melhoramentos, 1924, p. 1).

Pelo visto, a expressão "Leitura Intermediaria" foi usada no contrato de Antonio Proença para designar a fase de desenvolvimento da leitura que compreendia o período entre o término da cartilha e o início do primeiro livro de leitura. Por outro lado, ela também poderia se referir a outro título da mesma editora, no caso o livro *Leitura Intermediária*, de Erasmo Braga, publicado em novembro de 1924, o qual vinha se juntar aos outros três volumes que compunham a série de leitura deste autor, publicados respectivamente em 1919 (*Livro I* e *II*) e 1921 (*Livro III*) (Razzini, 2007).

Para além dos motivos que levaram os editores a contratar a elaboração de novos livros que, por um lado, poderiam aumentar as opções de escolha de cartilhas e livros de leitura, mas por outro lado, colocavam em concorrência produtos bem similares da mesma casa editorial, Antonio Firmino de Proença acabou entregando cinco livros, em vez dos quatro que estavam contratados, compondo uma série para o ensino da leitura que compreendia uma cartilha, um livro de leitura intermediária e três livros de leitura graduada. Entretanto, os valores estabelecidos no contrato permaneceram os mesmos, conforme indicam os recibos assinados pelo autor, os quais também apontam diferenças nas datas de entrega dos originais em relação ao que fora combinado.

No contrato de cessão de direitos, o autor receberia pela cartilha 3:000$000 (três contos de réis), e os originais deveriam ser entregues até 30 de Abril de 1925. O recibo deste mesmo valor, firmado em 30 de Setembro de 1925, indica que Antonio Proença entregou com cinco meses de atraso os originais de "uma CARTILHA e uma LEITURA INTERMEDIÁRIA", cedendo à editora, portanto, os direitos autorais sobre as duas obras, pela mesma quantia que tinha sido combinada para a entrega da cartilha. O mais provável é que Proença tenha optado por não estender a cartilha, como fora mencionado no contrato, preferindo separar o trabalho em duas obras, uma indicada para a alfabetização e outra destinada ao treino inicial da leitura, sendo que ambas saíram, respectivamente, em Agosto e Novembro de 1926 (Melhoramentos, 2008).

O período de um ano para a produção dos dois primeiros livros da série, após a entrega dos originais, talvez se explique pela grande quantidade de ilustrações, variando o tamanho e a técnica empregada, desde desenhos a bico de pena, pequenos e maiores, simples e mais elaborados, até aquarelas delicadas, algumas reproduzidas em cores. A primeira edição da *Cartilha Proença*, com 105 páginas, possui aproximadamente 324 ilustrações de tamanhos variados, sendo que em 15 páginas elas são coloridas, o que tornava a obra um produto muito especial, dada as dificuldades técnicas para a reprodução de imagens (litografia e cromolitografia, papel de melhor qualidade, tintas) e o seu alto custo de produção na época.[7]

As ilustrações da *Cartilha* e dos demais livros da Série Proença são de Franta Richter, pintor tcheco radicado no Brasil, que trabalhou como ilustrador na editora Melhoramentos durante décadas, sendo responsável pela ilustração de muitas obras da casa, como os pequenos livros da Biblioteca Infantil e da série Encanto e Verdade, além de vários outros livros didáticos, como as cartilhas de Mariano de Oliveira.

A título de comparação e para se ter ideia do investimento que significava a grande quantidade de ilustrações na produção da *Cartilha Proença*, as duas

7. Sobre a importância das ilustrações no processo de alfabetização e sobre a configuração gráfica da *Cartilha Proença* e da *Leitura do Principiante*, consultar o capítulo de Isabel Frade.

cartilhas de Mariano de Oliveira, publicadas pelos irmãos Weiszflog cerca de dez anos antes, foram compostas com número bem menor de páginas e de ilustrações. A *Nova Cartilha Analítico-sintética* (1916), com 80 páginas, apresenta 161 ilustrações e a *Cartilha Ensino Rápido da Leitura* (1917), com 48 páginas, tem 124 ilustrações, sendo sete coloridas.

Já a primeira edição da *Leitura do Principiante*, de Antonio Proença, com 112 páginas, apresenta 90 ilustrações de vários tamanhos, sendo 12 coloridas, isto é, menos de um terço da quantidade de ilustrações da *Cartilha*. O catálogo da Cia. Melhoramentos (Weiszflog Irmãos Incorporada), de Setembro de 1926, registra o lançamento da *Cartilha Proença* e da *Leitura do Principiante*, oferecendo ao preço de 2$500 (dois mil e quinhentos réis) cada, e aponta que os demais livros da Série Proença estavam "a sahir".

O mesmo catálogo de 1926 listava as obras similares com preço aproximado, se calculado proporcionalmente ao número de páginas: de Mariano de Oliveira, a *Cartilha Ensino Rápido da Leitura* era oferecida a 1:700 (mil e setecentos réis), a *Nova Cartilha Analítico-sintética* a 2:300 (dois mil e trezentos réis) e as *Páginas Infantis* (Leitura Preparatória) a 2:800 (dois mil e oitocentos réis); de Octaviano de Mello, os *Pequenos Trechos* saíam por 2:500 (dois mil e quinhentos réis); de Erasmo Braga, a *Leitura Intermediária* custava 2:500 (dois mil e quinhentos réis).

Quanto aos livros de leitura graduada, ficou combinado no contrato com os editores que Antonio Proença receberia 1:900$000 (um conto e novecentos mil reis) pelo 1º *Livro de Leitura*, cujos originais deveriam ser entregues até 30 de Setembro de 1925; enquanto ganharia 2:400$000 (dois contos e quatrocentros mil réis) pelo *2º Livro* e 2:700$000 (dois contos e setecentos mil réis) pelo *3º Livro*, de modo que os originais de ambos deveriam ser entregues até 30 de Julho de 1926 (Melhoramentos, 1924).

O valor total do contrato de Antonio Firmino de Proença com a Melhoramentos somava 10:000$000 (dez contos de réis), quantia bem significativa na época, pois, conforme foi apurado em tabela de vencimentos de funcionários das escolas públicas de São Paulo, Antonio Proença ganhava anualmente 14:400$000 (catorze contos e quatrocentos mil réis), como Diretor da Escola Normal de São Carlos, cargo no qual fora efetivado em 18 de Junho de 1925, o que dava 1:200$000 (um conto e duzentos mil réis) por mês de salário (São Paulo, 1926, p. 288). Interessante notar que o valor dos vencimentos anuais do Diretor da Escola Normal de São Carlos está escrito a lápis no documento de sua nomeação, embaixo, à esquerda. No verso do documento, foi registrado que Antonio Proença iniciou o exercício neste cargo em 1º de Julho de 1925 e que sua nomeação foi registrada, conforme carimbo no meio da página, à direita, na Secretaria da Escola Normal de São Carlos, em 9 de Fevereiro de 1926, pelo "escript[urario] subst[ituto]", "Alaor C. Proença", filho mais velho de Proença (Arquivo pessoal de Antonio Firmino de Proença, 2008).

Importante assinalar que entre a assinatura do contrato de cessão de direitos autorais, em 21 de outubro de 1924, e a publicação dos primeiros livros da série, *Cartilha Proença, 1º Livro e Leitura do Principiante*, respectivamente, em Agosto, Outubro e Novembro de 1926, houve uma nova reforma do ensino primário (Lei 2.095 de 24 de dezembro de 1925), regulamentada pelo Decreto 4101, de 14 de dezembro de 1926. O decreto restabelecia o período de quatro anos para o curso primário, que fosse realizado nos Grupos Escolares, e de três anos para o curso primário feito nas Escolas Reunidas e nas Escolas Isoladas. Entre 1920 e 1926, durante a vigência da reforma Sampaio Doria, já mencionada, esse período tinha sido reduzido, com o objetivo de diminuir os índices de analfabetismo em São Paulo, tornando obrigatório o ensino primário de dois anos para crianças de 9 e 10 anos.

Quanto ao fornecimento de livros didáticos pelo governo, o Decreto 4101 definiu que estes seriam fornecidos "somente àqueles cujos pais ou protetores não os possam[pudessem] adquirir a expensas próprias" (São Paulo, 1926), o que limitava bastante as compras governamentais.

Se por um lado, a volta do curso primário de quatro anos nos Grupos Escolares (e de três anos nas demais escolas) recolocava o problema da evasão escolar, porque a maioria das crianças abandonava a instrução primária logo no início para entrar no mercado de trabalho, por outro lado, a maior extensão do curso primário validava o ensino graduado da leitura, baseado nos livros seriados, correspondendo um livro de leitura para cada ano do curso primário, como era o caso dos livros de Antonio Firmino de Proença.

Como já foi dito, a evasão escolar provocava diferenças nas tiragens dos livros didáticos, observando-se tiragens bem superiores nos livros indicados para os anos iniciais do curso primário, enquanto havia tiragens bem menores para os volumes destinados aos anos finais, característica do nosso sistema público de ensino que pode ser notada em várias séries de leitura graduada das editoras brasileiras, inclusive na Série Proença. Se tomarmos o ano de 1947, por exemplo, quando houve reedição dos cinco livros dessa coleção, verifica-se que tanto a *Cartilha Proença* como a *Leitura do Principiante*, indicadas para o primeiro ano do curso primário, estavam na 67ª edição; enquanto o *1º Livro de Leitura*, indicado para o segundo ano, estava na 47ª edição; o *2º Livro*, dirigido ao terceiro ano, estava na 33ª edição; e o *3º Livro*, determinado para o quarto ano do curso primário, estava na 20ª edição.

Voltando ao contexto de publicação das primeiras edições da Série Proença, fica evidente que as incertezas geradas pela reforma baixada no final de 1925 e regulamentada no final de 1926 podem ter contribuído tanto para o atraso na entrega dos originais, como para a demora na produção dos livros de Proença, entre a assinatura do contrato, em 1924, e a publicação do último volume da coleção, em 1928.

Série Proença, Cartilha Proença (1926), Leitura do Principiante (1926), 1º Livro de Leitura (1926), 2º Livro de Leitura (1927) e 3º Livro de Leitura (1928).

O recibo de pagamento passado para a Companhia Melhoramentos aponta que os originais do 1º *Livro de Leitura* foram entregues pelo professor Proença em 5 de Julho de 1926, portanto, quase um ano depois do que fora contratado. Registros da editora indicam que o 1º Livro foi produzido rapidamente e publicado em Outubro deste mesmo ano, certamente com o objetivo de oferecer o produto para o ano letivo de 1927, junto com a *Cartilha* e a *Leitura do Principiante*, esforço de produção que deve ter sido enorme, considerando as 160 páginas e 82 ilustrações do *1º Livro*. De fato, o catálogo da Melhoramentos, de Março de 1927, oferecia o *1º Livro de Leitura*, pelo preço de 3$000 (três mil réis) (Melhoramentos, 1927).

A entrega de originais e edição dos outros dois livros da série também sofreram atrasos. Conforme apontam os registros da empresa, Proença passou às mãos dos editores os originais do 2º *Livro de Leitura* em 20 de Setembro de 1926, com apenas dois meses a mais do previsto no contrato, sendo que o livro só saiu a público um ano depois, em Outubro de 1927, composto de 198 páginas, com 136 ilustrações. Já os originais do 3º *Livro de Leitura* só foram entregues em 25 de Julho de 1927, com atraso de um ano em relação ao que havia sido firmado no contrato de 1924 e, do mesmo modo que a produção do livro anterior, ele foi publicado um ano depois da entrega dos originais, em Agosto de 1928, com 236 páginas e 89 ilustrações, sendo 4 fotografias. A publicação do 2º Livro de Leitura foi notificada no catálogo de Janeiro de 1928, obra oferecida ao preço de 3$500 (três mil e quinhentos réis), enquanto o catálogo de Agosto de 1928 indica a publicação do 3º *Livro de Leitura*, com o preço de 4$500 (quatro mil e quinhentos réis).

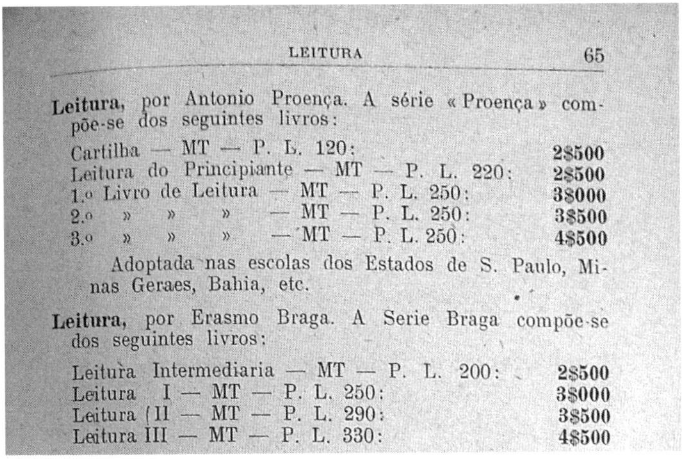

LEITURA 65

Leitura, por Antonio Proença. A série « Proença » compõe-se dos seguintes livros:

Cartilha — MT — P. L. 120:	2$500
Leitura do Principiante — MT — P. L. 220:	2$500
1.º Livro de Leitura — MT — P. L. 250:	3$000
2.º » » » — MT — P. L. 250:	3$500
3.º » » » — MT — P. L. 250:	4$500

Adoptada nas escolas dos Estados de S. Paulo, Minas Geraes, Bahia, etc.

Leitura, por Erasmo Braga. A Serie Braga compõe-se dos seguintes livros:

Leitura Intermediaria — MT — P. L. 200:	2$500
Leitura I — MT — P. L. 250:	3$000
Leitura II — MT — P. L. 290:	3$500
Leitura III — MT — P. L. 330:	4$500

Melhoramentos. **Cátalogo Geral**, Agosto, 1928, p.65.

O preço dos livros da Série Proença sempre regulava com o preço dos livros da série Braga, uma estratégia dos editores de não limitar a escolha dos consumidores pelo custo do produto. Assim, os três *Livros de Leitura* de Firmino Proença tinham os mesmos valores que os três similares de Erasmo Braga, que custavam, Leitura I, 3$000 (três mil réis), Leitura II, 3$500 (três mil e quinhentos réis) e Leitura III, 4$500 (quatro mil e quinhentos réis).

SÉRIE BRAGA

Lourenço Filho refundiu e atualizou com exercícios e vocabulário a Série Braga de Erasmo Braga

		N.º
Leitura Intermediária	2$500	135
Leitura I	3$000	30
Leitura II	3$500	37
Leitura III	4$500	59

A «Série Braga», firmada cada vez mais no conceito e estima dos nossos mestres, vem agora, inteiramente refundida, colocar-se em igual plano ao dos livros de leitura corrente hodiernos. Suas lições foram cuidadosamente revistas, substituídas algumas por assuntos mais oportunos, sem porém prejudicar a obra no seu plano geral, e a todas foram acrescentados exercícios e pequeno vocabulário.

4 —

SÉRIE "PROENÇA"

Também a Série "Proença" de Antonio Firmino de Proença é apresentada agora inteiramente refundida e atualizada

		N.º
Cartilha	2$500	168
Leitura do Principiante	2$500	174
1.º livro de Leitura	3$000	175
2.º livro de Leitura	3$500	197
3.º livro de Leitura	4$500	206

Linguagem, construção de sentenças, assuntos sempre nossos, vocabulário graduado, questionários, exercícios, noções gramaticais, quando necessárias, tudo se acha cuidadosamente dosado, de conformidade com o alcance médio da inteligência infantil.

Essas as qualidades que valeram aceitação geral à excelente Série «Proença».

A «Cartilha» obedece ao método analítico-sintético, mas pela disposição que lhe deu o Autor, pode ser adotada também em outros métodos.

Os demais livros têm entre si exata graduação, correspondendo a série a um conjunto harmônico, que ensina a criança, em todas as suas páginas, a conhecer e amar esta grande pátria, o Brasil.

— 5

Melhoramentos. **Cátalogo Geral**, Agosto, 1928, p.65.

Importante destacar que o preço dos livros da Série Proença, assim como o preço dos demais livros de leitura e cartilhas da Companhia Melhoramentos de São Paulo, não sofreram qualquer alteração durante 15 anos. A comparação entre os catálogos da editora, no período de 1926 a 1941, mostra que os valores dos livros de Antonio Firmino de Proença permaneceram os mesmos, embora tenham sido feitas modificações no conteúdo do 1º, 2º e 3º *Livro de Leitura*.

Só no catálogo de 1943 é que foi detectada mudança de preço nos livros da Série Proença, fonte que também registrou a mudança da unidade monetária brasileira, com a substituição dos "Réis" pelo "Cruzeiro", conforme Decreto-Lei 4.791, de 5 de Outubro de 1942, numa época muito conturbada pela Segunda Guerra Mundial (1939-1945). A troca de moeda implicava no corte de três zeros, fazendo com que cada mil réis passassem a valer um cruzeiro. Desta maneira, a *Cartilha Proença* e a *Leitura do Principiante*, que custavam 2$500 (dois mil e quinhentos réis) cada, se continuassem com o mesmo preço, deveriam ser oferecidas por Cr$2,50 (dois cruzeiros e cinquenta centavos) cada. Observa-se, porém, que houve um aumento de 20% no preço de ambas e elas passaram a ser oferecidas a Cr$3,00 (três cruzeiros), enquanto os três *Livros de Leitura* tiveram apenas seus valores convertidos para a nova unidade monetária: de 3$000 (três mil réis), 3$500 (três mil e quinhentos réis) e 4$500 (quatro mil e quinhentos réis), respectivamente, para Cr$3,00 (três cruzeiros), Cr$3,50 (três cruzeiros e cinquenta centavos) e Cr$4,50 (quatro cruzeiros e cinquenta centavos).

Proença, Antônio Firmino de	
Cartilha	3,00
Leitura do Principiante	3,00
1.º Livro de Leitura	3,00
2.º Livro de Leitura	3,50
3.º Livro de Leitura	4,50
Como se Ensina Geografia	4,00

Melhoramentos. Catálogo, 1943, p. 92 (detalhe)

Quanto às modificações verificadas a partir da comparação entre diferentes edições dos livros da Série Proença, cinco momentos podem ser destacados. O primeiro em 1932, quando os livros de leitura passaram a estampar na página de rosto a indicação expressa do ano do curso primário para o qual eram destinados: a *Leitura do Principiante* era indicada "Para o 1º Anno Escolar", isto é, para o primeiro ano do curso primário, e assim sucessivamente, o *1º Livro de Leitura* era indicado "Para o 2º Anno Escolar"; o 2º *Livro* "Para o 3º Anno Escolar" e o 3º *Livro* "Para o 4º Anno Escolar", informação que foi reforçada no catálogo da editora Melhoramentos, de Junho de 1932. Tal indicação, que também foi acrescentada à série de livros de leitura de Erasmo Braga, talvez quisesse prevenir os leitores que o número do título (*1º, 2º* e *3º Livro*) não estava associado aos níveis de ensino do curso primário, então divididos por quatro anos.

O segundo momento, entre 1933 e 1934, refere-se ao período em que todos os livros didáticos tinham que se adaptar à nova ortografia oficial brasileira, após a promulgação do decreto nº 23.028, de 2 de Agosto de 1933, que tornou "obrigatório o uso da ortografia resultante do acordo entre a Academia Brasileira de Letras e a Academia das Ciências de Lisboa, a que se refere o decreto nº 20.108, de 15 de junho de 1931", estabelecendo que, a partir de 1º de Janeiro de 1935, os livros didáticos que não estivessem de acordo com a nova ortografia não seriam "admitidos nos estabelecimentos de ensino".

O cumprimento da lei, no entanto, pode ter sido adiado pela longa espera da publicação do *Pequeno Vocabulário Ortográfico da Língua Portuguesa*, elaborado pela Academia Brasileira de Letras, que saiu só em 1943. De todo modo, depois de 1931, a legislação continuou a determinar a obrigatoriedade do uso da ortografia oficial nos livros didáticos, como se vê em: Decreto-Lei nº 292, de 23 de Fevereiro de 1938; Decreto-Lei nº 1.006, de 30 de Dezembro de 1938; Decreto-Lei nº 5.186, de 13 de Janeiro de 1943; Decreto-Lei nº 8.460, de 26 de Dezembro de 1945 e Lei nº 2.623, de 21 de Outubro de 1955.

No que diz respeito à adoção da ortografia decretada em 1931, notam-se alterações na 39ª edição da *Cartilha Proença*, sendo, no entanto, impossível precisar quando elas foram realizadas, seja porque não foram localizadas edições próximas, seja porque o exemplar consultado não traz a data de publicação, característica comum, aliás, dos livros didáticos da editora Melhoramentos, que dificulta a pesquisa.

A imprecisão de data, todavia, não invalida as modificações processadas na 39ª edição da Cartilha Proença (quando comparada com a 1ª edição), pois elas indicam a adesão à nova ortografia de 1931. Percebe-se, por exemplo, a eliminação das consoantes geminadas: na 39ª edição, usa-se "cavalo" (p. 6); "êle" (p. 8); "ela, aquela, comigo" (p. 16); ao invés de "cavallo" (p. 6); "elle" (p. 8); "ella, aquella, commigo" (p. 16), empregados na 1ª edição. "Benedicta" e "Benedicto" (1 ed., p. 44-45) viraram "Benedita" e "Benedito" (39 ed., p. 44-45); hontem (1 ed., p. 32) virou "ontem" (39 ed., p. 32). A lição do "k" (1 ed., p. 61-62) foi eliminada na 39ª edição, por causa da proscrição das letras k, w e y das palavras portuguesas, letras que também foram retiradas das páginas da *Cartilha Proença* que mostram o alfabeto completo (39 ed., p. 92 e 93); a lição do "ch" (1 ed., p. 86) foi deslocada (39ª ed., p. 49) para ficar logo após a lição do "c" e do "ç". Além disso, cinco lições novas foram acrescentadas (39 ed., p. 50, 65, 66, 71 e 72), enquanto a lição intitulada "A caixa de charutos", que antes ocupava duas páginas (1 ed., p. 87-88), teve as duas ilustrações bem diminuídas para que tudo coubesse em uma só página (39 ed., p. 90). Algumas ilustrações que eram coloridas na 1ª edição (p. 58, 66 e 87), foram impressas na 39ª edição em preto e branco (p. 60, 68 e 90), e vice-versa, uma ilustração que era em preto e branco (1 ed., p. 60), foi apresentada colorida nesta nova edição (39 ed., p. 62).

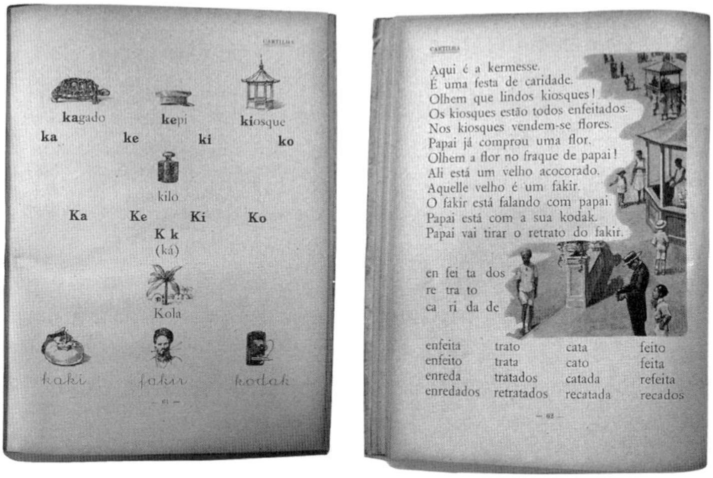
kagado kepi kiosque
ka ke ki ko
kilo
Ka Ke Ki Ko
K k
(ká)
Kola
kaki fakir kodak

Aqui é a kermesse.
É uma festa de caridade.
Olhem que lindos kiosques!
Os kiosques estão todos enfeitados.
Nos kiosques vendem-se flores.
Papai já comprou uma flor.
Olhem a flor no fraque de papai!
Ali está um velho acocorado.
Aquelle velho é um fakir.
O fakir está falando com papai.
Papai está com a sua kodak.
Papai vai tirar o retrato do fakir.

en fei ta dos
re tra to
ca ri da de

enfeita	trato	cata	feito
enfeito	trata	cato	feita
enreda	tratados	catada	refeita
enredados	retratados	recatada	recados

Cartilha Proença, 1ª ed., 1926, p. 61 e 62.

A atualização da ortografia na *Cartilha Proença* faz crer que os demais livros da série devem ter passado pelo mesmo processo, ainda que tais mudanças não tenham sido constatadas na presente pesquisa devido às dificuldades já mencionadas. A única alteração, provavelmente deste mesmo período, foi detectada na 16ª edição do 2º *Livro de Leitura* (sem data de publicação), com a entrada do texto "28. Lagartas de fogo" (16 ed., p. 76-77), que substituiu o texto "28. Brincadeiras de mathematica" (1 ed., p. 76-77).

O terceiro momento de mudanças identificado nos livros da Série Proença situa-se bem próximo de 1940, quando os três últimos livros de leitura foram remodelados: ganharam capas novas, desenhadas provavelmente por Oswaldo Storni, e houve modificações no *corpus* de textos, nas ilustrações e, no final de cada lição, foram introduzidas notas gramaticais e de vocabulário e foram acrescentados exercícios. O catálogo de 1940 da editora Melhoramentos noticia a novidade:

> Apresenta-se agora a <<Serie Proença>> numa feição nova: lições pequenas, mas bem dosadas e graduadas, predominando assumptos nossos; questionários após cada lição, além de pequeno vocabulario (Melhoramentos, 1940, p. 80).

As alterações deste período devem ter sido decididas após a promulgação do Decreto-Lei nº 1.006, de 30 de Dezembro de 1938, que estabeleceu "as condições de produção, importação e utilização do livro didático", passando para a esfera federal o controle da produção de livros didáticos, controle que até então era exercido pelos estados. Assim, o recém-criado Ministério da Educação e Saúde Pública (Decreto nº 19.402, de 14 de Novembro de 1930) passou a centralizar a autorização sobre livros dirigidos às escolas primárias e secundárias, por meio da Comissão Nacional do Livro Didático, encarregada de "examinar os livros didáticos que lhe forem apresentados, e proferir julgamento favorável ou contrário à autorização de seu uso" nas escolas primárias, secundárias e profissionais.

Os livros didáticos autorizados receberiam um número de registro, o qual deveria ser impresso na capa, após a expressão "Uso autorizado pelo Ministério da Educação", e seu preço de venda não poderia ser alterado "sem prévia licença da Comissão". No Capítulo IV do referido Decreto-Lei são elencadas as "Causas" que poderiam impedir a autorização dos livros didáticos:

> Art. 20. Não poderá ser autorizado o uso do livro didático:
>
> a) que atente, de qualquer forma, contra a unidade, a independência ou a honra nacional;
> b) que contenha, de modo explícito ou implícito, pregação ideológica ou indicação da violência contra o regime político adotado pela Nação:
> c) que envolva qualquer ofensa ao Chefe da Nação, ou às autoridades constituídas, ao Exército, à Marinha, ou às demais instituições nacionais;
> d) que despreze ou escureça as tradições nacionais, ou tente deslustrar as figuras dos que se bateram ou se sacrificaram pela pátria;
> e) que encerre qualquer afirmação ou sugestão, que induza o pessimismo quanto ao poder e ao destino da raça brasileira;
> f) que inspire o sentimento da superioridade ou inferioridade do homem de uma região do país com relação ao das demais regiões;
> g) que incite ódio contra as raças e as nações estrangeiras;
> h) que desperte ou alimente a oposição e a luta entre as classes sociais;
> i) que procure negar ou destruir o sentimento religioso ou envolva combate a qualquer confissão religiosa;
> j) que atente contra a família, ou pregue ou insinue contra a indissolubilidade dos vínculos conjugais;
> k) que inspire o desamor à virtude, induza o sentimento da inutilidade ou desnecessidade do esforço individual, ou combata as legítimas prerrogativas da personalidade humana.
>
> Art. 21. Será ainda negada autorização de uso ao livro didático;
>
> a) que esteja escrito em linguagem defeituosa, quer pela incorreção gramatical quer pelo inconveniente ou abusivo emprego de termo ou expressões regionais ou da gíria, quer pela obscuridade do estilo;
> b) que apresente o assunto com erros de natureza científica ou técnica;
> c) que esteja redigido de maneira inadequada, pela violação dos preceitos fundamentais da pedagogia ou pela inobservância das normas didáticas oficialmente adotadas, ou que esteja impresso em desacordo com os preceitos essenciais da higiene da visão;
> d) que não traga por extenso o nome do autor ou dos autores;
> e) que não contenha a declaração do preço de venda, o qual não poderá ser excessivo em face do seu custo.

> Art. 22. Não se concederá autorização, para uso no ensino primário, de livros didáticos que não estejam escritos na lingua nacional.
>
> Art. 23. Não será autorizado o uso do livro didático que, escrito em língua nacional, não adote a ortografia estabelecida pela lei.
>
> Art. 24. Não poderá ser negada autorização para uso de qualquer livro didático, por motivo de sua orientação religiosa.[8]

Se fizermos uma leitura a contrapelo das causas e impedimentos da autorização oficial, podemos chegar a alguns parâmetros sobre as características dos livros escolares que eram esperadas nesta época pelo governo, de forte cunho nacionalista. De modo geral, portanto, podemos dizer que o livro didático sob a égide do Estado Novo (1937-1945) de Getúlio Vargas deveria, preferencialmente, promover a unidade, a honra, o regime político, o chefe da Nação, as tradições e figuras históricas do país; deveria ser otimista quanto ao nosso destino; deveria apaziguar a luta de classes e neutralizar qualquer manifestação de regionalismo, racismo, xenofobia e intolerância religiosa; deveria promover os valores da família, do casamento e do esforço individual, inspirando o amor à virtude. Em suma, o livro didático, além de cumprir suas funções pedagógicas intrínsecas, deveria veicular a propaganda do regime que se instalara no país.

Obviamente, os anos de guerra, sobretudo após a entrada do Brasil no conflito (1942), iriam intensificar o nacionalismo e recrudescer os ânimos contra as nações inimigas (Alemanha, Itália e Japão) e seus cidadãos. [9] O fechamento de escolas em colônias estrangeiras (Bittencourt, 1990), a proibição do uso de nomes ligados às nacionalidades beligerantes, prisões, intervenções, exílios e confiscos se tornaram ações governamentais corriqueiras que devem ter preocupado muito os proprietários da editora Melhoramentos, de origem alemã, situação que não era nova para eles, pois já haviam sofrido nos negócios as incertezas e desconfianças causadas pela Primeira Guerra (Donato, 1990, p. 51-53).

---

8. Disponível em <<http://www2.camara.gov.br/internet/legislacao/legin.html/textos/visualizarTexto.html?ideNorma=350741&seqTexto=1&PalavrasDestaque=>>, acesso em 28/10/2009.

9. A Sociedade Germânia, fundada no Rio de Janeiro em 1821, teve sua sede da Praia do Flamengo fechada em 1942, reabrindo em outro endereço em 1953. A Verein Deutsche Schule de São Paulo, fundada em 1879, foi substituída, em 1937, pela Associação Escolar Brasileiro-Alemã, mantenedora do Colégio Brasileiro-Alemão. Em 1942, Getúlio Vargas proibiu nomes que fizessem menção às nações inimigas, obrigando a mudança para Associação Visconde de Porto Seguro e Colégio Visconde de Porto Seguro. Do mesmo modo, o Sport Club Germânia, de São Paulo, fundado em 1899, mudou para Esporte Clube Pinheiros; a Società Sportiva Palestra Itália, de São Paulo e de Belo Horizonte, se tornaram, respectivamente, Clube Atlético Palmeiras e Cruzeiro Esporte Clube. A censura sobre os meios de comunicação durante o Estado Novo atingiu o jornal *O Estado de S. Paulo*, que foi mantido fechado ou sob intervenção federal e seu proprietário, Júlio de Mesquita Filho, ficou exilado na Argentina. Sobre os governos de Getúlio Vargas, consultar o CPDOC-FGV, disponível em <<http://www.cpdoc.fgv.br/nav_historia/htm/anos37-45/ev_ecp_imprensa.htm>>, acesso em 28/10/2009.

Em 2 de dezembro de 1938, foi impresso o livro *O Filho do Trovão*, de Barros Ferreira, com a indicação na capa de "Edições Melhoramentos", retirando o sobrenome dos proprietários da denominação usada até então: "Companhia Melhoramentos de São Paulo (Irmãos Weiszflog Incorporada)". Em fevereiro de 1941 a razão social da empresa foi mudada para "Companhia Melhoramentos de São Paulo, Indústrias de Papel". Em julho de 1941, a Melhoramentos foi incluída na "Lista Negra, relação de firmas e pessoas por algum modo ligadas a súditos de país integrante do chamado Eixo", tornando obrigatório o afastamento de Alfried e Walther Weiszflog da diretoria da empresa (Donato, 1990, p. 96-104).

Foi, portanto, neste clima de centralização e controle governamental e de conflito armado que os livros da Série Proença sofreram mudanças, certamente entre 1938 e 1940, conforme se pode deduzir, de um lado, pela falta de registro de modificações no catálogo de 1937 e, de outro lado, pelo anúncio de alterações no catálogo de 1940. Além da introdução de questionário, notas gramaticais e de vocabulário após cada lição, notam-se entradas e eliminações no *corpus* de textos.

A análise dos textos dos *Livros de Leitura* está fora do escopo deste capítulo, uma vez que ela é feita nesta publicação por Francisca Maciel e Kátia Campelo. Contudo, pelos títulos das "lições", é possível visualizar o movimento de entrada e saída de textos, após a reformulação de 1940, modificações que são maiores à medida que os livros se dirigiam aos níveis mais adiantados do curso primário. A mudança obedeceu a fortes imperativos da época e foi realizada provavelmente por Antonio Proença, que viria a falecer em 1946. Verifica-se que outros livros da editora Melhoramentos passaram pelo mesmo processo de remodelação, como informa o catálogo da Melhoramentos, de 1940, sobre os volumes da Série Braga, "inteiramente refundida e revista por M. Bergström Lourenço Filho", fato que reforça os argumentos sobre a centralização e controle serrado do governo federal sobre a produção dos livros didáticos brasileiros.

O quarto momento de alterações identificado nos livros da Série Proença ocorreu por volta de 1948, quando se registra uma nova capa cartonada para a *Cartilha Proença* (66ª edição, 1948) e quando houve mudança nos títulos dos últimos três volumes, embora nestes fossem conservadas as capas de 1940, possivelmente ilustradas por Oswaldo Storni.

Para distinguir os volumes e identificar as mudanças na coleção Proença neste período (quando passaram de *1º, 2º* e *3º Livro de Leitura* para, respectivamente, *2º, 3º* e *4º Livro de Leitura*), optou-se por apresentar os títulos da série completa antes e depois da alteração, no quadro abaixo:

Série Proença, de 1926-1928 a 1947	Série Proença, a partir de 1948
Cartilha Proença	Cartilha Proença
Leitura do Principiante	Leitura do Principiante
1º Livro de Leitura	2º Livro de Leitura
2º Livro de Leitura	3º Livro de Leitura
3º Livro de Leitura	4º Livro de Leitura

Já a permanência das capas (e miolos) com a correspondente modificação dos títulos podem ser comprovadas na reprodução das respectivas capas dos três últimos volumes da Coleção Proença, antes e depois de 1948, em que se constata a mudança dos titulos e a permanência das ilustrações das capas.

Quanto ao *corpus* de textos selecionados em tais *Livros de Leitura*, na comparação entre a 1ª edição (1926) e a 48ª edição (1948) do *1º Livro de Leitura* (ou 2º Livro de Leitura), observa-se que foram retirados sete textos: "18. Com todos os ff e rr", "23. Coisas feias", "30. Gafanhoto verde", "35. Milagre?", "39. Viva a República!", "46. As fases da lua" e "50. Os três anéis". Já na nova edição de 1948, foram introduzidos os seguintes textos: "18. Vicentinho", "23. O esquecimento da professora", "31. Na feira", "35. Valente", "36. Natal", "40. Viagem imaginária" e "51. O ratinho".

Mudança de título dos **Livros de Leitura** da *Série Proença*, os **volumes 1**, **2** e **3**, de 1926-1928 até 1947, correspondem aos **volumes 2**, **3** e **4**, a partir de 1948, até 1963.

Do mesmo modo, na comparação entre as edições do *2º Livro de Leitura* (ou *3º Livro de Leitura*), apurou-se que a partir de 1948 saíram os textos: "2. O registro civil", "3. O meu padrinho", "4. As moedas", "6. As perolas", "7. Se eu soubesse ler", "13. No tempo das patacas", "14. O ladrão", "15. 24 de Fevereiro", "21. Rui Barbosa quando criança", "26. 21 de abril", "27. Negócio pouco sério", "36. Os regimens", "40. 7 de Setembro" (reaproveitado no 3º Livro de Leitura), "42. O trem de ferro", "51. O jumento e o porco", "55. 12 de Outubro" (reaproveitado no *3º Livro de Leitura*), "56. O ovo de Colombo", "58. O fiasco" e "64. Santos Dumont" (reaproveitado no *3º Livro de Leitura*). Quanto às inserções, verifica-se que na reformulação de 1948 (que coincide com as inserções da edição de 1940), entraram os textos: "2. Os primeiros brasileiros", "3. O seu futuro", "4. O bom menino", "7. O Brasil", "8. Um quadro", "13. Os dois ratos", "19. A lã", "24. Uma lenda", "25. A noite", "27. Bandeiras brasileiras", "34. O asseio", "48. O Padre-Nosso", "52. Ouro Preto", "53. O pequeno travesso", "54. O Faísca" e "56. Os salteadores e o matuto".

Por fim, na comparação entre as edições do *3º Livro de Leitura* (ou *4º Livro de Leitura*), verifica-se que na reformulação de 1948 foram tirados os textos: "2. As leis", "3. Escola de outros tempos", "4. As estações", "5. A canção da cerejeira", "7. Canção da avenca", "10. O fumo", "11. O primeiro cigarro", "14. O bugrinho", "18. Partida da Monção", "25. XPTO London", "30. O gato, o lagarto e o Grillo", "41. O reino mineral", "42. Invento útil", "43. O rio Gravata", "45. Uma boa lição", "47. O galo morreu", "65. Um apólogo", "70 Lenda", "71. A última flor do Lácio", "72. A língua portuguesa" e "73. A cigarra e a formiga". Quanto aos textos novos, na reformulação de 1948 (que coincide com os textos que entraram na edição de 1940) foram acrescentados os textos: "2. O canto da sabiá", "3. Anchieta", "6. O óleo de rícino", "7. As olarias", "9. Os primitivos habitantes da América", "13 A conquista", "25. a luta pela vida", "26. O mate", "27. O califa", "42. A ostra e a sardinha", "43. Batalha naval do Riachuelo", "44. Higiene dos pés", "46. Infância do general Osório", "62. Como o general Osório se fez militar", "64. Antonio João", "67. Almirante Barroso", "69. O pássaro, o relógio e o espelho", "70. a conquista dos sertões" e "72. A cachoeira de Paulo Afonso".

O quinto e último momento de alterações identificado nos livros da coleção Proença datam de 1955 e 1956, quando, respectivamente, a *Cartilha Proença* e a *Leitura do Principiante* ganharam novo projeto editorial, passaram a circular em brochura, com capa cartonada, não mais com capa dura, sendo ambas totalmente remodeladas com novas ilustrações de Oswaldo Storni, que tinha sido ilustrador do mais famoso jornal infantil brasileiro, O Tico-Tico (assim como seu pai, Alfredo Storni), e vinha participando de outras publicações da Melhoramentos, como ilustrador, desde 1938.

Série Proença, a partir de 1955, **Cartilha Proença** e **Leitura do Principiante** em brochura, com novas capas.

O desaparecimento da Série Proença pode ser verificado através do acompanhamento dos catálogos da editora Melhoramentos, cuja comparação foi possível determinar que, dos cinco livros da Série Proença, apenas o *3º Livro de Leitura* era ainda oferecido à venda no catálogo de 1962, pelo preço de Cr$40,00 (quarenta cruzeiros). Após essa data, no entanto, os livros de leitura de Antonio Firmino Proença não foram mais encontrados nos catálogos da editora Melhoramentos, o que indica que, a partir de 1963, encerraram sua longa trajetória nas salas de aula das escolas primárias brasileiras no ensino-aprendizagem da alfabetização, leitura e escrita, como se viu, percurso esse iniciado em 1926.

Um livro para ensinar a ensinar Geografia

Cerca de quatro anos após a assinatura do primeiro contrato com a Companhia Melhoramentos de São Paulo, Antonio Firmino de Proença cederia à mesma editora os direitos autorais para a publicação do livro *Como se ensina Geographia*, sobre a metodologia de ensino desta matéria, no curso primário e secundário. O fator relevante, no entanto, é a inclusão desta obra na Biblioteca de Educação (Vol. VII), coleção organizada por Lourenço Filho, dirigida especificamente aos professores do curso primário e aos normalistas, ainda que as intenções dos editores fossem mais amplas, conforme apresentação da coleção:

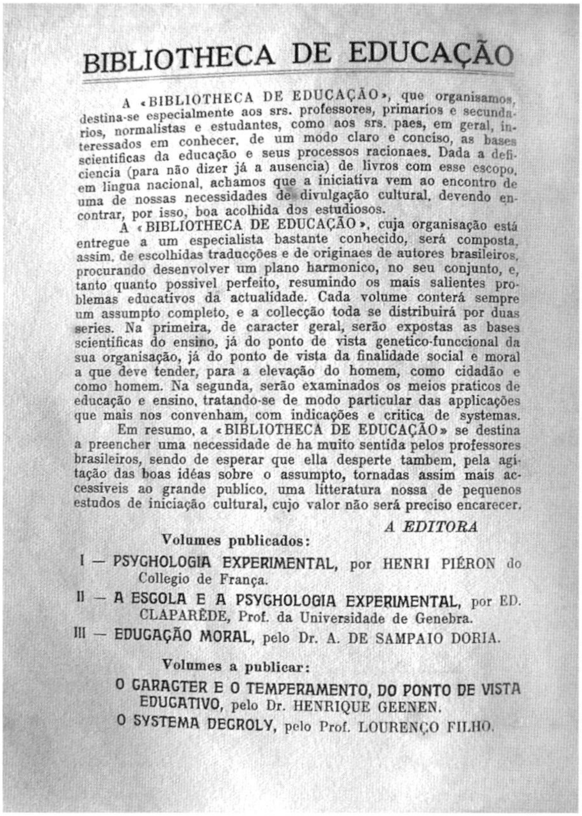

BIBLIOTHECA DE EDUCAÇÃO

A «BIBLIOTHECA DE EDUCAÇÃO», que organisamos, destina-se especialmente aos srs. professores, primarios e secundarios, normalistas e estudantes, como aos srs. paes, em geral, interessados em conhecer, de um modo claro e conciso, as bases scientificas da educação e seus processos racionaes. Dada a deficiencia (para não dizer já a ausencia) de livros com esse escopo, em lingua nacional, achamos que a iniciativa vem ao encontro de uma de nossas necessidades de divulgação cultural, devendo encontrar, por isso, boa acolhida dos estudiosos.

A «BIBLIOTHECA DE EDUCAÇÃO», cuja organisação está entregue a um especialista bastante conhecido, será composta, assim, de escolhidas traducções e de originaes de autores brasileiros, procurando desenvolver um plano harmonico, no seu conjunto, e, tanto quanto possivel perfeito, resumindo os mais salientes problemas educativos da actualidade. Cada volume conterá sempre um assumpto completo, e a collecção toda se distribuirá por duas series. Na primeira, de caracter geral, serão expostas as bases scientificas do ensino, já do ponto de vista genetico-funccional da sua organisação, já do ponto de vista da finalidade social e moral a que deve tender, para a elevação do homem, como cidadão e como homem. Na segunda, serão examinados os meios praticos de educação e ensino, tratando-se de modo particular das applicações que mais nos convenham, com indicações e critica de systemas.

Em resumo, a «BIBLIOTHECA DE EDUCAÇÃO» se destina a preencher uma necessidade de ha muito sentida pelos professores brasileiros, sendo de esperar que ella desperte tambem, pela agitação das boas idéas sobre o assumpto, tornadas assim mais accessiveis ao grande publico, uma litteratura nossa de pequenos estudos de iniciação cultural, cujo valor não será preciso encarecer.

A EDITORA

Volumes publicados:

I — PSYCHOLOGIA EXPERIMENTAL, por HENRI PIÉRON do Collegio de França.

II — A ESCOLA E A PSYCHOLOGIA EXPERIMENTAL, por ED. CLAPARÈDE, Prof. da Universidade de Genebra.

III — EDUCAÇÃO MORAL, pelo Dr. A. DE SAMPAIO DORIA.

Volumes a publicar:

O CARACTER E O TEMPERAMENTO, DO PONTO DE VISTA EDUCATIVO, pelo Dr. HENRIQUE GEENEN.

O SYSTEMA DECROLY, pelo Prof. LOURENÇO FILHO.

Firmino de Proença. **Como se ensina Geographia**. 1928, página de anterosto.

No prefácio, Lourenço Filho esclarece o plano da coleção, comprometida com a divulgação do que se convencionou chamar de ideário da Escola Nova, e indica o segmento de público para o qual ela se destinava, situando dentro desta o volume de Antonio Proença, que inaugurava o "grupo" de obras com proposições práticas de ensino:

> O acolhimento que os professores, de todo o Brasil, vém dispensando aos volumes já publicados desta <<Bibliotheca>> anima os editores a proseguir no programma, que fixaram, de pôr á mão de todos quantos se interessem pelos problemas do ensino, pequenos manuaes que condensem as modernas idéas e praticas da educação. Conforme foi assignalado, desde o primeiro volume, as obras desta collecção se distribuem, assim, por dois grupos: um em que se explanam as bases scientificas da educação, outro em que se desenvolvem as normas actuaes de sua applicação.
>
> Neste ultimo grupo cabem as monographias de methodologia didactica, de que este Volume, da lavra do provecto Professor Antonio F. Proença, é um modelo, no genero. [...]

> É assim, um livro que merece a melhor attenção do nosso professorado. A elle se seguirão outros, do mesmo genero, sobre outras disciplinas, e que virão dar á <<Bibliotheca de Educação>> um valor pratico immediato. (Proença, 1928, p. 5-6)

Com efeito, outros dois volumes da Biblioteca de Educação foram publicados nos mesmos moldes do livro de Antonio Proença, conservando, inclusive, alguns termos do título: *Como ensinar Linguagem no curso primário* (1933), de Firmino Costa (Vol. 17); e *Como se ensina Historia* (1935), de Jonatas Serrano (Vol. 25). Convém notar que os catálogos de 1937 e de 1940 incluíram na coleção mais dois livros deste tipo, anunciando que eles estavam no prelo: *Como ensinar Chimica*, de Alvaro Soares Brandão, e *Como ensinar Desenho*, de Nereu Sampaio, os quais, entretanto, não chegaram a ser publicados, nem foram mencionados nos catálogos seguintes, como o de 1943 (Melhoramentos, Catálogo Geral, 1937, p. 132; 1940, p. 141; 1943, p. 11, 20-21).

Da mesma forma, o catálogo da Melhoramentos, de Janeiro de 1928, incluíra *Como se ensina Geographia*, de Antonio Proença, sete meses antes dele ser contratado e, embora o livro fizesse parte da Biblioteca de Educação, desde sua primeira edição, o contrato de cessão de direitos não fazia qualquer menção a ela. Ficou estabelecido que o autor ganharia 1:200$000 (um conto e duzentos mil réis), a serem pagos pela editora em duas parcelas iguais. A primeira ele recebeu na data da assinatura do contrato, em 14 de Agosto de 1928, e a outra, em 17 de Outubro (Melhoramentos, 1928), isto é, logo após a impressão dos 3.000 exemplares da primeira edição, registrada em Setembro deste mesmo ano.

O anúncio antecipado das obras, obviamente, era um meio de fazer propaganda da Biblioteca de Educação e de criar expectativa entre seus potenciais leitores para os lançamentos futuros, mesmo correndo o risco de ter que frustrá-la, como ocorreu com os livros de Alvaro Brandão e Nereu Sampaio. Essa estratégia vinha sendo usada pelos editores na apresentação das coleções da casa, como a Biblioteca Infantil, organizada a partir de 1915, por Arnaldo de Oliveira Barreto, a série Encanto e Verdade, inaugurada em 1921 e dirigida por Tales de Andrade, ou mesmo os cinco livros da Série Proença, listados juntos nos catálogos, antes do lançamento da série completa.

O que diferencia este contrato de Antonio Proença do anterior é que aqui os editores deixaram de se comprometer antecipadamente com o autor, até a entrega dos originais. Por isso, a rapidez na produção do livro *Como se ensina Geographia*, contada a partir da assinatura do contrato, em Agosto de 1928, quando os originais devem ter sido entregues, razão pela qual foi paga metade do valor combinado, dando-se a publicação logo no mês seguinte, como vimos, situação oposta à da produção dos livros da Série Proença.

Sem dúvida, a expectativa de venda da cartilha e dos livros de leitura era substancialmente maior, exigindo dos editores mais cuidado no contrato e no planejamento das várias fases de produção. Já para produzir o livro *Como se ensina Geographia*, dirigido a um público bem menor, os editores devem ter confiado o início do processo nas mãos do organizador da Biblioteca de Educação e era, provavelmente, Lourenço Filho quem definia os volumes da coleção e encomendava as obras diretamente aos autores. Para se ter ideia da diferença e proporções entre um tipo de publicação e outro, basta citar os dados estampados na página de ante-rosto da 84ª edição da *Cartilha Proença*, de 1955, que chegava ao "420º Milheiro" de exemplares produzidos, enquanto o volume de Antonio Proença sobre a metodologia do ensino de Geografia alcançara apenas duas edições, em 1928 e 1932, totalizando 6.000 exemplares.

De qualquer modo, se havia acentuada inferioridade nas tiragens do livro *Como se ensina Geographia*, em comparação com os outros livros do autor, o mesmo não se pode dizer do seu significado, na época, pois ele representou a introdução de inovações importantes no ensino de Geografia, como se pode verificar no capítulo dedicado à sua análise, de Maria Helena Bastos e Maria Stephanou.

Assim como os últimos volumes da Série Proença, este livro de Geografia, que desde a primeira edição era vendido a 4$000 (quatro mil réis), não teve alteração de preço após a mudança de moeda, sendo oferecido no catálogo de 1943, a Cr$4,00 (quatro cruzeiros), portanto, onze anos após a publicação de sua segunda e última edição.

Conclusão

A análise da produção de Antonio Firmino de Proença procurou não só contextualizar o aparecimento desses livros, relacionando-os com o expressivo crescimento do ensino público primário, no estado de São Paulo, e com a concomitante expansão do mercado de livros didáticos, como também acompanhou suas permanências e modificações, detectadas a partir da comparação entre diversas edições da cartilha e dos quatro livros de leitura da Série Proença, durante sua longa trajetória, de 1926 até 1962, ou seja, até quando um dos volumes ainda era oferecido à venda no catálogo da Melhoramentos.

Retomando as questões iniciais do capítulo, podemos dizer que a escolha de Antonio Firmino de Proença para autor de livros escolares da editora Melhoramentos foi das mais acertadas, tanto por sua formação, experiência profissional e inserção no campo da educação, naquele momento, afinado com inovações técnicas e com profissionais ligados à Escola Normal Caetano de Campos, quanto pela proposta de ensino da leitura e da escrita que seus livros representam, no segmento didático de maior concorrência. Há que se salientar, por fim, a fidelidade de Antonio Proença aos editores da Companhia Melhoramentos de São Paulo, e vice-versa, parceria que atravessaria décadas, permitindo que muitas gerações de brasileiros que passaram pela escola primária tivessem acesso aos livros deste então consagrado autor.

Referências

A Eschola Publica. São Paulo: Typ. da Industrial de S. Paulo, Anno I, N. I, março/1896.

ARAÚJO, Emanuel. *A construção do livro.* 2 ed. Rio de Janeiro: Brasília: Nova Fronteira, INL, 1986.

Arquivo pessoal de Antonio Firmino de Proença. Documentos e fotografias de Antonio Firmino Proença (vários locais e datas), 2008.

BARBANTI, Maria Lúcia Spedo Hilsdorf. *Escolas americanas de confissão protestante na Província de São Paulo: um estudo de suas origens.* Dissertação (Mestrado) São Paulo: Faculdade de Educação da Universidade de São Paulo, 1977.

BITTENCOURT, Circe M. F. *Pátria, civilização e trabalho.* O ensino de história nas escolas paulistas (1917-1939). São Paulo, Loyola, 1990.

BOURDIEU. Pierre. *A produção da crença: contribuição para uma economia dos bens simbólicos.* 2 ed. São Paulo: Zouk, 2004.

BRAGANÇA, Aníbal. *Eros pedagógico: a função editor e a função autor.* Tese (Doutorado em Comunicação). Universidade de São Paulo/ECA, 2001.

CALKINS, Norman Alison. *Primeiras lições de coisas.* Tradução e adaptação de Rui Barbosa. Rio de Janeiro: Imprensa Nacional, 1886.

CARVALHO, Felisberto de. *Tratado de Methodologia.* 3. ed. Rio de Janeiro: Francisco Alves, 1909.

CARVALHO, Marta Maria Chagas de. "A República, a escola e os perigos do alfabeto" In: PRADO, Maria Ligia Coelho e VIDAL, Diana Gonçalves (Org.) *À Margem dos 500 Anos: Reflexões Irreverentes.* São Paulo: EDUSP, 2002.

CATANI, Denice B. *Educadores a meia luz.* Tese (Doutorado em Educação). São Paulo: Universidade de São Paulo/FE, 1999.

CAVALCANTE, Maria Juraci M. *João Hippolyto de Azevedo e Sá: espírito da reforma educacional de 1922 no Ceará.* Fortaleza: Editora UFC, 2000.

CHARTIER, Roger. *A história cultural.* Entre práticas e representações. Lisboa: Difel, 1990.

CORREIA, Maria Elizabeth Peirão; NEVES, Helia Maria Vendramini; MELLO, Mirela Geiger de. *Arquitetura escolar paulista:* 1890/1920. São Paulo: FDE. Diretoria de Obras e Serviços, 1991.

DONATO, Hernâni. (1990) 100 anos da Melhoramentos: 1890-1990. São Paulo: Melhoramentos.

FERREIRA, Avany De Francisco; CORRÊA, Maria Elizabeth Peirão; MELLO, Mirela Geiger de. *Arquitetura escolar paulista: restauro.* São Paulo: FDE-Fundação para o Desenvolvimento da Educação, 1998.

GAZOLI, Monalisa R. *O método analítico para o ensino da leitura em Cartilha Proença* (1926), de *Antonio Firmino de Proença*. (Trabalho de Conclusão de Curso) Faculdade de Filosofia e Ciências. Universidade Estadual Paulista, 2007.

HÉBRARD, Jean. "Três figuras de jovens leitores: alfabetização e escolarização do ponto de vista da história cultural". In: ABREU, Marcia. (Org) *Leitura, história e história da leitura*. Campinas, SP: Mercado de Letras, ABL, São Paulo: FAPESP, 2000, 33-77.

LESAGE, Pierre. "A pedagogia nas escolas mútuas do século XIX". In: BASTOS, Maria Helena C. e FARIA FILHO, Luciano M. (Orgs.) *A escola elementar no século XIX: o método monitorial/mútuo*. Passo Fundo/PR: EDIUPF, 1999, p. 9-24.

MELHORAMENTOS. Companhia Melhoramentos de São Paulo. *Contrato de cessão de direitos autorais de Antonio Firmino de Proença*. São Paulo, 1924 (datilografado).

MELHORAMENTOS. Companhia Melhoramentos de São Paulo (Weiszflog Irmãos Incorporada). Catálogo de Obras. São Paulo: Melhoramentos, 1926 a 1963.

MELHORAMENTOS. Companhia Melhoramentos de São Paulo. *Lista das obras de Antonio Firmino Proença*. São Paulo, 2008 (arquivo Word).

MONARCHA, Carlos. *Escola normal da Praça: o lado noturno das luzes*. Campinas, SP: Editora da Unicamp, 1999.

NERY, Ana Clara Bortoleto (coord.). *Divulgando práticas e saberes: a produção de impressos pelos docentes das escolas normais de Brasil e Portugal*. Marília, SP: Edições M3T, 2007 (CD-Rom).

Poliantéia do centenário do ensino normal em São Paulo: 1846-1946. São Paulo: Gráfica Brescia, 1946.

PUJOL, Alfredo. *Relatório apresentado ao Exmo. Snr. Dr. Presidente do Estado de São Paulo em 30 de Março de 1896*, pelo Secretario de Estado dos Negócios do Interior e Instrucção Publica. São Paulo: Typographia do "Diário Official", 1896.

RAZZINI, M. P. G. *Livro didático e expansão da escola pública elementar em São Paulo (1889-1920): a Livraria Francisco Alves. Pós-doutorado* (relatório de conclusão). Universidade de São Paulo, Faculdade de Educação, 2005.

_______. *Produção de livros didáticos e expansão da escola elementar em São Paulo: a Tipografia Siqueira e a Editora Melhoramentos* (1889-1940). Pós-doutorado (relatório de conclusão). Pontifícia Universidade Católica de São Paulo, Programa de Estudos Pós-Graduados em Educação: História, Política, Sociedade, 2007.

_______. "*Falar bem a própria língua não é uma prenda é um dever:* o cultivo da linguagem no curso de prática pedagógica de Lourenço Filho no Ceará". In: BASTOS, Maria Helena Camara; CAVALCANTE, Maria Juraci Maia. (Org.). O Curso de Lourenço Filho na Escola Normal do Ceará. Campinas, SP: Editora Alínea, 2009, p. 149-194.

SOUZA, Rosa Fátima de. *Templos de civilização: a implantação da escola primária graduada no Estado de São Paulo* (1890-1910). São Paulo: Fundação Editora da UNESP, 1998.

SÃO PAULO (Estado). Escola Modelo Anexa á Escola Normal de São Paulo. *Programmas de ensino para o anno lectivo de 1894*. São Paulo: Typographia a vapor de Vanorden & Cia., 1894a.

SÃO PAULO (Estado). *Actos do poder executivo*. Decreto 248 de 26 de julho de 1894, *Approva o regimento interno das escolas publicas*. São Paulo: Typographia do Diario Official, 1894b.

SÃO PAULO (Estado) *Annuario do ensino do Estado de São Paulo*. São Paulo: Typ. Augusto Siqueira & C., 1907-1908.

SÃO PAULO (Estado). *Notícia sobre o ensino no Estado de São Paulo*. 3o. Congresso de Instrução Primária e Secundária no Estado da Bahia. (Representantes de São Paulo: A. Rodrigues Alves Pereira e Mariano de Oliveira). São Paulo: Typ. Siqueira, Nagel & C., 1913.

SÃO PAULO (Estado). *Livro de Ouro do Estado de São Paulo*. Relatório industrial, comercial e agrícola. São Paulo: Duprat, 1914.

SÃO PAULO (Estado). *Annuario do Ensino do Estado de São Paulo*. São Paulo: Augusto Siqueira, 1918.

SÃO PAULO (Estado) *Annuario do ensino do Estado de São Paulo*. São Paulo: Casa Vanorden, 1923.

SÃO PAULO (Estado) *Colecção de Leis e Decretos do Estado de São Paulo*. São Paulo: Diario Official, 1926, vol. XXX.

SÃO PAULO (Estado) *Anuário Estatístico do Estado de São Paulo*. São Paulo: Diário Oficial, 1942.

Antonio Firmino de Proença
na história da alfabetização no Brasil

Maria do Rosário Longo Mortatti

Para aqueles brasileiros que, como eu, iniciaram seu processo de escolarização no começo da segunda metade do século XX assim como para as novas gerações que iniciaram seus estudos nas décadas finais do século XX, ou neste início de terceiro milênio, pode parecer óbvio e natural — mesmo para os "filhos do construtivismo" [1] — o fato de terem aprendido a ler e a escrever na escola, com professoras e por meio de cartilhas de alfabetização. Por isso, para aquelas(es) brasileiros que, como eu, formaram-se professoras(es) em meio à segunda metade do século XX assim como para as novas gerações de professoras(es) que se formaram nas décadas finais do século XX, ou se formam neste início de terceiro milênio, pode também parecer óbvio e natural que devam ensinar a ler e escrever na escola e por meio de cartilhas de alfabetização.

Aqueles, porém, que desenvolvem pesquisas históricas sobre educação, em especial aqueles que vêm desenvolvendo pesquisas sobre história da alfabetização no Brasil, todos esses sabem que nem sempre foi assim. Houve um tempo em que aqui não existiam escolas, nem professores (muito menos professoras), nem cartilhas de alfabetização, nem a necessidade de tê-los. Houve um tempo, mais remoto, em que sequer existia a necessidade de saber ler e escrever, porque aqui não existia língua escrita nem o que denominamos hoje "sociedade letrada e grafocêntrica". [2]

Ensinar (como professoras[es]) e aprender (como alunos[as]) a ler e a escrever, na escola, e por meio de cartilhas de alfabetização, esses são aspectos de uma tradição fundada entre o final do século XIX e as décadas iniciais do século

1. Refiro-me aqui à apropriação, feita no Brasil, da teoria construtivista apresentada por Emilia Ferreiro e Ana Teberoski para a compreensão do processo psicogenético de aquisição da *lectoescrita* por parte da criança. Essa apropriação se tornou hegemônica em nosso país, tendo passado a fundamentar, a partir da década de 1980, as propostas e práticas de alfabetização, no âmbito do que denominei "quarto momento crucial" na história da alfabetização no Brasil. Relacionadamente com a necessidade de "desmetodização" da alfabetização decorrente dessa teoria, passaram também a ser duramente questionados os "antigos" métodos e as "antigas" cartilhas de alfabetização. A esse respeito, ver especialmente: Mortatti (2000a) e Mello (2007); este último resulta de pesquisa desenvolvida no âmbito do Gphelb - Grupo de Pesquisa "História do ensino de língua e literatura no Brasil", criado em 1994 e que coordeno, desde então.

2. A esse respeito, ver, especialmente: Mortatti (2004).

XX e transmitida por meio de certa cultura escolar que se foi consolidando, nos embates com outras novas tradições, ao longo do século passado.

Para a fundação dessa tradição, contribuíram decisivamente os professores, dentre os quais Antonio Firmino de Proença, formados pela Escola Normal de São Paulo no clima de *belle époque* educacional que se foi constituindo a partir da reforma republicana da instrução pública paulista, iniciada em 1890, que se tornou modelar para outros estados brasileiros.

Proença e a *belle époque* educacional paulista

Natural da cidade de Sorocaba, no interior paulista, Antonio Firmino de Proença (1880-1946) se diplomou pela Escola Normal da Capital do Estado de São Paulo em 1904, aos 24 anos de idade.

A partir de seu ingresso nessa escola, Proença integrou uma elite intelectual constituída de professores normalistas, que, desde o final do século XIX, em substituição aos bacharéis em Direito e em consonância com as novas urgências políticas e sociais, passaram a ocupar cargos na administração educacional paulista ou a assessorar autoridades educacionais, a liderar movimentos associativos do magistério e a produzir um extenso e intenso conjunto de tematizações, normatizações e concretizações [3], especialmente em relação ao ensino da leitura (e escrita), um dos aspectos estratégicos para a implantação do regime político republicano. [4]

A atuação desses professores configurou, assim, uma atitude caracteristicamente paulista e definidora do que denominei "segundo momento crucial" na história da alfabetização no Brasil (1890 – meados da década de1920) (Mortatti, 2000a): a disputa entre os defensores do então novo e moderno método analítico[5] para o

---

3. Trata-se de categorias que formulei para classificação dos documentos que localizei, relativos à história da alfabetização no Brasil. A classificação proposta é a seguinte: Tematizações — contidas especialmente em artigos, conferências, relatos de experiência, memórias, livros teóricos e de divulgação, teses acadêmicas, prefácios e instruções de cartilhas e livros de leitura; normatizações — contidas em legislação de ensino (leis, decretos, regulamentos, portarias, programas e similares); e concretizações — contidas em cartilhas e livros de leitura, "guias do professor", memórias, relatos de experiências e material produzido por professores e alunos no decorrer das atividades didático-pedagógicas. A esse respeito, ver: Mortatti (2000a).

4. Alguns desses professores integraram, também, "missões de professores paulistas", e, especialmente durante as décadas iniciais do século XX, foram convidados pelos governos de outros estados brasileiros para lá realizarem reformas da instrução pública de acordo com o modelo implantado no estado de São Paulo.

5. Analítico e sintético são os dois tipos básicos de métodos de alfabetização, cujas marchas seguem, respectivamente, o caminho: da parte para o todo e do todo para a parte. De acordo com o método sintético, deve-se iniciar o ensino da leitura (e escrita), ou pelos nomes das letras (método alfabético), ou pelos fonemas (método fônico), ou pelas sílabas (método silábico); de acordo com o método analítico, esse ensino deve ser iniciado ou pela palavra (método da palavração), ou pela sentença (método da sentenciação), ou pela "historieta" (método da historieta).

ensino da leitura (e escrita), em oposição ao que denominavam "ensino tradicional", representado pelos antigos métodos sintéticos (alfabético, fônico e silábico), herdados do século XIX.

Baseado especialmente em moldes norte-americanos e utilizado, após a reforma da instrução pública paulista de 1890, na Escola-Modelo Primária anexa à Escola Normal de São Paulo, o método analítico para o ensino da leitura (centrado inicialmente nos processos da palavração e da sentenciação) foi proposto pelos reformadores paulistas como a "bússola da educação" e o correspondente, no nível didático, à excelência do regime político republicano. Os propugnadores desse novo método de ensino, no entanto, foram produzindo apropriações diferenciadas, tendo-se gerado disputas, entre os que considerei "modernos" e "mais modernos", em torno do melhor modo de se processar o método analítico para o ensino da leitura.

Todas essas disputas resultaram na hegemonia de tematizações, normatizações e concretizações que culminaram na institucionalização do método analítico, centrado na "historieta" [6], para o ensino da leitura e escrita a crianças, ou alfabetização, como se passou a denominar correntemente esse processo escolar, a partir da década de 1920. [7]

Desse processo histórico, resultou a fundação de uma (nova) tradição relativa a esse ensino. A partir de então, mesmo após ter sido promulgada, no estado de São Paulo, a Lei 1750, de 1920 [8], que determinou, dentre tantos outros aspectos atinentes à reforma da instrução pública paulista, a "autonomia didática" do professor, e, mesmo quando, em estreita relação com outras urgências sociais e políticas, essas disputas foram-se amenizando e foram-se disseminando métodos mistos ou ecléticos (analítico-sintéticos ou sintético-analíticos), a tradição fundada nesse segundo momento crucial continuou atuante (e até os dias atuais, ainda que silenciosamente) nas práticas de alfabetização no Brasil, como parte de uma cultura escolar, que foi sendo consolidada e transmitida, nos embates com outras novas tradições, ao longo do século passado.

---

6. O termo "historieta" foi definido, no documento *Instrucções practicas para o ensino da leitura pelo methodo analytico* – modelos de lições (São Paulo, 1915) como "[...] um conjunto de sentenças, enunciadas pelos alunos a partir do estímulo visual gerado pela observação e fixadas pela memória, que mantém nexos lógico-gramaticais entre si [...]."

7. Nesse segundo momento, no ensino das primeiras letras enfatizava-se o ensino da leitura, compreendida como instrumento de cultura, mediante a compreensão do pensamento expresso por outrem. Como auxiliar da leitura e dela decorrente, a escrita ainda era entendida como caligrafia e cópia, e seu ensino envolvia discussões respaldadas, por exemplo, em teorias sobre os movimentos musculares requeridos e o tipo de letra manuscrita a ser utilizado: inclinada ou vertical. Além das discussões a respeito desse ensino, contidas indiretamente nas cartilhas ou diretamente em textos publicados em revistas pedagógicas, o ensino de caligrafia mereceu atenção especial, nesse segundo momento crucial, tendo sido objeto de ''metodização'' em uma variedade de ''cadernos'' publicados para esse fim.

8. Essa lei foi promulgada durante a gestão do professor Antonio de Sampaio Dória como Diretor Geral da Instrução Pública do Estado de São Paulo.

Essa transmissão se deu, sobretudo, por meio: das concretizações das novas propostas, especialmente em cartilhas de alfabetização e livros de leitura, com sucessivas edições e com circulação em diferentes estados brasileiros, publicados em "séries de leitura graduada", decorrentes das experiências pedagógicas bem-sucedidas de seus autores e baseadas em normatizações oficiais, elaboradas com a participação de muitos dos professores daquela elite intelectual; do processo de seleção, aprovação e compra, pelo Estado, de livros didáticos adotados oficialmente; do engendramento e da consolidação do mercado editorial de livros didáticos produzidos por brasileiros, para a escola brasileira e adequado à nova ordem educacional decorrente da instalação do regime republicano no Brasil; e do processo de profissonalização do escritor didático com o correlato engendramento de uma especialidade editorial: a publicação de livros didáticos.

No clima dessa *belle époque* educacional paulista, Proença se formou e desenvolveu grande parte de suas atividades no magistério. Como era usual para os inciantes nessa profissão, fez seu périplo por cidades do interior paulista, como professor de escola primária e de escola normal, lecionando diferentes matérias. Ainda em cidades interioranas, Proença iniciou suas atividades como diretor de escola, tendo exercido, em 1912, a função de diretor em comissão da Escola Normal Primária de Piracicaba e, em 1913, a de diretor substituto da Escola Normal Secundária de São Carlos. Em 1922, aos 32 anos de idade, iniciou suas atividades como diretor "efetivo" dessa última escola, tendo também atuado, nesse período, como professor e inspetor escolar. E, de 1930 até sua aposentadoria em 1939, retornou à Escola Normal da capital do estado de São Paulo, para nessa escola atuar como diretor e professor (Gazoli, 2007a).

Em consonância com as atividades desenvolvidas pelos da elite intelectual que integrava, além de cargos e funções como professor, diretor e inspetor escolar, ao longo de sua atuação no magistério paulista, Proença teve publicados: em revistas pedagógicas paulistas, entre 1913 e 1934, artigos sobre diferentes assuntos educacionais; em 1930, um livro sobre educação e ensino; em 1928, um livro sobre ensino de geografia. (Gazoli, 2007a).

Em relação ao ensino da leitura, embora mais tardiamente do que os de sua geração, mas ainda no âmbito da tradição fundada nesse segundo momento crucial, Proença teve publicados, entre 1926 e 1928, pela Editora Melhoramentos (SP), os livros da série de leitura graduada que levou seu nome e que era constituída por: *Cartilha Proença* (1926), *Leitura do principiante* (1926), *1º livro de leitura* (1926), *2º livro de leitura* (1927), *3º livro de leitura* (1928) [9]. Os livros da Série de Leitura Proença contribuíram para a formação de muitas gerações de brasileiros. Todos eles tiveram sucessivas edições, e alguns circularam em

9. O *1º*, *2º* e *3º Livro de Leitura* foram reeditados em 1948 com novos títulos, respectivamente, *2º*, *3º* e *4º Livro de Leitura*. A respeito da imprecisão do ano de publicação desses livros, ver nesta publicação capítulo de Razzini, sobre as edições escolares de Antonio Proença.

outros estados brasileiros, como Pernambuco, Ceará e Santa Catarina, além de São Paulo. (Gazoli, 2007a).

Quando foram publicados os livros dessa série, tinham-se passado mais de três décadas desde o início da reforma republicana da instrução pública paulista; o número de matrículas na escola primária aumentava, e a demanda por livros didáticos crescia; o mercado editorial brasileiro de livros didáticos se expandia, e se consolidavam a nova especialidade editorial assim como o processo correlato de profissonalização do escritor didático; e a Editora Melhoramentos já se destacava dentre as que conquistavam prestígio e credibilidade na publicação dessa especialidade editorial.

Quando foram publicados os livros dessa série, ainda, quase duas décadas tinham-se passado desde a publicação das primeiras cartilhas brasileiras baseadas no método analítico, centrado na historieta, e muitas outras tinham sido publicadas; a "autonomia didática" dos professores estava assegurada por lei, mas os administradores educacionais ainda defendiam a excelência e a cientificidade do método analítico para o ensino da leitura, enquanto os professores primários continuavam alegando muitas dificuldades para ensinar a ler por meio desse método e demonstravam sua preferência por cartilhas baseadas nos antigos métodos sintéticos, a quais continuavam a ser publicadas [10].

Quando, em 1924, assinou com a Melhoramentos o contrato para a publicação dessa série de livros de leitura, tinham se passado duas décadas desde que Proença concluíra o curso de formação de professores na Escola Normal de São Paulo. Ocupando, nesse ano, o cargo de diretor da Escola Normal de São Carlos, Proença já tinha acumulado, portanto, sólida experiência adquirida em diferentes atividades no magistério e gozava do devido prestígio conquistado ao longo de sua trajetória profissional. Embora, porém, tenha-se formado e iniciado suas atividades no magistério no clima daquelas disputas em torno dos métodos de ensino da leitura (e escrita), delas Proença não participou diretamente, talvez por índole pouco afeita a esse tipo de disputas, talvez por saber que havia espaço para muitos, frente às necessidades da instrução pública, talvez por saber que havia tempo, ainda, para apresentar sua proposta de concretização do método analítico para o ensino da leitura.

Seja por um, por todos, ou por nenhum desses motivos, fato é que Proença não se apresentava, nem como contendor, nem como alheado em relação àquelas disputas; nem tampouco como mestre, nem como discípulo. Não procurou, porém, escamotear a interlocução com os de sua geração intelectual.

Essas características de Proença certamente contribuíram para conferir legitimidade a sua série de livros de leitura e, ao mesmo tempo, delinear seu lugar

10. Cartilhas antigas continuavam a ser publicadas. A título de exemplo, em 1924, ano em que Proença assinou o contrato com a Melhoramentos, era publicada a 109ª. edição, pela Francisco Alves, de *Cartilha da infancia*, de Thomaz Galhardo. A esse respeito, ver, especialmente: Mortatti (2000a) e Santos (2008).

como escritor didático, em meio aos demais, em especial, o lugar de sua cartilha de alfabetização, na qual se encontra concretização mais direta de seu método de ensino da leitura e que teve maior circulação dentre os livros da série que integra.

Publicadas nos estertores do segundo momento crucial na história da alfabetização no Brasil, quando os métodos mistos (analítico-sintéticos ou sintético-analíticos) começaram a ganhar adesão de professores e de escritores didáticos e a se tornar rotineiros, quando novas urgências começaram a se impor no nível político e social, a série de livros de leitura de Proença e, em especial, *Cartilha Proença* — uma das últimas cartilhas brasileiras baseadas explícita e programaticamente no método analítico — podem, assim, ser consideradas "obra de maturidade" do ponto de vista tanto da trajetória profissional de seu autor quanto da trajetória do método analítico para o ensino da leitura.

A proposta de Proença para a alfabetização

Cartilha Proença teve 1ª edição em 1926, tendo sido publicada até a 84ª edição, de 1955, com um total de mais de 150.000 exemplares (Melhoramentos, 2008) editados e distribuídos em vários estados do país, ao longo de pelo menos mais de três décadas.[11] No prefácio de *Cartilha Proença*, seu autor explicita e justifica o método de ensino que utiliza:

> [...] o desenvolvimento do ensino por esta cartilha obedece aos principios do methodo analytico, ou antes, do methodo analytico-synthetico, porque a analyse e a synthese se apresentam sempre integralizando o processo mental. (Proença, 1926, p.III) [12]

Sintonizado com as orientações da época, referindo-se ao princípio da "autonomia didática" do professor, Proença adverte, também nesse prefácio, que se trata de livro de leitura destinado ao aluno; não se trata, portanto, de um "methodo para o professor", o qual, "Dentro das normas estabelecidas nos programmas officiaes e obedecendo aos mesmos principios geraes do methodo, deve [...] ter plena liberdade de acção." (p.IV).

---

11. A respeito dessa cartilha, ver, especialmente: Mortatti (2000a) e Gazoli (2007a; 2007b). Desses textos e do contrato firmado entre Proença e a Melhoramentos (Melhoramentos, contrato, 1924), foram extraídos os dados sobre as edições da cartilha, apresentados neste artigo.

12. Por se tratar de pesquisa histórica, neste e nos demais títulos de texto e citações de documentos mantive a ortografia de época.

Na interlocução com os de sua geração intelectual, adverte, por fim:

> Não tivemos a pretensão de fazer obra original. Depois dos bellissimos e valiosos trabalhos de Theodoro de Moraes, Mariano de Oliveira, Arnaldo Barreto, Benedicto Tolosa, Gomes Cardim e Francisco Vianna, para só citar os mais conhecidos do professorado paulista, tentar originalidade neste dominio seria pretensão estulta. A obra não é inteiramente original, mas temos certeza de que será util. (Proença, 1926, p. IV)

Cartilha Proença, 1926.

Referindo-se aos nomes desses professores como "os mais conhecidos do magistério paulista", Proença remete especialmente às cartilhas que cada um deles elaborou, todas de acordo com o método analítico centrado na historieta, mas com pequenas diferenças na forma de processar esse método. Além da destacada atuação profissional desses professores-escritores didáticos, essas cartilhas foram responsáveis, em grande parte, pela "popularidade" de seus autores entre professores primários do estado de São Paulo e de outros estados brasileiros, seja por meio de sua adoção oficial por governos estaduais, seja por meio das "missões de professores paulistas".[13]

13. A respeito da atuação de "missões de professores paulistas" no estado do Mato Grosso, ver: Amâncio (2008).

Cartilha Proença, 66ª edição, 1948 e Cartilha Proença, 84ª edição, 1955.

Os interlocutores indiretos de *Cartilha Proença*

Os professores que Proença considera como "os mais conhecidos do magistério paulista" não foram, porém, como ele mesmo ressalva, os únicos a elaborar cartilhas baseadas no método analítico, nesse segundo momento crucial na história da alfabetização no Brasil.

Entre o final da década de 1890 e início da década de 1900, começaram a ser publicadas cartilhas brasileiras afinadas com o novo método para o ensino da leitura. De fato, a oficialização do método analítico para o ensino da leitura e a organização de um sistema público de ensino passaram a demandar a adaptação desse método aos moldes linguísticos e culturais brasileiros e a produção de cartilhas e livros de leitura de acordo com as reformas da instrução pública paulista. Além de baseado em "métodos antigos", o material didático impresso produzido por brasileiros até a década de 1880 era bastante incipiente, do ponto de vista quantitativo, em vista das novas necessidades de expansão e organização da instrução pública.

Entretanto, a despeito da ardorosa defesa do método analítico empreendida pelos reformadores do ensino paulista desde o início da década de 1890, os dados obtidos indicavam que, com exceção da Escola Modelo Primária anexa à Escola Normal de São Paulo, nas demais escolas primárias do estado, nesse segundo momento crucial na história da alfabetização no Brasil, os professores tendiam a continuar utilizando métodos sintéticos para o ensino da leitura, mediante utilização de cartilhas antigas baseadas nesses métodos e que tiveram sucessivas edições, por muitas décadas, como ocorreu, por exemplo, com *Cartilha da infancia*, de Thomaz Galhardo, e com *Cartilha nacional*, de Hilário Ribeiro, ambas com 1a edição presumivelmente na década de 1880.

A primeira das cartilhas afinadas como o método analítico parece ter sido o *Primeiro livro de leitura*, da professora Maria Guilhermina Loureiro de Andrade, que fora diretora da seção feminina da Escola Modelo Primária anexa à Escola Normal de São Paulo juntamente com *Miss* Marcia Priscila Browne, diretora da seção masculina dessa escola. Essa cartilha foi publicada provavelmente no final da década de 1890, e o método nela utilizado "[...] era o da 'palavração', passando a ser conhecido como o 'método do gato', porque a primeira lição girava em torno de uma criança e um gatinho, que brincavam com uma bola." (Leite apud Pfromm Neto; Rosamilha; Dib, 1974, p.162).

Em 1902, foi publicada a cartilha *Arte da leitura*, do professor Luiz Cardoso Franco, diplomado pela Escola Normal de São Paulo, em 1887. Essa cartilha ainda estava fortemente influenciada por *Cartilha maternal ou Arte da leitura* (1876), do poeta português João de Deus, baseada no método da palavração; essa cartilha e o "método João de Deus" foram ardorosamente defendidos, na década de 1880, especialmente pelo professor positivista brasileiro Antonio da Silva Jardim.[14]

Ainda em 1902, foi também publicada *Cartilha moderna*, de Ramon Roca Dordal [15], por Spíndola, Siqueira & Cia. De origem espanhola e co-autor do documento oficial *Instrucções practicas para o ensino da leitura pelo methodo analytico* – modelos de lições (São Paulo, 1915) [16], Dordal também atuou junto à *Revista de ensino* [17]. Data ainda de 1902, a publicação, nessa revista, de uma série de artigos divulgando e discutindo a cartilha de Dordal, nos quais estavam envolvidos professores com destacada atuação naquele momento: Arnaldo de Oliveira Barreto, João Köpke e Joaquim Brito. Iniciava-se, então, um debate que se acirrou, na década seguinte, com a acentuação das diferenças de processar o

14. A respeito dessas e das demais cartilhas publicadas no século XIX e no início do século XX, ver, especialmente: Mortatti (2000a; 2000b).

15. A respeito da formação e atuação profissional de R. R. Dordal, ver, especialmente: Mortatti (2000a) e Pasquim (2009). Neste último e nos textos de Ribeiro (2001), Bertoletti (1997;2006), Pereira (2006;2009), Sobral (2007a; 2007b), Bernades (2003, 2008), Menin (1999) e Oriami (2009) encontram-se resultados de pesquisa desenvolvida no âmbito do Gphellb.

16. Nesse documento — cujos demais co-autores serão apresentados mais adiante neste artigo —, encontram-se sistematizados os princípios operacionais do método análitico para o ensino da leitura, por meio de "modelos de lições", organizados em cinco passos — sempre acompanhados de orientações gerais —, que "devem occupar o professor durante quatro mezes", sem uso da cartilha, ao final dos quais deve-se passar para o *Meu Livro* (Theodoro de Moraes - 1909), que na occasíão era "o que mais se approximava da orientação das Instrucções" (Barreto, 1926, p. 100). Esses princípios e "modelos de lições" podem ser encontrados em muitas cartilhas atuais, nas quais o "todo" é representado por uma "historieta".

17. Em 1901, foi fundada a Associação Beneficente do Professorado Público Paulista, que, de 1902 a 1918, publicou a *Revista de ensino*, a qual se destacou como uma instância privilegiada de discussões e debates sobre a instrução pública e também sobre o ensino da leitura. .

método analítico, sobretudo com a divulgação de *Cartilha n.1* e *Cartilha n.2*, de João Köpke.

Quando de seu retomo dos Estados Unidas da América do Norte, em abril de 1904, o professor Oscar Thompson trouxe uma "cartilha analítica", *The Amold primer* (1901), de Sarah Louise Arnold, cuja adaptação ao idioma português, realizada por Manuel Soares de Ornélia, foi editada por Silver, Burdet and Company e publicada no Brasil apenas em 1907. Mesmo antes de sua versão em português, *Cartilha de Arnold* parece ter tido relativa difusão neste país e ter influenciado grande parte dos escritores didáticos brasileiros que passaram a elaborar "cartilhas analíticas".

Outras cartilhas se seguiram, elaboradas por professores atuantes no magistério, os quais partilhavam do clima de *belle époque* educacional, alguns deles com participação mais direta no "círculo do poder" educacional do estado de São Paulo. Mediante pareceres de "comissões de especialistas", essas cartilhas eram indicadas às autoridades educacionais[18] e, uma vez aprovadas, algumas delas passavam a ser adotadas — entendendo-se a "adoção" como oficialização e aquisição pelo Estado —, para uso nas escolas primárias paulistas, com a finalidade de resolver dúvidas dos professores e uniformizar o ensino da leitura. E muitas foram as polêmicas geradas no início da década de 1900 e veiculadas na *Revista do ensino*, relacionadas com esse "chuveiro de livros abundantes" adotados pelo Estado. (Bellegarde, 1902, p.75)

Ainda dentre os interlocutores indiretos de *Cartilha Proença*, que não foram citados por seu autor, merecem destaque, devido a sua relação com aquele clima de época: *Cartilha n.1* e *Cartilha n.2*, de João Köpke, e *Cartilha - primeiro livro*, de Altina Rodrigues de Albuquerque Freitas

---

18. A título de exemplificação, veja-se a "[...] seriação dos melhores livros didacticos approvados pelo governo, na ordem crescente de suas difficuldades e dos annos do curso escolar.", apresentada, por Joaquim L. de Brito para o primeiro ano: "l) *Cartilha Moderna*, de Ramon Roca Dordal, ou *Cartilha das mães*, de Arnaldo Barreto.2) *Primeiro Livro de Leitura*, de João Köpke.3) *Novo Segundo Livro de Leitura*, de Hilario Ribeiro.4) *Historietas*, de João Pinto e Silva.5) Primeiro Livro de Leitura, de D. Guilhermina de Andrade." (Brito,1902, p.182). Em Parecer de 27/02/1904, a comissão composta por João Lourenço Rodrigues, J. Luiz de Brito e Antonio R. Alves Pereira, após exame das obras didáticas aprovadas ou adotadas nas escolas públicas, apresenta também uma lista de livros e outros materiais de ensino que estão "em condições de ser adotados", para a 1ª série do 1º ano do Curso Preliminar: l) *Cartilha das mães*, Arnaldo Barreto; *Cartilha Moderna*, Ramon Roca; *Primeiro Livro de Leitura*, Maria G. Andrade. 2) *Cartilha da Infancia*, Thomaz Galhardo; *Arte da Leitura*, Luiz Cardoso Franco; *Cartilha Nacional*, Hilario Ribeiro. 3) *Cartilha Maternal*, João de Deus; *Primeiro Livro de Leitura*, Hilario Ribeiro." (Rodrigues; Brito; Pereira,1904, p.257). No *Annuario do Ensino do Estado de São Paulo*-1908, outra comissão, composta por Carlos Alberto Gomes Cardim, Theodoro de Moraes e Miguel Carneiro Junior, com mesmo fim, elabora a seguinte lista: "Primeiro grupo: *Primeiro Livro de Leitura*, D. Maria Guilhermina; *Cartilha das mães*, Arnaldo Barreto; *Cartilha moderna*, Ramon Roca. Segundo grupo - *Cartilha do lar*, João Pinto e Silva; *Cartilha maternal*, João de Deus; *Cartilha da infancia*, Thomaz Galhardo. Terceiro grupo - *Livro dos principiantes*, Nestor de Araujo; *Arte da leitura*, Luiz Cardoso Franco; *Cartilha nacional*, Hilario Ribeiro; *Cartilha infantil* - Arthur Thiré.". (Cardim; Moraes; Carneiro Jr., 1908, p.391)

Natural do Rio de Janeiro e bacharel em Direito, em 1875, pela Faculdade de São Paulo, João Köpke dedicou décadas de suas atividades profissionais ao magistério no estado de São Paulo. Além de ter publicado vários artigos na *Revista de ensino*, Köpke é autor de vários livros de leitura e de textos para a escola. Em 1874, havia publicado *Methodo racional e rapido para aprender a ler sem solettrar* - dedicado á infância e ao povo brazileiro, cartilha baseada no método da silabação, o qual abandonou, em favor do que considerava a "excelência do método analítico". Presumivelmente suas *Cartilha n.1* e *Cartilha n.2* não foram publicadas, apenas apresentadas pelo autor em conferência que proferiu em São Paulo, em 1916. Nessa conferência, Köpke ofereceu os direitos autorais dessas cartilhas ao governo do estado de São Paulo, o que gerou a mais acirrada das polêmicas envolvendo esse professor fluminense e três professores paulistas: Arnaldo de Oliveira Barreto, Carlos Alberto Gomes Cardim e Mariano de Oliveira.[19]

Em 1920, foi publicada *Cartilha* - primeiro livro, de Altina Rodrigues de Albuquerque Freitas, pela Edição Pocaí ou na Série Oscar Thompson. Essa professora diplomou-se pela Escola Normal de São Paulo, em 1902, e dedicou sua cartilha à memória de Gabriel Prestes, um dos reformadores da instrução pública paulista no início do período republicano. Essa cartilha traz, em sua 2a edição (1922), uma carta datada de 1920 e assinada por Oscar Thompson, que parabenizou a autora.

Nesse processo de interlocução indireta envolvendo *Cartilha Proença*, merece destaque, ainda, o fato de, dois anos após a publicação dessa cartilha, ter sido publicada *Cartilha do povo*, de M. B. Lourenço Filho, diplomado pela Escola Normal de São Paulo, em 1917; o nome desse professor não foi mencionado como autor dessa cartilha, talvez devido a uma espécie de "ética profissional", uma vez que, já nesse período, Lourenço Filho atuava como editor junto à Melhoramentos e se destacava como "autoridade educacional".[20] *Cartilha do povo* baseava-se em método misto de alfabetização e foi publicada pela Melhoramentos, tendo alcançado 2.201ª. edições, até 1986. (Mortatti, 2000a, p. 171)

Os interlocutores diretos de *Cartilha Proença*

Embora os professores citados por Proença não tenham sido os únicos autores de cartilhas nesse momento, é siginificativo o fato de terem sido por ele "eleitos" e citados, porém não em estrita ordem cronológica de publicação de suas cartilhas, ou de períodos de sua atuação profissional. A ordem em que Proença os cita presumivelmente decorre de critérios de relevância do ponto de vista, seja

19. A esse respeito, ver, especialmente: Mortatti (2000a) e Ribeiro (2001).

20. A respeito da formação e atuação profissional de Lourenço Filho relacionada com o ensino da leitura e escrita, ver, especialmente; Mortatti (2000a) e Bertoletti (1997; 2006)

de seu convívio/relacionamento pessoal, seja de hierarquia na "popularidade" entre professores primários.

Em um ou em outro caso, é importante conhecer aspectos da formação e atuação profissional dos professores-escritores didáticos citados, naquela ordem, por Proença, assim como as principais características de suas cartilhas e do método de alfabetização nelas concretizado. O conhecimento desses aspectos contribui para se compreender melhor a interlocução que Proença estabelecia com esses professores e, ao mesmo tempo, o lugar ocupado por Proença na história da alfabetização no Brasil.

Meu livro (1909), de Theodoro de Moraes[21]

O professor paulista Theodoro Jeronymo Rodrigues de Moraes (1877-1956), natural da capital do estado, diplomou-se pela Escola Normal de São Paulo em 1906, aos 29 anos de idade e, entre 1898 e 1934, exerceu diferentes funções no magistério público, em diferentes cidades paulistas, tendo sido redator efetivo da *Revista de ensino*, a partir de 1908.

Dentre outros livros para o ensino da leitura e de artigos em revistas pedagógicas paulistas, Theodoro de Moraes é autor de Meu livro: primeiras leituras de accôrdo com o methodo analytico (1909) e do livreto *A leitura analytica* (1909) e co-autor, com Miguel Carneiro Junior, João Pinto e Silva e Mariano de Oliveira, do documento oficial Como ensinar leitura e linguagem nos diversos anos do curso preliminar (1911), publicado pela Diretoria Geral da Instrução Pública do estado de São Paulo.

Meu livro foi elaborado a partir de um plano apresentado por Oscar Thompson [22], Diretor Geral da Instrução Pública paulista e um dos propositores do método analítico para o ensino da leitura. Esse plano fora já praticado por Theodoro de Moraes na Escola-Modelo Isolada anexa à Escola Normal de São Paulo assim como por professores de grupos escolares da capital de São Paulo.

---

21. A respeito da formação e atuação profissional de Theodoro de Moraes e de seus livros para o ensino da leitura, ver, especialmente, Mortatti (2000a) e Pereira (2006; 2009).

22. Dentre as iniciativas oficiais relacionadas ao método analítico para o ensino da leitura, no segundo momento crucial na história da alfabetização no Brasil, predominam as tomadas, diretamente, ou mediante incentivo a professores, por Oscar Thompson, ao qual se encontravam, de alguma maneira, ligados aqueles que normatizavam, tematizavam e concretizavam esse método. Diplomado pela Escola Normal de São Paulo, em 1891, ex-aluno de Caetano de Campos e durante trinta anos atuando na instrução pública paulista, Thompson exerceu vários cargos no magistério e na administração escolar, destacando-se sua atuação como: diretor da Escola Normal de São Paulo (1901-1920, com interrupções); Diretor Geral da Instrução Pública do Estado de São Paulo (1909-1910 e 1917-1920); incentivador e divulgador do método analítico para o ensino da leitura e da produção de cartilhas assim como de experiências em psicologia científica e em bibliotecas escolares; criador da Diretoria Geral da Instrução Pública do Estado de São Paulo (Dec. n. 1885, de 06/06/1910); e propulsionador de iniciativas que inspirariam a Reforma realizada por Sampaio Dória, em 1920. A esse respeito, ver, especialmente, Mortatti (2000a).

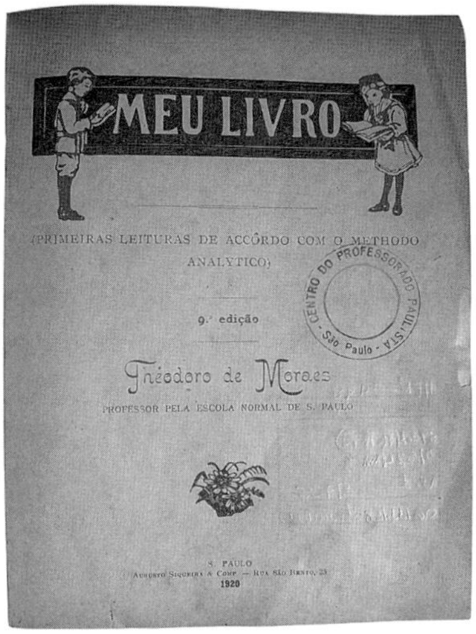

Meu livro, 9º ed., 1920.

Publicada após três anos de sua diplomação como professor, quando esse discípulo de Oscar Thompson tinha 32 anos de idade, *Meu livro* pode ser considerada a primeira cartilha elaborada por brasileiro de acordo com o método analítico para o ensino da leitura centrado na historieta e destinada a servir como modelo aos professores dos grupos escolares que ainda alegavam muitas dificuldades para ensinar a ler de acordo com esse "novo" método.

Por indicação de Thompson, quando no cargo de Diretor Geral da Instrucão Pública do estado de São Paulo, *Meu livro* foi aprovada para adoção nas escolas públicas desse e de outros estados brasileiros, tendo sido publicados mais de 220.000 exemplares até a 70ª edição, de 1950, por diferentes editoras paulistas: Augusto Siqueira & Comp., Tipografia Salles Oliveira e pela Companhia Editora Nacional (a partir da 23ª. edição, de 1936). (Pereira, 2009, p. 105)

***Nova cartilha analytico-synthética* (1916) e *Cartilha ensino-rapido da leitura* (1917), de Mariano de Oliveira**[23]

O professor paulista Mariano de Oliveira (1869-199?), natural de Piracicaba-SP, diplomou-se pela Escola Normal de São Paulo em 1888, aos 19 anos de idade, e também exerceu diferentes funções no magistério público paulista, em diferentes cidades. Entre 1917 e 1927, ocupou o cargo de diretor da Escola Normal de São Carlos, que também foi ocupado, alternadamente, nesse período, por Antonio Firmino de Proença.

23. A respeito da formação e atuação profissional de Mariano de Oliveira e de seus livros para o ensino da leitura, ver, especialmente, Mortatti (2000a) e Sobral (2007a; 2007b).

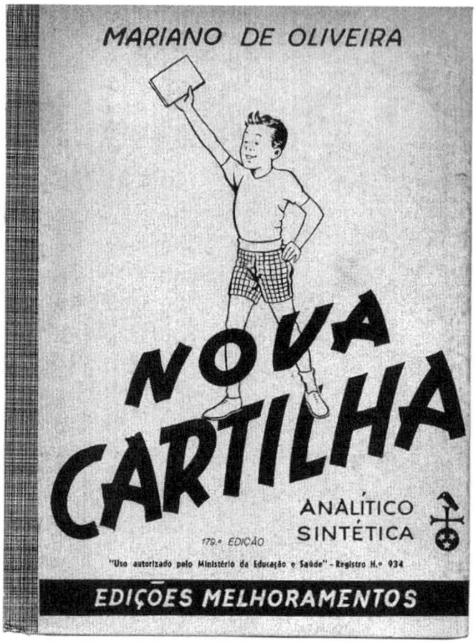

Nova Cartilha Analítico-Sintética, 179ª ed.,1953 e Cartilha Ensino Rápido de Leitura, 196 ed., 1955.

Dentre outros livros para o ensino da leitura e da aritmética — escritos individualmente ou em co-autoria com Arnaldo de Oliveira Barreto e Ramon Roca Dordal — e artigos em revistas pedagógicas paulistas, Mariano de Oliveira é co-autor de dois documentos oficiais, ambos publicados pela Diretoria Geral da Instrução Pública do estado de São Paulo: *Como ensinar leitura e linguagem nos diversos annos do curso preliminar* (São Paulo, 1911), de Theodoro de Moraes, Miguel Carneiro Junior, João Pinto e Silva e Mariano de Oliveira; e *Instrucções practicas para o ensino da leitura pelo methodo analytico* – modelos de lições (São Paulo, 1915), de Mariano de Oliveira, Ramon Roca Dordal e Arnaldo de Oliveira Barreto.

Publicada pela Companhia Melhoramentos de São Paulo (Weiszflog Irmãos Incorporada) após 28 anos de sua diplomação como professor, quando Mariano de Oliveira tinha 47 anos, *Nova cartilha analytico-synthética* teve sua 1ª edição em 1916, e a última, a 185ª, em 1955, com um total aproximado de 825.000 exemplares editados e distribuídos em diversos estados brasileiros. (Sobral, 2007a, p. 22)

Cartilha ensino-rapido da leitura, também publicada pela mesma editora que a cartilha anterior, teve sua 1ª. edição em 1917 e a última, a 2230ª, em 1996, tendo sido adotada em outros estados brasileiros e no Distrito Federal, com média de tiragem anual acima de 100.000 exemplares até 1969, e queda acentuada a partir de então.[24]

24. Informações extraídas da Exposição Virtual "Memorial da Educação" - Centro de Referência em Educação "Mário Covas". Disponível em: <<http://www.crmariocovas.sp.gov.br/memorial.php.

Cartilha analytica (1909), de Arnaldo de Oliveira Barreto[25]

Cartilha analítica, 63ª ed., 1955.

O professor paulista Arnaldo de Oliveira Barreto (1869-1925), natural de Campinas-SP, diplomou-se pela Escola Normal de São Paulo em 1891, aos 22 anos de idade. Como os professores mencionados anteriormente, exerceu diferentes funções no magistério público paulista, em diferentes cidades, e ocupou, também, o cargo de diretor da Escola Normal de São Paulo (1924-1925), foi redator-chefe da *Revista de ensino* e, entre 1915 e 1924, dirigiu a coleção Biblioteca Infantil, publicada pela Companhia Melhoramentos (SP) .[26]

Dentre outros livros para o ensino da leitura e de outras matérias escolares — escritos individualmente ou em co-autoria com Romão Puiggari, Ramon Roca Dordal e Mariano de Oliveira, dentre outros —, textos de literatura infantil e artigos em revistas pedagógicas paulistas, Arnaldo Barreto é também co-autor, com Mariano de Oliveira e Ramon Roca Dordal, do documento *Instrucções practicas para o ensino da leitura pelo methodo analytico* – modelos de lições (São Paulo, 1915).

Esse discípulo de Caetano de Campos é também autor de duas cartilhas publicadas pela Livraria Francisco Alves (RJ), respectivamente, após uma e duas décadas de sua diplomação como professor, quando tinha respectiva e aproximadamente 30 e 40 anos de idade. Trata-se de: *Cartilha das mães*, com 1ª edição presumivelmente entre o final do século XIX e o início do século XX, pela Tipografia Siqueira (SP), e a partir da 12ª edição, de 1911, pela Livraria Francisco-Alves (RJ) e com a 84ª edição, em 1963, pela mesma editora[27] ; e de Cartilha

25. A respeito da formação e atuação profissional de Arnaldo de Oliveira Barreto e de seus livros para o ensino da leitura, ver, especialmente, Mortatti (2000a) e Bernardes (2003; 2008).

26. A respeito dessa coleção, ver, especialmente, Menin (1999).

27. Informações extraídas da Exposição Virtual "Memorial da Educação" - Centro de

analytica, com 1ª edição em 1909, e a última, a 74ª, em 1967, sempre pela Francisco Alves.

Como consta de um exemplar da 27ª edição, de 1926, Cartilha analytica foi "Baseada sobre rigorosos princípios pedagógicos" e "Completamente refundida, e posta de acordo com as instruções recomendadas pela Diretoria Geral do Ensino Publico de S. Paulo"; consta também, a dedicatória: "Ao Oscar Thompson, o mais decidido propagandista, no Estado de São Paulo, do ensino da leitura pelo methodo analytico e ao Theodoro de Moraes, o seu mais fino executor, como preito da mais justa homenagem, offerece o Arnaldo." Ao final da cartilha, para melhor entendimento do método nela proposto, encontra-se transcrito o documento *Instrucções practicas para o ensino da leitura pelo methodo analytico- modelos de lições* (São Paulo, 1915).

Cartilha de alfabetização (1923), de Benedicto Maria Tolosa[28]

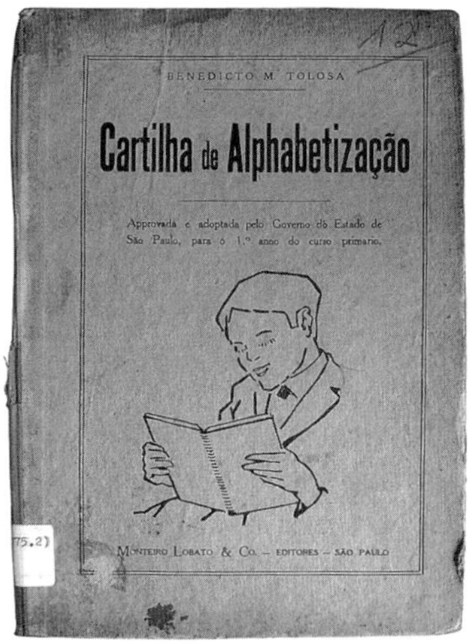

Cartilha de Alphabetização, 1923.

O médico e professor paulista Benedicto Maria Tolosa, natural da capital do estado, diplomou-se pela Escola Normal de São Paulo também em 1891 e também exerceu diferentes funções no magistério público paulista, em diferentes cidades. Foi redator efetivo da *Revista de ensino*, entre 1908 e 1912, e ocupou o cargo de inspetor geral do ensino, no qual se aposentou, tendo sido substituído por Proença.

Referência em Educação "Mário Covas". Disponível em: <<http://www.crmariocovas.sp.gov.br/memorial.php>>

28. Até o momento, não foram localizadas informações biográficas sobre Benedicto Tolosa. A respeito de sua cartilha, ver, especialmente, Mortatti (2000a).

Publicada após 32 anos de sua diplomação como professor, *Cartilha de alfabetização* teve 1ª edição em 1923. Até o momento, não foi possível localizar outras informações sobre essa cartilha, mas se pode presumir que também se baseava no método analítico, centrado na historieta, considerando aspectos da atuação desse professor, como, por exemplo, a defesa desse método que apresenta em uma série de cinco artigos publicados nessa revista na *Revista de ensino*, a partir do n.2, de set. 1911.

Com base em sua experiência como inspetor escolar, nesses artigos Tolosa expõe considerações gerais a respeito do ensino da leitura pelo método analítico e uma série de lições apresentadas como orientações e sugestões dirigidas, sobretudo, aos professores novos e àqueles "vencidos e não convencidos" do método. (Tolosa, 1912, p.87) Para essas orientações, baseou-se em dois textos: A *leitura analytica* (1909), de Theodoro de Moraes; e *Como ensinar leitura e linguagem nos diversos anos do curso preliminar* (1911), de Theodoro de Moraes, Mariano de Oliveira, Pinto e Silva e M. Carneiro Junior. Ainda nesses artigos, Tolosa indica aos professores Meu Livro, de Theodoro de Moraes, e Cartilha das Mães, de Arnaldo Barreto, além dos livros de leitura de João Köpke e de Francisco Vianna. (Mortatti, 2000a, p.107)

Cartilha Infantil (1908), de Carlos Alberto Gomes Cardim[29]

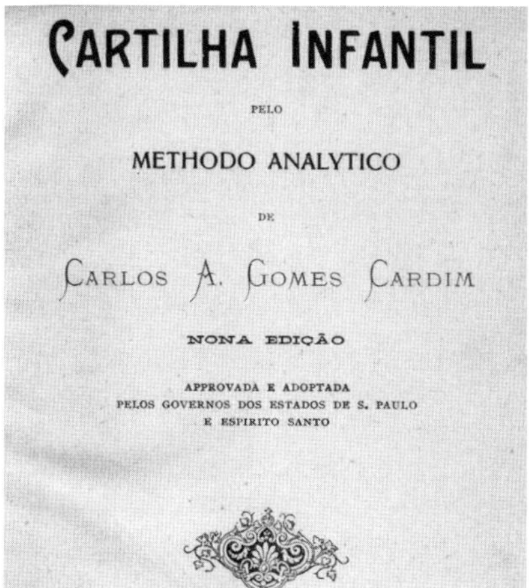
CARTILHA INFANTIL

PELO

METHODO ANALYTICO

DE

CARLOS A. GOMES CARDIM

NONA EDIÇÃO

APPROVADA E ADOPTADA
PELOS GOVERNOS DOS ESTADOS DE S. PAULO
E ESPIRITO SANTO

Cartilha Infantil, 9º ed., 1919.

29. A respeito da formação e atuação profissional de C. A. G. Cardim e de seus livros didáticos, ver, especialmente: Mortatti (2000a) e Pasquim (2009).

O escritor, historiador e professor paulista Carlos Alberto Gomes Cardim (1875-1938), natural da capital do estado, diplomou-se pela Escola Normal de São Paulo em 1894, aos 19 anos de idade. Assessorou a reforma do ensino primário e secundário no Espírito Santo, entre 1908 e 1913, participou da diretoria da Associação Beneficente do Professorado Público Paulista, entre 1917 e 1919, e exerceu vários cargos e funções em escolas da capital do estado, como professor e inspetor escolar, tendo sido também diretor da Escola Normal de São Paulo, entre 1925 e 1928, e fundador da Biblioteca Infantil "Caetano de Campos", junto à Escola Modelo Primária anexa a essa escola normal.

Dentre outros livros didáticos de diferentes matérias escolares, como, por exemplo, "A música, pelo método analítico", Gomes Cardim teve publicada Cartilha infantil (pelo método analítico), com 1ª edição em 1908, pela Augusto Siqueira & C., e 9ª edição em 1919. Sobre essa cartilha publicada após 14 anos de sua diplomação como professor, quando Gomes Cardim tinha 33 anos de idade, até o momento, foram localizadas poucas informações, além de referências esparsas. (Mortatti, 2000a, p. 100)

Cartilha (Leituras infantis) [1912], de Francisco Mendes Furtado Vianna [30]

Cartilha leituras Infantis, 48 ed.,1945.

O professor Francisco Furtado Mendes Vianna (1876-1935) diplomou-se pela Escola Normal de São Paulo em 1895 e exerceu diversos cargos na instrução pública paulista e também no Rio de Janeiro (DF), onde atuou como inspetor escolar até seu falecimento.

30. A respeito da formação e atuação profissional de Francisco Vianna e de seus livros para o ensino da leitura, ver, especialmente, Mortatti (2000a) e Oriani (2009).

Dentre outros livros didáticos de diferentes matérias escolares, de artigos em revistas pedagógicas paulistas, Francisco Vianna é autor de duas cartilhas para o ensino da leitura, publicadas pela Francisco Alves (RJ) e aprovadas para uso em vários estados brasileiros: *Cartilha* (Leituras infantis), publicada aproximadamente 17 anos após sua diplomação como profressor, com 1ª edição presumivelmente em 1912 e a última localizada até o momento, a 48ª, em 1945; e *Primeiros passos* (Leituras infantis), com 1ª edição presumivelmente em 1913 e na qual "o autor introduz uma parte, em cada lição, que permite aplicar o método de silabação". (Pfromm Neto; Dib; Rosamilha, 1974, p. 162)

A original utilidade da *Cartilha Proença*

De autoria daqueles professores-escritores didáticos citados por Proença no prefácio de sua cartilha, têm-se, portanto, em ordem cronológica de publicação, as seguintes cartilhas: *Cartilha infantil* (1908), de Carlos Alberto Gomes Cardim, Meu livro (1909), de Theodoro de Moraes, Cartilha analytica (1909), de Arnaldo de Oliveira Barreto; *Cartilha* (Leituras infantis) [1912], de Francisco Furtado Mendes Vianna; *Nova cartilha analytico-synthética* (1916) e Cartilha ensino-rapido da leitura (1917), de Mariano de Oliveira; *Cartilha de alfabetização* (1923), de Benedicto Tolosa.

Como se pode constatar, essas cartilhas têm diferentes títulos que indicam, por vezes, diferentes apropriações, por seus autores, do método analítico, ainda que centrado na historieta, tendo sido publicadas em diferentes condições relativas à institucionalização desse método.

Quando da publicação dessas cartilhas, seus autores, formados pela Escola Normal de São Paulo entre 1888 e 1906, tinham idades entre 32 e 47 anos e se encontravam em momentos importantes de suas trajetórias profissionais na relação com as disputas desse segundo momento crucial.

As cartilhas de Gomes Cardim, Theodoro de Moraes e Arnaldo Barreto foram publicadas no final da década de 1910, com datas muito próximas entre si, tendo a publicação das de Moraes e de Barreto coincidido com a primeira gestão (1909-1910) de Oscar Thompson junto à Diretoria Geral da Instrução Pública paulista.

As cartilhas de Mariano de Oliveira, por sua vez, foram publicadas quase uma década depois daquelas, em momento de efervescentes disputas entre os professores paulistas Mariano de Oliveira, Arnaldo Barreto e Gomes Cardim e o fluminense João Köpke, que geraram a carta aberta deste último. Foi também nesse momento que Thompson assumiu sua segunda gestão frente à Diretoria Geral da Instrução Pública (1917-1918) e propôs novos desafios, que culminaram, por exemplo, com a "Reforma Sampaio Dória". Justamente após essa reforma, já estando em vigência o princípio da "autonomia didática", é que foram publicadas as cartilhas de Tolosa e de Proença, com intervalo de três anos entre elas.

Em que pesem as diferenças, a interlocução entre esses professores escritores didáticos se dá naquele clima de *belle époque* educacional, para o qual contribuíram e no qual atuaram e elaboraram suas cartilhas. Embora pertencessem a diferentes gerações (etárias), integraram uma extensa geração intelectual que constituiu aquela elite responsável pela fundação de uma nova tradição relativa ao ensino da leitura e escrita, característica do segundo momento crucial na história da alfabetização no Brasil. Assim também tanto esses interlocutores diretos anunciados por Proença quanto suas cartilhas desfrutaram de prestígio no meio educacional da época e foram responsáveis pelo engendramento de aspectos da cultura escolar que nos foram tansmitidos.

Proença foi um dos últimos dessa geração intelectual a se destacar como escritor didático, e sua cartilha foi uma das últimas elaboradas de acordo, explícita e programaticamente, com o método analítico para o ensino da leitura (e escrita). E, além da interlocução direta e indireta com os de sua geração, em relação aos quais Proença sabia não ter apresentado proposta original, esse professor-escritor didático explicitou, no nível didático, sua interlocução direta com os alunos, a quem informa destinar sua cartilha. Nessa destinação, por sua vez, estava contida também a interlocução com os professores que ensinavam a ler e a escrever, em relação aos quais se concretizava, certamente, a utilidade de sua cartilha, anseio maior manifesto por Proença e traço mais distintivo de sua proposta.

Como se evidencia pelo número de edições dessa cartilha e pelo período durante o qual circulou, a proposta de Proença parece ter atingido seus objetivos. E o fato de a cartilha ter sido publicada nos estertores do segundo momento crucial não foi, portanto, empecilho para que fosse utilizada em sua época, nem tampouco para que exemplares seus fossem preservados em arquivos pessoais ou institucionais, propiciando, aos que, como eu e Gazoli, desenvolvemos pesquisas históricas sobre alfabetização no Brasil, tomá-la como objeto de estudo.

Considerações finais

Para aqueles que se formam professores neste início de terceiro milênio, no âmbito do que denomino "quarto momento crucial", ainda em curso, na história da alfabetização no Brasil, e se formam como novos responsáveis pela nova ordem a ser construída sobre as ruínas do "tradicional" — cuja permanência, segundo certo senso-comum pedagógio, caracteriza o atual clima de *laide époque educacional* [31] — é sempre bom lembrar o que o professor Antonio Firmino de Proença, como os de sua geração intelectual, nos ensina: esse passado acusado

31. Utilizo a expressão "*laide époque educacional*" ("feia época", em tradução literal), em oposição à expressão "*belle époque educacional*", no sentido que explicitei neste artigo. Trata-se de expressões que cunhei, com o objetivo de denominar, de forma sintética, o conjunto de características que identifico nos respectivos momentos cruciais na história da alfabetização no Brasil, em relação aos quais, especialmente, as utilizo.

de "tradicional" e origem dos males do presente não é tão homogêneo, nem tão antigo, quanto o vão conhecimento histórico de alguns possa supor.

Compreender as semelhanças e diferenças entre nosso presente e nosso passado é compreender que esse passado não é nem melhor nem pior do que nosso presente. Conhecê-lo, porém, pode nos ajudar na busca de nossa identidade e na compreensão de nosso lugar na história da alfabetização no Brasil, certamente cientes de que nosso único risco é sermos considerados tradicionais, nós também, pelos nossos pósteros, os quais, se estivermos vivos, acusaremos de jovens arrogantes e ignorantes do passado.

E as professoras que nos ensinaram a ler e a escrever, na escola, por meio de cartilhas de alfabetização? Com exceções, como Maria Guilhermina de Andrade e Altina de Freitas, essas professoras somente conseguiram se tornar escritoras didáticas mais tardiamente, a partir da década de 1930, no âmbito do que denominei "terceiro momento crucial" na história da alfabetização no Brasil. Certamente para isso contribuíram a atuação profissional e a produção didática de Proença, que formou professores e professoras assim como dirigiu, inspecionou e orientou suas atividades docentes, diretamente ou por meio dos livros didáticos que elaborou.

Com novas urgências políticas e sociais, os homens foram gradativamente saindo da cena educacional brasileira, mas a tradição fundada naquele segundo momento crucial talvez tenha conseguido dar início a um processo histórico — sem, contudo, ter conseguido torná-lo atuante — contido, como desejo e profecia, na tradição herdada dos positivistas republicanos do século XIX, relativamente ao lugar da mulher como professora que ensina crianças a ler e a escrever e, em decorrência, como escritora didática.

Referências

AMÂNCIO, Lázara Nanci de Barros. *Ensino de leitura e grupos escolares*: Mato Grosso 1910-1930. Cuiabá: Ed. UFMT, 2008.

BARRETO, Arnaldo de O. *Cartilha analytica*. 27. ed. Rio de Janeiro: Francisco Alves, 1926.

BELLEGARDE, J. Um bom livro. *Revista de Ensino*, n.1, p.75-79, abr. 1902 (Seção "Critica sobre trabalhos escolares").

BERNARDES, Vanessa Cuba. Um estudo sobre Cartilha Analytica, de Arnaldo de Oliveira Barreto (1869-1925). *Revista de Iniciação Científica*. Universidade Estadual Paulista, Marília, v. 8, n.1, 2008. Disponível em: <http://www.portalppgci.marilia.unesp.br/ric/viewarticle.php?id=130&layout=abstract>

______. *Um estudo sobre Cartilha analytica, de Arnaldo de Oliveira Barreto* (1869-1925). 2003. 67f. Trabalho de conclusão de curso (Licenciatura em Pedagogia) – FFC, Unesp, Marília, 2003.

BERTOLLETTI, Estela Natalina Mantovani. *Lourenço Filho e a alfabetização*: um estudo da *Cartilha do povo* e da *Cartilha Upa, cavalinho!*. São Paulo: Ed. UNESP, 2007.

BRITO, Joaquim. A Seriação dos livros de leitura. *Revista de Ensino*, n.2, p.180-183, jun. 1902 (Seção "Questões geraes").

CARDIM, Carlos A. G.; MORAES, Theodoro J., CARNEIRO JR., Miguel. Livros didacticos (parecer). In: *Annuario do Ensino do Estado de São Paulo*. São Paulo: Typ. Augusto Siqueira & Cia, p.391, 1908.

GAZOLI, Monalisa Renata. *O método analítico para o ensino da leitura em Cartilha Proença* (1926), *de Antonio Firmino de Proença*. 2007a. 92f. Trabalho de Conclusão de Curso (Graduação em Pedagogia) – FFC, Unesp, Marília. 2007a.

______. Um estudo sobre *Cartilha Proença* (1926), de Antonio Firmino de Proença. *Revista de Iniciação Científica*. Universidade Estadual Paulista, Marília, v. 7, n.3, p. 246-257, 2007. Disponível em: <http://www.portalppgci.marilia.unesp.br/ric/viewarticle.php?id=130&layout=abstract>

MELHORAMENTOS. Contrato de cessão de direitos autorais, 1924.

MELHORAMENTOS. Lista de edições dos livros de Antonio Firmino de Proença, 2008, (mimeo).

MELLO, Márcia Cristina de Oliveira. *Emília Ferreiro e a alfabetização*: um estudo sobre a Psicogênese da *língua escrita*. São Paulo: Editora UNESP, 2007.

MENIN, Ana Maria da Costa Santos. *O patinho feio de H. C.* Andersen: o "abrasileiramento" de um conto para crianças. 1999, 280f. Tese (Doutorado em Letras) – FCL, Unesp, Assis, 1999.

MORTATTI, Maria do Rosário Longo. *Os sentidos da alfabetização*: São Paulo 1876/1994. São Paulo: Ed. UNESP, 2000a.

______. Cartilha de alfabetização e cultura escolar: um pacto secular. *Cadernos CEDES*, São Paulo, ano19, n. 52, p. 41-54, nov. 2000b.

______. *Educação e letramento*. São Paulo: Ed. UNESP, 2004.

ORIANI, Angélica Pall. *O método analítico para o ensino da leitura em Cartilha: leituras infantis* [1912?], de Francisco Vianna. Projeto de pesquisa – Mestrado em Educação. Marília, FFC-Unesp, Marília. 2009 (digitado).

PASQUIM, Franciele Ruiz. *Bibliografia de e sobre Ramon Roca Dordal e Carlos Alberto Gomes Cardim*: um instrumento de pesquisa. 20f.. Marília, 2009. (digitado)

PEREIRA, Bárbara Cortella. *Theodoro de Moraes* (1877-1956): um pioneiro na história do ensino da leitura pelo método analítico no Brasil. 2009. 212 f. Dissertação (Mestrado em Educação) – FFC, Unesp, Marília. 2009.

______. *Um estudo sobre Meu livro* (1909), de *Theodoro de Moraes*. 2006, 72 f. Trabalho de Conclusão de Curso (Licenciatura em Pedagogia) – FFC, Unesp, Marília. 2006.

PFROMM NETO, Samuel; DIB, Carlos Z.; ROSAMILHA, Nelson. *O livro na educação*. Rio de Janeiro: Primor/INL, 1974.

PROENÇA, Antonio Firmino de. *Cartilha Proença*. São Paulo: Companhia Melhoramentos de São Paulo (Weiszflog Irmãos incorporada), [1926].

RODRIGUES, João L.; BRITO, Joaquim L.; PEREIRA, Antonio R. A. Parecer a que o acto se refere. *Revista de Ensino*, n.2, p.254-257, jun. 1904 (Seção "Actos officiaes").

RIBEIRO, Neucinéia Rizzato. *Um estudo sobre A leitura analytica* (1896), de João Köpke. 2001. 62f. 66f. Trabalho de Conclusão de Curso (Graduação em Pedagogia) - FFC, Unesp, Marília. 2001.

SANTOS, Luana Grazielle dos. *Um estudo sobre Cartilha da infancia* (188?), de Thomaz Galhardo. 2008. 62f. Trabalho de Conclusão de Curso. (Graduação em Pedagogia) - FFC, Unesp, Marília. 2008.

SÃO PAULO. DIRECTORIA Geral da Instrucção Publica. *Como ensinar leitura e linguagem nos diversos annos do curso preliminar*. São Paulo: Siqueira, Nagel & Comp., 1911. (Pelos inspetores escolares Miguel Carneiro, J. Pinto e Silva, Mariano de Oliveira e Theodoro de Moraes).

SÃO PAULO. DIRECTORIA Geral da Instrucção Publica. *Instrucções practicas para o ensino da leitura pelo methodo analytico* - modelos de lições. São Paulo: Typographia do Diario Official, 1915. (Por Mariano de Oliveira, Ramon Roca Dordal e Arnaldo de Oliveira Barreto)

SOBRAL, Patrícia de Oliveira. *Um estudo sobre Nova cartilha analytico-synthética* (1916), de Mariano de Oliveira. 2007a. 92f. Trabalho de Conclusão de Curso. (Graduação em Pedagogia) - FFC, Unesp, Marília. 2007a.

______. *Um estudo sobre Nova cartilha analytico-synthética* (1916), de Mariano de Oliveira. Revista de Iniciação Científica. Universidade Estadual Paulista, Marília, v. 7, n.3, p. 343-356, 2007b. Disponível em: <http://www.portalppgci.marilia.unesp.br/ric/viewarticle.php?id=133&layout=abstract>

TOLOSA, Benedicto M.. O ensino da leitura. *Revista de Ensino*, n.1, p.86-100, mar. 1912. (Seção "Em classe e para a classe").

Cartilha Proença

e Leitura do Principiante de Antonio Firmino de Proença: configurações gráficas e pedagogia

Isabel Cristina Alves da Silva Frade

A história do livro e da leitura tem se concentrado em alguns gêneros e suportes de leitura e em períodos mais distantes da nossa história contemporânea. A tendência de estudar obras raras, livros canônicos ou mesmo *best-sellers* que circularam em determinado período, ainda é mais forte. Campo mais explorado do ponto de vista ideológico, do que sobre a conformação de práticas de leitura e da economia do livro e sua edição, o livro didático ainda é um universo a ser desvendado. Do ponto de vista social, parece que o livro didático não merece ser venerado, nem exibido em coleções particulares. No entanto, caberia perguntar qual papel ocupa no imaginário dos que a eles tiveram acesso, se foram ou são conservados, se fazem parte de algum espaço de armazenamento e se são conservados igualmente por camadas sociais distintas? Do ponto de vista da história do livro, parece que é um material considerado de menor prestígio. Além disso, sua circulação supostamente escolar faz com que seu estudo seja de interesse prioritário no campo da educação.

Alguns autores como Batista (2000) e Belo (2002) têm apontado que os estudos sobre a história do livro no Brasil não podem prescindir do foco no livro didático por várias razões. Muitas vezes, este é um material que se constitui na sociedade brasileira como primeira fonte de acesso à cultura escrita, para muitos leitores, sobretudo aqueles de camadas de menor prestígio. Não desconsiderando os efeitos que a existência tardia de uma imprensa brasileira tenha causado para a formação de leitores e as consequências de uma alfabetização que se disseminou fora de uma escolarização de massa, é pela escolarização que se pode explicar diversos aspectos relacionados à formação de leitores, à utilização de livros, assim como à sua circulação e edição. Além disso, a profissionalização de muitos autores brasileiros, no confronto com uma produção vinda de Portugal, parece ter ocorrido pela oportunidade de produção de livros didáticos. Finalmente, na economia do livro atual, o livro didático ocupa papel central no mercado editorial brasileiro. Assim, cabe perguntar, em cada momento histórico, como se constituiu este mercado, qual a sua relação com a política educacional, quais foram as redes que possibilitaram a sua produção?

A análise dos aspectos metodológicos, assim como das disputas em torno da divulgação das cartilhas brasileiras tem merecido bastante atenção dos pesquisadores e o trabalho de Mortatti (2000) é um dos pioneiros nessa questão, oferecendo um panorama da produção paulista que atravessa um século.

Pesquisas sobre aspectos da produção, circulação e uso são mais recentes e destacam-se alguns estudos que trabalham aspectos regionais da produção, buscando verificar a especificidade de uma produção, os movimentos intelectuais, redes de relações, assim como similitudes com outros materiais que circulam no Brasil como um todo e que dialogam com a produção de um estado (FRADE e MACIEL, 2006).

Os livros e outros impressos, em geral, carregam em si ideologias de um momento histórico, são fonte para análise das representações sociais, mas há também uma série de fatores que tornam mais complexas as análises dessas ideologias, tendo em vista os ordenamentos do livro (CHARTIER, 1994), aspectos editoriais (HALLEWEL, 1985) e pedagógicos (MORTATTI, 2000).

Do ponto de vista das representações e aspectos ideológicos presentes nas cartilhas, podemos analisar seus textos e ilustrações buscando questões relacionadas ao nacionalismo a gênero, classe social, raça, entre outros aspectos, mas convém não se esquecer da especificidade desse material em relação aos outros livros de leitura e livros didáticos, em geral (MACIEL e FRADE, 2003). Se perdermos essa dimensão da especificidade, corremos o risco de cometer contra-sensos, imaginando ideologias em questões que podem ser interpretadas em função das perspectivas metodológicas e pedagógicas. A cartilha serve a um fim específico, de introduzir os leitores no aprendizado dos princípios da leitura e esses princípios vão condicionar a escolha dos recursos e da forma de apresentação, fazendo com que esse livro tenha identidade especial, mesmo quando comparado com coleções de livros de leitura produzidos por um mesmo autor e editora.

Nesse sentido, não é desconsiderada a importância dos aspectos ideológicos que perpassam os livros em geral, mas precisamos avançar para outras análises em relação aos textos e recursos visuais nele presentes.

Um dos aspectos que merece investigação diz respeito às formas materiais que condicionam um livro, ou seja, o livro é um objeto material, originado de práticas sociais e humanas (MACKENZIE, 1991) e isso nos leva para a sociologia dos textos e para questões editoriais da materialidade. Como são os contratos editoriais? Por que determinado autor tem condições de publicar um livro? O que condiciona a escolha de determinado papel e encadernação? O que significa o preço de um livro, assim como a relação que se estabelece a partir da escolha do papel, da tinta, da técnica de reprodução? Que condições técnicas relacionadas à tipografia e reprodução fizeram do volume o que ele é, para além das decisões e autorias de autores e ilustradores? O que está disponível, em determinado momento, em relação aos recursos técnicos?

Não é intenção desse artigo abordar essas perspectivas, mas se essas indagações não são apresentadas, corre-se o risco de analisar um impresso como se as questões se explicassem por ele mesmo, como se as decisões sobre o modo como ele se apresenta fossem do autor e ilustrador do livro, daí a importância de distinguir texto e impresso, conforme apontou Roger Chartier (1996). Entre a produção dos textos de um livro e sua produção e fabricação na forma de impresso há uma série de fatores que são oriundos do funcionamento do mundo do livro, daí a necessidade de distinguirmos as áreas de pesquisa e mesmo as metodologias de análise conforme essa diferença:

> Os procedimentos de colocar em texto são constituídos pelo conjunto dos procedimentos retóricos, dos comandos que são dados ao leitor, dos meios pelos quais o texto é construído, dos elementos que devem conduzir à convicção ou ao prazer. Existem, de outra parte, os procedimentos de colocar em livro, que podem apropriar-se diferentemente do mesmo texto. Eles variam historicamente e também em função de projetos editoriais que visam usos ou leituras diferentes. Portanto, sobre um mesmo texto, que tem suas próprias regras de ser como texto, os procedimentos de ser em livro podem variar de maneira extremamente forte. A pergunta histórica deve atuar justamente sobre esses dois registros. Um remete para o lado da análise e da pragmática dos textos, da análise das formas retóricas, do estudo literário. O outro remete para um saber mais técnico, o da história do livro, da bibliografia material, da história da tipografia. Creio que de seu cruzamento poderá nascer uma reinterrogação do objeto/livro em função dos problemas que colocamos hoje. (Chartier, 1996, p. 251)

Aspectos metodológicos que repercutem na análise dos livros

As obras mais focalizadas nesse capítulo são a *Cartilha Proença* e *Leitura do Principiante*, mas alguns exemplos relativos à configuração visual dos outros livros da série de leitura graduada de Antonio Proença serão também comentados, para evidenciar linhas de continuidade ou perfil gráfico da Série. Foram analisados dois exemplares de cada título, os quais correspondem a uma edição mais antiga e a outra mais recente. A edição mais antiga da *Cartilha Proença* não possui data, contudo, ela corresponde à primeira edição, de 1926, uma vez que os livros de leitura desse autor, inclusive o *Livro do Principiante*, que é do mesmo ano da *Cartilha*, estão anunciados na sua quarta capa como livros que se encontram "no prelo". Já o outro exemplar da *Cartilha Proença*, da 84ª edição, é de 1955. Quanto aos dois exemplares do *Livro do Principiante*, estes também correspondem a duas edições produzidas em épocas diferentes, contudo, nenhuma traz a data. A julgar pelo projeto gráfico e sua semelhança com os dois exemplares analisados da *Cartilha Proença*, pode-se dizer que o exemplar da 28ª edição do *Livro do Principiante* é contemporâneo do exemplar mais antigo da *Cartilha Proença*, enquanto a edição de capa azul parece estar bem próxima da edição de 1955 da *Cartilha*.

Ao analisar alguns livros de autoria de Antonio Firmino de Proença convém fazer algumas considerações do ponto de vista dos pressupostos metodológicos. Trata-se da análise de exemplares digitalizados e, portanto, aspectos da materialidade como tipo de papel, técnica de impressão e outros aspectos da produção, passíveis de serem tratados, não poderão aqui ser recuperados. Nas edições mais antigas não consta o nome do ilustrador, enquanto as edições recentes apontam que as ilustrações são de Oswaldo Storni. Alguns dos livros de Proença que consultamos não permitem fazer considerações do ponto de vista das instruções dadas ao professor quanto ao uso dos recursos gráficos, daí não se pode recuperar se havia ou não uma intenção pedagógica na escolha dos mesmos.

Por outro lado, se formos olhar os livros como impressos, como objeto material que condiciona os modos de uso, podemos dizer que é possível, através da observação da fotografia dos exemplares conservados, fazer uma análise da configuração final da página e dos possíveis comandos visuais que os autores (autor, ilustradores, gráficos) produziram para o leitor.

Dessa forma, serão analisados diferentes aspectos que comandam o que é dado a ver, ou seja, a visualidade da página, tema que vem sendo tratado pela autora em vários trabalhos (FRADE, 2005, 2009). Nessa visualidade há signos visuais que não são ilustrações, mas que constituem uma imagem da página. Portanto, o conceito de imagem é muito mais amplo que o de ilustração. Num livro, há um conjunto de recursos que resultam no que podemos chamar de *mise-en-page*: em primeiro lugar, podemos citar os fatores ligados à letra impressa e à forma como ela se apresenta, observados na tipografia, nas marcações de cores, na distribuição pela página e no tamanho de letras; em segundo lugar, destacamos a organização geral da página que comporta margens, espaços em branco, amarrações para iniciar ou fechar as lições e, em terceiro lugar, ressaltamos as ilustrações e esquemas gráficos.

Por ilustrações se entende os recursos imagéticos figurativos (personagens, ambientes reconhecíveis e próximos da realidade representada) e não figurativos (como ícones que não representam uma realidade, como clichês tipográficos, por exemplo). Por esquemas gráficos entendemos quadros, tabelas[1] e outros dispositivos visuais que indicam para o leitor que relações ele pode estabelecer, ou seja, decorrente da visualização há implícito um dispositivo de pensamento que se espera que o leitor utilize a partir de uma apresentação visual[2]. Podemos dizer que nem sempre se explicita verbalmente como devemos usar um recurso visual, mas sua forma de apresentação e sua recorrência indicam a repetição de um procedimento mental.

---

1. Algumas relações entre o gênero textual tabela e os instrumentos do pensamento foram trabalhados por Jean Marc Chatelein, em comunicação denominada Surfaces du Savoir: la publication em tableaux au XVIIe Siècle no âmbito do Seminário "Les Ouitils de la pensée" , organizado em 2007 pela Fondation Maison des Sciences de l'Homme e Musée National d'Ethnologie Osaka

2. Analisando os cadernos escolares como espaço gráfico, Jean Hébrard (2001) observa seu papel no modo de apresentar o conhecimento, e consequentemente, no modo de pensar relações nesse objeto de conhecimento.

Sobre a relação entre aspectos gráficos e procedimentos mentais, Dominique Julia (1990) analisa livros franceses do século XVIII, destacando uma inovação nos dispositivos tipográficos inventados para auxiliar a memória como caracteres vermelhos ou itálicos para destacar letras que não é necessário pronunciar, feita por Py-Poulan de Launay e o ABC em preto, vermelho e azul, proposto por Louis Dumas. O mesmo autor também observa que os recursos que são utilizados, inicialmente, em benefício do aluno passam a configurar uma espécie de padrão na composição que é feita em escritórios tipográficos, como o emprego de letras pretas e vermelhas que servirão para distinguir o romano e o itálico, o latim e o francês, por exemplo.

Ségolène le Men (1984) pesquisadora dos abecedários franceses de uso escolar e doméstico do século XIX, comenta sobre o papel da tipografia como auxílio na aquisição do mecanismo da leitura, ressaltando que o recurso tipográfico de divisão das palavras por espaçamento ou hifem possibilita uma melhor forma de soletrar, uma vez que se pode ver a palavra sílaba após sílaba, mecanismo que é favorecido justamente pelo modo como os textos e palavras aparecem na página.

De outra forma, não podemos trabalhar recursos visuais sem analisar sua relação com o texto. Se para os recursos visuais podemos recuperar a noção de *impresso* apresentada por Roger Chartier (1996), para analisar o *texto* devemos nos valer dos recursos retóricos usados por Firmino Proença, que condicionam também o sentido dos recursos visuais. Não há como analisar recursos gráficos de forma desvinculada dos textos.

Outra questão relevante diz respeito aos aspectos visuais que se relacionam com a escolarização da escrita e que se apresentam na página exatamente porque implicam uma utilização escolar, ou seja, nos recursos visuais há uma possibilidade de pensar a pragmática escolar do uso dos livros. (FRADE, 2005)

Por fim, conforme já foi salientado por Escolano (1997) não podemos nos esquecer da especificidade de livros para ensinar os princípios da leitura e da escrita. Nesse capítulo focalizamos obras para ensinar a ler, que são distintos dos outros livros de leitura e pode-se dizer que os recursos utilizados em seu interior se relacionam também com métodos específicos de alfabetização (MACIEL e FRADE, 2003). Nesse sentido, recursos visuais de uma cartilha vão se diferenciar muito dos recursos utilizados nos livros de leitura de um mesmo autor. Vejamos, a seguir, como os elementos visuais se configuram nas duas obras iniciais de Firmino Proença, vindas a público em 1926.

Cartilha Proença e *Leitura do Principiante*: análise da configuração gráfica

Antonio Firmino de Proença teve atuação como professor, inspetor e diretor de escola normal e produziu não apenas livros para alfabetizar, mas livros de leitura cujo objetivo, segundo dados contratuais, era o de trabalhar com diversos conteúdos, segundo fragmento do contrato de direitos autorais, registrado em 21 de outubro de 1924:

> I – Ao escrever para a Cia Melhoramentos de São Paulo, editora, a série de obras referidas, a qual constará de uma "Cartilha", de 1º livro, de um 2º e de um 3º, sendo que a "Cartilha" terá o necessário desenvolvimento para dispensar a "Leitura Intermediária" e os demais livros da série, abrangerão todas as matérias que constam dos programas para o curso preliminar e médio e servirão para orientação do autor, não só os respectivos programas, como sua experiência pessoal, e mais instruções que constam dos papéis officiais que se referem ao ensino público primário.
> (Contrato de Cessão de direitos autorais, firmado pela Companhia Melhoramentos de São Paulo e professor Antonio Firmino de Proença)

Há, no mesmo contrato, uma cláusula que amplia a possibilidade de utilização das obras para todo o Brasil, indicando que "na composição das obras, terá o autor sempre em vista os programas de ensino, nos últimos tempos, entre os povos cultos". Entre o exemplar da *Cartilha Proença* localizado na Biblioteca do Livro Didático/ LIVRES/USP, datado de 1955, e a entrega dos originais da *Cartilha e Leitura Intermediária*[3] , cujo recibo de pagamento dos direitos autorais foi assinado por Proença em 24 de Setembro de 1925, há um espaço de tempo de pelo menos 30 anos, de sucessivas reedições da Cartilha.

O mesmo contrato apresenta uma cláusula de que a obra só poderia ser alterada após a morte do autor, que veio a falecer em 1946. Assim, a edição mais recente da cartilha analisada (84ª) foi publicada nove anos após sua morte. A capa sem data, que deve corresponder às primeiras edições, quando comparada à edição de 1955, mostra alterações muito significativas. Teria o miolo também sofrido alterações? Uma comparação entre os exemplares mostra que se alteraram as ilustrações, são suprimidas algumas lições e acrescentadas outras e há uma redução de 105 para 88 páginas. Dessa forma, na ausência de outros exemplares conservados, é importante deixar a indagação: foram feitas alterações sem o consentimento do autor nesse exemplar? Considerando esses cuidados, no caso da Cartilha a análise será feita a partir das evidências encontradas nos dois impressos, sendo o segundo de 1955. Algumas capas e páginas internas de outros livros do autor também serão comentadas, no sentido de ampliar os dados e trazer uma visão comparativa entre vários de seus livros.

Na maioria dos exemplares de seus livros não constam informações sobre ilustrador, com exceção da menção a Oswaldo Storni, em documentos da editora e no exemplar mais recente e sem data de que dispomos do *Livro do Principiante*. Abaixo, consta informação sobre ilustrador apenas para uma edição do *Leitura*

3. Pelos dados contratuais, parece que o Leitura do Principiante é o livro de leitura intermediária, uma vez que a coleção graduada que o segue é nomeada como primeiro, segundo e terceiro livros.

do Principiante e a respectiva tiragem de cada livro[4] , conforme documentos recuperados na Melhoramentos, 2008[5]

Autor: Antonio Firmino de Proença Título: Cartilha Proença Série: Proença			Autor: Antonio Fimrinio de Proença Título: Leitura do Principiante Série: Proença ILustrador: Oswaldo Storni		
Edição	Tiragem	Data	Edição	Tiragem	Data
1		Agosto/1926	1	275.000	Novembro/1926
57	10.000	Maio/1943	59	20.000	Março/1943
59	10.000	Agosto/1944	63	20.000	Janeiro/1945
61	10.000	Setembro/1945	65	10.000	Maio/1946
63	10.000	Junho/1946	67	10.000	Fevereiro/1947
67	20.000	Janeiro/1947	70	15.000	
71	20.000	Janiero/1948	75	25.000	Maio/1949
75	20.000	Julho/1950	83	20.000	Fevereiro/1954
77	10.000	Fevereiro/1953	87	20.000	Fevereiro/1956
79	15.000	Fevereiro/1954			
84	20.000	Março/1955			

Conforme contrato de cessão de direitos, já referido, há uma cláusula que informa que o uso da *Cartilha Proença* não está obrigatoriamente vinculado ao uso em sequência do livro de leitura intermediária que, supostamente, seria o volume *Leitura do Principiante*, mas no prefácio deste último indica-se que é um livro que deveria ser usado logo após a cartilha, e é dirigido tanto ao 1º quanto ao 2º ano. Nota-se que há algumas regularidades gráficas e pedagógicas nas edições dos dois títulos e pode-se supor que a configuração gráfica da Cartilha prepara a ambientação do leitor para o segundo.

Capas da *Cartilha Proença*

A comparação entre as capas da primeira (1926) e da última edição (1955) da *Cartilha Proença* permite verificar uma modificação muito significativa (ver as respectivas capas no capítulo anterior). Na primeira há uma série de crianças em volta de uma outra, aparentemente mais velha, que porta um livro aberto. As

4. Na tabela, nota-se uma ausência de dados que cobrem quase vinte anos e mais de 50 edições (entre a primeira edição e as outras)

5. Dados coletados, na Melhoramentos, por Marcia Razzini, por ocasião de seu Pós-Doutorado em 2005/2007, na PUC-SP. A pesquisadora cedeu gentilmente os dados para autores dessa coletânea.

outras crianças apresentam olhares indagadores e parecem curiosos quanto ao que vai ocorrer. Essa entrada no livro representa a situação de leitura, ou seja, a cultura escrita, e promessas quanto ao que pode encontrar em seu miolo.

A capa da última edição muda radicalmente em relação à primeira, pois, ao não apresentar cenas de leitura, mas objetos que lembram os sons das letras com sua escrita correspondente, evoca a ideia de livro para aprender a ler, explorando os procedimentos mentais necessários para compreender o funcionamento do sistema de escrita e não apenas da cultura escrita ou dos conteúdos dos textos de leitura.

Páginas internas da Cartilha Proença

A edição mais antiga da *Cartilha Proença*, sem data, apresenta ora ilustrações coloridas, ora em preto-e-branco. Apesar de haver mais de uma técnica de produção ou forma de apresentação (desenho em preto-e-branco e ilustrações coloridas que lembram a cultura do decalque e a aquarela) o livro apresenta uma unidade gráfica: todas as lições de texto são compostas com uma ilustração que antecede o texto ou o emoldura. Embora representados com técnicas diferentes, os personagens guardam traços semelhantes e o mesmo vestuário, além de posições simétricas, como se fosse um espelho.

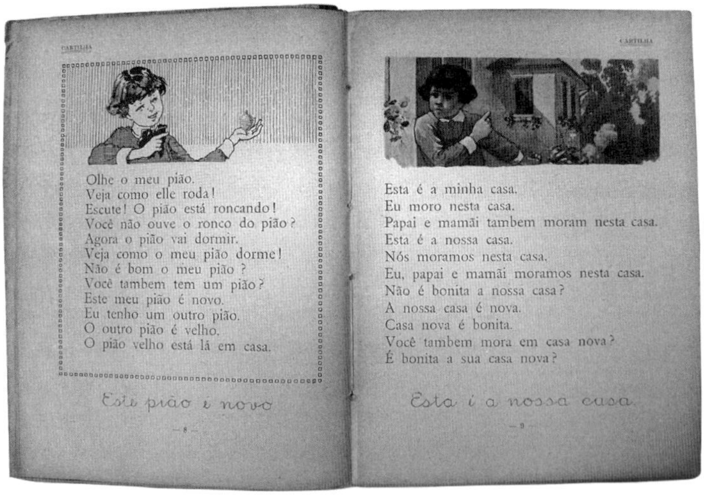
CARTILHA

Olhe o meu pião.
Veja como elle roda!
Escute! O pião está roncando!
Você não ouve o ronco do pião?
Agora o pião vai dormir.
Veja como o meu pião dorme!
Não é bom o meu pião?
Você tambem tem um pião?
Este meu pião é novo.
Eu tenho um outro pião.
O outro pião é velho.
O pião velho está lá em casa.

Este pião é novo

— 8 —

CARTILHA

Esta é a minha casa.
Eu moro nesta casa.
Papai e mamãi tambem moram nesta casa.
Esta é a nossa casa.
Nós moramos nesta casa.
Eu, papai e mamãi moramos nesta casa.
Não é bonita a nossa casa?
A nossa casa é nova.
Casa nova é bonita.
Você tambem mora em casa nova?
É bonita a sua casa nova?

Esta é a nossa casa

— 9 —

Cartilha Proença, 1926, p. 8 e 9

Observando a composição das páginas percebemos que às vezes a ilustração invade o espaço do texto, (como na página 24) modificando sua linearidade, pois apesar de se tratar de uma sentença abaixo da outra, o modo como a imagem se posiciona ao final das linhas, provocando o efeito de curvas, pode alterar o movimento de leitura e, no mínimo, trazer outros apelos para o olhar de quem vê a página. Em outros casos aparecem ilustrações que abrem e fecham o texto, compondo um cenário em que o leitor tem que imaginar a continuidade, conforme se pode verificar, respectivamente, nas páginas reproduzidas a seguir:

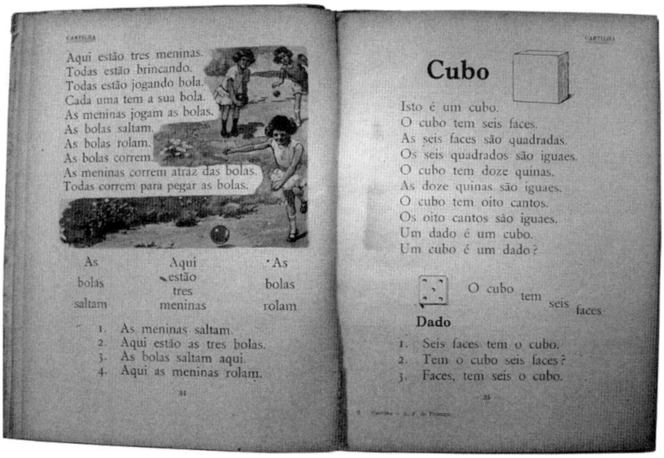
CARTILHA

Aqui estão tres meninas.
Todas estão brincando.
Todas estão jogando bola.
Cada uma tem a sua bola.
As meninas jogam as bolas.
As bolas saltam.
As bolas rolam.
As bolas correm.
As meninas correm atraz das bolas.
Todas correm para pegar as bolas.

As bolas saltam — Aqui estão tres meninas — As bolas rolam

1. As meninas saltam.
2. Aqui estão as tres bolas.
3. As bolas saltam aqui.
4. Aqui as meninas rolam.

24

CARTILHA

Cubo

Isto é um cubo.
O cubo tem seis faces.
As seis faces são quadradas.
Os seis quadrados são iguaes.
O cubo tem doze quinas.
As doze quinas são iguaes.
O cubo tem oito cantos.
Os oito cantos são iguaes.
Um dado é um cubo.
Um cubo é um dado?

O cubo tem seis faces

Dado

1. Seis faces tem o cubo.
2. Tem o cubo seis faces?
3. Faces, tem seis o cubo.

25

Lição da *Cartilha Proença*, 1926, p. 24 e 25.

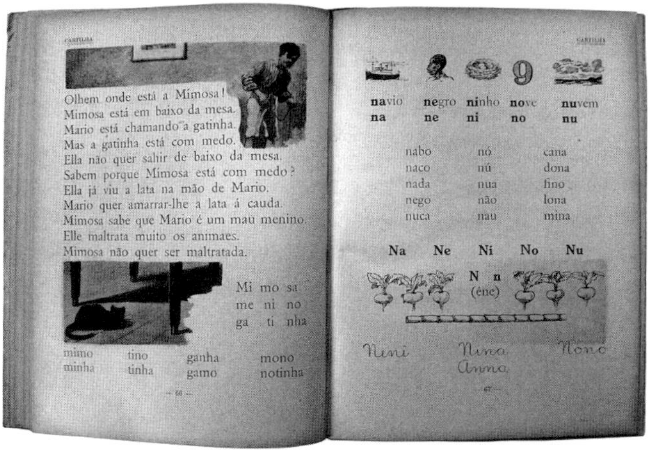
CARTILHA

Olhem onde está a Mimosa!
Mimosa está em baixo da mesa.
Mario está chamando a gatinha.
Mas a gatinha está com medo.
Ella não quer sahir de baixo da mesa.
Sabem porque Mimosa está com medo?
Ella já viu a lata na mão de Mario.
Mario quer amarrar-lhe a lata á cauda.
Mimosa sabe que Mario é um mau menino.
Elle maltrata muito os animaes.
Mimosa não quer ser maltratada.

Mi mo sa
me ni no
ga ti nha

mimo minha — tino tinha — ganha gamo — mono notinha

— 66 —

CARTILHA

navio **ne**gro **ni**nho **no**ve **nu**vem
na **ne** **ni** **no** **nu**

nabo naco nada nego nuca
nó nú nua não nau
cana dona fino lona mina

Na Ne Ni No Nu

N n (êne)

Nini Nina Anna Nono

— 67 —

Lição da *Cartilha Proença*. 1926, p. 66 e 67

Na edição de 1955, a *Cartilha Proença* é toda impressa em preto-e-branco, as ilustrações são parecidas com a técnica de desenho de outras cartilhas da mesma editora, como a *Nova Cartilha*, de Mariano de Oliveira, também editada pela Melhoramentos. A edição mais moderna da *Cartilha Proença*, de 1955, traz um projeto gráfico bem articulado, com o uso dos mesmos recursos de ilustração em preto-e-branco, que sempre abrem as páginas de texto, mas devido à uniformidade do projeto gráfico não há muitas surpresas quanto à *mise-en-page*.

Os personagens são apresentados com outros trajes e com outras fisionomias e são criadas outras cenas e cenários para os mesmos textos. No entanto, junto a essa identidade visual possivelmente produzida pelo trabalho de um mesmo ilustrador, aparecem ilustrações bem pequenas – que parecem clichês tipográficos – que são aproveitadas da edição mais antiga, sobretudo nas lições que visam apresentar palavras ou sílabas e letras iniciais, famílias silábicas, recapitulação de letras, nas páginas 83 (s/d) e 78 (1955); 52-53 (s/d) e 47-48 (1955); 89, 90, 91 (s/d) e 80, 81, 82, 83 (1955). Destaca-se também a utilização de uma mesma ilustração de uma lição específica, como a denominada *A semana tem sete dias* (p. 83, s/d e p. 78 (1955) e uma lição que aparece ao final do livro, intitulada *A Vespinha*.

Sobre o que é objeto de modificação entre edições e o que se conserva entre uma e outra e o aproveitamento apenas de parte das ilustrações referidas à análise da língua, o mesmo se observou na análise que produzi sobre as duas edições da *Cartilha Analytica*, de Arnaldo Barreto, primeira edição publicada em 1909 pela *Francisco Alves & Cia* (FRADE, 2005). Isso indicia para a hipótese de que talvez alguns clichês tipográficos sejam bastante utilizados nessa perspectiva.

Com relação à posição das ilustrações e à configuração das páginas, na *Cartilha Proença*, exemplar sem data, na edição mais antiga, aparece uma estética interessante: a maioria das lições começa e termina com uma ilustração fechando a página. Além disso, há algumas situações em que a lição é emoldurada por um quadro em formato de linha ou em que um espaço em branco é fechado com algum desenho. Na edição de 1955, com raríssimas exceções, a ilustração apenas abre o texto, sempre ocupando espaços semelhantes e não se usam linhas ou desenhos para emoldurar a página.

Capas do Leitura do Principiante

Conforme imagens apresentadas a seguir, das capas da Leitura do Principiante, obra que dá sequência à Cartilha Proença, podemos fazer outras considerações na comparação dos exemplares publicados em épocas diferentes. A capa mais antiga, da 28ª edição está articulada à capa dos outros livros de leitura da série graduada seguindo o mesmo padrão gráfico ao apresentar um formato mais sério, no qual constam apenas as letras com título e autor.

Apesar de haver uma cláusula no contrato do autor com a editora de não ser obrigatório o uso do livro de leitura intermediária e haver uma obra intitulada Primeiro Livro, há uma semelhança entre a capa do Leitura do Principiante e as capas da coleção graduada. Conforme se verá a seguir, a diferença entre estas capas e a da cartilha parece dar identidade à cartilha e põe os outros livros no mesmo universo simbólico e no mesmo projeto. A capa da edição mais nova do

Leitura do Principiante é mais moderna e evoca um universo infantil com desenho de plantas, animais e natureza, embora em seu miolo aborde temáticas envolvendo a vida cotidiana, brincadeiras, comércio, etc.

Leitura do principiante, 28 ed., s.d.

Leitura do Principiante, 87 ed., 1956.

Entretanto, nas páginas internas do *Leitura do Principiante* é retomado o universo do uso da cultura escrita, pois o autor demonstra uma preocupação, no texto e na imagem, de representar cenas urbanas de circulação da escrita, ao discutir no texto e apresentar na imagem os letreiros, conforme lição reproduzida a seguir:

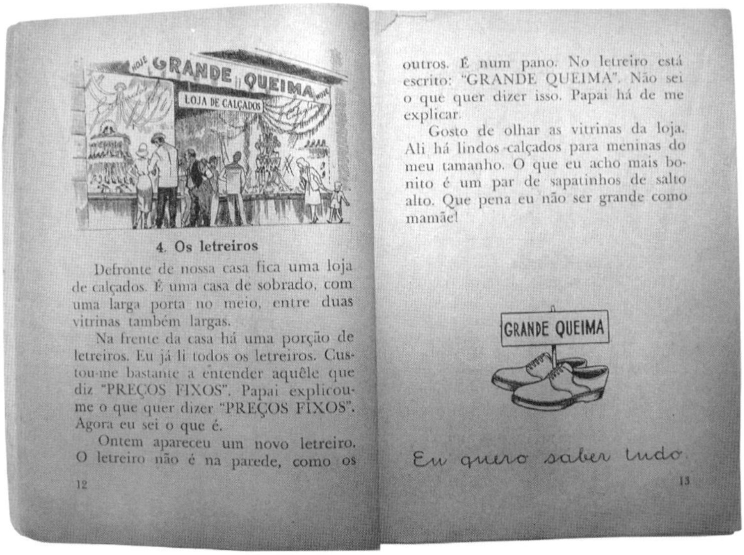

4. Os letreiros

Defronte de nossa casa fica uma loja de calçados. É uma casa de sobrado, com uma larga porta no meio, entre duas vitrinas também largas.

Na frente da casa há uma porção de letreiros. Eu já li todos os letreiros. Custou-me bastante a entender aquêle que diz "PREÇOS FIXOS". Papai explicou-me o que quer dizer "PREÇOS FIXOS". Agora eu sei o que é.

Ontem apareceu um novo letreiro. O letreiro não é na parede, como os

12

outros. É num pano. No letreiro está escrito: "GRANDE QUEIMA". Não sei o que quer dizer isso. Papai há de me explicar.

Gosto de olhar as vitrinas da loja. Ali há lindos calçados para meninas do meu tamanho. O que eu acho mais bonito é um par de sapatinhos de salto alto. Que pena eu não ser grande como mamãe!

Eu quero saber tudo

13

Leitura do Principiante, 87 ed., 1956, p. 12 e 13

Páginas internas do *Leitura do Principiante*

Os projetos gráficos dos exemplares do *Leitura do Principiante* guardam certa similitude e paralelismo com as cartilhas no que se refere às técnicas de ilustração, mas não com relação à *mise-en-page*, uma vez que a Cartilha visa ensinar a ler e os livros que se seguem apresentam textos para ler. Diferentemente das cartilhas, os dois exemplares da *Leitura do Principiante* apresentam uma única função para as ilustrações: todas elas se referem aos conteúdos dos textos para leitura, recurso que é utilizado do princípio ao final do livro, gerando muita estabilidade e previsibilidade para o leitor. A diferença entre as duas edições está na técnica de ilustração, no uso de cores e talvez na atualização de certa estética ou hábitos, como o do vestuário, cortes de cabelo, etc., mas há muita semelhança quanto à função das ilustrações e quanto ao projeto gráfico: todas as lições aparecem com título numerado, são fechadas com uma pequena ilustração, que amarra a página e/ou evoca um pensamento ou personagem do texto a ser copiado, conforme indica a escolha de caracteres típicos do manuscrito. A seguir exemplos que mostram essa composição de páginas:

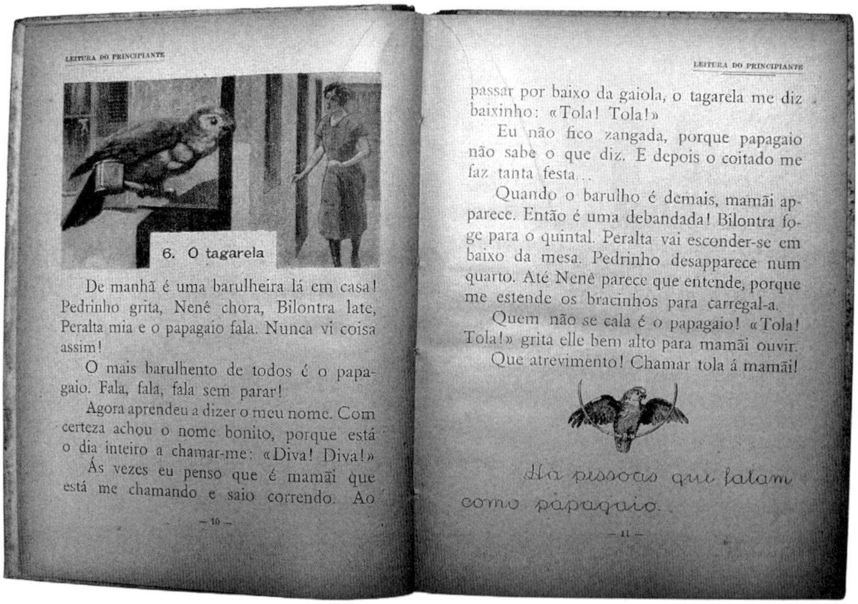
LEITURA DO PRINCIPIANTE

6. O tagarela

De manhã é uma barulheira lá em casa! Pedrinho grita, Nenê chora, Bilontra late, Peralta mia e o papagaio fala. Nunca vi coisa assim!

O mais barulhento de todos é o papagaio. Fala, fala, fala sem parar!

Agora aprendeu a dizer o meu nome. Com certeza achou o nome bonito, porque está o dia inteiro a chamar-me: «Diva! Diva!»

Ás vezes eu penso que é mamãi que está me chamando e saio correndo. Ao

— 10 —

LEITURA DO PRINCIPIANTE

passar por baixo da gaiola, o tagarela me diz baixinho: «Tola! Tola!»

Eu não fico zangada, porque papagaio não sabe o que diz. E depois o coitado me faz tanta festa...

Quando o barulho é demais, mamãi apparece. Então é uma debandada! Bilontra foge para o quintal. Peralta vai esconder-se em baixo da mesa. Pedrinho desapparece num quarto. Até Nenê parece que entende, porque me estende os bracinhos para carregal-a.

Quem não se cala é o papagaio! «Tola! Tola!» grita elle bem alto para mamãi ouvir.

Que atrevimento! Chamar tola á mamãi!

Ha pessoas que falam como papagaio.

— 11 —

Leitura do Principiante, 28 ed., s.d., p.10 e 11

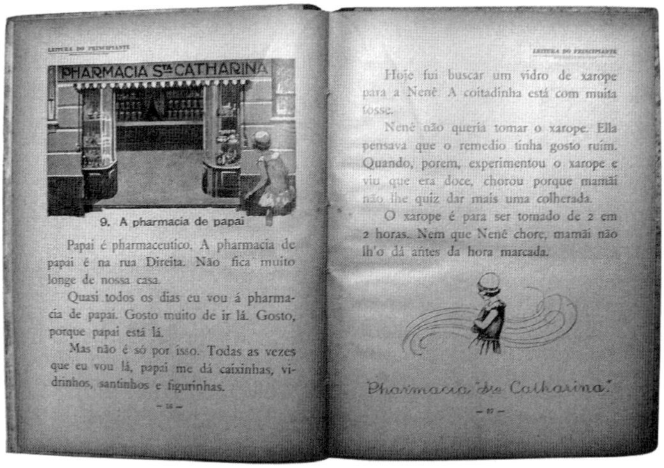

PHARMACIA Sta CATHARINA

9. A pharmacia de papai

Papai é pharmaceutico. A pharmacia de papai é na rua Direita. Não fica muito longe de nossa casa.

Quasi todos os dias eu vou á pharmacia de papai. Gosto muito de ir lá. Gosto, porque papai está lá.

Mas não é só por isso. Todas as vezes que eu vou lá, papai me dá caixinhas, vidrinhos, santinhos e figurinhas.

Hoje fui buscar um vidro de xarope para a Nenê. A coitadinha está com muita tosse.

Nenê não queria tomar o xarope. Ella pensava que o remedio tinha gosto ruim. Quando, porem, experimentou o xarope e viu que era doce, chorou porque mamãi não lhe quiz dar mais uma colherada.

O xarope é para ser tomado de 2 em 2 horas. Nem que Nenê chore, mamãi não lh'o dá antes da hora marcada.

Pharmacia "Sta Catharina".

Leitura do Principiante, 28 ed., s.d., p 16 e 17

Funções das ilustrações nas páginas da Cartilha Proença

Na primeira lição da *Cartilha Proença*, o autor escolhe um menino para ser o fio-condutor da apresentação do livro. Embora livro e criança apareçam juntos, é o livro na mão da criança e não a criança, o que aparece na tematização textual.

A perspectiva de apresentar um objeto ou pessoa e depois descrevê-lo é uma metodologia mais geral, utilizada nos livros de autores de São Paulo no início do século XX, visando atender aos pressupostos do ensino intuitivo. Essa proposta vai além de uma metodologia de alfabetização e de ensino da leitura: é a metodologia usada em todas as disciplinas e a descrição do objeto é feita realizando-se perguntas sobre suas características. O ensino intuitivo teve uma influência importante na produção de materiais visuais brasileiros, repercutindo na forma dos materiais impressos como livros e cartazes, que vêm com muitas ilustrações.

Colado à descrição de objetos vem também um gênero escolar de tipo descritivo, com a utilização de verbos no presente, de muitos adjetivos e de frases em que palavras ditas na frase anterior se repetem na que vem depois.

A análise de um exemplar de 1923 da *Cartilha Analytca*, de Arnaldo Barreto pode evidenciar essa característica, a primeira lição é exemplar nesse sentido e, nas instruções gerais, há uma metodologia para essa descrição:

> "Provocar, em palestra, a observação dos alumnos sobre um objecto ou estampa qualquer, levando-os a enunciarem sentenças (cinco ou seis nas primeiras lições) relacionadas umas com as outras, de modo que o objeto lógico de uma seja empregado com o sujeito da sentença immediata, formando o todo uma sentença descritiva do objeto ou estampa que sirva de assumpto da lição.. (p.07 – Arnaldo Barreto)

Cartilha Analytica, 18a. ed., 1917, p. 11.

1 - Eu vejo um menino
2 - Este menino chama-se Paulo
3 - Paulo tem uma bola.
4 - Vocês estão vendo a bola?
5 - A bola é azul.

Podemos perceber a relação texto e imagem na página da primeira lição da *Cartilha Proença* , apresentada a seguir:

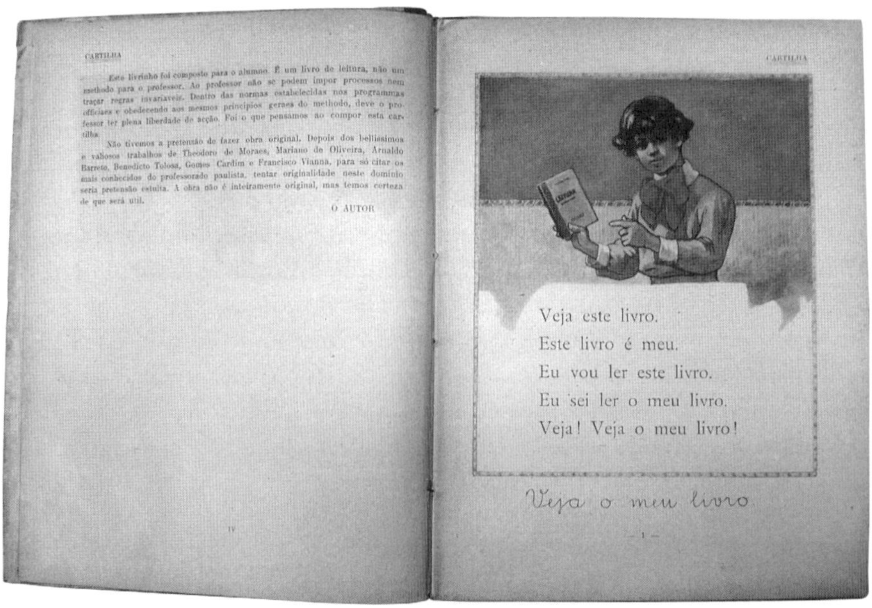

CARTILHA

Este livrinho foi composto para o alumno. É um livro de leitura, não um methodo para o professor. Ao professor não se podem impor processos nem traçar regras invariaveis. Dentro das normas estabelecidas nos programmas officiaes e obedecendo aos mesmos principios geraes do methodo, deve o professor ter plena liberdade de acção. Foi o que pensamos ao compor esta cartilha.

Não tivemos a pretensão de fazer obra original. Depois dos bellissimos e valiosos trabalhos de Theodoro de Moraes, Mariano de Oliveira, Arnaldo Barreto, Benedicto Tolosa, Gomes Cardim e Francisco Vianna, para só citar os mais conhecidos do professorado paulista, tentar originalidade neste dominio seria pretensão estulta. A obra não é inteiramente original, mas temos certeza de que será util.

O AUTOR

CARTILHA

Veja este livro.
Este livro é meu.
Eu vou ler este livro.
Eu sei ler o meu livro.
Veja! Veja o meu livro!

Veja o meu livro.

1ª Lição, *Cartilha Proença*, 1926, p. 1.

1ª lição

Veja este livro
Este livro é meu
Eu vou ler este livro
Eu sei ler o meu livro
Veja! Veja o meu livro
Veja o meu livro.

O texto indica para a ilustração e só tem sentido associado a ela. Os verbos "veja", usados tanto em Barreto como em Proença, exploram o sentido da visão e fazem apelo a que se entre na ilustração. O uso do modo imperativo de verbos como "veja" e "olhe" é recorrente em cartilhas analíticas e mesmo em cartilhas dos métodos globais de contos que se seguem a essa tendência e, independente do método de alfabetização, o comando é para chamar a atenção do leitor para a ilustração.

Entretanto, se em Arnaldo Barreto, menino e bola podem ser descritos porque a gravura permite essa descrição, na *Cartilha Proença* não se descreve o menino, cujo nome só aparece algumas lições adiante, nem o objeto livro, mas procura-se criar uma disposição favorável à leitura. O menino não é objeto de descrição e sua atitude será o motivador da entrada do leitor no mundo do livro. Essa textualização da ilustração, nas quatro lições que se seguem, parece visar algumas identificações: há na primeira lição um objeto chamado livro e um leitor que vai lê-lo.

2ª lição

Este livro não é meu
O meu livro não é este.
Eu sei ler o meu livro
Não sei ler este livro
Eu vou ler o meu livro
Este livro eu não sei ler
Eu vou ler o meu livro.

Cartilha Proença, 1926, p. 2

Como se pode verificar, na segunda lição há um segundo texto, referente ao livro, mas apresentando o que o leitor não vai ler. Nessa lição, não parece ser a atitude o que predomina na descrição e na imagem, embora o personagem ajude a criar familiaridade com a página e a organização do livro. Há sim uma repetição de palavras (êste, livro, meu) e expressões "eu sei ler", "eu não sei ler". Há, portanto, um critério linguístico de repetição constatado na análise do próprio livro e melhor compreendido na leitura do prefácio, em que o autor ressalta "são ao todo 222 sentenças, com 1211 palavras, entre significativas e partículas, das quais apenas umas 200 differentes" (p.III).

Na segunda lição, a ilustração não é condição para compreender o texto, com exceção do dêitico "este" que remete ao referente livro representado – que acaba sendo uma espécie de comando para que o olho volte na imagem.

Na terceira lição, ressaltam-se as qualidades do livro, mas ele não é apresentado totalmente: apenas parte dele aparece.

3ª lição

Eu gosto do meu livro
É um livro bonito
O meu livro é novo
Livro novo é bonito.
Você também tem um livro?
O seu livro não é bonito?
Não é novo o seu livro
Eu gosto do seu livro novo
O meu livro é novo

Cartilha Proença, 1926, p. 3

Nesse sentido, é a atitude do menino em relação ao objeto livro o que se destaca. Além disso, a ilustração demonstra ou "modela" o gesto do manuseio. Essas lições acabam sendo interessantes, do ponto de vista da ambientação com o livro, a leitura e o contato com a cultura escrita. Talvez essas páginas estejam preparando o leitor para ver depois o conteúdo que se encontra no livro. Daí, não se pode dizer que os tipos de relação previstos entre a ilustração e o texto sejam da mesma natureza daquelas que são prescritas nas instruções para as escolas de São Paulo, divulgadas na *Cartilha Analytica*.

Sobre o uso das estampas no momento da leitura do próprio livro, fica a dúvida sobre seu papel como ponto-chave para a discussão do texto, uma vez que, no prefácio da cartilha, Proença salienta: "Está claro que cada uma dessas lições será lida primeiramente no quadro negro, sendo o assumpto fornecido pela estampa do livro ou por objecto de fácil apresentação". (s/d)

Nesse sentido, considerando as instruções da Diretoria de instrução pública de São Paulo, publicadas em Arnaldo Barreto (1923) e divulgadas desde 1906 segundo sua reprodução no exemplar citado, parece que a metodologia de descrever imagens, fazendo delas objeto de discussão prévia dos textos no quadro-negro e nos livros, parece ainda ser empregada na década de 20.

No entanto, parece haver uma diferenciação entre o uso de imagens e ensino intuitivo, considerando pistas e observações apresentadas por Proença em seu Primeiro Livro (35ª ed.). Assim, pode-se afirmar que embora haja uma herança na forma de apresentação dos textos, como sua articulação obrigatória com a imagem, não há uma relação direta específica do livro de Proença com os métodos intuitivos, uma vez que o mesmo observa no prefácio de seu *Primeiro Livro* (Sem data,35ª ed.):

> Também deixamos de lado as chamadas "Lições de Coisas" ou noções de Ciências, porque sempre entendemos que tais assuntos devem se constituir objeto de lições concretas, intuitivas, dadas de viva-voz. Se alguma vez elas aparecem aqui, não o fazemos com o intuito de trazer ensinamentos, mas somente como pretexto para narrativas, cujo fim principal é moral e estético (p.V)

Do ponto de vista de outros recursos gráficos e sua relação com a escolarização, o uso de letras típicas do mundo do impresso e sua modulação, lembrando a letra manuscrita, no fim da lição, segue a tradição de vários livros que antecederam a *Cartilha Proença,* como o *Primeiro livro de leitura*, de Felisberto de Carvalho, a Cartilha Analytica, de Arnaldo Barreto, o *Primeira Leitura*, de Arthur Joviano, editados pela Livraria Francisco Alves ou a *Nova Cartilha*, de Mariano de Oliveira, da mesma editora Melhoramentos. Em todas essas cartilhas, o recurso de apresentar frases em letra com caracteres típicos do manuscrito pretende dar uma espécie de comando visual, por meio da diferenciação da letra de imprensa, para que se copie justamente determinada frase ou palavra.

Na lição seguinte, localizada na página 4 da edição mais antiga, aparece o mesmo personagem assentado em ambiente mais natural, externo aos ambientes da casa ou da escola parecido ao da imagem colorida da primeira lição, porém, agora, em preto-e-branco com a introdução de um dado novo: a menção às figuras que serão encontradas no livro.

4ª lição

Você gosta do seu livro novo?
Seu livro novo é bonito.
O seu livro tem figuras.
As figuras são bonitas.
Você não gosta de figuras?
Eu gosto de figuras bonitas.
Quer ver uma figura bonita?
O seu livro novo é bonito.

Cartilha Proença, 1926, p. 4

O prenúncio de que realmente é possível "entrar no livro" e ver suas figuras é uma espécie de transição para as lições seguintes. Na lição da página seguinte é que se passa a descrever realmente a ilustração que antecede o texto. Já na edição de 1955, a descrição é feita do ponto de vista do personagem que também participa da cena, especialmente posicionado na ilustração, conforme se verifica a seguir:

Não é bonita esta figura?
Olhe a menina da figura!
A menina está de pé na bola.
A menina anda na bola.
A bola corre com a menina.
A menina não cai da bola.
Não é uma figura bonita?
Vamos ver uma figura mais bonita?

A menina anda na bola.

7

Cartilha Proença, 84 ed., 1955, p. 7

Na lição que se segue na edição de 1955 (na edição sem data há mais uma lição de apreciação de figura), pede-se para "fechar o livro" e brincar com a bola e com o pião que aparecem na gravura (s.d., p. 7; 1955, p. 8). Até esse momento percebe-se um jogo de apresentação do livro, tomando-o como tema, como objeto, como metáfora, mesmo quando é preciso continuar com ele aberto para acompanhar as lições.

Os pronomes que vêm nas lições seguintes, após a ilustração, iniciando a frase, como "Estes são..." e as expressões "Estão vendo?", "Olhem" continuam ligando o ato de ler ao ato de ver a ilustração.

Mas as ilustrações não aparecem no livro apenas para serem descritas, elas ocupam diferentes funções. No exemplar sem data da *Cartilha Proença* as imagens são usadas: para dar fechamento à lição (p.49), para dar sentido a palavras soltas apresentadas com espaçamento (p.50) ou para emoldurar, destacando, palavras com algum espaçamento entre sílabas (p. 52,53), para suavizar a passagem do texto para a palavra solta e a lista de palavras (p.70), como apoio ao reconhecimento de palavras ou títulos (p.33, 54), para reconhecimento de sílabas iniciais (p. 46) e mesmo de letras iniciais (p.89, 91,92,93, s/d).

Os esquemas gráficos e as disposições/dispositivos mentais

Para analisar os esquemas gráficos, é interessante verificar algumas observações do autor, nas páginas iniciais da *Leitura do Principiante*, quanto à forma e conteúdo do livro que ficam a meio caminho entre a cartilha e o primeiro livro.

> Obra destinada à transição entre uma e outra fase do ensino aqui se encontram naturalmente reunidos os caracteres dos dois livros aos quais se interpõe. Pela pequeneza das lições, brevidade das sentenças e repetição propositada de certas **formas gráficas** e bem assim todo o vocabulário ele é ainda um pouco a mesma cartilha... O livrinho tem, pois, uma dupla finalidade e um duplo aspecto e daí se deduz que o processo de lições tem que participar simultaneamente do ensino que vinha sendo feito pela cartilha e do que há de ser feito no primeiro livro. (**grifos nossos**)
>
> *Leitura do Principiante*. Sem data. P. III,

Com esta explicitação podemos pensar nos aspectos pedagógicos semelhantes que podem ser transferidos de um para outro exemplar da sequência e observando que o autor menciona formas gráficas, vejamos então, que aspectos da ambientação gráfica do livro podem ser observados, começando pela *Cartilha*, supostamente o primeiro que o leitor terá acesso.

Tanto na edição antiga como na edição de 1955 da *Cartilha Proença*, as lições começam com um projeto gráfico bem sistemático e as explicações sobre a intenção pedagógica de cada parte do livro, dada pelo autor no prefácio, ajuda a compreender melhor a paginação. Numa análise da configuração verifica-se que todas as lições, da página 1 até a página 23 (1955), começam com uma ilustração, não apresentam título, ocupam uma página e terminam com uma frase destacada com letra típica da cultura manuscrita, como se fosse um comando para copiar ou prestar atenção a determinada ideia ou palavra. Na edição mais antiga, sem data, com exceção de páginas que ora vêm com lição emoldurada por um quadrado, ora não, verifica-se o mesmo procedimento até a página 22 (s.d.).

No prefácio da *Cartilha Proença* (s/d), o autor justifica essa característica, presente em vários livros brasileiros, desde Felisberto de Carvalho (final do século XIX) e Arthur Joviano (início do século XX) de, através de uma apresentação gráfica, fazer a articulação entre a cultura do manuscrito e do impresso, como no seguinte trecho: "um ligeiro exame revelará o plano desse livrinho. As vinte e duas primeiras lições se destinam à transição do manuscrito para o impresso" (p. III).

Observa-se o acréscimo de títulos numerados nos livros que se seguem à cartilha e o uso do tipo manuscrito para comando visual de cópia é repetido no projeto gráfico de outras duas obras da série Proença, *Leitura do Principiante e Primeiro Livro* – havendo a supressão desse recurso no *Segundo e Terceiro livros*.

Bola

Aqui está uma bola.
Esta bola é redonda.
Tôdas as bolas são redondas.
Esta bola rola.
Tôdas as bolas rolam.
Esta bola corre.
Tôdas as bolas correm.
Esta bola salta.
Nem tôdas as bolas saltam.
Há bolas que não saltam.
De que é feita esta bola?

Tôdas as bolas rolam

1. As bolas tôdas rolam.
2. Rolam as bolas tôdas.
3. Tôdas rolam as bolas.

5 Cartilha Proença 24

Cartilha Proença, 84 ed., 1955, p. 24

Em ambas as edições da *Cartilha* [6] , respectivamente, a partir da lição da página 23 (s.d.) e 24 (1955), mudam-se as perspectivas de apresentação da imagem, do texto e da configuração gráfica da página. A palavra bola aparece destacada em negrito, acima do texto, como se fosse o título da lição, enquanto o desenho da bola é posicionado no alto da página, mais à direita.

Na página anterior vemos um esquema gráfico mais complexo que visa procedimentos de análise, para além do semântico. Quando a frase "Todas as bolas rolam" aparece em forma de uma escada, o procedimento mental que se espera com essa visualidade é o de análise de palavras dentro da mesma frase. A apresentação de outras sentenças a partir daquela que fora destacada, mas promovendo um deslocamento das mesmas a cada uma das sentenças numeradas de 1 a 3, se constitui num mecanismo de repetição e de visualização dos mesmos vocábulos para efeitos de memorização da forma.

Ao discutir a fase de silabação, que o autor diz ser fundamental para a leitura de palavras novas, o mecanismo gráfico é escolhido para evidenciar aspectos de visualização e sistematização:

> Segue-se a fase de syllabação, que abrange a quase totalidade da 3ª parte. o conhecimento da syllabas, como elemento material do vocabulário, é indispensável para a leitura de palavras novas. Poderíamos deixar que a criança fosse descobrindo as syllabas por si só, porem, tal aprendizado accidental seria pouco econômico. Dahi o havemol-as disposto em quadros, para o estudo sistemático, segundo a consoante.
> (*Cartilha Proença*. Sem data. P.III)

6. Embora os exemplos dessa parte se refiram ao exemplar de 1955, com pouquíssima variação, vários desses recursos são também utilizados na edição mais antiga da cartilha

Eu vejo um boi e um bode.
Os dois estão á beira do rio.
O bode não está bebendo.
Elle já bebeu bastante.
O boi ainda está bebendo.
Olhem onde está o Benedicto!
Benedicto está com medo do bode!
O bode é muito barbudo.
Não tenhas medo, Benedicto!
Esse bode não é bravo.
Mas não bulas com o boi.
Esse boi não é brinquedo!

bra vo
bo de
me do

brade devo dobra
brado dedo mede

Ali está um bando de meninos.
Os meninos estão jogando bola.
O Biba tambem está jogando bola.
O Biba é aquelle de boné branco.
Agora o Biba bateu na bola.
A bola subiu muito alto.
Olhem onde a bola vai cahir!
Vai cahir na bandeja de Benedicta!
A bandeja está cheia de bolos.
Os bolos vão cahir no chão.
Benedicta vai pôr a boca no mundo!
Os meninos estão com medo de Benedicta.
Benedicta é uma preta muito brava.
E que boca que tem Benedicta!

bo	la
bo	ca
me	do

bobo cala mela laca cabo
bocado calado melado lado doca

Cartilha Proença, 1926, p. 44 e 45

Na página acima nota-se a utilização de dois recursos visuais para separar as sílabas: o destaque por espaçamento maior entre elas apenas de três palavras destacadas e o uso de quadros para separar as sílabas de três palavras, que devem ser lidas na ordem horizontal. Ambos dispositivos gráficos "separam", mas não isolam uma sílaba do contexto da palavra. Se for analisado também o uso desses dispositivos e sua ocupação no espaço gráfico da página, notamos como são mais discretos. Essa opção gráfica também conserva mais aspectos semânticos do texto do que a distinção entre suas partes ou segmentos sonoros.

Esquemas gráficos como tabelas e linhas verticais preenchidas pelas frases da lição que foram observados nos estudos de Isabel Frade (2005) sobre a Cartilha Analytica de Arnaldo Barreto também são utilizados na *Cartilha Proença* e permitem separar e destacar partes de uma frase, mas sem perder a sequência, se o olho fizer o movimento vertical, de cima para baixo:

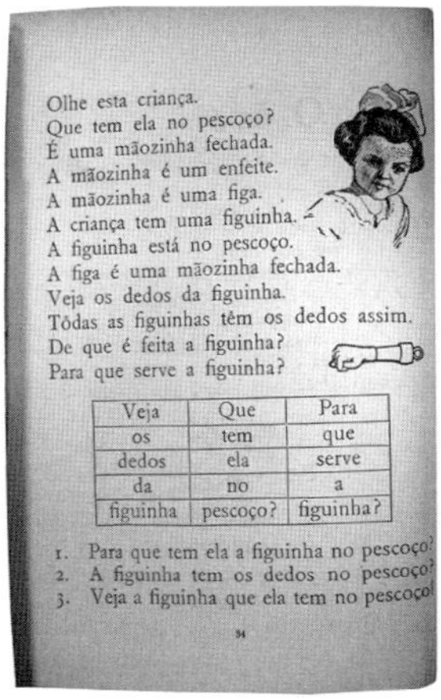

Olhe esta criança.
Que tem ela no pescoço?
É uma mãozinha fechada.
A mãozinha é um enfeite.
A mãozinha é uma figa.
A criança tem uma figuinha.
A figuinha está no pescoço.
A figa é uma mãozinha fechada.
Veja os dedos da figuinha.
Tôdas as figuinhas têm os dedos assim.
De que é feita a figuinha?
Para que serve a figuinha?

Veja	Que	Para
os	tem	que
dedos	ela	serve
da	no	a
figuinha	pescoço?	figuinha?

1. Para que tem ela a figuinha no pescoço?
2. A figuinha tem os dedos no pescoço?
3. Veja a figuinha que ela tem no pescoço!

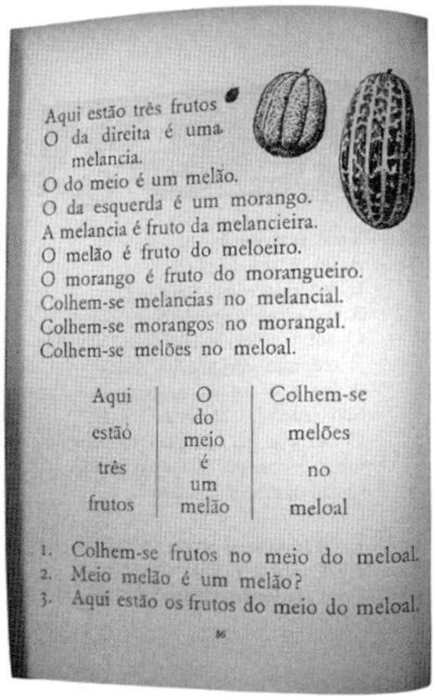

Aqui estão três frutos
O da direita é uma melancia.
O do meio é um melão.
O da esquerda é um morango.
A melancia é fruto da melancieira.
O melão é fruto do meloeiro.
O morango é fruto do morangueiro.
Colhem-se melancias no melancial.
Colhem-se morangos no morangal.
Colhem-se melões no meloal.

Aqui	O	Colhem-se
estão	do	melões
três	meio	no
frutos	é	meloal
	um	
	melão	

1. Colhem-se frutos no meio do meloal.
2. Meio melão é um melão?
3. Aqui estão os frutos do meio do meloal.

Cartilha Proença, 84 ed., 1955, p. 34 *Cartilha Proença, 84 ed., 1955, p. 36*

Na página 38 da edição de 1955, 14 páginas depois da primeira "segmentação" do texto, aparece a distinção de letras e é nesse ponto que se usam recursos relacionados aos tipos de letras, tais como negrito, variação de tipos, maiúsculas, entre outros recursos. Após uma sequência desse tipo de lições, na página 39, é que as ilustrações cumprem outra função: mostrar e guiar a relação fala-escrita e destacar, pelo uso de negrito, uma unidade de segmentação que não é mais semântica, mas fonológica: a sílaba.

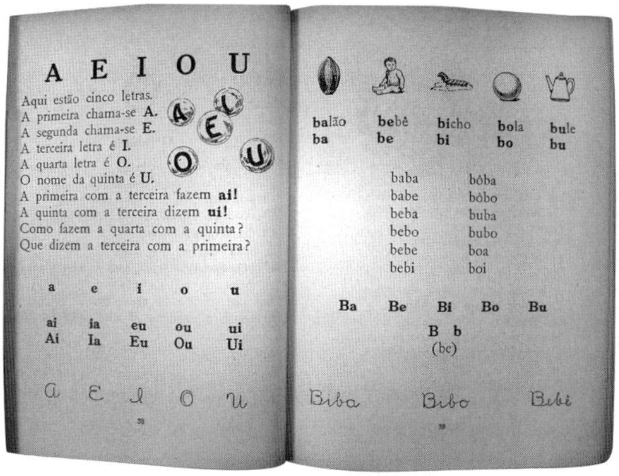
A E I O U

Aqui estão cinco letras.
A primeira chama-se **A.**
A segunda chama-se **E.**
A terceira letra é **I.**
A quarta letra é **O.**
O nome da quinta é **U.**
A primeira com a terceira fazem **ai!**
A quinta com a terceira dizem **ui!**
Como fazem a quarta com a quinta?
Que dizem a terceira com a primeira?

a e i o u

ai ia eu ou ui
Ai Ia Eu Ou Ui

38

balão **ba** — **bebê** **be** — **bicho** **bi** — **bola** **bo** — **bule** **bu**

baba, babe, beba, bebo, bebe, bebi
bôba, bôbo, buba, bubo, boa, boi

Ba Be Bi Bo Bu

B b
(be)

Biba Bibo Bebê

39

Cartilha Proença, 84 ed., 1955, p. 38 e 39

Além dos esquemas relacionados a divisões de palavras por espaços, negritos e uso de ilustração para ressaltar o traço sonoro, aparece na página 64 (1955) o recurso de numerar cada frase, presente como um dos modos de escolarização das atividades de leitura com o livro, recurso que também fora usado, antes, nas cartilhas de Mariano de Oliveira e Arnaldo Barreto. A estratégia de separar unidades sonoras em palavras reais, como *sol* e *dado*, na página 64 do mesmo exemplar, reunidas ao meio compondo a palavra *soldado* amparada pela ilustração, também revela um jogo entre o semântico e o fonológico, entre a análise e síntese, que a ilustração ajuda a pensar.

Os soldadinhos

1. O padrinho de Nhonhô deu-lhe uma caixa cheia de soldadinhos de chumbo.
2. Nhonhô forma o batalhão sôbre uma fôlha de papel estendida no chão.
3. Depois dá a ordem de "marche!" ao seu batalhãozinho.
4. E os soldadinhos avançam arrastados pela fôlha de papel, que Nhonhô vai puxando.
5. Às vêzes o gatinho salta no meio do batalhão, derrubando os soldadinhos.
6. Então Nhonhô fica zangado com o bichano.
7. Mas o bichano não faz isso por mal.
8. Os soldadinhos de Nhonhô são feitos de chumbo.

sol soldado dado

64

Cartilha Proença, 84 ed., 1955, p. 64

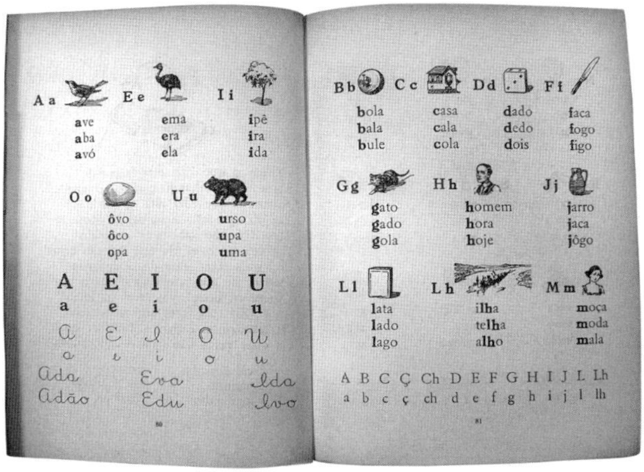

A a ave aba avó
E e ema era ela
I i ipê ira ida
O o ôvo ôco opa
U u urso upa uma

A E I O U
a e i o u

Ada Adão
Eva Edu
Ida Ivo

80

Bb bola bala bule
Cc casa cala cola
Dd dado dedo dois
Ff faca fogo figo

Gg gato gado gola
Hh homem hora hoje
Jj jarro jaca jôgo

Ll lata lado lago
Lh ilha telha alho
Mm moça moda mala

A B C Ç Ch D E F G H I J L Lh
a b c ç ch d e f g h i j l lh

81

Cartilha Proença, 84 ed., 1955, p. 80 e 81

Nas páginas apresentadas acima, identificadas quase ao final do livro é feita uma recapitulação das unidades letras e sílabas. Assim, da mesma forma que se destacaram sílabas antes, também se ressaltam letras iniciais com o uso do negrito, demonstrando pelo uso do mecanismo visual certa operação mental de análise. Essa opção de destacar a análise mais ao final do livro é coerente com a perspectiva do autor em favorecer primeiro a síntese, a visualização de vocábulos e sentenças e só depois a análise.

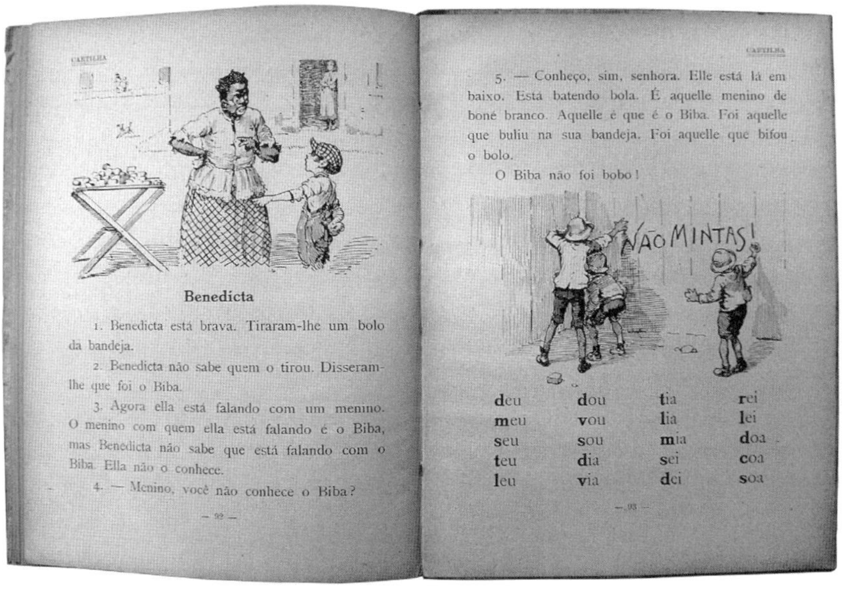

CARTILHA

Benedicta

1. Benedicta está brava. Tiraram-lhe um bolo da bandeja.

2. Benedicta não sabe quem o tirou. Disseram-lhe que foi o Biba.

3. Agora ella está falando com um menino. O menino com quem ella está falando é o Biba, mas Benedicta não sabe que está falando com o Biba. Ella não o conhece.

4. — Menino, você não conhece o Biba?

— 92 —

CARTILHA

5. — Conheço, sim, senhora. Elle está lá em baixo. Está batendo bola. É aquelle menino de boné branco. Aquelle é que é o Biba. Foi aquelle que buliu na sua bandeja. Foi aquelle que bifou o bolo.

O Biba não foi bobo!

deu dou tia rei
meu vou lia lei
seu sou mia doa
teu dia sei coa
leu via dei soa

— 93 —

Cartilha Proença, 1926, p. 92 e 93

Observando como os recursos aparecem nas páginas da cartilha e relacionando recursos gráficos com métodos de leitura, retomamos o prefácio do autor, também citado por Mortatti (2000, p. 106), no qual se verifica a nomeação "analytico-syntético":

> O desenvolvimento do ensino por esta cartilha obedece aos princípios do método analytico, ou antes, do méthodo analytico-synthético, porque a analyse e a synthese se apresentam sempre integralizando o processo mental (*Cartilha Proença*, s.d., p.III)

Pode-se dizer que, coerente com esse pressuposto, os mecanismos pedagógicos e gráficos que pretendem a análise aparecem de forma sistemática no livro, mas sem abandonar a relação entre texto e imagem que garante a dimensão semântica.

Leitura do Principiante: uma transição para os livros que virão depois?

Ambas as edições da *Cartilha Proença* são encerradas com a apresentação de textos completos, dois na edição antiga e três na edição de 1955, embora ainda os parágrafos apareçam numerados, o que leva a inferir que são estas as lições que irão fazer a transição para o livro seguinte da série. Verifica-se que junto aos textos completos são introduzidos recursos como título em negrito e observa-se uma diminuição do tamanho das letras. O uso da ilustração é um complemento visual para o texto destinado a leitores que já sabem ler: as ilustrações abrem e fecham a lição, à semelhança do livro que virá depois, como já foi comentado na descrição da *mise-en-page* do *livro Leitura do Principiante*..

No *Leitura do Principiante* há ilustrações que são comentadas, acrescentando sentido ao texto, há ilustrações que apenas fecham a página, buscando não deixar espaços em branco para o leitor e outras que complementam uma ideia sobre o texto. Mas o projeto gráfico é muito sistemático e vai do início ao fim do livro, como também é comum em outras coleções graduadas, em relação às cartilhas, como a série de leitura graduada de Puigari-Barreto mencionada por Isabel Frade (2005), daí a relação visual da *Cartilha Proença* com outros modelos de livros escolares, respeitando e mantendo uma cultura gráfica típica dos livros de leitura do período.

Nos dois exemplares do *Leitura do Principiante*, o da 28ª ed e 87ª ed. as ilustrações sempre antecedem o texto e os títulos se destacam como novidade em relação à cartilha.

As ilustrações do Leitura do Principiante parecem ter uma função importante, pois o trabalho com a ilustração é uma das fases pedagógicas indicadas pelo autor nas cinco etapas:

1ª) preparação (despertar ideias adquiridas e preparar para novas ideias mediante palestra); 2ª) apresentação (leitura expressiva pelo professor tendo os alunos os livros fechados); 3ª) análise (explicitar sentidos dos termos e interpretar trechos obscuros com a colaboração da classe); **4ª) síntese (ligeiras perguntas de concentração para que o professor poderá valer-se das próprias ilustrações do livro**"; 5ª) aplicação (leitura pelos alunos e exercícios de linguagem, como reprodução e metonímia).

1. Eu

Tôda a gente tem nome. Papai tem nome. Mamãe tem nome. Vovô tem nome. Vovó tem nome. Vocês têm nome. Eu também tenho nome.

Sabem como eu me chamo? Eu me chamo Diva. Sou a Diva, irmã do Mário.

Somos quatro irmãos. Mário é o mais velho. Nenê é o caçula. O outro se chama Pedrinho.

Sabem onde eu moro? Eu moro aqui perto. A minha casa é no começo daquela rua.

7

Leitura do Principiante, 87 ed., 1956, p. 7

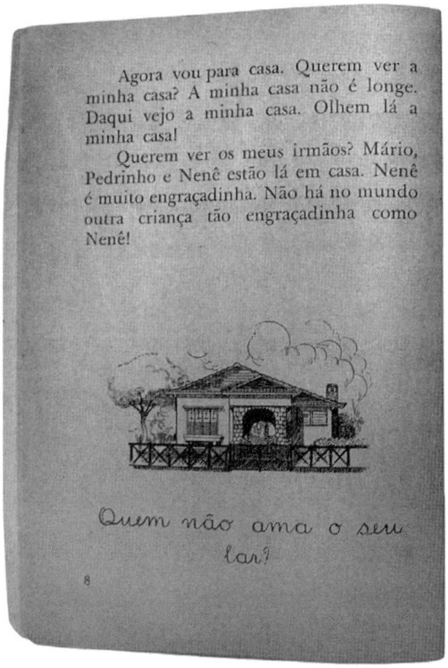

Agora vou para casa. Querem ver a minha casa? A minha casa não é longe. Daqui vejo a minha casa. Olhem lá a minha casa!

Querem ver os meus irmãos? Mário, Pedrinho e Nenê estão lá em casa. Nenê é muito engraçadinha. Não há no mundo outra criança tão engraçadinha como Nenê!

Quem não ama o seu lar?

8

Leitura do Principiante, 87 ed., 1956, p. 8

Quanto à escolha do tipo de letra, há letras típicas da cultura do impresso, em todos os textos, com o mesmo tipo de fonte do princípio ao final do livro. No entanto, há relações de continuidade com a *Cartilha*, pois ao final de cada texto, é apresentada uma frase relacionada ao conteúdo da lição, impressa em letras típicas do universo do manuscrito, que pode ter mais de uma função: pode ser um comando para escrever ou um ensinamento a recordar ; ou ainda, considerando que se trata de um livro de transição, dar continuidade à forma gráfica presente na cartilha que o antecede. Como o livro não apresenta enunciados e exercícios, talvez as instruções do autor possam elucidar outros modos de uso, mas o destaque dado ao tipo de letra pode servir a mais de uma função.

As lições sempre acabam com uma ilustração que tanto serve para amarrar a página, como para concluir uma ideia tratada no texto. Há, portanto uma permanência visual e metodológica na ambientação das páginas e na sequência das lições.

Na Leitura do Principiante não há um corte no esquema gráfico e a simples análise de suas páginas não permite que se descubram outros procedimentos, além daqueles ligados à compreensão global dos textos.

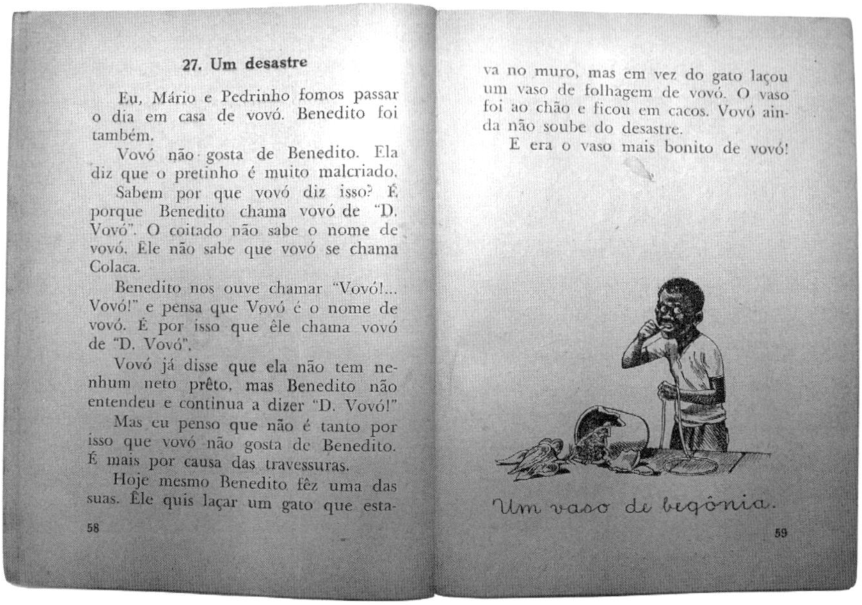

27. Um desastre

Eu, Mário e Pedrinho fomos passar o dia em casa de vovó. Benedito foi também.

Vovó não gosta de Benedito. Ela diz que o pretinho é muito malcriado.

Sabem por que vovó diz isso? É porque Benedito chama vovó de "D. Vovó". O coitado não sabe o nome de vovó. Êle não sabe que vovó se chama Colaca.

Benedito nos ouve chamar "Vovó!... Vovó!" e pensa que Vovó é o nome de vovó. É por isso que êle chama vovó de "D. Vovó".

Vovó já disse que ela não tem nenhum neto prêto, mas Benedito não entendeu e continua a dizer "D. Vovó!"

Mas eu penso que não é tanto por isso que vovó não gosta de Benedito. É mais por causa das travessuras.

Hoje mesmo Benedito fêz uma das suas. Êle quis laçar um gato que esta-

58

va no muro, mas em vez do gato laçou um vaso de folhagem de vovó. O vaso foi ao chão e ficou em cacos. Vovó ainda não soube do desastre.

E era o vaso mais bonito de vovó!

Um vaso de begônia.

59

Leitura do Principiante, 87 ed., 1956, p. 58 e 59

Considerações finais

Segundo dados biográficos e contratuais, os livros de Firmino Proença foram produzidos a partir de 1926 e seu autor era diplomado pela Escola Normal de São Paulo em 1904, período em que havia uma grande divulgação de inovações nos métodos de leitura. Dessa forma, podemos dizer que estão presentes na sua produção tanto a formação como os condicionamentos relativos às orientações oficiais, que prescreviam os métodos intuitivos de ensino e os métodos analíticos para ensino da leitura. Em seus contratos, também consta que seus livros deveriam respeitar os programas de ensino de São Paulo, de vários estados brasileiros e do que a pedagogia do momento apregoava, uma estratégia da editora para ampliar o mercado para seus produtos.

Além disso, conforme informações encontradas na página IV do prefácio da *Cartilha Proença* (s/d) o autor diz não pretender originalidade e cita os trabalhos de autores paulistas como Mariano de Oliveira, Arnaldo Barreto, Francisco Vianna, Theodoro de Morais, Gomes Cardim, Benedicto Tolosa. Vários autores que assinam as instruções oficiais que foram comuns para utilização do método analítico no estado de São Paulo foram citados por Proença. Estas prescrições oficiais, publicadas na Cartilha Analytica, de Arnaldo Barreto, mostram a utilização de um mesmo procedimento metodológico baseado no método intuitivo de ensino e no método analítico de alfabetização (FRADE, 2005).

Vemos algumas semelhanças de utilização de recursos visuais próximos daqueles utilizados por autores que ele cita, como o procedimento de descrição e o modo de produzir análises através de mecanismos visuais. Por outro lado, há abordagens diferenciadas e modos de usar a ilustração que o distinguem dos outros, produzindo certa identidade visual, que possivelmente ficou na lembrança de seus leitores.

Autores como Belo (2002), que trabalha com a história do livro, vão salientar que um livro sempre nos reenvia para fora dele. Dessa forma, a análise do livro deve se valer, além de outros aspectos de sua produção, que não estão no livro, da observação de uma cultura gráfica de um período e mesmo de uma determinada editora e poderemos refletir melhor sobre essa dimensão, quando observarmos o modo como outros livros se organizaram num dado momento e quando a soma de vários estudos sobre aspectos gráficos de livros brasileiros puder indicar como funciona o campo editorial nas páginas do impresso. Um olhar comparativo para livros de alfabetização de autores diferentes, de uma mesma editora, como é o caso da Nova Cartilha de Mariano de Oliveira, por exemplo, pode ajudar a vislumbrar aspectos comuns que unem livros diferentes fabricados na mesma casa editora, sobretudo aqueles relacionados às técnicas e escolhas estéticas de um período.

Um estudo comparativo de várias versões de seus livros, por exemplo, talvez possa levantar mais questões, uma vez que podemos verificar se, nas reedições, foram respeitados os princípios metodológicos e gráficos que ele empregou ou acatou na produção das primeiras edições ou, ainda, para ver a força dos determinantes materiais da edição em relação às intenções pedagógicas de um autor.

Referências

BATISTA, Antonio Augusto. Um objeto variável e instável: textos, impressos e livros didáticos. In: ABREU, Márcia. (org.). *Leitura, História e História da Leitura*. Campinas: Mercado das Letras/ALB. São Paulo. FAPESP. 2000. P. 529-575.

BELO, André. *História & Livro e Leitura*. Belo Horizonte: Autêntica, 2002

CHARTIER, Anne-Marie. *Práticas de leitura e escrita: história e atualidade*. Belo Horizonte: Autêntica.2007.

CHARTIER, Roger. *A ordem dos livros:* leitores, autores e bibliotecas na Europa entre os séculos XIV e XVIII. Tradução Mary del Priore. Brasília: Universidade de Brasília, 1994.

CHARTIER, Roger. (org.). Práticas da leitura. São Paulo: Estação Liberdade, l996

CHOPPIN, Alain. O historiador e o livro escolar. História da Educação. Editora da UFPel: Pelotas: 2002 – p. 5 a 24

ESCOLANO BENITO, Agustin. (org.). História Ilustrada del libro escolar en España. Del Antiguo Régimen a la Segunda República. Madrid, Fundación Germán Sánchez Ruipérez, 1997.

MACIEL, Francisca e FRADE, Isabel Cristina Alves da Silva e Cartilhas de alfabetização e nacionalismo. IN: PERES, Eliane & TAMBARA, Elomar. *Livros escolares e ensino da leitura no Brasil* (séculos XIX/XX). Pelotas/RS: Editora Seiva/Fapergs. 2003

FRADE, Isabel Cristina Alves da Silva Frade. *Cartilha Analytica* publicada pela Francisco Alves: aspectos da materialidade entre ordenamentos pedagógicos e editoriais. 2005. Disponível em www.livroehistoriaeditorial.pro.br. Versão desse texto poderá ser consultada em BRAGANÇA, Aníbal. Francisco Alves, o Rei do Livro. São Paulo. Edusp. 2009 (no prelo)

FRADE, Isabel Cristina Alves da Silva Frade e MACIEL, Francisca Izabel (org.) *História da Alfabetização:* produção, difusão e circulação de livros . (MG/RS/MT – Séc. XIX e XX). Belo Horizonte: UFMG/FAE. CEALE/FAPEMIG. 2006

FRADE, Isabel Cristina Alves da Silva Frade . Livros para ensinar a ler e escrever: uma pequena análise da visualidade de livros produzidos no Brasil, Portugal e França, entre os séculos XIX e XX. IN: ABREU, Márcia e BRAGANÇA, Aníbal. *Impresso no Brasil: 200 anos de livros brasileiros*. São Paulo. EdUnesp. 2009 (no prelo)

HEBRARD, Jean.Os livros escolares da Bibliothèque Bleue: arcaísmo ou modernidade? *Revista Brasileira de História da Educação*. N. 4, jul/dez. 2002. p.10-45.

HÈBRARD, Jean. Por uma bibliografia material das escritas ordinárias: o espaço gráfico do caderno escolar (França – séculos XIX e XX). *Revista Brasileira de História da Educação.* Campinas: Autores Associados. 2001.

HALLEWELL, Laurence. *O livro no Brasil* (sua história). São Paulo. Edusp. 1985

JULIA, Dominique. Livres de classe et usages pédagogiques. IN: CHARTIER, Roger e MARTIN, H. J. *Histoire de l'édition francaise*. Paris: Fayard, 1990. p. 613-655

LE MEN, Ségolène. *Les abécédaires français illustrés du XIXe siècle*. Paris. Editons Promodis. 1984

MCKENZIE, Donald.F. *La bibliographie et la sociologie des textes*. Paris: Éditions du Cercle de la Librarie. 1991.

MORTATTI, Maria do Rosário. *Os sentidos da alfabetização*.São Paulo. UNESP, 2000.

Livros consultados

BARRETO, Arnaldo. *Cartilha Analytica*. Rio de Janeiro, São Paulo, Belo Horizonte Livraria Francisco Alves. 1923. 22a ed.

BARRETO, Arnaldo. *Cartilha Analitica*. Livraria Francisco Alves. Rio de Janeiro, São Paulo, Belo Horizonte, 1962. 63a Ed.

CARVALHO, Felisberto.-*Primeiro livro de leitura*. Livraria Francisco Alves. 1926. 108ª Ed.

JOVIANO, Arthur. *A Primeira Leitura Methodo para Ensinar a Ler*. Belo Horizonte. Imprensa Oficial do Estado de Minas Geraes. 1907. 1a Ed.

JOVIANO, Arthur. *Primeira Leitura para Crianças*. Rio de Janeiro/São Paulo/Belo Horizonte. Livraria Francisco Alves. 1945

OLIVEIRA, Mariano. *Nova Cartilha. Analítico sintética*. Edições Melhoramentos. São Paulo. 1953. 179ª ed.

PROENÇA, Antonio Firmino. *Cartilha Proença*. São Paulo. Edições Melhoramentos. 1955. 84ª ed. 420º milheiro.

PROENÇA, Antonio Firmino. *Cartilha Proença*. Editora Proprietária Companhia Melhoramentos de São Paulo (Weiszflog Irmãos Incorporada) São Payulo- Cayeiras – Rio – Recife. Sem data.

PROENÇA, Antonio Firmino. *Leitura do Principiante*. São Paulo. Edições Melhoramentos. 28ª ed.

PROENÇA, Antonio Firmino. *Leitura do Principiante*. São Paulo. Edições Melhoramentos. Sem data.

PROENÇA, Antonio Firmino. *Primeiro Livro*. Editora Proprietária Companhia Melhoramentos de São Paulo (Weiszflog Irmãos Incorporada) São Payulo- Cayeiras – Rio – Recife. Sem data Melhoramentos. Sem data.

Documentos consultados

- Contrato de cessão de direitos autorais firmado por Antonio Firmino de Proença a Companhia Melhoramentos de São Paulo. Registro em 21 de outubro de 1924

- Recortes de jornal de São Paulo. Um vulto sorocabano. (nota de falecimento). 1946

A série de leitura graduada de Firmino Proença

nas escolas primárias na primeira metade do século XX

Francisca Izabel Pereira Maciel
Kátia Gardênia Henrique da Rocha Campelo

Na primeira década do século XXI foram intensificadas pesquisas, desenvolvidas no campo da historiografia educacional brasileira, que contemplam a vida e as obras do professor Antonio Firmino de Proença (1880-1946). Pesquisadores como Razzini (2007), Frade & Maciel (2006), Pfromm Neto et. al.(1974), que desenvolveram ou desenvolvem pesquisas que contemplam a abordagem histórica do livro didático e de sua materialidade, destinado principalmente ao ensino primário na primeira metade do século XX, sinalizam a circulação e usos das obras desse professor paulista como recursos materiais relevantes utilizados no processo de ensino aprendizagem.

Nos textos resultantes dessas pesquisas encontram-se fortes indícios acerca da intensidade com que essas obras circularam em escolas primárias brasileiras, contribuindo, em determinado momento, para a formação e manutenção de uma cultura escolar. A partir dessas e demais fontes levantadas pela família do professor paulista pode-se inferir que os livros didáticos elaborados por Antonio Firmino de Proença tiveram uma representatividade significativa nos campos editorial e educacional brasileiro.

Acredita-se que esse sucesso editorial esteja relacionado ao destaque profissional alcançado pelo autor no campo educacional. Atuações como professor e diretor de Escolas Normais, no Estado de São Paulo, nas décadas iniciais do século XX e a autoria de artigos em conceituadas revistas educacionais da época possibilitaram-lhe a divulgação e o reconhecimento de suas obras didáticas.

Nesse capítulo destaca-se a série de leitura graduada[1] composta de: *Cartilha Proença* (1926), *Leitura do Principiante* (1926), *1º Livro de Leitura* (1926), *2º Livro de Leitura* (1927) e *3º Livro de Leitura* (1928), priorizando a análise de

1. Segundo BATISTA et.al. (2002, p.35), Os livros do tipo séries graduadas se caracterizam: "como coleções de livros destinados às quatro séries do ensino elementar, podendo incluir um quinto, voltado para a alfabetização ou para uma outra série, de acordo com a organização do sistema de ensino".

aspectos materiais e de conteúdo dessa série, elaborada por Antonio Firmino de Proença e publicada pela Editora Melhoramentos na década de 1920.

Um dos desafios encontrados na construção desse estudo foi a dificuldade em conseguir exemplares originais, ou mesmo cópias (Xerox, microfilmadas ou digitalizadas) das obras para análise. Em Belo Horizonte, o Acervo Luzia Meyer tornou-se um local de referência por possibilitar o acesso de pesquisadores a obras educacionais raras. Nesse espaço, foram disponibilizados exemplares dos livros *Leitura do Principiante*, *1º Livro de Leitura* e *3º Livro de Leitura*. No acervo da Biblioteca Nacional encontram-se exemplares das obras didáticas desse autor. Foram solicitadas cópias microfilmadas do *2º Livro de Leitura* e *4º Livro de Leitura*, que fizeram parte das fontes utilizadas nesse trabalho. Os obstáculos existentes no acesso às obras didáticas podem estar relacionados aos aspectos sugeridos por Batista (2002, p.8),

> Trata-se de um livro efêmero, que se desatualiza com muita velocidade porque o mundo muda, porque as editoras (buscando ampliar seu mercado) mudam o livro a cada nova edição. Trata-se também de um livro que raramente se relê, a que dificilmente se volta para buscar dados ou informações e, portanto, de um livro que poucas vezes se guarda (...)

Fernandes (2004, p.537), corrobora com essa dimensão do livro didático ao afirmar que,

> de modo geral, o livro didático tem sido desvalorizado depois de seu uso imediato por cumprir uma função específica na vida dos indivíduos, ou seja, por ser intrínseco ao contexto escolar, tornando-se descartável e sem valor fora de seu contexto original.

Considera-se que esse caráter evanescente atribuído ao livro didático seja recente, porque até meados do século XX, esse objeto era considerado por muitos um "bem de família", repassado de geração a geração. São recorrentes os relatos de pessoas que estudaram nas décadas de 1930/1940, nos quais apontam o manual escolar como um objeto valioso. "Fui alfabetizada em 1948, o livro era velho, parece que era guardado pela família há muitos anos. Minha mãe tinha estudado nele"[2]. No entanto, tem-se por hipótese que a falta de espaços e condições adequadas para guardar esse tipo de material tem contribuído para que se torne raridade. Utilizou-se como procedimento metodológico neste trabalho o "paradigma indiciário". Essa escolha se justifica não somente pela tradição com que esse procedimento embasa os registros históricos, mas pelo que apresenta de fecundidade na leitura do material levantado para análise. Ou melhor, a busca

2. Comentário realizado por D. Maria Campos, professora aposentada da cidade de Papagaios em Minas Gerais, ao descrever o seu processo de ensino aprendizagem da leitura e da escrita, em 1948.

dos dados já prevê os seguimentos que, indubitavelmente, abrirão frestas nas portas da realidade investigada. Esse modelo epistemológico emergiu na esfera das ciências humanas, no final do século XIX, tornando-se amplamente operante como saída para o debate que opõe "racionalismo" e "irracionalismo". Apesar da existência de pouca teorização a respeito, o ensaio de Ginzburg (1989) traz importantes esclarecimentos sobre tal dispositivo de pesquisa. Segundo ele:

O paradigma indiciário consiste em realizar um trabalho de investigação minuciosa, buscando pistas, indícios, detalhes quase imperceptíveis, mas que podem contribuir de maneira fundamental para a compreensão de eventos e fenômenos investigativos. Assim como o caçador busca rastros, pegadas, pulsações, o historiador precisa estar atento aos detalhes, às lacunas, às minúcias das fontes históricas pesquisadas (Ginzburg, 1989, p. 47).

Esta técnica surge, inicialmente, no cenário artístico, em artigos escritos pelo italiano Giovanni Morelli, cujo "método morelliano" é ainda hoje respeitado pelos historiadores da arte. Para distinguir as obras de arte pelo autor, seria necessário ir além das características mais evidentes dos quadros, aquelas que obedeciam às peculiaridades da escola a que aquele pintor pertencia. A premissa era ficar atento aos pormenores mais descuidados, como os lóbulos das orelhas, as unhas e a forma dos dedos que, minuciosamente registrados, confirmavam a originalidade do autor.

Assim, o paradigma indiciário prevê uma atenção especial para pormenores normalmente considerados sem importância, ou até triviais, como uma chave para se alcançar produtos essenciais para o ser humano. Portanto, dados aparentemente negligenciáveis podem levar-nos a uma realidade complexa que não permitiria uma experimentação direta. Não seria esse o caso das pesquisas que dialogam com a história? Decifrar, ler as pistas no material selecionado, eis a tarefa a que nos propomos como investigadores do campo educacional. Como defende Ginzburg (1989, p.177), "o mesmo paradigma indiciário usado para elaborar formas de controle social sempre mais sutis e minuciosas pode se converter num instrumento para dissolver as névoas da ideologia [...]".

A pulverização de documentos que contemplam a vida e a obra de Antonio Firmino de Proença foi um desafio na organização deste trabalho. Com o objetivo de conhecer e compreender aspectos sobre a materialidade e conteúdo da série graduada elaborada por esse autor, alguns documentos pessoais e que contemplaram o ensino primário foram tomados como fontes. Dentre esses, destacam-se: o contrato firmado pelo autor com a Editora Melhoramentos; cópias dos recibos de pagamento pela elaboração das obras; a legislação federal e paulista, que referendou o livro didático; o catálogo das publicações do Instituto Nacional do Livro (1938/1939); programas de ensino; os manuais escolares que compõem a série graduada.

A análise e o entrecruzamento dessas diversas fontes permitiram um olhar sobre a materialidade e os conteúdos veiculados na série graduada organizada por Antonio Firmino de Proença. Este texto está dividido em duas partes distintas e intrinsecamente articuladas. Primeiramente, é exibido um breve histórico do movimento do Ensino Primário Paulista com intuito de fornecer elementos capazes de possibilitar a compreensão do cenário educacional, ao qual, essas obras foram destinadas. Por fim, é apresentada a análise dos aspectos materiais e de conteúdo da *Cartilha Proença*, do *Livro Leitura do Principiante*, do *1º Livro de Leitura, 2º Livro de Leitura* e *3º Livro de Leitura*.

Ensino Primário: alguns apontamentos

O movimento em que se insere o ensino primário regulamentado no Brasil tem uma trajetória que pode ser considerada tardia e complexa. Tardia porque é a partir de meados do século XIX que se tem uma maior preocupação com políticas educacionais destinadas a esse nível de ensino e complexa por envolver vários fatores econômicos, políticos e sociais. No entanto, não pode ser desconsiderado que desde o século XIV, a partir da educação jesuíta, o ensino elementar era trabalhado de forma precária e restrita a uma pequena parcela da população. Naquele contexto esse nível de ensino ficava sob a responsabilidade das famílias, contribuindo assim, para que o acesso fosse facilitado às elites e inviabilizado para a maioria da população brasileira.

Dessa forma, mesmo com a implantação das "aulas de primeiras letras"[3], em 1772, a instrução elementar só começou a ter visibilidade legal com do Decreto Imperial de 15 de outubro de 1827. Autores como Vidal & Faria Filho (2005) e Zotti (2008) apontam a importância desse Decreto como marco da oficialização da instrução primária brasileira. O Decreto previa, em seu artigo 1º, a implantação de escolas de primeiras letras em cidades, vilas e lugares populosos que fossem necessárias.

Uma lei é elaborada a partir de uma demanda gerada em algum dos segmentos da sociedade, como o político, o econômico ou o social. No processo de elaboração, implantação e implementação de uma legislação, está implicado um jogo de tensões, conflitos e poder, suscitado pelas situações e sujeitos envolvidos.

A repercussão e os desdobramentos decorrentes da implantação e implementação do Decreto Imperial de 15 de outubro de 1827 foram retomados pela imprensa em outubro de 1927, no seu centenário. Segundo Vidal & Faria Filho (2005, p.29), alguns jornais, como O Paiz, atribuíam à data um caráter festivo.

> Para O Paiz, mais importante do que, o grito do Ipiranga, havia sido o ato de 1827, pois "só depois dele o país iniciou verdadeira marcha para sua independência. Ensinar a ler ao povo, era dar-lhe compreensão de Pátria, de sua vida, de sua história, de suas finalidades no mundo".

3. Segundo Silva apud ZOTTI (2008), "a palavra "aula" nesse período não deve ser entendida como a de uso corrente na atualidade. Nos atos oficiais, que criaram as aulas régias, a palavra é sinônima de escolas...".

Outros jornais aproveitavam o momento do centenário do ensino primário e, em suas páginas eram publicados artigos com denúncias acerca do elevado índice de analfabetismo e a necessidade de repensar esse nível de ensino.

O Decreto Imperial de 15 de outubro de 1827 contemplava além da implantação de escolas de primeiras letras, os saberes e os conteúdos a serem veiculados. No artigo 6º estava prescrito que:

> Os professores ensinarão a ler, escrever, as quatro operações de aritimética, pratica de quebrados, decimaes e proporções, as noções mais geraes de geometria pratica, a grammatica da língua nacional, os princípios de moral christã e de doutrina da religião catholica e apostólica romana, proporcionados à comprehensão dos meninos; **preferindo para o ensino da leitura a Constituição do Império e Historia do Brazil**[4] (BRASIL, 1827, p.72)

Este artigo sugere, de certa forma, escassez e inadequação dos materiais didáticos utilizados como suporte pedagógico no processo de ensino da leitura em meados do século XIX. Para Pfromm Neto et. al. (1974), mesmo existindo referências do uso de cartilhas portuguesas nesse período, acredita-se que essa utilização tenha sido limitada. Assim,

> eram escassos os livros didáticos, pobres as escolas e primitivos os procedimentos de ensino. A Constituição do Império, o Código Criminal, os Evangelhos, e, às vezes, um opúsculo contendo o resumo de História do Brasil, eis tudo de quanto dispunham as escolas dos centros mais populosos para a prática da leitura Pfromm Neto et. al. (1974 p. 169).

A escassez de manuais escolares [5] para o ensino elementar pode ser interpretada como sinalização da falta de compromisso do governo com a implementação da legislação. "Por vários motivos a lei não se efetivou enquanto prática, o que demonstra o descaso do Estado para com este nível de ensino" (ZOTTI, 2008, p.5). Os investimentos financeiros e intelectuais mobilizados na organização da educação popular foram baixos e, consequentemente, o ensino primário passou a acontecer de diferentes formas e em diferentes espaços.

Em 1834, um Ato Adicional à lei de 1827 determinou, dentre outras deliberações, que a instrução pública primária ficaria sob a responsabilidade das províncias. Assim, nos Oitocentos, às províncias foi delegada a autonomia em relação às leis que regiam a instrução pública primária. Essa autonomia permitiu a diversidade das leis educacionais entre as províncias brasileiras, o que facili-

---

4. Grifo nosso.

5. Adota-se a concepção de manual escolar cunhada por Alain Choppin (1992), apud BATISTA et. al. (2002, p.33), "por manual escolar compreendem-se os utilitários da sala de aula: eles são concebidos na intenção, mais ou menos explícita ou manifesta segundo as épocas, de servir de suporte escrito ao ensino de uma disciplina no seio de uma instituição escolar".

tou o surgimento paulatino dos sistemas de ensino nas províncias. À legislação escolar foi dada uma maior atenção, por ser considerada um caminho para o processo modernizador e um mecanismo ideológico pertinente. Isso se justifica pela "idéia de que a intervenção das elites provinciais, em matéria de instrução, dar-se-ia inicial e primordialmente por meio da legislação educacional" (FARIA FILHO, 2003 p.82).

Atrelada à busca pelo sucesso educacional estava a discussão sobre os métodos e as técnicas pedagógicas que melhor atenderiam aos objetivos propostos ao ensino. Nesse período, não havia uma uniformidade da instrução elementar. Fatores como a falta de professores preparados [6], a escassez de material didático e a ausência de espaços adequados às aulas contribuíram para que os sistemas educacionais das províncias continuassem em uma situação de multiformidade no ensino.

Com o intuito de melhorar a qualidade do ensino em Províncias como São Paulo e Minas Gerais, os governos em meados do século XIX se deparavam com o desafio de padronizar a metodologia aplicada nas escolas. O livro seria uma opção como ferramenta capaz de facilitar essa padronização. Como adverte Maciel (2003, p.238), "buscar a uniformidade do ensino mediante uma metodologia tornaria mais viável e racional se os princípios metodológicos pudessem ser materializados em um compêndio destinado aos alunos e aos professores".

Naquele contexto o discurso do processo de escolarização estava articulado ao discurso do processo modernizador, o que demandou uma atenção especial à educação escolar. Dentre os materiais considerados capazes de contribuir para a efetivação do processo de ensino na Província, estava o livro escolar. Essa percepção da importância do livro utilizado na educação escolar se faz presente nos relatórios dos presidentes da Província, como nos informa Maciel (2003 p. 238):

> A pedido do presidente Pedro Alcântara Cerqueira Leite, foi nomeada uma comissão para dar um parecer sobre a instrução pública da Província de Minas e, ao mesmo tempo, apontar medidas a serem tomadas para melhorar a instrução pública. Entre as melhorias relacionadas por essa comissão está a solicitação de compêndio para o ensino da leitura e da escrita.

No ensino da leitura e da escrita, no século XIX, a falta de um material de apoio ao professor e aos alunos dificultava, ainda mais, as práticas e os bons resultados da aprendizagem. Segundo Faria Filho apud Frade (2003, p.3):

> Relatórios de inspetores de ensino, tal como o de Peregrino (1839), atestam que na Província de Minas Gerais eram escassos os livros. O relatório de Peregrino destaca

6. A maioria do professorado era leiga: pessoas que terminavam o 4º ano do ensino primário passavam a ministrar aulas. Nas cidades do interior a escassez de professores qualificados permitia um número cada vez maior de leigos. Na maioria das vezes, reproduziam a técnica da mesma forma que foram ensinados.

> que "cada discípulo recebe de seus pais, ou Educadores, um livro diferente, ou uma carta manuscrita com imensos erros de Gramática e Ortografia, e tratando sempre de objetos, que nada podem interessar a educação da mocidade e que pelo contrário, podem muitas vezes lhes ser prejudicial.

Ao professor ficava o desafio de aproveitar os materiais apresentados pelos alunos, utilizando-os de forma a facilitar o processo de ensino. A exigüidade de livros escolares e a necessidade de uma organização da distribuição e utilização desses objetos são perceptíveis nesses relatórios dos inspetores de ensino. Essa escassez e indefinição dos livros escolares comprometiam a qualidade do ensino, dessa forma, o investimento e a padronização de obras a serem utilizadas no ensino foi uma preocupação do governo da província, que, aos poucos, estabelecia uma organização em relação aos livros escolares, através de normatizações.

O livro impresso é um elemento pertinente da comunicação verbal, e o discurso escrito contemplado nesse objeto é parte integrante de uma discussão dialógica. O livro como mecanismo de mediação de conhecimentos apresenta um discurso autorizado e, até certo ponto, legitimado por aqueles que detêm o poder em uma determinada época. Ele é um objeto multifacetado, implicado em conflitos e tensões, desde o seu processo de produção até a apropriação do seu discurso. Para Bakhtin (1981, p.123):

> ele é objeto de discussões ativas sob a forma de diálogo e, além disso, é feito para ser apreendido de maneira ativa, para ser estudado a fundo, comentado e criticado no quadro do discurso interior, sem contar as reações impressas, institucionalizadas, que se encontram nas diferentes esferas da comunicação verbal (críticas, resenhas, que exercem influência sobre os trabalhos posteriores, etc.).

Destarte, o livro sempre foi considerado objeto muito importante, principalmente como veículo de disseminação de saberes a serem reafirmados ou apropriados pela sociedade. No sistema de ensino, percebe-se com maior clareza a importância e a função do livro. No Brasil, o livro didático tem sua função ampliada, a ponto de algumas vezes ser considerado responsável pelo sucesso ou pelo fracasso escolar, como afirma Pereira (1995, p.8):

> Embora o livro deva ser apenas um instrumento auxiliar no trabalho do professor, em nosso país, em função dos graves problemas tanto de estrutura do sistema educativo quanto de formação do professor, ele acaba se transformando no seu principal elemento de apoio, num sinônimo de qualidade de ensino, responsável pelo sucesso ou pelo fracasso de nossa educação.

No tocante ao livro e ao ensino da leitura e da escrita, sabe-se que, com a necessidade de difundir amplamente o ensino da leitura e da escrita, surge e cresce a utilização de métodos para facilitar a mediação desse conhecimento às grandes massas, como recurso material de apoio aos métodos, advêm as cartilhas de alfabetização.

Outro marco na organização do ensino primário foi a reformulação desse nível ensino, em São Paulo, no final do século XIX. Um maior investimento é perceptível nessa reorganização, não apenas em relação ao discurso, mas também às realizações, como a implantação dos Grupos Escolares, projetos arquitetônicos especialmente planejados de acordo com os padrões de higienização necessária ao espaço de formação do homem moderno.

Envolvendo muito mais que a estrutura física das construções, o investimento intelectual foi intenso tanto na implantação das séries graduadas como na formação do professorado. Os manuais escolares passam a ter maior visibilidade, assim, a preocupação com os livros utilizados no processo de ensino aprendizagem vai desde a adequação dos conteúdos inseridos nesse material até o controle mais rígido do Estado na aquisição e distribuição desse objeto. Naquele contexto, percebe-se a fecundidade dos livros do tipo séries graduadas, sendo que a publicação desse tipo de livro, no Brasil, é sinalizada desde 1866, por Abílio César Borges – o Barão de Macaúbas.

Nesse período, alguns entraves dificultavam a implementação da regulamentação do livro escolar. Dentre esses, estava "o alto custo dos livros e a escassez de livros de autoria nacional" (MACIEL, 2003, p.238). O alto custo dos livros se dava devido a uma série de fatores. A maioria dos livros utilizados, naquele período, advinha da França ou de Portugal, o que acarretava um custo de importação muito elevado. Os livros produzidos no país, muitas vezes, eram considerados de qualidade inferior e a seu preço era agregado o valor da matéria prima – o papel – que também tinha um custo muito alto, devido à importação. No que tange à resolução do problema vinculado ao baixo número de autores brasileiros, como aponta Maciel (2003, p.239), em algumas províncias foram criadas estratégias:

> na tentativa de sanar a falta de autores de manuais escolares, o governo institui concursos e distribuição de prêmios para autores de livros escolares no Art.61 do Regulamento do Ensino Público e Particular - 1883, p.20: são garantidos prêmios aos professores que escreverem compêndios e livros para uso nas escolas. Esses prêmios serão concedidos pelo governo, depois de adotados os livros, a que se referem, e se farão efetivos, logo que a assembléia provincial houver concedido quota para este fim.

Com esse tipo de legislação, o professor passou a ocupar também um outro lugar no ensino, o de autor de obras didáticas. Houve um maior incentivo para a divulgação das práticas pedagógicas consideradas de sucesso. Essa estratégia adotada pelo governo de incentivar professores a produzir obras didáticas prevaleceu por muito tempo, tanto em nível estadual como nacional. Existem indícios de que essa estratégia foi utilizada até meados do século XX.

Para Bittencourt (2004, p.482), "a concepção de livro didático e a sua destinação eram determinações quase exclusivas do poder político educacional, que procurava, no grupo da elite intelectual, apoio para a produção desse tipo de literatura". Podemos considerar Antonio Firmino de Proença um desses intelectuais, uma vez que, sua trajetória profissional, descrita anteriormente, nos permite inferir que ele pensava e problematizava a educação naquele período.

A série graduada Proença: análise material e de conteúdo

A série graduada elaborada por Antonio Firmino de Proença é composta pelas seguintes obras: Cartilha Proença, Leitura do Principiante, 1º, 2º e 3º Livro de Leitura. O presente capítulo considera a série completa de leitura produzida por Antonio Firmino, contudo, a análise irá se concentrar mais nos três últimos volumes da série de leitura, uma vez que os dois primeiros (Cartilha Proença e Leitura do Principiante) foram objeto de estudo em capítulos precedentes.

Capas dos livros da série graduada

Somente a capa do livro *Leitura do Principiante* coincide com a da primeira edição e permaneceria a mesma até 1956, na 87ª edição, quando a capa e todas as ilustrações do miolo foram reformuladas por Oswaldo Storni. As demais são capas das obras publicadas na década de 1940 (em que ainda aparecem os títulos *1º, 2º e 3º Livro de Leitura*). Em 1948 os títulos foram alterados respectivamente para *2º, 3º e 4º Livro de Leitura,* mas as capas foram conservadas, como se pode perceber na imagem a seguir. As gravuras contempladas em cada capa estão diretamente relacionadas aos textos apresentados ao longo da obra.

1º, 2º e 3º Livro de Leitura, capas de 1926-1928

Leitura do Principiante, capa de 1926 a 1955. 1º, 2º e 3º Livro de Leitura, capas da década de 1940

Nas capas dos livros publicados depois de dezembro de 1938 há o título em letras de imprensa grandes, logo abaixo do título, em letras de impressa menores, os seguintes dizeres: "uso autorizado pelo ministério da educação e cultura" e um número de registro. Esses dizeres indicam a consonância destas obras didáticas com a legislação, em vigor na época, e nos fornecem indícios do controle das obras adotadas nas escolas. O Decreto-Lei 1006/38 previa que após a autorização de uso, o livro deveria:

> conter na capa, impresso diretamente ou por meio de etiqueta, os seguintes dizeres: Livro de uso autorizado pelo Ministério da Educação. Em seguida, entre parêntesis, declara-se-á ainda o número do registro feito pela Comissão Nacional do Livro Didático." (DIÁRIO OFICIAL, 30/12/1938)

Série Proença, novas capas

Nesse período, o controle das obras adotadas nas escolas era bastante rigoroso. Esse rigor já existia, em menor ou maior grau, em alguns Estados. Em Minas Gerais, por exemplo, os livros didáticos publicados pelos poderes públicos eram, como qualquer outra obra, submetidos à aprovação do Presidente da Província, desde o final do século XIX, como ficou instituído no regulamento nº 100 de 1883. Já em São Paulo, Razzini (2007, p.20) aponta que:

> Com relação às validações oficiais, desde o início da República o governo paulista controlou a adoção dos livros didáticos nas escolas públicas primárias, quer seja sob a alegação da necessidade de uniformização do ensino, que seja porque legislava sobre programas e currículos, ou ainda porque se convertera em principal comprador do produto.

A preocupação com o controle das obras didáticas é recorrente também em outros países como aponta Ferrer (1999, p.40), ao afirmar que na Espanha,

> Em las primeras décadas del siglo XIX, cuando se dan los primeros pasos hacia la constitución del sistema educativo nacional, los legisladores inmediatamente se plantean la cuestión del control de los manuales escolares. Conscientes del importante papel que los libros juegan em educación, los poderes públicos se vem obligados a tomar decisiones acerca de su autorización y uso.

As capas apresentadas, com exceção da *Leitura do Principiante*, são bem ilustradas. Na escola primária, a linguagem escrita e iconográfica dos textos escolares se complementava com o objetivo de despertar o interesse ou de facilitar, através do processo associativo, a memorização nas crianças. Essa estratégia de vincular a imagem à escrita não é algo recente. Segundo Araújo (1986, p.480):

> O uso de repertórios iconográficos como veículo para 'ilustrar' o texto antecede de muito o livro impresso. Na tradição manuscritora, em que se fixaram alguns padrões específicos quanto à disposição das imagens na página, foram marcantes os papiros do Egito faraônico e os códices medievais.

As gravuras publicadas em manuais didáticos, principalmente nos manuais destinados aos alunos do ensino primário, fornecem indícios de uma especificidade cultural, de objetos utilizados em determinado momento, por determinada sociedade. Por isso considera-se que essas gravuras contribuem para o resgate histórico de um cotidiano social, uma vez que a maioria das ilustrações era de brinquedos, de utensílios domésticos, de animais e de objetos pessoais utilizados na época e esquecidos ao longo dos anos.

As ilustrações presentes nas capas do 1º, 2º, 3º Livro de Leitura estão diretamente associadas às leituras apresentadas no interior da obras que retratam aspectos singulares do cotidiano infantil.

Nas páginas de rosto, das obras da série graduada, têm-se o nome do autor, Antonio Firmino de Proença, o título da obra em letras de impressa grandes, no centro da página, novamente o número da edição, o ano de publicação e a logomarca das Edições Melhoramentos. Exceto Leitura do Principiante em que a folha de rosto traz as informações similares, sendo suprimido o ano de publicação e tem o acréscimo de um pequeno detalhe, antes do nome do autor, Antonio Firmino de Proença, tem-se o termo "Prof.".

Acredita-se que a experiência como professor, atuante na Escola Normal, lhe permitia conhecer e compreender como se dava o ensino primário em São Paulo, desde a sua legislação, suas práticas e os atores envolvidos no processo. Enfim, as mudanças que haviam sido implantadas e que continuavam sendo implementadas nesse nível de ensino. Na época da publicação dessa série de leitura conforme dados fornecidos pela editora, entre 1926 e 1928, um número significativo de autores de manuais escolares exercia funções ligadas diretamente ou indiretamente ao magistério. Considera-se que esse perfil profissional tenha contribuído para aumentar a credibilidade da obra.

No que tange à circulação de algumas dessas obras, como o 2º Livro de Leitura, tem sinalizado em suas páginas iniciais a abrangência com frases do tipo: "Adotado em todos os estados do Brasil".

A 84ª edição da *Cartilha Proença* fornece indícios sobre alterações realizadas nos títulos das obras. Como se vê na imagem da página 2, ao centro, existe a indicação de que "do mesmo autor, nas Edições Melhoramentos: Série de Leitura "Proença". São citados logo abaixo os seguintes títulos: *Leitura do Principiante, Segundo Livro de Leitura, Terceiro Livro de Leitura* e *Quarto Livro de Leitura.*

Observa-se que nesta relação das obras de Antonio Firmino de Proença encontra-se suprimido o título do Primeiro Livro de Leitura e acrescido o Quarto Livro de Leitura. Esses dados lançam luzes e sombras sobre essa série graduada

Cartilha Proença, 87 ed, 1955, p. 2 e 3.

e apontam para algumas singularidades editoriais que permearam o processo de produção e circulação dessas obras.

Prefácios: indícios de protocolos de leitura

As obras da série graduada, elaborada por Antonio Firmino de Proença, trazem dentre suas primeiras páginas os Prefácios escritos pelo próprio autor. Esses prefácios, além de apresentarem um conjunto de intenções explícitas sobre as maneiras de ler, são ricos em indícios sobre a percepção do autor em relação ao processo educativo.

De certa forma, eles interferem na autonomia do leitor, direcionando o ato de leitura a uma interpretação considerada correta pelo autor e a uma leitura autorizada da obra. Nesses prefácios, Antonio Firmino de Proença explicita que suas obras são destinadas aos alunos e deixa transparecer sua preocupação com a adequação dos textos aos interesses, ao local de origem e à linguagem das crianças. Como exemplo, no prefácio do *1º Livro de Leitura* (PROENÇA, s.d, p.v), o autor tece os seguintes comentários:

> Ninguém ignora por certo que o interesse varia com a idade, o sexo, o tempo e o lugar. Os assuntos para uma criança de 7 anos não podem ser os mesmos que para uma de 9, as meninas não têm os mesmos interesses que os meninos; e ainda a constituição mental do educando, sob o ponto de vista da base aperceptiva, apresenta acentuadas diferenças do litoral para o interior, do interior para a Capital e para a roça e o sertão.
>
> Como harmonizar tão grande variedade de interesses? Escolhendo assuntos que sejam mais ou menos comuns aos dois sexos, a todos os tempos e a todos os lugares. Foi o que fizemos, atendendo a que este livrinho se destina a crianças de 8 e 9 anos, isto é, matriculadas no 2º ano do curso primário.
>
> Quanto à linguagem, é aproximadamente a da criança, a quem o livro destina, naturalmente isenta de certos dizeres peculiares ao meio em que ela vive, e acrescida de novos vocábulos e novos modos de expressão.

Ressalta-se nos prefácios a preocupação recorrente com o "ensinar pelo interesse", que sinaliza o afinamento do autor com os princípios difundidos pelo movimento da Escola Nova. A proposta de ensino pautada nos princípios dos Movimentos Escolanovistas estava voltada para o questionamento da escola "tradicional" e propunham uma maneira diferente de ser da escola no conhecimento e tratamento da criança, nas técnicas e métodos de seu ensino. Ao longo dos prefácios das obras da série graduada é perceptível a consonância do discurso do autor com os programas de ensino, que se encontravam ancorados no paradigma da Escola Nova.

Outro aspecto do livro retratado nos prefácios diz respeito à apresentação da organização das obras. O autor utiliza esse espaço para comunicar as alterações realizadas, como no *3º Livro de Leitura* e *4º Livro de Leitura*. "Nesta nova edição sai o nosso 3º livro inteiramente remodelado" (PROENÇA, 1950, p. 3).

Acredita-se que partindo de sua experiência no campo educacional, o professor Antonio Firmino de Proença utilizava o prefácio dos seus livros, que eram destinados aos professores, para estabelecer um diálogo com eles sobre o ensino.

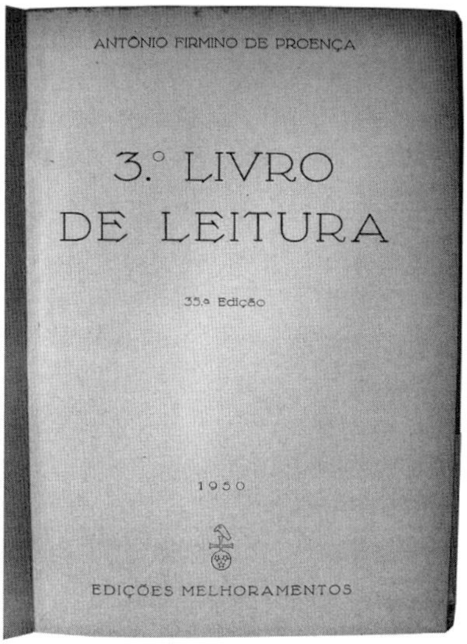
ANTÔNIO FIRMINO DE PROENÇA

3.º LIVRO DE LEITURA

35.ª Edição

1950

EDIÇÕES MELHORAMENTOS

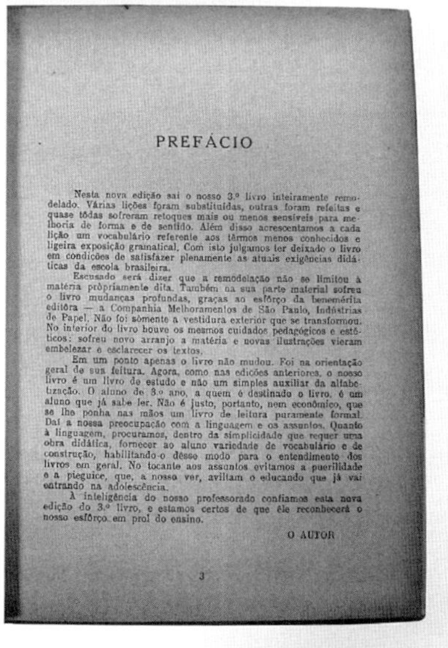
PREFÁCIO

Nesta nova edição sai o nosso 3.º livro inteiramente remodelado. Várias lições foram substituídas, outras foram refeitas e quase tôdas sofreram retoques mais ou menos sensíveis para melhoria de forma e de sentido. Além disso acrescentamos a cada lição um vocabulário referente aos têrmos menos conhecidos e ligeira exposição gramatical. Com isto julgamos ter deixado o livro em condições de satisfazer plenamente as atuais exigências didáticas da escola brasileira.

Escusado será dizer que a remodelação não se limitou à matéria pròpriamente dita. Também na sua parte material sofreu o livro mudanças profundas, graças ao esfôrço da benemérita editôra — a Companhia Melhoramentos de São Paulo, Indústrias de Papel. Não foi sòmente a vestidura exterior que se transformou. No interior do livro houve os mesmos cuidados pedagógicos e estéticos: sofreu novo arranjo a matéria e novas ilustrações vieram embelezar e esclarecer os textos.

Em um ponto apenas o livro não mudou. Foi na orientação geral de sua feitura. Agora, como nas edições anteriores, o nosso livro é um livro de estudo e não um simples auxiliar da alfabetização. O aluno do 3.º ano, a quem é destinado o livro, é um aluno que já sabe ler. Não é justo, portanto, nem econômico, que se lhe ponha nas mãos um livro de leitura puramente formal. Daí a nossa preocupação com a linguagem e os assuntos. Quanto à linguagem, procuramos, dentro da simplicidade que requer uma obra didática, fornecer ao aluno variedade de vocabulário e de construção, habilitando-o dêsse modo para o entendimento dos livros em geral. No tocante aos assuntos evitamos a puerilidade e a pieguice, que, a nosso ver, aviltam o educando que já vai entrando na adolescência.

À inteligência do nosso professorado confiamos esta nova edição do 3.º livro, e estamos certos de que êle reconhecerá o nosso esfôrço em prol do ensino.

O AUTOR

3

3º Livro de Leitura, 1950, página de rosto e p. 3

Essa hipótese é reforçada por frases como: "Agora, como nas edições anteriores, o nosso livro é um livro de estudo e não um simples auxiliar da alfabetização" (PROENÇA, 1950, p. 3); "E certo que em alguns casos o interesse tem de ser criado, mas para isso existe o professor, cuja função máxima é mesmo – criar interesse" (PROENÇA, 35ª ed. s.d, p. V).

No prefácio do *4º Livro de Leitura*, o autor exprime suas inquietações acerca da necessidade de obras didáticas específicas destinadas às diversas áreas de conhecimento. Para ele, esse tipo de livro seria pertinente e condizente com a proposta educacional em voga. Segundo PROENÇA (1948, p. 3), "um livrinho especial de cada disciplina facilitaria a qualquer momento a recordação das noções aprendidas, e ao mesmo tempo habituaria o aluno ao trabalho de síntese, indispensável em qualquer ramo de conhecimento". A adoção desses livros contribuiria também na superação de táticas equivocadas, utilizadas por professores, como a distribuição entre seus alunos de apostilas ou pontos ditados considerados inadequados.

No prefácio do livro *Leitura do Principiante*, o autor especifica a finalidade do livro, explicitando suas estratégias textuais e intenções. Essa obra serviria como "ponte lançada entre a cartilha e o 1º Livro de Leitura" (PROENÇA, 25ª ed.

s.d, p.III), ou seja, esse livro corresponderia a uma obra de leitura intermediária contradizendo as especificações do contrato firmado entre o autor e a Editora Melhoramentos.

A progressão teórico-metodológica apresentada mobiliza informações que unifica as obras elaboradas para atender ao ensino inicial da leitura e da escrita. O autor utilizou o prefácio também como protocolo para organização das práticas a serem desenvolvidas durante as aulas de leitura. Para isso, ele informa que as lições devam ser trabalhadas obedecendo a um plano geral que contempla cinco passos: 1º Preparação; 2º Apresentação; 3º Analyse; 4º Synthese; 5º Applicação.

Essa orientação em relação à organização das práticas suscita a instauração de uma ordem na utilização da obra, "a ordem de sua decifração, a ordem no interior da qual ele deve ser compreendido ou, ainda, a ordem desejada pela autoridade que o encomendou ou permitiu a sua publicação" Chartier (1999, p.8). É interessante pontuar que a busca pela compreensão dessa ordem e do seu significado, algumas vezes, contribui para que o pesquisador obscureça a sua percepção em relação à existência de lutas e conflitos no desenvolvimento do processo.

Na indicação do ano (estágio do curso primário) em que deve ser utilizado, está implícita a possibilidade de usos em diferentes turmas com alunos que apresentavam diferentes níveis de aprendizagem. O autor expressa a flexibilidade da obra ao apontar que ela foi escrita para alunos do 1º e do 2º ano. Sinalizando sua consonância com as propostas educacionais instituídas, a partir da reforma educacional de 1920, em que prevaleciam os princípios da Escola Nova. Pode considerar que naquele contexto, esse livro contribuía com a diminuição da escassez de manuais didáticos ancorados no processo de desenvolvimento natural da criança.

O 1º Livro de Leitura, a Cartilha Proença e o livro Leitura do Principiante: aproximações e distanciamentos

Pode-se perceber certa aproximação na organização dos três livros. Cada livro apresenta um personagem principal, Luís (Cartilha Proença), Diva (Leitura do Principiante) e Rui (1º Livro de Leitura). Na medida em que as lições adquirem maior complexidade, esses personagens têm expandido seus horizontes e passam a conviver cada vez mais com outras crianças em outros espaços.

As narrativas envolvem crianças imaginadas pelo autor. A preocupação explicitada nos prefácios dos livros, com a aproximação da realidade infantil da época é percebida nos textos. O autor retrata crianças próximas ao real, que são educadas em alguns momentos, que brincam, que brigam, que ajudam os pais quando necessário, que estudam, que fazem travessuras.

LEITURA DO PRINCIPIANTE

1. Eu

Toda a gente tem nome. Papai tem nome. Mamãi tem nome. Vovô tem nome. Vovó tem nome. Vocês têm nome. Eu também tenho nome.

Sabem como eu me chamo? Eu me chamo Diva. Sou a Diva, irmã do Mario.

Somos quatro irmãos. Mario é o mais velho. Nenê é a caçula. O outro se chama Pedrinho.

— 1 —

Leitura do Principiante, p. 1

1. Rui

1. Seis horas.

A mamãe vem acordar o Rui, mas já o encontra de pé, pronto para o banho.

— Bom-dia, mamãe, diz ele alegremente.

A mamãe sorri satisfeita. Na véspera ela lhe havia dito: — Amanhã às seis horas, deves estar fora da cama. E às seis horas ela já o encontrou de pé. Foi por isso que a mamãe sorriu satisfeita.

2. Depois do banho, Rui foi à cozinha procurar o café.

1

1º Livro de Leitura, p. 1

As lições são todas numeradas, marcação que se repete no "Índice", colocado no final de cada volume (*Leitura do Principiante, 1º, 2º* e *3º Livro de Leitura*), porque se considera que essa organização facilitaria o acesso rápido ao texto trabalhado.

A 47ª edição do *1º Livro de Leitura* é constituída de 157 páginas nas quais estão distribuídas 53 lições, na 1ª. edição são 52 lições, as narrativas são mais extensas do que as da *Leitura do Principiante*, ocupando em média três páginas cada. O autor justifica essa organização como sendo algo proposital, "é para que as crianças não se viciem com as doses homeopáticas. Demais, é preciso que o professor deixe alguma coisa para o aluno ler em casa" (PROENÇA, s.d, p.v). Essa informação demonstra uma aproximação dessa obra com o que era previsto nos programas de ensino primário da época.

Acredita-se que o Proença tenha escrito quase todas as lições deste volume, porque em apenas dois textos de poesia foi incluído o nome do autor. Em relação ao uso de poesias, ele comenta no prefácio do *1º Livro de Leitura*.

> Reduzimos a muito pouco o que se refere a poesia. A experiência nos tem mostrado que, em geral, não é um gênero do agrado das crianças. Além disso, poucas poesias se encontram com caráter didáctico. Ou são elevadas demais ou são por demais infantis. Por um e outro motivo preferimos deixa-las de lado Proença (35ª ed. s.d, p.v).1

As temáticas

O autor usa como forma discursiva o relato de fatos comuns às famílias da época, em que as temáticas da constituição familiar, dos valores morais e cívicos, e dos animais domésticos faziam parte do contexto histórico social. Desta forma, suas obras atendiam

> a proposta de um ensino que tocasse os sentimentos da criança, proposta essa recorrente no discurso educacional e que considerava ser através do despertar dos sentimentos, que a criança criaria uma identificação com o texto, o que a faria sentir vontade de aprender (Klinke, 2003, p.165).

Nas obras a família é referência, constituída pelos pais, irmãos e avós. Os exemplos adotados nas narrativas permitem considerar a família como instituição social responsável por implantar e cultivar atitudes (ou costumes) de civilidade. A relevância do papel da família no contexto do processo de ensino-aprendizagem da civilidade é percebida há muito tempo, como pontua Revel (1991, p.176), ao comentar que Erasmo em seu livro *A civilidade pueril*, publicado em 1530, "tem plena confiança na educação doméstica, é no seio da família e imitando os pais que a criança aprende modos e costumes. Todavia, o futuro da civilidade está na escola" sendo sua aprendizagem tomada como fundamental para a ordem social.

A partir de personagens infantis e adultas, masculinas e femininas, as narrativas dos livros de leitura são construídas, compondo matrizes de comportamento a serem imitadas ou censuradas. A mãe aparece como dona de casa, responsável direta pela educação dos filhos. É uma pessoa justa, bondosa, caridosa, sabe cuidar de todos. O pai é uma figura presente, geralmente, tem uma profissão reconhecida socialmente, é bem sucedido, bondoso e sábio. As narrativas que apresentam pais que não são bem sucedidos profissionalmente, os enaltecem com outros valores, como a honestidade e dedicação ao trabalho. Os pais são sempre apresentados como exemplos a serem seguidos tanto pelos meninos como pelas meninas.

Os irmãos são personagens sempre amigos, companheiros de brincadeiras e aventuras, nutrem um amor fraternal um pelo outro. No entanto, o conflito faz parte do cotidiano, às vezes, os irmãos discordam entre si, mas conseguem superar as diferenças e se mantém unidos. O perdão e o arrependimento são atitudes recomendadas que povoam as narrativas.

No *1º Livro de Leitura*, na lição - Egoísta! (p. 11). Rui pegou escondido o caderno de desenho de sua irmã Zizi e, diferente das caricaturas que costumava fazer, desenhou mosaicos, estrelas. Zizi achou bonitos os desenhos e pediu que ele lhe ensinasse. Rui respondeu de forma grosseira: "Isso a gente faz com régua e compasso. Agora ensinar...ensinar, a professora que ensine. Eu não sou professor".

A relação entre irmãos já havia aparecido no livro *Leitura do Principiante*, na lição 30 – "O presente de Mario" – (p. 59). Nessa narrativa Diva é presenteada pelo irmão com um pacotinho. Desconfiada, ela pensou que fosse uma brincadeira do irmão. Mas, Mario havia embrulhado uma moeda que ganhou do padrinho em seu aniversário e estava presenteando a irmã. Diante disso, Diva fica sensibilizada com a atitude do irmão. "Naquele instante senti-me arrependida de ter duvidado do meu irmão, e só lhe pude dizer: Muito obrigada, Mario! E voltei o rosto para que Mario não me visse chorar, porque os olhos se me haviam enchido de lágrimas".

Entremeadas às narrativas encontram-se difundidos valores como: boa educação, obediência, respeito aos pais e aos mais velhos, caridade, humildade, honestidade, amor, dentre outros. A boa educação é um valor enaltecido e bastante explorado nas narrativas. A lição que abre o *1º Livro de Leitura* diz respeito à apresentação de Rui como um menino educado, bondoso, obediente e cumpridor dos seus afazeres. O texto conclui que

> Rui é sempre assim. Foi a educação que lhe deram os pais. Ele sabe que não custa nada dizer: Faça o favor – muito obrigado – desculpe – bom-dia – boa tarde – com licença, etc. Sabe também que não custa nada tirar o seu chapeuzinho às pessoas mais velhas. E faz tudo isso muito naturalmente, até mesmo com prazer. Do Rui diz toda a gente: Que menino bem educado!

Nesses livros sobressaem as crianças que aprenderam com os adultos a serem respeitosas, amorosas e, sobretudo obedientes aos pais. As narrativas são construídas de forma a sensibilizar o leitor a perceber as vantagens da obediência, sem discussão e questionamentos. Ao passo que, as crianças mal educadas sempre acabam punidas.

Os animais ocupam também lugar de destaque nas narrativas. E são, muitas vezes, caracterizados por sua desobediência e resistência aos ensinamentos de bom comportamento. Esses animais são punidos, algumas vezes, de maneira bastante severa com sovas e até mesmo com a morte, como nas lições: "A cabrinha", "Romeu e Julieta" (*1º Livro de Leitura*); "Foi Negrinho", "Que Velhaco", "A ingrata" (*Leitura do Principiante*). Em outros textos os animais são exaltados por prestarem serviço ao homem, como o cão que protege as galinhas e ajuda na caça (*Cartilha Proença*). Há narrativas em que os animais são vítimas da ingratidão do homem e de brincadeiras de crianças mal educadas, essas crianças acabam sendo punidas pelos próprios animais. Como acontece nas lições: "Valente", "A tourada" (*1º Livro de Leitura*) e "A vingança" (*Leitura do Principiante*).

Nessas três obras objetos que fazem parte do universo infantil também são explorados nas narrativas. Brinquedos como bonecas, bolas e carros encontram-se destacados em muitas das narrativas. Objetos como anéis, correntinhas, pingentes, relógios também são contemplados.

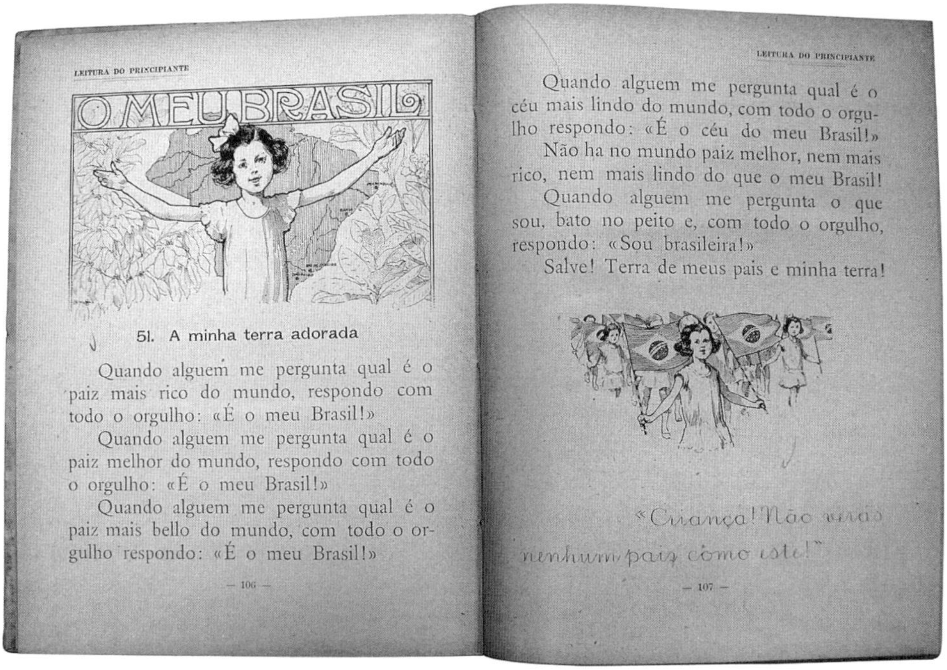

LEITURA DO PRINCIPIANTE

O MEU BRASIL

51. A minha terra adorada

Quando alguem me pergunta qual é o paiz mais rico do mundo, respondo com todo o orgulho: «É o meu Brasil!»

Quando alguem me pergunta qual é o paiz melhor do mundo, respondo com todo o orgulho: «É o meu Brasil!»

Quando alguem me pergunta qual é o paiz mais bello do mundo, com todo o orgulho respondo: «É o meu Brasil!»

— 106 —

LEITURA DO PRINCIPIANTE

Quando alguem me pergunta qual é o céu mais lindo do mundo, com todo o orgulho respondo: «É o céu do meu Brasil!»

Não ha no mundo paiz melhor, nem mais rico, nem mais lindo do que o meu Brasil!

Quando alguem me pergunta o que sou, bato no peito e, com todo o orgulho, respondo: «Sou brasileira!»

Salve! Terra de meus pais e minha terra!

«Criança! Não verás nenhum paiz como este!»

— 107 —

Leitura do Principiante, lição 51. A minha terra adorada, p. 106 e 107

O sentimento nacionalista é tratado de forma pincelada nas últimas lições. Na Cartilha a última lição "Nossa Pátria" trata da história do Brasil, ilustrando o texto é apresentado um mapa do Brasil. No livro *Leitura do Principiante* as quatro últimas lições contemplam o nacionalismo: "Rio de Janeiro" (apresentação da Capital do Brasil), "7 de Setembro", "A minha terra adorada" e "Canção do exílio". No *1º Livro de Leitura* a questão do nacionalismo encontra-se implícita em textos como "O protesto" que narra a revolta das bonecas por serem fantasiadas com trajes típicos de outros países.

Os três livros têm apenas uma personagem em comum, Benedicta ou Benedita, que é a cozinheira responsável pelos afazeres domésticos, pessoa supersticiosa devido à sua ignorância.

Em algumas narrativas observa-se a presença do outro que tem uma condição diferente daquela dos personagens principais, isto é, a representação do outro que habitou ou habita um espaço diverso daquele em que o leitor escolar se encontra. Esse outro é caracterizado por pessoas diferentes dos personagens principais, podendo ser de outra raça, cultura, nacionalidade ou região. Como exemplos desse outro, presente nessas obras, têm-se os seguintes personagens:

1 - Benedicta ou Benedita – Negra, cozinheira, ignorante devido à falta de estudos, supersticiosa, "carão muito grande com um nariz muito engraçado";
2 - Benedito – Negro, sobrinho da cozinheira, malcriado, rouba frutas nos quintais dos vizinhos, quebra o vaso da vovó, não sabe se comportar, insuportável a ponto de ser mandado embora da casa de Diva, tenta vender laranjas azedas como se fossem doces, por onde passa arruma confusão;
3 - Pessoas de outras nacionalidades como italianos, espanhóis, russos, gregos, japoneses – são apresentadas como colonos, trabalhadores braçais;
4 - Pai João – Africano, negro, pobre, viveu um período da escravidão, foi separado de sua mãe quando chegou ao Brasil, mora na fazenda do pai de Diva;
5 - Vicentino – Filho de imigrante, é uma criança que trabalha muito ajudando o pai, "promete estudar bastante a nossa língua, porque é brasileiro de nascimento e de coração";
6 – Nordestinos - trabalhadores braçais, colonos na fazenda;
7 - Juvêncio – Nordestino, filho do capataz da fazenda, tem a oportunidade de estudar porque o patrão gosta muito dele e o levou para morar na cidade.

Enfim, a representação desse outro nessas obras é sempre daquele que está subordinado ou é menos valorizado culturalmente e socialmente, que os personagens tidos como principais.

No que tange às atividades prescritas no livro, a *Cartilha Proença* e o *Leitura do Principiante* não trazem nenhuma prescrição, já o *1º Livro de Leitura* após os textos trazem atividades de interpretação do texto e o vocabulário. Essas atividades estão presentes só nas edições mais recentes dos três livros de leitura, nas antigas elas não existem. Outro tipo de atividade recorrente nesse livro é a solicitação da reprodução oral da lição. Segundo Kinkle (2003, p.148),

> A prática da leitura oral foi, sem dúvida, bastante presente na escolarização de saberes, ora vista como forma de ensinar a ler, ora vista como exercício de memorização, ora vista como meio de socialização nas festas comemorativas, ora vista, ainda, como forma de avaliar o ensino da leitura, sendo esta última concepção a que permaneceu mais tempo sendo cultivada nas escolas.

Ao longo das leituras é retratada a infância, a sociedade da época e muitas vezes o pesquisador é tentado a estabelecer relações de proximidade com o seu contexto atual. A possibilidade de realizar uma leitura anacrônica é grande, por isso é preciso cuidado e rigor para poder olhar para o passado com as lentes do passado. Outro aspecto a ser considerado é o fato de que os autores escrevem sobre uma infância e uma sociedade por eles imaginadas, mas que revelam valores de determinada época, com um fundo comum, do qual todos participam.

2º e 3º Livro de Leitura: instruir e educar

A 35ª edição do *3º Livro de Leitura* é constituído de 176 páginas nas quais estão distribuídas 64 lições constituídas de narrativas, fábulas e contos populares. Alguns textos são de autores conhecidos no meio educacional: Júlia Lopes de Almeida, Adelina A. Lopes Vieira, Gonçalves Dias, Brant Horta, Abílio Barreto, Alexina Magalhães, José Oiticica, Afonso Celso, Artur Azevedo e Júlio Nogueira.

A 21ª edição do *4º Livro de Leitura* é constituído de 229 páginas nas quais estão distribuídas 73 lições constituídas de narrativas, fábulas e contos populares. Algumas dessas lições são de autoria de: Hermes Fontes, João do Norte, Ricardo Gonçalves, José Bonifácio, M. Maetelinck, Affonso Arinos, Coelho Netto, Zalina Rolim, Joaquim Serra, Euclydes da Cunha, Emílio de Menezes, Olegário Marianno e Olavo Bilac.

O personagem principal do 3º Livro de Leitura é Francisco. Diferentemente dos outros livros anteriormente comentados, cujos personagens principais eram crianças, Francisco é um adulto de 32 anos que ao longo do livro narra alguns fatos que marcaram a sua infância. No 4º Livro de Leitura na primeira lição é apresentado Joãozinho, um menino que tem um pesadelo e se vê sozinho sem os pais. Entretanto, nesse livro não há indicações de um personagem principal. Os textos são apresentados como uma coletânea de assuntos a serem trabalhados sem um aparente vínculo entre as leituras.

As temáticas

O *3º Livro de Leitura* e o *4º Livro de Leitura* (que nas edições anteriores a 1948 correspondem ao *2º e 3º Livro de Leitura*) são considerados também como livros de estudo, devido ao caráter enciclopédico. São obras que contém textos abordando diversos assuntos como: história da pátria, história das Américas, história antiga, geografia, ciências, higiene, etc.

Nessas obras são reafirmados os valores presentes nos livros anteriores: amor aos pais, gratidão, honestidade, respeito aos mais velhos. Esses valores são explicitados em algumas narrativas. "São seus pais que lhe dão tudo o de que você necessita: a casa para morar, a alimentação, o vestuário, o dinheiro para o cinema. São eles que olham pela sua saúde, que ensinam os bons costumes e que lhe valem em todas as dificuldades" (Trecho do texto "O futuro" - PROENÇA, 1950, p.9). "Se queres preparar-te para a vida, volta à tua infância, ouve os teus pais e não faltes à escola" (Trecho do texto "Pesadelo" - PROENÇA, 1948, p.13).

A escola é reconhecida como *locus* privilegiado do saber. Através da freqüência a esse espaço, do estudo e da obediência aos professores o acesso ao conhecimento seria garantido e asseguraria um bom futuro. A escola era o lugar que preparava para a vida.

Além dos valores anteriormente citados, algumas narrativas contemplam condutas e normas que contribuem para a construção da mentalidade do homem trabalhador. Nesses textos destacam-se a valorização da disciplina, da justiça, atenção e cuidado, do pensar antes de agir e do respeito ao outro. Outros valores são condenados: a inveja, a ganância e a vaidade. O trabalho é apresentado como algo importante, edificante e fundamental para o homem.

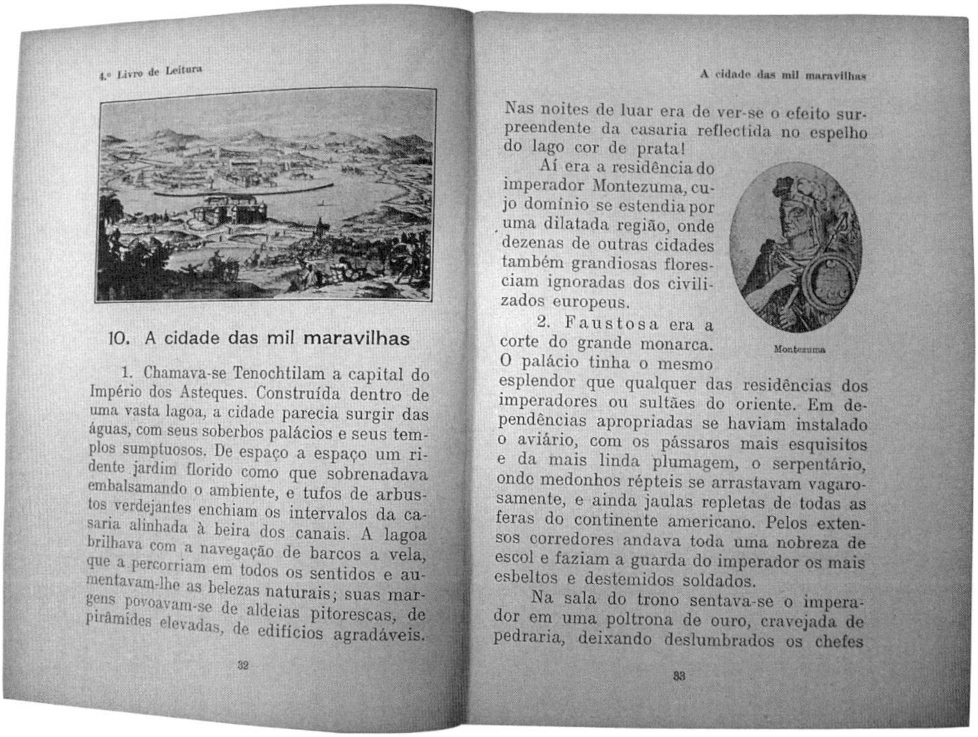
4.º Livro de Leitura

10. A cidade das mil maravilhas

1. Chamava-se Tenochtilam a capital do Império dos Asteques. Construída dentro de uma vasta lagoa, a cidade parecia surgir das águas, com seus soberbos palácios e seus templos sumptuosos. De espaço a espaço um ridente jardim florido como que sobrenadava embalsamando o ambiente, e tufos de arbustos verdejantes enchiam os intervalos da casaria alinhada à beira dos canais. A lagoa brilhava com a navegação de barcos a vela, que a percorriam em todos os sentidos e aumentavam-lhe as belezas naturais; suas margens povoavam-se de aldeias pitorescas, de pirâmides elevadas, de edifícios agradáveis.

32

A cidade das mil maravilhas

Nas noites de luar era de ver-se o efeito surpreendente da casaria reflectida no espelho do lago cor de prata!

Aí era a residência do imperador Montezuma, cujo domínio se estendia por uma dilatada região, onde dezenas de outras cidades também grandiosas floresciam ignoradas dos civilizados europeus.

Montezuma

2. Faustosa era a corte do grande monarca. O palácio tinha o mesmo esplendor que qualquer das residências dos imperadores ou sultães do oriente. Em dependências apropriadas se haviam instalado o aviário, com os pássaros mais esquisitos e da mais linda plumagem, o serpentário, onde medonhos répteis se arrastavam vagarosamente, e ainda jaulas repletas de todas as feras do continente americano. Pelos extensos corredores andava toda uma nobreza de escol e faziam a guarda do imperador os mais esbeltos e destemidos soldados.

Na sala do trono sentava-se o imperador em uma poltrona de ouro, cravejada de pedraria, deixando deslumbrados os chefes

33

4º. Livro de Leitura, 21 ed., 1948, p. 32 e 33

Nos conteúdos destinados ao ensino de História, Geografia e Ciências percebem-se uma gradação da complexidade dos assuntos. Algumas narrativas no 3º Livro de Leitura estão direcionadas para passagens históricas do Brasil, já no 4º Livro de Leitura a temática é ampliada e são apresentados textos que abordam além da História do Brasil a História Antiga da América. Como exemplos dessas narrativas têm-se: "Ouro Prêto" que é um texto do 3º Livro de Leitura e fala da história da cidade e de sua representação no país; "A cidade das mil maravilhas" é um texto do 4º Livro de Leitura e apresenta a capital do Império dos Astecas.

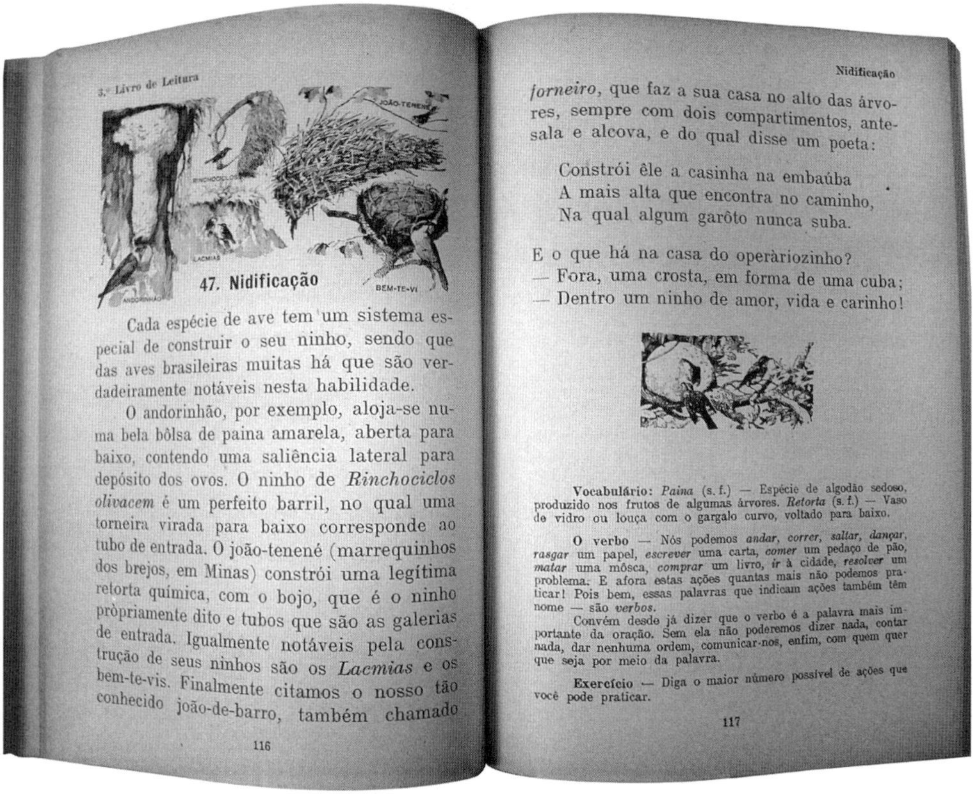
3.º Livro de Leitura

47. Nidificação

Cada espécie de ave tem um sistema especial de construir o seu ninho, sendo que das aves brasileiras muitas há que são verdadeiramente notáveis nesta habilidade.

O andorinhão, por exemplo, aloja-se numa bela bôlsa de paina amarela, aberta para baixo, contendo uma saliência lateral para depósito dos ovos. O ninho de *Rinchociclos olivacem* é um perfeito barril, no qual uma torneira virada para baixo corresponde ao tubo de entrada. O joão-tenené (marrequinhos dos brejos, em Minas) constrói uma legítima retorta química, com o bojo, que é o ninho pròpriamente dito e tubos que são as galerias de entrada. Igualmente notáveis pela construção de seus ninhos são os *Lacmias* e os bem-te-vis. Finalmente citamos o nosso tão conhecido joão-de-barro, também chamado

116

Nidificação

forneiro, que faz a sua casa no alto das árvores, sempre com dois compartimentos, antesala e alcova, e do qual disse um poeta:

Constrói êle a casinha na embaúba
A mais alta que encontra no caminho,
Na qual algum garôto nunca suba.

E o que há na casa do operàriozinho?
— Fora, uma crosta, em forma de uma cuba;
— Dentro um ninho de amor, vida e carinho!

Vocabulário: *Paina* (s. f.) — Espécie de algodão sedoso, produzido nos frutos de algumas árvores. *Retorta* (s. f.) — Vaso de vidro ou louça com o gargalo curvo, voltado para baixo.

O verbo — Nós podemos *andar*, *correr*, *saltar*, *dançar*, *rasgar* um papel, *escrever* uma carta, *comer* um pedaço de pão, *matar* uma môsca, *comprar* um livro, *ir* à cidade, *resolver* um problema. E afora estas ações quantas mais não podemos praticar! Pois bem, essas palavras que indicam ações também têm nome — são *verbos*.

Convém desde já dizer que o verbo é a palavra mais importante da oração. Sem ela não poderemos dizer nada, contar nada, dar nenhuma ordem, comunicar-nos, enfim, com quem quer que seja por meio da palavra.

Exercício — Diga o maior número possível de ações que você pode praticar.

117

3º Livro de Leitura, 35 ed., 1950, lição 47. Nidiﬁcação, p. 116 e 117

Os conteúdos que podem ser considerados como destinados ao ensino da Geografia também exploram inicialmente (*3º Livro Leitura*) aspectos vinculados ao Brasil e, ampliam os assuntos com narrativas que contemplam as correntes oceânicas, que levam para além do território brasileiro. Os rios são temas explorados e exaltados nos textos. Nessas narrativas os conteúdos de História e Geografia encontram-se, muitas vezes, entrelaçados.

Os conteúdos destinados ao ensino das Ciências, no 3º Livro de Leitura, são voltados para noções sobre a vida de pequenos animais como apontados nos títulos das lições "Bicho-de-conta", "Lagartas de fogo", "As aranhas", "Os colibris", "Nidificação"; explicações sobre o corpo humano e a importância da higiene "A vítima", "Autópsia de uma boneca", "Asseio"; pontuando também características de plantas "A bananeira", a importância de descobertas científicas como a vacina contra raiva, em "A raiva".

No *4º Livro de Leitura* os temas são apresentados com uma complexidade maior. É comentada a existência de seres microscópios, a exploração de elementos naturais que são matéria prima na produção de outros produtos, noção de cadeia alimentar, nomes científicos de frutas e plantas e a importância dos cientistas para a humanidade, em "Os benfeitores da humanidade".

Esses textos, de modo geral, pressupõem que a natureza está harmoniosamente organizada e classificada, mas que, sobretudo funciona com um caráter predominantemente prático. A noção de conhecimento científico é coerente com a época, descrito como um saber alcançado por sábios, que descobriam vacinas e inventavam objetos para o bem da humanidade.

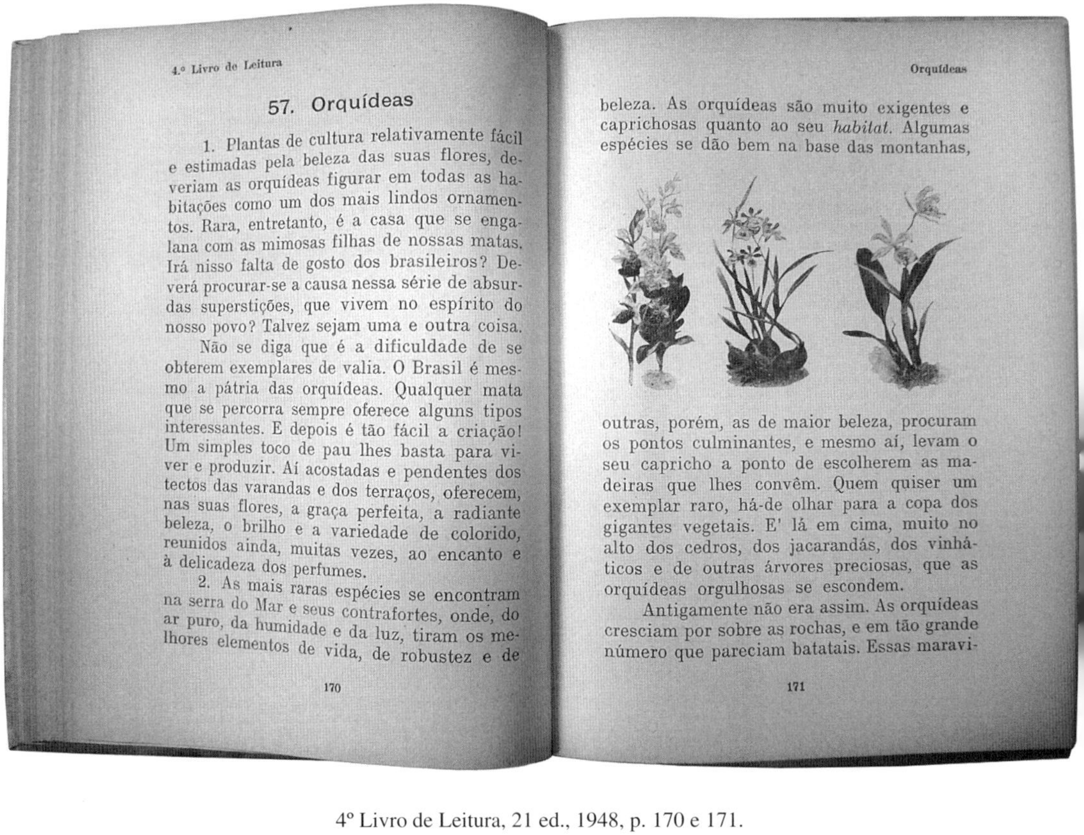

4.º Livro de Leitura

57. Orquídeas

1. Plantas de cultura relativamente fácil e estimadas pela beleza das suas flores, deveriam as orquídeas figurar em todas as habitações como um dos mais lindos ornamentos. Rara, entretanto, é a casa que se engalana com as mimosas filhas de nossas matas. Irá nisso falta de gosto dos brasileiros? Deverá procurar-se a causa nessa série de absurdas superstições, que vivem no espírito do nosso povo? Talvez sejam uma e outra coisa.

Não se diga que é a dificuldade de se obterem exemplares de valia. O Brasil é mesmo a pátria das orquídeas. Qualquer mata que se percorra sempre oferece alguns tipos interessantes. E depois é tão fácil a criação! Um simples toco de pau lhes basta para viver e produzir. Aí acostadas e pendentes dos tectos das varandas e dos terraços, oferecem, nas suas flores, a graça perfeita, a radiante beleza, o brilho e a variedade de colorido, reunidos ainda, muitas vezes, ao encanto e à delicadeza dos perfumes.

2. As mais raras espécies se encontram na serra do Mar e seus contrafortes, onde, do ar puro, da humidade e da luz, tiram os melhores elementos de vida, de robustez e de

170

Orquídeas

beleza. As orquídeas são muito exigentes e caprichosas quanto ao seu *habitat*. Algumas espécies se dão bem na base das montanhas, outras, porém, as de maior beleza, procuram os pontos culminantes, e mesmo aí, levam o seu capricho a ponto de escolherem as madeiras que lhes convêm. Quem quiser um exemplar raro, há-de olhar para a copa dos gigantes vegetais. E' lá em cima, muito no alto dos cedros, dos jacarandás, dos vinháticos e de outras árvores preciosas, que as orquídeas orgulhosas se escondem.

Antigamente não era assim. As orquídeas cresciam por sobre as rochas, e em tão grande número que pareciam batatais. Essas maravi-

171

4º Livro de Leitura, 21 ed., 1948, p. 170 e 171.

Nessas duas obras Antonio Firmino de Proença utiliza textos que despertam o sentimento nacionalista, dando continuidade ao que foi iniciado nos primeiros livros da série graduada. Como estratégias de difusão do nacionalismo são utilizadas narrativas que enaltecem a língua portuguesa, os grandes homens da pátria, símbolos nacionais como a bandeira, contos históricos sobre a pátria e datas comemorativas. Um exemplo é o texto "O Gentil idioma". Esse texto versa sobre a obra "L'Idioma Gentile" de Edmundo de Assis autor do livro "Coração" "Cuore". Em "L'Idioma Gentile" a língua italiana é considerada um idioma gentil. Proença (1950, p.158-159), aponta que:

> Idioma gentil! Nós também podíamos assim chamar ao nosso. Que lhe falta para ser pôsto lado a lado com o sonoro idioma da península italiana? Doçura, suavidade, entusiasmo, ritmo, harmonia, música, de tudo possui a língua portuguesa. Que beleza não seria ouvir-se de norte a sul do país um só idioma, limpo de estrangeirismos desnecessários, com as palavras bem articuladas, as frases bem medidas! Tudo depende de nós. É questão de gôsto e de patriotismo.

Nessas obras a representação do outro é sempre de pessoa subordinada, com raras exceções como o cientista francês "Pasteur". Os índios são percebidos como selvagens e ignorantes. Os negros são os subordinados. Os estrangeiros são pessoas que podem contribuir para o engrandecimento da nossa terra. O autor apresenta o povo brasileiro constituído pela miscigenação do índio, do negro e do europeu. No entanto, os brasileiros são considerados generosos por conviver com o outro.

Segundo Magalhães (1999, p.282-283)

> A construção de séries de livros, para uma época, para certos públicos, em certas regiões, pode informar sobre a prevalência de temas, no que se refere à oferta por lógicas de mercado, no que se refere à procura – grandes temas, temas recorrentes, temas inovadores, temas remodelados.

Em relação a mudanças e permanências de temas, comparações entre obras publicadas em diferentes momentos sinalizam a dinâmica do movimento de transformação vivenciadas na sociedade. Como exemplo de temas remodelados, tem-se o texto "A minha entrada na escola" publicado na 35ª edição, em 1950, no *3º Livro de Leitura* e, "A minha estréa na escola" publicado na 16ª edição, provavelmente no final da década de 1920 e início de 1930, no *2º Livro de Leitura* – destinado para o 3º ano escolar. Essas narrativas apresentam o primeiro dia escolar de Francisco. Na edição mais recente a professora é uma pessoa meiga, doce e amiga das crianças. Na 16ª edição, o perfil da professora é bem diferente. No texto, Francisco cochila na aula e é beliscado por uma colega. Ele se assustou e gritou, com isso "A mestra levantou-se e veio furiosa para o nosso lado. [...] A mim também couberam duas palmatoadas com a palmatoria de sola vermelha" (PROENÇA, s.d., p.22). Segundo Mendonça (2008, p.8), "mais que mobiliário escolar a palmatória é uma ferramenta do mestre, de mãos hábeis e fortes. O objeto representa o símbolo do poder, o professor além da palavra utilizava-se do instrumento para castigar as faltas".

Em edições mais recentes do 3º Livro de Leitura e no 4º Livro de Leitura após as lições são apresentadas orientações gramaticais, exercícios voltados para gramática e o vocabulário. Essa organização, segundo o autor, seria para atender às exigências dos programas de ensino.

Considerações finais

Em suas obras da série de leitura graduada, Antonio Firmino de Proença, deixa transparecer a preocupação em acompanhar a realidade educacional, isto é, a adaptação de suas obras às mudanças teóricas e metodológicas que ocorriam eram constantes, na tentativa de adequar da melhor forma suas obras ao público ao qual eram destinadas.

Antonio Firmino de Proença participou efetivamente das discussões que envolviam propostas educacionais no Estado de São Paulo. Suas publicações em jornais e revistas da época sinalizam a intensidade do seu envolvimento com o campo educacional. Considera-se que as experiências na área da Educação, intelectual e seus contatos políticos, contribuíam para a aprovação de suas obras didáticas.

No que tange à série de leitura graduada de Antonio Firmino de Proença, até o momento não dispomos de dados sobre o período, locais de circulação e usos das obras, mas existem indícios sobre os possíveis locais de circulação, em alguns livros da série são apresentadas informações como: "adotados no Estado de São Paulo", "adotados em todos os estados brasileiros". Acredita-se que a divulgação dessas obras tenha ocorrido de forma ampla. A premissa sobre essa repercussão encontra-se ancorada no fato do nome deste autor constar no Catálogo da Bibliografia Brasileira de 1938-1939 [7].

Neste texto levantamos algumas reflexões acerca da série de livros de leituras graduadas de Antonio Firmino de Proença. Essa série é um objeto de estudo fecundo e permite várias possibilidades de análise e várias vertentes de pesquisa, que poderão ser exploradas em um outro momento.

---

7. O Catálogo intitulado "Bibliografia Brasileira 1938 – 1939". É uma publicação do Instituto Nacional do Livro apresentada como sendo o registro da bibliografia brasileira corrente. Este catálogo está organizado por autor, título e assunto. Esta publicação apresenta no total 325 páginas. Além dos títulos são apresentadas outras informações sobre os livros divulgados como: nome do autor, número de edição, local e ano da publicação, editora, número de páginas, se a obra era ilustrada ou não, dimensões (tamanho) e o preço. Nas páginas finais é apresentada uma relação constando as publicações do Ministério da Educação e Saúde no período de 1938 – 1939, bem como uma relação com os nomes dos editores e impressores.

Referências

ARAÚJO, Emanuel. A construção do livro. Rio de Janeiro: Nova Fronteira; Brasília: INL - Instituto Nacional do Livro, 1986.

BAKHTIN, Mikhail. Marxismo e Filosofia da Linguagem: problemas fundamentais do Método Sociológico na Ciência da Linguagem. São Paulo: Editora Hucitec, 1981.

BATISTA, Antonio A. G. Um objeto variável e instável: textos, impressos e livros didáticos. In: Leitura , História e História da leitura, edited by M. ABREU. Campinas; São Paulo: Mercado das Letras, Associação de Leitura do Brasil; FAPESP; 2002.

BATISTA, Antonio A. G.; GALVÃO, Ana M. O.; KLINKE, Karina. Livros escolares de leitura - uma morfologia (1866-1956). Revista Brasileira, Maio/Jun/Jul/Ago, nº20, pp.27-47, 2002.

BITTENCOURT, Circe. F. Autores e editores de compêndios e livros de leitura (1810-1910). São Paulo, Revista da Faculdade de Educação da USP, 30 (03): 475 - 491, set/dez. 2004.

BOTO, Carlota. Aprender a ler entre cartilhas: civilidade, civilização e civimos pelas lentes do livro didático. Educação e Pesquisa, São Paulo, v.30, n.3, p.493-511, set/dez, 2004.

BRASIL. Lei de 15 de outubro de 1827. Manda crear escolas de primeiras letras em todas as cidades, villas e logares mais populosos do Império. Disponível em: http://www2.camara.gov.br/legislacoes/doimpério.

CHARTIER, Roger. A ordem dos livros: leitores, autores e bibliotecas na Europa entre os séculos XIV e XVIII. Tradução Mary del Priore. Brasília: Universidade, 1999.

FARIA FILHO, Luciano M. História da Educação. Coleção Veredas. Vol.3 Belo Horizonte: Secretaria Estadual de Educação, 2003.

FERNANDES, Antonia T. de C. Livros didáticos em dimensões materiais e simbólicas. Educação e pesquisa, São Paulo. V. 30, n.3 p.513-529, set./dez.2004.

FERRER, Alejandro T. La lectura como eje vertebrador de la practica escolar uma perspectiva histórica. In: CASTRO, Rui Vieira et al. (Orgs.) I Encontro Internacional sobre Manuais Escolares. Manuais Escolares: estatuto, funções, historia. Braga, Portugal: Lusografe, 1999.

FRADE, Isabel C. A. S. Um passeio pelo arquivo público mineiro, estado, autores, editoras e usuários, entre pedidos e remessas de cartilhas em Minas Gerais, no início do século XX. Anais do 26 Congresso Brasileiro de Ciências da Comunicação, Belo Horizonte-MG, setembro de 2003. São Paulo: Intercom, 2003. [cd-rom]

FRADE, Isabel C. A. S.; MACIEL, Francisca I. P. (Orgs.). História da Alfabetização: produção, difusão e circulação de livros (MG/ RS/ MT – Séc. XIX e XX) Belo Horizonte: UFMG/FaE, 2006.

GINZBURG, Carlo. Mitos, emblemas, sinais: morfologia e história. São Paulo: Companhia das Letras, 1989.

HALLEWELL, Laurence. O livro no Brasil: sua história. [tradução de Maria da Penha Villabolos e Lólio Lourenço de Oliveira, revista e atualizada pelo autor]. – São Paulo: T. A. Queiroz: Ed. Da Universidade de São Paulo, 1985.

INSTITUTO NACIONAL DO LIVRO. Bibliografia Brasileira 1938-1939. Instituto Nacional do Livro, 1939.

KLINKE, Karina. Escolarização da leitura no ensino graduado em Minas Gerais (1906 – 1930). Tese de Doutorado. FaE/UFMG. Belo Horizonte, 2003.

MACIEL, Francisca. I. P. História da alfabetização: perspectivas de análise. In: VEIGA, Cynthia G.; FONSECA, Thais N. (Orgs.). História e Historiografia da Educação no Brasil. Belo Horizonte: Autêntica, 2003. p. 227-252.

MAGALHÃES, Justino P. Um apontamento para a história do manual escolar entre a produção e a representação. In: CASTRO, Rui Vieira et al. (Orgs.) I Encontro Internacional sobre Manuais Escolares. Manuais Escolares: estatuto, funções, historia. Braga, Portugal: Lusografe, 1999.

MELHORAMENTOS. Lista de Edições das Obras de Antonio Firmino de Proença, publicadas pela Companhia Melhoramentos de São Paulo, 2008.

MENDONÇA, Ligia Bahia. Sobre o reino da palmatória. In: VI Luso-brasileiro de História da Educação, 2008, Porto.

NAVARRO, Roberta M. S.; NAVARRO, Fabiana. M. S.; TAMBOURGI, Elias B. Estudo de diferentes processos de obtenção da pasta celulósica para fabricação de papel. Recife, Revista Ciências & Tecnologia UCP, v.1, n1, julho/dezembro 2007.

PEREIRA, Amarildo G. O livro didático na educação brasileira. Dissertação de Mestrado. FaE/UFMG, Belo Horizonte 1995.

PFROMM NETO, Samuel; ROSAMILHA, Nelson e DIB, Cláudia Z. O livro na educação. Rio de Janeiro: Primor/INL, 1974.

PROENÇA, Antonio F. de. 1º Livro de Leitura. 47ª ed. São Paulo: Melhoramentos, 1950.

PROENÇA, Antonio F. de. 2º Livro de Leitura. 30ª ed. São Paulo: Melhoramentos, 1942.

PROENÇA, Antonio F. de. 3º Livro de Leitura. 35ª ed. São Paulo: Melhoramentos, 1950.

PROENÇA, Antonio F. de. 4º Livro de Leitura. 21ª ed. Refundida. São Paulo: Melhoramentos, 1948.

PROENÇA, Antonio F. de. Cartilha Proença. 84ª ed. São Paulo: Melhoramentos, 1955.

PROENÇA, Antonio F. de. Leitura do Principiante. 16ª ed. São Paulo: Melhoramentos, s.d.

PROENÇA, Antonio F. de. Leitura do Principiante. 35ª ed. São Paulo: Melhoramentos, s.d.

RAZZINI, Marcia de Paula Gregorio . Livro didático e expansão escolar em São Paulo (1889-1930). Língua Escrita, v. 1, p. 19-43, 2007.

REVEL, Jacques. Os usos da civilidade. In: In: ARIÈS, P. & CHARTIER, R. História da vida privada 3: Da renascença ao século das luzes. São Paulo: Companhia das Letras, 1991.

SÃO PAULO. Programa para o Ensino Primário Fundamental. 1º Ano. Ato Nº 17, de 23 de Fevereiro de 1949.

SÃO PAULO. Programa para o Ensino Primário Fundamental. 2º Ano. Ato Nº 24, de 7 de Abril de 1949.

VIDAL, Diana G.; FARIA FILHO, Luciano M. As lentes da história: estudos de história e historiografia da educação no Brasil. Campinas, SP: Autores Associados, 2005.

ZOTTI, Solange A. Organização do ensino primário no Brasil: uma leitura da história do currículo oficial. In: José Claudinei Lombardi; Dermeval Saviani e Maria Isabel Moura Nascimento. (Org.). Navegando pela história da educação brasileira. 1 ed. Campinas: Gráfica FE; HISTEDBR, 2006.

Pátria, patriota patriotismo, compatriota, patrício:
valor do ensino da "Geographia da Pátria" na escola brasileira

Maria Helena Camara Bastos
Maria Stephanou

Itinerários de uma disciplina escolar

> C'est le maître qui doit comuniquer la vie à ce qu'il enseigne, abandonner les vieux errements et marcher dans les voies nouvelles. Sans maîtres, les méthodes restent mortes; c'est donc par les écoles normales que doit se confirmer toute réforme profonde, comme celle qui a commencé à se produire en géographie. (Franz Schrader, 1911)[1]

As disciplinas da escola primária, desde o século XIX – geografia, história, moral, instrução cívica – fazem parte, juntamente com o ler, o escrever e o contar, da matriz de uma educação nacional voltada para a formação da civilidade republicana e do cidadão. Essas matérias passam por um processo de institucionalização, profissionalização e regulação, com vistas à construção de uma hegemonia cultural da escola, da sociedade e da nação. O conhecimento, na perspectiva apontada, devia ser padronizado e profissionalizado com a finalidade de facilitar o planejamento, a coordenação e a avaliação do professor, do aluno e do sistema escolar (Popkewitz, 1997, p.87).

Nesse conjunto, a Geografia adquiriu uma especificidade: tornou-se uma disciplina escolar antes de ser uma matéria universitária (Audigier, 1998, p.489). Na França, com Guizot[2] em 1833, a geografia como disciplina compunha o programa do ensino primário superior e era facultativa nas escolas primárias até 1867, quando Victor Duruy[3] tornou-a obrigatória e matéria essencial para um melhor

1. Franz Schrader (Jean-Daniel-François dit) é autor do verbete "Géographie", no dicionário de Buisson. Além disso, suas obras foram adotadas no Brasil, desde o século XIX, no Colégio de Pedro II: Élément de géographie, régigés suivant les programmes de l'enseignement primaire. Paris: Hachette, 1881, 1884, 1889; Atlas de géographie modern. F. Schrader, F. Prudent et E. Antoine. Paris: Hachette, 1889. 64 cartes.

2. François Guizot foi Ministro da Instrução Pública na França em dois períodos: de outubro de 1832 a fevereiro de 1836; de setembro de 1836 a abril de 1837.

3. Victor Duruy foi Ministro da Instrução Pública na França de 1863 a 1869.

conhecimento do território nacional e do mundo, com função patriótica[4] . Julgava-se, desse modo, que sem o conhecimento geográfico o aluno era um estrangeiro em seu próprio país. A disciplina de geografia viria a contribuir para a formação da consciência nacional, do sentimento de patriotismo, pois incumbia "conhecer melhor o seu país, para melhor amá-lo e melhor servir".

A Geografia, assim concebida, tem por objeto o conhecimento, pelo aluno, do mundo no qual vive, mundo que é o horizonte de seu pensamento e de sua ação (Audigier, 1998, p.491). Observar, nomear, explicar mapas e imagens constituía o método para descrever a superfície da terra, as paisagens, as formas que têm as atividades humanas, nomear com palavras corretas, localizar com precisão. Isto é, observar a flora e a fauna, estudar cartas geográficas e mapas, relacionar a geografia local/nacional com o resto do mundo, a partir do conhecimento dos continentes.

Em meados do século XIX, as lições de Geografia consistiam em inventários a serem memorizados. Partiam do geral ao particular, depois a cosmografia (geografia matemática), a geografia física até a geografia política[5]. Nas últimas décadas do século XIX, a geografia como ciência devia descrever a terra como um organismo planetário, com fenômenos e movimentos diversos, um mundo animado pelos homens. Schrader (1911) recomendava que o ensino da geografia devia compreender as coisas, o nomes das coisas, as relações entre as coisas.

No Brasil, o ensino de Geografia como disciplina escolar tem início no século XIX, no Colégio Pedro II, que já o incluía no seu primeiro regulamento, de 1838[6] . A lei Couto Ferraz, de 1854, que regulamenta o ensino primário e secundário na Corte, propunha um currículo com as seguintes disciplinas: instrução moral e religiosa, leitura, escrita, gramática, aritmética, sistema de pesos e medidas, com bordados e trabalhos de agulha para as meninas, podendo ainda ser acrescido de história e geografia, especialmente do Brasil. Em 1879, a reforma de Leôncio de Carvalho determinava para o primeiro grau do ensino primário o ensino de história e geografia do Brasil.

---

4. Guy Vincent (1980, p.188) afirma que a geografia torna-se matéria obrigatória depois da Exposição Universal de 1867, em Paris, que mostrou o atraso da França em relação aos demais países. Já Schrader (1911) aponta a derrota da França para a Prússia, em 1870, que causou um certo sentimento de humilhação e a crença que o estrangeiro está geograficamente melhor preparado para invadir o território francês do que os franceses para defendê-lo.

5. Por exemplo, em 1878 no Colégio Menezes Vieira, os exames preparatórios na disciplina de Geografia constaram de uma prova escrita, que se limitou à nomenclatura dos acidentes físicos de todos os países, e de uma prova oral sobre os aspectos políticos desses países. Menezes Vieira ainda informou que o programa da disciplina era composto de 40 pontos e desses somente um dizia respeito ao Brasil (Bastos, 2002, p.74).

6. No programa do Colégio de Pedro II, o Regulamento No. 8, de 31 de janeiro de 1838, indicada "cinco lições" de Geographia para o primeiro ano e "uma lição" para o segundo ano do curso. Para o ano de 1850, constam as disciplinas de Cosmografia e Cronologia, e Geografia Antiga. Sobre, ver Vechia e Lorenz (1998).

Na escola primária, o Colégio Menezes Vieira (1875-1887) ministrava a disciplina desde 1875, estando a cargo dos professores A. Beurem; Moreira Pinto (Corografia do Brasil); José Rabelo Leite Sobrinho (Geografia Universal). O próprio Menezes Vieira publicou, para o ensino de geografia, uma coleção de mapas-mudo do Brasil e das cinco partes do mundo (1878), um atlas geográfico "Conheçamos a nossa Pátria" (1883), e "Noções de Geografia" (1884). Na primeira Exposição Pedagógica realizada no Rio de Janeiro (1883), o Colégio expôs vários materiais didáticos para o ensino de Geografia, a saber: "carta muda da Europa sobre tela ardosiada; carta muda do planisfério sobre tela ardosiada, feita pelo professor M. Rousseau; carta-tipo plástica da Europa; cartas moderníssimas das cinco partes do mundo, pelo editor Delagrave; aparelho geocíclico de Gervais; planetário; aparelhos para as fases da lua; astronomia em quadros transparentes; quadros de Cícery para a nomenclatura geográfica; vistas coloridas de várias cidades européias" (Bastos, 2002, p. 86).

Rui Barbosa, nos seus Pareceres de 1882 (1982, p.305) denuncia a precariedade do ensino de Geografia nas escolas primárias brasileiras. Toma, como exemplo, o manual "Pequena Geografia da Infância, composta para uso das escolas primárias", de Joaquim Maria de Lacerda, em que a ênfase do ensino é a memorização da nomenclatura e a "tarefa de decorar o número total de quilômetros e habitantes em cada continente, a lista das religiões e raças humanas (...). Em vez de principiar pelo município, pela província ou pelo país, o curso consagra as suas primeiras lições à Europa, à Ásia, à África, à América, (...) à Oceania". E conclui: "Praticado pelo bordão da rotina, o ensino da geografia é inútil, embrutecedor. Nulo como meio de cultura, incapaz mesmo de atuar duradouramente na memória, não faz senão oprimir, cansar e estupidificar a infância, em vez de esclarecê-la, e educá-la" (Idem, p.307).[7]

Em 1890, José Veríssimo (1985, p. 57) afirmava que a educação brasileira para ser nacional precisava inspirar o sentimento pátrio e ser dirigida para um fim patriótico. Justificando sua posição, denunciava: "não sabemos geografia, (...) a nossa ciência é de nomenclatura e, em geral, cifra-se a nomenclatura geográfica da Europa" (p.92). Denunciava a penúria de compêndios escolares e a carência total de mapas murais e cartas. Para ele, "a geografia do País, inteligentemente compreendida e ensinada, é por assim dizer a base de toda a educação nacional bem dirigida" (p.98).

A preocupação com as matérias ligadas à representação da nação, que compunham o chamado tripé da nacionalidade (língua materna, história e geografia), prosseguiu no alvorecer do século XX, destacando-se autores como o conde Affonso Celso, que fez publicar *Por que me ufano do meu país* (1900)[8], Olavo Bilac e Manoel Bomfim, que publicaram *Através do Brasil* (1910), assim como

7. Sobre, ver o estudo de André Souza, que listou cerca de 30 livros de geografia do século XIX até 1901, disponível em <http://www3.fe.usp.br/secoes/comissoes/cpesq/public2/cont/07.swf>

8. Ver Bastos (2002).

Afrânio Peixoto, com sua obra intitulada *Minha terra e minha gente* (1916). Tais obras, usadas como livro de leitura nas aulas de língua pátria, visavam também sanar as carências do ensino de geografia, da história pátria, somando-se no intuito de formar o caráter nacional do cidadão brasileiro.

Rocha (2000, p.85) afirma que, "em oposição ao modelo de geografia tradicionalmente ensinado, emerge de forma paradigmática uma nova proposta de ensino, tornada oficial a partir da reforma Luiz Alves Rocha Vaz (1925)"[9] , que explicitamente associava o ensino de geografia à formação cívica nacional.

Luca (2000, p.89), ao analisar a *Revista do Brasil* (1916-1925), assinala o quanto a Geografia e a História passam a ser percebidas como saberes considerados estratégicos para a formação de uma consciência nacional, daí que "deveriam ocupar papel central tanto nos cursos destinados à formação de professores quanto no ensino primário". Nesse sentido, destaca o emblemático excerto do artigo "Educação Cívica", de Carneiro Leão, publicado naquela Revista em setembro de 1916:

> Para amar a pátria é preciso, antes de tudo, que a conheçamos. É pela Geografia e sua História, é pelo cultivo cuidadoso da língua que chegamos a esse fim... Sem a História que nos inculta a magnificência do nosso passado e a Geografia que nos mostra os fulgores do nosso país, a grandeza do nosso território... o nosso civismo terá a consistência das declarações retumbantes e vazias. (apud LUCA, 2000, p.89)

Nos anos 1920, Lourenço Filho, por sua vez, defendia a necessidade de uniformização do ensino primário no Brasil. No curso que ministrou às alunas da Escola Normal do Ceará, em 1923, na parte referente à Methodologia de Geographia, destacava a importância e seu ensino na escola primária para a formação do sentimento da nacionalidade.

> Entre todas as disciplinas systematizadas e professadas com carinho e enthusiasmo em nossas escolas, a Geographia occupa ainda uma posição inferior. É, incontestavelmente, a mais negligenciada. Ninguém lhe dá valor, ninguém a estuda profundamente. Tanto alunnos como professores tratam-na com o maior despreso e por isso bem poucos são aquelles que sahem das escolas, levando alguns conhecimentos ainda que mesquinhos e imperfeitos desta matéria tão importante quão fundamental, como um, dos alicerces sobre o qual se deve erguer o monumento de uma cultura sólida.

9. A Reforma João Luiz Alves, conhecida por lei Rocha Vaz (Lei nº16.782 A, de 13 de janeiro de 1925), que reforma o ensino secundário e superior, estabelece o ensino da Geografia Geral (1º ano) e da Geografia – Corografia geral (2º ano) no ensino secundário. No cap.III, art. 6, determina que « no ensino da língua materna, da literatura, da geografia e da história nacional darão os professores como tenmas escritos, assuntos relativos ao Brasil, para narrações, descrições e biografias dos grandes homens em todos os ramos de atividade, selecionando, para os trabalhos orais, (...), para desenvolver-lhes os sentimentos de patriotismo e de civismo» (Nóbrega, 1967, p.84).

> Para nós brasileiros nada nos prejudicará o não saber os cabos, rios, montanhas, cidades de outros países. O que de perto nos toca, o que nos interessa é o que diz respeito ao nosso Brasil, querido (...). O valor da Geographia na formação do espírito da nacionalidade é muito grande. Dando-nos o conhecimento do nosso país, de seus recursos naturais, de sua belleza, sua riqueza (...) faz-nos despertar o coração, vibrar a alma de enthusiasmo por esse Brasil immenso, que qual gigante adormecido, espera apenas por seus filhos... (Lourenço Filho, 1923, *apud* Fischer, 2009, p.242)

Na I Conferência Nacional de Educação, realizada em Curitiba no ano de 1927, entre as 112 teses defendidas, somente uma abordava o ensino de geografia. De Renato Jardim, sob o título "O ensino da Geografia – Necessidade de uma reforma de programas e métodos", mantinha-se a crítica às mazelas já denunciadas por José Veríssimo e Lourenço Filho, especialmente quanto ao método de ensino de geografia. Segundo o autor, este consistia em "papaguear inúteis definições e de indigestamente decorar nomes sobre páginas de um livro ou sobre a superfície sarapintada de um mapa – é ainda e sempre o precioso método que faz excelente professor de Geografia um semi-analfabeto" ([1927]1997, p. 388). Ao denunciar a orientação tradicional do ensino dessa disciplina nas nossas escolas, caracterizado como "decorando, palavra por palavra, as páginas arcaicas de geografiazinha de Lacerda..." (p.399), Jardim propunha uma "nova geografia":

> Mais legítimos fatos geográficos com que iniciar um curso infantil, com obediência aos preceitos do concreto para o abstrato, do conhecido para o desconhecido, do particular para o geral, serão um monte, um ribeiro, uma praia, o vento, a chuva, um porto, um mercado, uma via férrea; senão um imigrado – evocando pela língua que fala, pelo tipo que apresenta -, um país longínquo diferente do nosso, o mundo que se estende acolá, movimentando, vivo... (Jardim, [1927]1997, p.397)

No contexto de críticas e proposições acerca do ensino de geografia, com a firme intenção de promover mudanças efetivas na escola primária, situa-se a obra de Antonio Firmino de Proença – *Como se ensina Geographia* (1928). Para Santos (2005), considerando a literatura específica sobre o ensino de geografia publicada nos anos 1920 a 1930, Proença veio somar-se às obras de Delgado de Carvalho (1926) e João Toledo (1930), com indiscutível contribuição à formação de professores, no bojo de "uma política editorial cujo objetivo é a formação de uma nova cultura pedagógica" no país (Carvalho, 2001, p.165).

Como se ensina? Um autor responde acerca da Geografia

Como se ensina Geographia compõe o volume VII da coleção Biblioteca de Educação, organizada por Lourenço Filho para a Companhia Melhoramentos de São Paulo[10] , considerada "a primeira série de textos de divulgação pedagógica"

---

10. Sobre a Biblioteca de Educação, ver Monarcha (1997); Carvalho (2003); Toledo (2005).

criada no Brasil, para difundir ideias e debates sobre a educação renovada (Monarcha, 1997, p.27).

A "Bibliotheca da Educação" é assim apresentada ao leitor por Lourenço Filho, na contracapa da obra de Proença:

> torna-se hoje indispensável aos srs. professores, normalistas, e aos srs. paes em geral, directamente interessados em conhecer as bases scientíficas da educação e de seus processos racionaes. Cada volume contem sempre um assumpto completo, e a colecção toda se distribue por duas series, uma das bases scientificas do ensino, outra as applicações praticas e crítica de systemas. (Proença, 1928)

Para Carvalho (2003, p.1), "os dispositivos de modelização da leitura inscritos na materialidade do impresso em circulação funcionam também como dispositivos de intervenção pedagógica". Assim, a obra de Proença visava divulgar as "modernas orientações" do ensino de geografia às professoras primárias e às normalistas, de acordo com os princípios da escola nova, na perspectiva de uma "filosofia moral e uma teologia do ensino" (Popkewitz, 1997, p.73). Para tanto, a Biblioteca de Educação compendia os saberes pedagógicos necessários à transformação da mentalidade e da prática do professorado (Carvalho, 2001, p.165).

Antonio Firmino de Proença (1880-1946) foi aluno da Escola Normal de São Paulo de 1901 a 1904. Desde 1867, constava no currículo dessa escola a disciplina "Elementos de História e Geografia Universais, especialmente a do Brasil e da província de São Paulo" (Monarcha, 1999, p.51). Na cadeira de Geografia, Cosmografia e História do Brasil, Proença foi, provavelmente, aluno do Dr. José Estácio Corrêa de Sá e Benevides e do Dr. Luiz Corrêa Galvão.

A atuação profissional de Proença – que foi professor de várias escolas normais do Estado de São Paulo e ocupou cargos da administração do ensino[11] - e a rede de sociabilidades decorrentes qualificavam o autor e a obra. Na contracapa da primeira edição, de 1928, informa-se ao leitor que Proença era Inspetor Geral de Ensino, reafirmando a autoridade de sua obra, vendida no valor de 4$000 (quatro mil Réis).

Além do livro *Como se ensina Geographia*, Proença foi reconhecido e fartamente citado por diversos autores, seus contemporâneos ou mesmo pelos que o sucederam, dada sua expressividade na produção pedagógica da época. Foi autor, entre outras publicações, de diversos artigos na revista *Educação*, de São Paulo, dentre os quais sobressaem treze artigos em que constavam planos de lições primárias, modelos de aulas, recomendações didáticas, salientando-se o enfoque notadamente metodológico atribuído às proposições de ensino daquela matéria (Santos, 2005, p. 117).

---

11. Cf. Mello (1954, p.500 *apud* Santos, 2005, p.27). Ver também nesta publicação, capítulo sobre a trajetória profissional de Proença, de autoria de Luiz Carlos Barreira.

A obra *Como se ensina Geographia* teve duas edições – setembro de 1928 e maio de 1932 -, cada uma com tiragem de três mil exemplares, informação corroborada por Monarcha (1997) e Santos (2005).

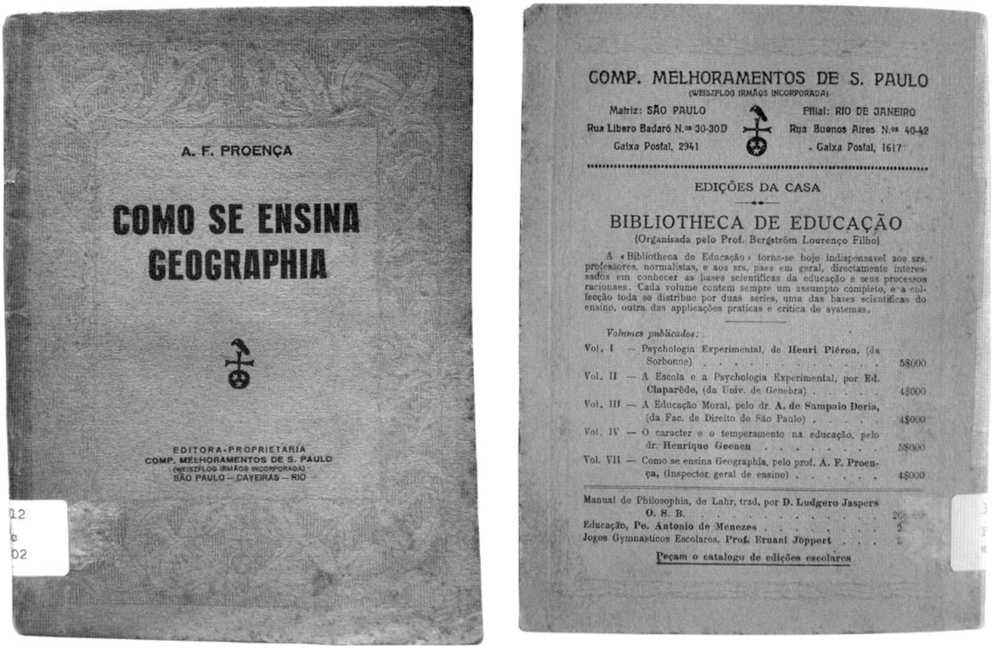

Como se ensina Geographia, 1928 (capa e contra-capa)

O volume, em tamanho 19x13cm[12] , possui 108 páginas. Apresenta um índice ao final, que indica a divisão da obra em nove capítulos – "O que é a geografia", "Para que se ensina geografia", "Como se ensina geografia", "Geografia local", "Geografia local (O programa)", "O mundo como um todo", "Cartografia", "O Brasil" –, além de um Prefácio e Bibliografia. Cada capítulo está estruturado em subitens: por exemplo, no capítulo I, "Como se ensina a Geografia", constam: O que é a geografia; Concepção vulgar da geografia; O que a geografia estuda;

12. O tamanho 19x13 corresponde a (8vo) em oitavo. A descrição é utilizada em catalogação de obras raras, segundo o código "Descriptive Cataloging of Rare Books". Em correspondência dirigida por Lourenço Filho a João Hyppolyto de Azevedo e Sá, diretor da Escola Normal de Fortaleza, em 1930, Lourenço refere-se à expedição pelo correio de «vários livrinhos» que seriam de muita utilidade para aquele diretor. Os «livrinhos», numa clara alusão ao tamanho e formato, estavam sendo compostos ou traduzidos por Lourenço Filho, assim como por ele selecionados dentre diversos autores, para orientação do professorado de São Paulo, e, como sabemos, viriam a compor a coleção Biblioteca de Educação (Ver Cavalcante, 1998, p. 148-152).

Como se divide a geografia; Relações da geografia com outros ramos de conhecimento; Conclusões didáticas. Esse último item está presente em todos os capítulos, o que configura a obra como um "manual didático"[13] . A inserção de subitens sugere pensar as estratégias autorais e editorias de didatização do texto, espécie de dispositivo de auxílio à leitura para fins de compreensão pelo leitor-professor. Tal dispositivo, como enfatiza Santos (2005, p.31), ajudaria o professor a manusear o livro como um manual.

Na condição de organizador da coleção Biblioteca de Educação, Lourenço Filho prefacia a obra de Firmino Proença, situando-a entre os "pequenos manuais que condensem as modernas ideias e práticas da educação" (Proença, 1928, p. 5). *Como se ensina Geographia* vinha a integrar, especialmente, o grupo das monografias didáticas, "em que se desenvolvem as normas atuais de aplicação [das bases científicas da educação]". E ressalta:

> Não se dão aqui pequenas receitas de processos, com o caráter de normas imperativas, tão ao sabor das nossas preocupações mecanicistas do ensino, mas ao contrário, procura-se elevar o espírito do professor, pela visão total da matéria a ensinar, de sua finalidade prática e formativa, da ação dos exercícios que permite sobre a mentalidade em organização dos discípulos, Onde se faz mister, desce o autor a minúcias de técnica, mas sempre de modo a sugerir a criação pessoal do professor. (Ibidem)

Lourenço Filho, ainda, destaca as opções teóricas de Proença, para quem, segundo o prefaciador, não há proposição de um "ensino que de leve se pareça com o da antiga geografia de nomes ou da reprodução cartográfica mecânica", pois o que há são conhecimentos geográficos, estudo de fatos geográficos" (Ibid., p.5). Assim se expressa:

> O Professor Proença não se inspirou diretamente nas ideias do grande educador belga [Decroly], mesmo porque não limitou o alcance de seu estudo ao curso primário. Não o fez, também, com exclusividade em qualquer outro autor. Aceitando e coligindo o que de melhor encontrou em autores europeus e americanos, e juntando-lhes as lições de sua longa experiência de ensino, produziu uma obra de grande valor, para a metodologia no curso primário e secundário. Ela vem formar como proveitoso elemento, junto às

13. As obras destinadas aos professores, quando existem, compreendem, em teoria, duas categorias distintas: a primeira contém os "livros do mestre" ou "livros do professor", que são associados a determinado manual de aluno e que, seguido das disciplinas e das épocas, dá as respostas às questões ou às correções dos exercícios, ou fornece ao professor as pistas para exploração pedagógica ou ainda documentos ou atividades complementares; a segunda integra os livros que tratam de questões pedagógicas (condução da classe, ...) ou didática (métodos de aprendizagem,...) e são utilizados quando da formação inicial dos professores (nesse caso, os mestres estão ainda na posição de aluno, ele podem aprender nos manuais como os outros), ou ao longo de sua vida ativa (aqueles da literatura profissional) (Choppin, 2009, p.30).

> ideias de reforma desse ensino, pregadas e realizadas no Brasil, no curso secundário, por Delgado de Carvalho e enunciadas para o curso primário em vários trabalhos do Prof. Renato Jardim (...) (Ibid., p.6)[14]

No final do volume, há indicação de uma bibliografia para auxiliar o professor "quer no estudo, quer no ensino da matéria, segundo a orientação moderna" (Ibid., p.106). A lista é composta de oito títulos. Dos autores e obras estrangeiras são citados: "La terre et l'homme" de J. L'Espagnol; "Traité de Geographie Physique de la France" de E. Martonne; "Physical Geography" de Maury-Simonds; "Special Method in Geography" de Charles Mc Murry; "The teaching of Geography" de Archibald Geikie; a tradução espanhola da obra "Como se debe estudiar la geografia" de Francis W. Parker (1915). De autores brasileiros constam as referências de Delgado de Carvalho, com as obras "Geografia Elementar", Geografia do Brasil (1913), Metodologia do ensino geográfico (1925)"[15] ; e de Ezequiel de Moraes Leme, com a obra "Geografia e Cosmografia".

Além dessa indicação bibliográfica, Proença faz uso de notas de rodapé no intuito de remeter o leitor para outras obras da coleção: "A propósito do método, em geral, vide o vol. VI desta Biblioteca: O método Decroly" (Ibid., p. 7); "A propósito da correlação das matérias e globalização de ensino, v. o vol. desta Biblioteca: O Sistema Decroly" (p.45) [16]. Em outras notas de rodapé, o autor menciona outras referências que buscou para construir seu texto: "Histoire de l'instruction et de l'éducation, de Guex" (p.29); Vuillemin (p.49). O corpo do texto possibilita, ainda, identificar outros referenciais utilizados para a elaboração da obra, onde são mencionados Pestalozzi, considerado o iniciador do ensino da geografia local; os pareceres de Rui Barbosa (1882-83); Padre Girard; os trabalhos de Humboldt e Karl Ritter, que, segundo o autor, favoreceram o aparecimento da ciência geográfica; etc.

Na construção do texto, ao citar os autores estrangeiros, Proença transcreve as citações em francês e inglês, o que subentende que o leitor – professor primário, professor secundário e as normalistas – tinha domínio desses idiomas.

---

14. Renato Jardim, anteriormente referido, é autor da tese sobre ensino de geografia na I Conferência Nacional de Educação, 1927.

15. Sobre Delgado de Carvalho, ver Barros (2008); Costa (2008).

16. Somente em 1931 é editada a obra sobre o sistema Decroly sob o título «Os centros de interesse na escola: sugestões para lições globalizadas, segundo o sistema Decroly, como contribuição para a escola brasileira renovada», de autoria de Abner de Moura, integrando a Biblioteca de Educação, volume XV (São Paulo: Melhoramentos, 1931. 95 p.). Desde 1929, no Brasil, circulava a obra de Amèlie Hamaide - O methodo Decroly (Tradução e adaptação de Alcina Tavares Guerra. Rio de Janeiro: F. Briguiet e Cia., 1929. 235 p.), que compunha a «Coleção Pedagógica», coordenada por Paulo Maranhão, inspetor escolar no Distrito Federal. Lourenço Filho, em «Introdução ao Estudo da Escola Nova» (1930), faz um resumo crítico da obra e do sistema Decroly. Sobre Ovide Decroly (1871-1932), ver: Elias (2000); Besse (2001); Matos et alii (2004).

A obra intenta oferecer subsídios à normalista e ao professor para desenvolver o programa, especialmente das escolas primárias, quanto ao ensino de geografia, e em alguma medida contrastava com o que estava estabelecido. Vejamos, por exemplo, o programa para as escolas primárias de São Paulo, estabelecido em 1921, que listava os seguintes assuntos:

1º ano Geografia e História	2º ano Geografia
a) Primeiras ideias de orientação; posição dos objetos na sala de aula; à frente, atrás, à direita, à esquerda, na parte superior, na parte inferior. b) Exercícios de orientação relativamente à localidade em que está a escola. Conhecimento dos pontos cardeais pelo nascimento do sol. c) Medida de tempo; a hora, o dia, a semana, o mês, o ano. d) Denominação dada às terras e às águas, estudadas do natural, tanto quanto possível. Reconhecimento das formas e acidentes geográficos no mapa; sua reprodução no quadro negro e no papel. Estudos da natureza, em excursões, visando o conhecimento da localidade da escola. a) Palestras com o aluno sobre o lugar onde ele nasceu, onde nasceram seus irmãos, seus pais e pessoas conhecidas, de modo a dar-lhes a ideia de Pátria. Nome de nossa Pátria. b) Palestras sobre as riquezas e belezas naturais e recursos de nosso país, de modo a despertar na criança sentimento de entusiasmo pela Pátria.	a) Estações do ano. Estação do plantio, do florescimento e da colheita. b) Localidade da escola. Estradas de ferro e de rodagem. c) Traçado do contorno do estado de São Paulo. Localização das cidades, rios, estradas de ferro, porto, montanhas etc. d) Noções elementares sobre o Brasil; Capital, superfície, população, produção, exportação e importação. Breve notícia sobre os estados. e) Noções sobre o sol, a lua, as estrelas, os cometas e os eclipses etc.

(Decreto 3.356, de 31 de maio de 1921, que Regulamenta a Lei nº1750, de 8 de dezembro de 1920, que reforma a Instrução Pública de São Paulo, apud Santos, 2005, p.180)

Como veremos adiante, Proença endossará alguns dos assuntos acima, assim como criticará duramente outras abordagens prescritas nos programas vigentes à época. Afirmava que era preciso distinguir a finalidade do conhecimento da matéria e a finalidade do ensino da matéria, o que para ele era problemático nos programas em geral. Para o autor, a finalidade do ensino da matéria sobreleva porque dela depende o método do ensino. Assim, os programas em si mesmos não eram o elemento fundamental, mas sim a didática do ensino, embora não devessem ser descuidados, sob pena de promoverem falta de correlação entre os assuntos e, portanto, entre os fatos geográficos.

Proença inicia o livro mostrando ao leitor/professor a importância de "antes de estabelecer o método e escolher os processos para ensinar uma determinada matéria, deve o professor procurar saber o que é a matéria que vai ensinar e quais as relações que ela mantém com outros ramos de conhecimento" (Proença, 1928, p.7).

Para construir um discurso vinculado à escola renovada, Proença, já nas primeiras páginas, define o que considera a "concepção vulgar de geografia", limitada tão somente à descrição da terra e à memorização de nomes e lugares. Conduz o leitor a concluir que a geografia é uma "ciência sintética", que estuda os fatos também estudados por outras ciências; é uma "ciência natural", que só pode ser adquirida por observação direta ou indireta, ativando a imaginação, o juízo e o raciocínio; que é uma "ciência complexa", pois necessita de uma preparação prévia para que seus fatos sejam perfeitamente apreendidos e explicados; e que o ensino da matéria requer "espírito observador e indagador como em qualquer outra das ciências naturais". Em síntese, a geografia

> estuda os fatos para estabelecer leis gerais e procura explicar os fatos à luz das leis formuladas. Descobrir causas e explicar efeitos, eis o seu objeto. Todavia os fatos que lhe pertencem têm feição característica. A geografia estuda a terra, porque a terra é a morada do homem. Não lhe interessam, portanto, senão aqueles fatos que têm relação direta ou indireta com a vida humana. Em resumo, a geografia tem por objeto o estudo do globo terrestre em suas relações com a vida em geral e, especialmente, em suas relações com a vida humana. (Proença, 1928, p.12)

No capítulo II – *Para que se ensina a geografia* –, o autor posiciona-se na perspectiva de que a geografia como disciplina faz parte da cultura geral, isto é, para que cada pessoa acompanhe o "movimento do mundo com interesse é necessário que tenha conhecimentos suficientes relativamente ao aspecto físico dos vários países e ao progresso dos povos que os habitam". Esse entendimento é fundamental ao desenvolvimento da nacionalidade, pois a ignorância leva "que adotemos formas de civilização contrárias aos nossos interesses e à nossa índole". Trata-se, também, de conceber a geografia como indispensável ao conhecimento histórico; útil para o exercício de qualquer profissão ligada ao comércio, indústria, agricultura. Por último, destaca que é fundamental para a "arte de ler e entender as plantas das cidades e as cartas dos municípios e dos estados" (Proença, 1928, p.18). Uma espécie de linha de continuidade, relativamente à perspectiva cívica atribuída ao ensino de geografia, aproxima Proença de seus antecessores na crítica ao verbalismo e às generalidades vazias dos compêndios disponíveis aos professores. O ensino de geografia, fundado na produção de um sentimento de amor à pátria, enfim, se aproximando dos domínios do sentimento humano, devia articular-se com a história e as ciências naturais, embora Proença sugira que a feição nacionalista assumia um caráter mais acentuado na geografia (1928, p.21).

A ênfase maior do autor, assim, é o desenvolvimento da "cultura do sentimento de patriotismo", especialmente na escola primária, com a geografia elementar, o que o leva a argumentar que

> Quando, porém, as suas vistas [do aluno] se voltam para o cantinho que tem um nome que é seu e onde tudo lhe pertence, o interesse especulativo cede lugar ao sentimento de patriotismo. Então a terra não é mais igual às outras terras e os homens não se confundem com os seus semelhantes das outras terras. Ninguém dirá que a sua pátria seja melhor ou peior do que as outras pátrias, porém todo mundo diz que a sua pátria é diferente das outras pátrias. (Proença, 1928, p.21)

Considerando as dimensões continentais do Brasil e os desafios de unificação frente à diversidade natural e cultural do país, que dificultavam a existência de um pensamento coeso, Proença propunha que o ensino da geografia visasse a "unificação do sentimento nacional pelo conhecimento de todo o território e de todo o povo brasileiro pelos brasileiros" (p.22). Dessa forma, a "geografia da pátria" deveria ser estudada "mais com o coração do que com o espírito" (p.22) e o professor deveria ter "boa preparação de linguagem, de história pátria e de psicologia aplicada" (p.25). Sobretudo, deveria ser brasileiro para cultivar junto às crianças o amor ao Brasil: "Só o brasileiro é capaz de ensinar a geografia do Brasil aos brasileiros..." (p.22).

Ademais, no capítulo II, Proença reafirma que não se obteria o sentimento pátrio com o atual ensino de geografia, pois as crianças apenas decoram nomes de montanhas e de rios, não aparecendo o elemento humano a não ser numericamente. Orienta os professores no sentido de passarem a descrever o país fisicamente, mas por causa do homem que aí está lutando, porque a geografia deve ser ensinada aliada à história, considerando que são inseparáveis nos estudos regionais (p.28).

Como se ensina Geographia, 1928 e 1932 (rosto)

No capítulo III – *Como se tem ensinado geografia* -, o autor faz um amplo histórico da disciplina, desde a Antiguidade até as décadas iniciais do século XX, para mostrar o que tem sido exclusivamente o "ensino da nomenclatura" e sua memorização, cópia de cartas e mapas. Apresenta as inovações introduzidas por Pestalozzi e pelo Pe. Girard, que estabelecem o ensino de geografia sobre bases de intuição e fazem da cartografia um auxiliar indispensável ao aprendizado, o que era, segundo o autor, uma verdadeira novidade (p.28). Nesse capítulo, Proença concentra-se e endossa integralmente os argumentos de autoridade apresentados por Rui Barbosa, relator do "Parecer e projeto de reforma do ensino primário (1882)", documento anteriormente mencionado, em que são tecidas duras críticas aos compêndios e métodos de ensino da disciplina, que não faz senão, "cansar e estupidificar a infância, em vez de esclarecê-la e educá-la" (1889, apud Proença, 1928, p.30).

Emblemático é o subitem de arremate do capítulo, intitulado "Conclusões didacticas", em que Proença declara o que, segundo sua perspectiva, constituía o estado atual do ensino de geografia e preparava as postulações do capítulo seguinte:

> Os nossos professores ainda vivem um tanto escravizados pelos compêndios; não há trabalho sistematizado de intuição direta ou indireta; a cartografia, ou se desenvolve independentemente da geografia, ou usurpa-lhe o lugar, deixando em segundo plano aquilo que deve constituir propriamente o saber geográfico. (1928, p.32)

Contrapondo-se a essa tendência, no capítulo IV - *Como se ensina geografia* -, o autor, inicialmente, afirma que a questão desdobra-se em duas ordens: uma relativa à matéria propriamente dita, ou programa de ensino, e outra que diz respeito à forma do ensino, ou processo pelo qual os assuntos serão desenvolvidos. Com relação à primeira, declara enfaticamente: "O estudo integral de qualquer ciência tem de ser a recapitulação abreviada da evolução da mesma ciência" (1928, p.33), segundo uma sequência lógica dos fatos, porque dedutivo ou indutivo, o raciocínio deve apoiar-se em fatos que a razão comprovou (Ibid.).

> O aprendizado de qualquer ciência tem de fazer-se com obediência às leis de evolução mental. O concreto há de vir antes do abstrato, o particular antes do geral, o próximo antes do remoto, o fácil antes do difícil, o todo antes das partes. Aplicado à geografia, quer isto dizer que a observação das coisas e a consideração dos fatos há de preceder a formulação das definições, leis e princípios. (Ibid., p.35)

Assim, Proença apresenta o que a escola renovada preconiza para o ensino da disciplina: a adoção dos processos intuitivos – o ensino por aspecto, como iniciação, e a aplicação intensificada da cartografia, pela observação direta ou indireta dos fenômenos e fatos. "É necessário que o indivíduo tenha visto por si e examinado por si, para poder ter elementos para comparação e construção das imagens das coisas distantes" (p.37). Para tanto, defende o ensino da geografia local/regional, a partir das coisas e fatos da própria localidade, pois "o interesse pelo desconhecido só existe quando o desconhecido se relaciona com o conhecido" (p.40). Do particular para o geral – "no dia que o estudante tiver passado da localidade para o mundo, e tiver conhecido o mundo inteiro, então será tempo de iniciar o estudo da ciência geográfica" (p.37), mas "a volta do geral ao particular é tão necessária como a ida do particular ao geral". Considera essa abordagem como "analítico-sintética", isto é, ir do todo às partes e depois reconstruir mentalmente o todo, relacionando entre si as diversas partes (p.40).

O método de ensino preconizado é o intuitivo [17], para o ensino primário, a partir de Pestalozzi. Para tanto, o autor transcreve as palavras de Villemin, discípulo de Pestalozzi, em que descreve o método:

> Era no terreno que nós aprendíamos as primeiras noções de geografia. Um estreito vale nos arredores de Yverdon, no fundo do qual corre o Buron, era o ponto para onde de começo nos dirigíamos. Tínhamos, então, de contemplá-lo no seu conjunto e nas suas particularidades até que tivéssemos a intuição justa e completa do todo. Agora cada um de nós ia tirar punhados de um barro que ali existia, e com ele enchíamos as cestas que havíamos levados para esse fim. De volta ao castelo, (...) [modelávamos] em argila o vale que havíamos observado. Nos dias seguintes, novas excursões e explorações, cada vez mais extensas que tinham como consequência a ampliação do nosso trabalho. (apud Proença, 1928, p.50)

A modelagem e a cartografia são consideradas como meios que favorecem o ensino de geografia, não como fins. Reitera, em diversos momentos, o uso de mapas, estampas e quadros murais como recursos que o professor deveria fazer uso juntamente com as observações. Também recomenda o uso de aparelhos de projeção, especialmente o *epidiascópio*, pois permite projetar qualquer figura de livro, revista, etc.

Proença apresenta um esquema do que entendia ser um curso geral de geografia, o qual serve de base para a organização do livro:

> 1º - O estudo descritivo da localidade, como base para o estudo descritivo do mundo (geografia local);
> 2º - O estudo descritivo do mundo como base para a constituição da geografia (geografia regional ou descritiva);
> 3º - A constituição da geografia mediante os elementos adquiridos na descrição do mundo e fornecidos pelas ciências correlatas (geografia-ciência);
> 4º - O estudo do mundo e da localidade à luz dos princípios da ciência geográfica. (aplicações).

17. Sobre o método intuitivo, ver: Schelbauer (2005) ; Valdemarin (2004).

esquema acima representava, teoricamente, a ordem de desenvolvimento do curso integral de geografia, de modo que cada uma das fases corresponderia a um dos graus de ensino: primário, secundário e superior. Mas destaca que, depois do estudo da localidade, dever-se-ia dar à criança uma ideia de mundo como um todo. Proença tece várias críticas ao modo de ensino que começa pela representação da carteira do aluno, segue para a sala de aula e depois para o desenho da planta do edifício da escola, afirmando que isto é muito pouco. Conclui que o "estudo da localidade (assim) não pode satisfazer... porque não leva em conta a base aperceptiva dos alunos e não lhes desperta o interesse. (...) transforma-se num jogo de linguagem e de símbolos, não preparando o aluno para a geografia regional (p.38). A abordagem que toma a escola e a sala de aula como início, fica reduzida às noções de topografia.

Diferentemente, Proença advoga a importância das aulas ao ar livre e das observações in loco, assim como das excursões, desde que as mesmas se assentem em um plano de estudos previamente estabelecido. Recupera as ideias de Rousseau, para quem é na natureza que a criança deve aprender geografia. Acrescenta a descrição minuciosa de como procedeu Pestalozzi, discípulo das ideias de Rousseau, que estabeleceu a geografia sobre as bases da intuição e que fez uma "revolução, não só no ensino, mas também na ciência geográfica" (1928, p.50). Proença afirma que, nesse sentido, não apregoa nenhuma grande novidade.

No capítulo VI – *Geografia local* (o programa) –, Proença afirma a impossibilidade de traçar um programa de geografia local a ser uniformemente executado em todas as localidades (Ibid., p.52), daí que cada professor deveria organizar o programa para sua escola, de acordo com os interesses locais, o desenvolvimento de sua classe e as possibilidades materiais da execução, seguindo as etapas que recomenda: *avaliação a olho* – para conhecer distâncias, medidas, calcular extensões, habilidade imprescindível; *orientação* – para desenvolver a capacidade para indicar direções e posições relativas (pontos cardeais e colaterais, rosa dos ventos, Cruzeiro do Sul, etc.); *o primeiro mapa*, a partir do traçado da planta da sala de aula e do edifício escolar, envolvendo também o estudo de mapas da localidade, cidades maiores, estado, país; *a localidade como um todo* - a partir de um ponto elevado, estendendo a vista para todos os lados, o professor deve chamar a atenção para o "horizonte visual, a serra que corre além, as irregularidades do terreno, o rio, as matas, as plantações, as estradas e caminhos, a cidade e seu entorno"; *divisão do tempo* – domínio da linguagem pertinente (hoje, ontem, amanhã) e de que o dia é determinado pela marcha do sol, recomendando a construção de um relógio solar ou quadrante solar; *geografia física da localidade* – que visa mostrar as irregularidades da superfície da terra (relevo, acidentes geográficos, hidrografia, condições climáticas, etc.); animais e plantas da localidade – estudo da vegetação local para a compreensão de que depende da água, do calor e da luz para se desenvolverem; estudo dos animais para a compreensão do seu modo de vida, de adaptação ao meio e utilidade para o homem; *geografia humana* – com ênfase nas necessidades básicas do homem e sua interação com o meio; *geografia matemática* – estudo dos fatos celestes que tenham relação direta com a vida ou sirvam de preparação para subsequentes estudos.

Cabe salientar que o autor desenvolve várias explicações ao longo do capítulo, sobre temas variados da geografia, demonstrando a didatização da matéria, os diferentes momentos do ensino e os exercícios correspondentes.

Ao encerrar o capítulo, Proença chama atenção do professor para alguns aspectos do ensino da geografia: plantas e animais não devem ser uma lista de nomes a serem decorados; o estudo dos animais não deve ser confundido com a abordagem dada pela história natural; "o aprendizado intuitivo, prático, não deve ser convertido em palestras incolores e inteiramente contrárias ao espírito do ensino moderno" (p.72); escolher um "animal-tipo" para cada unidade de estudo, preferencialmente da localidade, para que possa ser observado quanto à "conformação e organização geral e aos hábitos".

Além desses conselhos, o autor apresenta um "plano formal" de lição sobre o tema "O Dinheiro", demonstrando, passo a passo, uma lição sobre o assunto, instruindo o professor no que deve dizer e o que deve fazer e propondo que os professores possam organizar planos similares, recomendando como premissas: "discutir a venda como sendo a troca de mercadorias nossas por uma certa quantidade de dinheiro alheio; fazer as crianças compreenderem que dinheiro não é sinônimo de moeda; discutir com as crianças a espécie de material que melhor se presta para dinheiro; mostrar estampas de moedas antigas e de uso atual no país; explicar o significado de *notas* ou *papel moeda*" (p.79-80).

O capítulo VII – *O mundo como um todo* - é considerado pelo autor como "o tempo de entrar em função o poder imaginativo das crianças" (p.83). A primeira abordagem deve começar por mostrar que a terra é redonda. Condena o uso de "laranjas", globos e mapas, pois considera que primeiramente as crianças devem observar a realidade, depois as ideias e as representações. Como exemplo, traz a lição de uma aluna normalista sobre a forma, situação e movimentos da terra, em que fez uso de bolas, globos, fios de arame. Somente depois de as "crianças terem pensado a terra, vendo-a e completando com a imaginação o que os olhos não vêm, então será a oportunidade de mostrar-lhes o globo terrestre; (...) depois o mapa mundi" (p.86), para observar os continentes, oceanos, relevo, etc.

Estudados os continentes e a distribuição política da América Latina, o passo seguinte é o estudo descritivo do Brasil. Proença assinala que há divergências quanto a essa abordagem. Alguns sugerem iniciar pelo estado e depois o país, pelo princípio do "conhecido para o desconhecido". Argumenta que ambos são desconhecidos dos alunos, que o estado não pode ser compreendido sem sua relação com o país, assim como, o país sem sua relação com os países limítrofes. Como há a exigência do estudo do país no ensino primário, recomenda que esse seja em uma perspectiva geral da situação do território.

O autor dedica ainda um capítulo à "*Cartografia*" e ao desenho de mapas, como um processo auxiliar de ensino, para a "memorização de formas, de localização, de grandeza e distâncias relativas" (p.92). Como plano de lição, sugere a elaboração do mapa da sala de aula, do edifício escolar.

No capítulo IX – *O Brasil* –, considerado objeto da geografia regional, Proença sugere que o ensino seja realizado pelo *método descritivo*, isto é, "as coisas, os lugares, os aspectos hão de ser pintados diante do aluno, para que ele os veja e os sinta na sua realidade tangível" (p.95). Condena o ensino pelos compêndios, pois estes apenas enumeram e informam, são sintéticos demais e não atraem o leitor, não apresentam uma correlação dos assuntos:

> Comumente vem a matéria exposta nessa ordem: situação geográfica, limites, população, aspecto físico, montanhas, rios, lagos, cabos, ilhas, baías, portos, produções naturais, divisão administrativa, e, às vezes, clima, comércio, indústria. (...) Nota-se desde logo uma falta: aparecem a natureza e a obra do homem, mas o homem não aparece. (Proença, 1928, p. 97)

Para o autor, o que caracteriza a geografia é o movimento e a correlação. Dessa forma, os fatos devem ser agrupados segundo as relações que os mesmos mantêm entre si. Advoga pelo método da *concentração*, isto é, "escolher e agrupar tantas unidades de estudo ou tipos geográficos para centro de convergência de todos os conhecimentos que com ele se relacionam" (p.97).

A partir do conhecimento do Brasil, o ensino da geografia parte para o mundo, mas de forma restrita, pois o que interessa é tão somente a América do Sul, pelas fronteiras e conexões que apresenta fisicamente com o país. Dos países limítrofes, o interesse deve voltar-se para a América do Norte, países da Europa e da Ásia que mantemos relações. A ênfase dada pelo autor em seu programa é a geografia humana, que deve ser preponderante: "a forma de governo, os costumes dos povos, as suas indústrias, o seu comércio e todos os fatores de progresso das nações" (p.102).

Na "*Conclusão*", Proença sinaliza para a continuidade dos estudos com a geografia matemática, que tem por base a astronomia. Toda a preparação que o livro aborda, centrada na geografia elementar, tem a intenção de preparar para essa etapa, pois "causas e efeitos, que constituem o verdadeiro objetivo da geografia, só se podem tornar evidentes nos cursos adiantados" (p.103). Entretanto, julga que a tarefa do professor do ensino primário não é desvaliosa, especialmente se puder ensinar os conhecimentos básicos e, sobretudo, o gosto pela matéria, ou melhor, o sentimento pátrio.

> Não terminamos a nossa exposição sem dizer que, quaisquer que sejam os meios materiais de que dispuser a escola, o ensino falhará se o professor não o fizer com alma. Na mais humilde escola do sertão poderá o professor fazer a imagem do Brasil nascer e viver no espírito de seus alunos, porque ele dispõe do instrumento mais

> adequado a esse fim, que é a palavra servida pelo sentimento de amor à pátria. (1928, p.100)

Para finalizar, adotando as palavras de Archibald Geike no livro "The teaching of geography", afirma "Do ensino elementar depende o futuro progresso dos alunos e o ensino elementar depende exclusivamente do professor" (p.103).,

Uma arquitetura do cidadão

A formalização de um discurso sobre como ensinar imbricado com o propósito de formação do cidadão patriota delega ao professor toda a responsabilidade do processo de ensino e de seus efetivos resultados. Para Proença (1928, p.100), como se destacou anteriormente, o ensino falhará se o professor não o fizer com alma. O manual destina-se a professores e é nesse sentido que os conclama, ou melhor, os responsabiliza pelas repercussões do ensino. Para isso, dispõe-se a agir sobre as mentalidades, de modo a promover no espírito dos professores uma mudança quanto à filosofia do ensino, afirmando que "o ensino elementar depende exclusivamente do professor" (p.103).

Santos (2005, p.117) assinala que *Como se ensina Geografia* foi objeto de várias referências em artigos veiculados em periódicos da época, assim como mereceu uma longa apresentação de Sud Mennucci na revista *Educação*, de São Paulo, na seção "Através dos livros", onde considerava que a obra trouxe "uma nova forma de ensinar geografia sem, porém, romper totalmente com o quadro do regime em vigor, ou seja, sem mudança radical com o sistema de ensino, o que o faria mais bem aceito pelos professores, pais e sociedade em geral" (*Ibid.*).

Também há registro da resenha de Alduíno Estrada (*Educação*, 1929), assim como os vários elogios que Proença recebeu de João Toledo. Este autor recorreu ao livro de Proença na obra "Didática (nas escolas primárias)", de 1930, para analisar o ensino de geografia na escola primária (Santos, 2005, p.29).

Dinara Leite, professora do Instituto de Educação do Distrito Federal e dos cursos de aperfeiçoamento do INEP (Rio de Janeiro), ao escrever "Metodologia da Geografia e da História" (1952, 2ª edição), também cita o livro de Proença na ampla bibliografia estrangeira e brasileira que utilizou, com destaque para as obras de Delgado de Carvalho, Proença, Raja Gabaglia, Maria Reis Campos e Jônatas Serrano.

Antonio D'Ávila (1946, p.148) afirma que Proença preocupava-se com as atividades práticas, dando ao ensino de geografia uma orientação "original e moderna", fixando

> (...) rumos didáticos de alto valor, absolutamente contrário à aprendizagem do 'ouvir dizer', da lição do livro, da informação do mestre. O que pregou e praticou com entusiasmo foi a visão direta das coisas e dos fenômenos, o estudo prático das ocorrências geográficas, o conhecimento esclarecido do Brasil. (apud Gazoli, 2007, p.10)

Uma rápida pesquisa junto aos estudos que abordam a didática do ensino de geografia contemporaneamente demonstra o quanto Antonio Firmino de Proença formulou uma pergunta candente e sempre renovada: *Como ensinar*? Acompanhando os movimentos dessa indagação, formulada para a geografia, pelo menos desde meados do século XIX, o autor formulou respostas, proposições didáticas, estratégias de didatização, fundamentando-as nos saberes pedagógicos de sua época. Talvez aí tenha residido a força de verdade de sua obra e seu uso multiplicado, que ainda hoje ecoa nos estudos da área. As bases científicas e políticas de que lançou mão na escrita de *Como se ensina Geographia* contribuiram sobremaneira para o espaço de acolhida que conquistou. Integrar a Biblioteca de Educação, organizada por Lourenço Filho, que reconheceu não somente o texto, mas a própria trajetória profissional e de autoridade de Proença é outro aspecto que não podemos descuidar.

A contribuição decisiva do ensino de geografia à formação do cidadão brasileiro, irmanado pelo sentimento comum de pátria, patriotismo e compatriota, destinou-se a promover o progresso pedagógico, mas, sobretudo, a alcançar a harmonia social. Nesta perspectiva, ontem como hoje, a educação do caráter nacional, isto é, do cidadão e da cidadania, persiste na cultura pedagógica e, ademais, nos projetos de *modernização* da sociedade .

Antonio Firmino de Proença. Leitura do Principiante, 1926, lição 51.
A minha terra adorada, p. 110 (detalhe).

Referências

AUDIGIER, François. Géographie. In : CHAMPY, Philippe ; ÉTÉVE, Christine (Dir.) *Dictionnaire encyclopédique de l'éducation et de la formation*. Paris : Nathan, 1998. p.489-494.

BARBOSA, Rui. Reforma do ensino primário e de várias instituições complementares da Instrução Pública. Rio de Janeiro : Fundação Casa de Rui Barbosa, 1982. Volume X, Tomo II.

BARROS, Nilson Cortez Crocia de. Delgado de Carvalho e a geografia no Brasil como arte da educação liberal. *Estudos Avançados*, São Paulo, v.22, n.62. Jan/abr.2008. http://www.scielo.br/scielo.php?pid=S0103. Acesso em 2/12/1008. 13 p.

BASTOS, M.H.C. *Pro Patria laboremus*. Joaquim José de Menezes Vieira (1848-1897). Bragança Paulista: EDUSF, 2002.

____. Amada pátria idolatrada: um estudo da obra *Porque me ufano do meu País*, de Affonso Celso (1900). *Educar em revista*. Curitiba, n.20, 2002. p.245-260.

BESSE, Jean Marie. Decroly. *Uma pedagogia racional*. México: Trilhas, 2001.

BILAC, Olavo; BOMFIM, Manoel. [1910] *Através do Brasil*. São Paulo: Cia das Letras, 2.000.

CARVALHO, Marta Maria Chagas de. A caixa de utensílios e a Biblioteca: pedagogia e práticas de leitura. In: HILSDORF, Maria L. S.; VIDAL, Diana G. (orgs.) *Brasil 500 anos: Tópicas em História da Educação*. São Paulo: Editora da Universidade de São Paulo, 2001. p.137-167.

____. Lourenço Filho e a Biblioteca de Educação: uma estratégia editorial de introdução da Escola Nova no Brasil. *Anais do VI Congreso Iberoamericano de Historia de la Educacion Latinoamericana*. San Luis Potosi, México, maio de 2003. CdRom. 15p.

CAVALCANTE, Maria Juraci Maia. *João Hyppolyto de Azevedo e Sá. O Espírito da Reforma Educacional de 1922 no Ceará*. Fortaleza: UFCEdições, 2000.

CHARTIER, Anne-Marie. Práticas de leitura e escrita. *História e atualidade*. Belo Horizonte: Autêntica/CEALE, 2007.

CHERVEL, André; COMPÈRE, Marie-Madeleine. As humanidades no ensino. *Educação e Pesquisa*. Revista da Faculdade de Educação da USP, São Paulo, v. 24, n. 2, jul./dez. 1999. Disponível em: <http://www.scielo.br/pdf/ep/v25n2/v25n2a12.pdf> Acesso em: 18/12/2008.

CHOPPIN, Alain. O manual escolar: uma falsa evidência histórica. *Revista História da Educação*. ASPHE/UFPel, v.13, n. 27, jan/abr.2009.

COSTA, Patrícia Coelho da. A disciplina pátria: a geografia escolar sob o olhar de Delgado de Carvalho. In: *Anais do V Congresso Brasileiro de História da Educação*. O Ensino e a Pesquisa em História da Educação. Aracaju, novembro de 2008. CdRom. 10p.

ELIAS, Marisa Del Cioppo. *De Emílio à Emília*. A trajetória da Alfabetização. São Paulo: Scipione, 2000.

FISCHER, Beatriz T. Daudt. É, pois, estudando a geografia que pudemos com o máximo orgulho dizer "Sou brasileiro". In: BASTOS, Maria Helena C.; CAVALCANTE, Maria Juraci Maia. (Org.) *O curso de Lourenço Filho na Escola Normal do Ceará* (1922-1923): as normalistas e a pedagogia da Escola Nova. São Paulo: Alínea, 2009, p.241 - 206.

GAZOLI, Monalisa Renata. *Um estudo sobre Cartilha Proença* (1926), *de Antonio Firmino de Proença*. Faculdade de Filosofia e Ciências, Universidade Estadual Paulista. In: Anais do 16° COLE – Congresso de Leitura do Brasil. Campinas, 2007. Disponível em: < http://www.alb.com.br/anais16/sem07pdf/sm07ss03_05.pdf> Acesso em 17/12/2008.

____. *Bibliografia de e sobre Antonio Firmino de Proença* (1880-1946): um instrumento de pesquisa. Marília: UNESP/Marília, 2007. (digitado). 20p.

JARDIM, Renato. "O ensino da Geografia – Necessidade de uma reforma de programas e métodos". In: COSTA, Maria José Franco Ferreira; SHENA, Denílson Roberto; SCHMIDT, Maria Auxiliadora (Org.) *I Conferência Nacional de Educação* – Curitiba, 1927. Brasília: MEC; SEDIA-INEP;IPARDES, 1997. p. 388-399.

LEITE, Dinara. *Metodologia da Geografia e da História*. Rio de Janeiro: Conquista, 1952 (2ª edição).

LOURENÇO FILHO, Manoel B. *Introdução ao estudo da Escola Nova*. Bases, sistemas e diretrizes da Pedagogia Contemporânea. Rio de Janeiro: EdUERJ, 2002 (14° edição).

LUCA, Tânia Regina de. *A Revista do Brasil*: um diagnóstico para a (N)ação. São Paulo: Editora UNESP, 1999.

MATOS, Ana Cristina; RODRIGUES, Silvana Cristina; SILVA, Silvia Fernandes da. *Teoria pedagógica*: a atualidade das ideias de Ovide Decroly. Belo Horizonte: FAE/UFMG, 2004. 11p. (http://www.fae.ufmg.br/teoriaspedagogicas/trabalho decroly.doc).

MENNUCCI, Sud. Através dos livros. Revista *Educação, São Paulo*, v.1, n.1, p.58-61, out/dez 1928.

MONARCHA, Carlos. *Escola Normal da Praça*: o lado noturno das luzes. São Paulo: Editora da UNICAMP, 1999.

____. Lourenço Filho e a Bibliotheca de Educação. In: MONARCHA, Carlos (Org.) *Lourenço Filho. Outros aspectos, mesma obra*. Campinas: Mercado de Letras; Marília: UNESP, 1997.

NÓBREGA, Vandick L. da. *Enciclopédia da legislação do ensino*. Vol. III, Tomo 1°. Rio de Janeiro: Freitas Bastos, 1967.

PROENÇA, Antonio Firmino de. *Como se ensina Geographia*. São Paulo: Melhoramentos, 1928.

ROCHA, Genylton Odilon Rego da. Delgado de Carvalho e a orientação moderna no ensino de Geografia escolar brasileira. *Terra Brasilis*. Rio de Janeiro, ano 1, n.1, p.83-109, jan/jul.2000.

SANTOS, Fátima Aparecida dos. *A Escola Nova e as prescrições destinadas ao ensino da disciplina de Geografia da escola primária em São Paulo no início do século XX*. São Paulo: PUCSP, 2005. Dissertação de Mestrado em Educação. 181 p.

SCHELBAUER, Analete Regina. O método intuitivo e lições de coisas no Brasil no século XIX. In: STEPHANOU, Maria; BASTOS, Maria Helena C. (Org.) *Histórias e memórias da educação no Brasil.* Vol. II. Século XIX. Petrópolis: Vozes, 2005. p.132-149.

SCHRADER, Franz. Géographie. In : BUISSON, Ferdinand (dir.) *Nouveau Dictionnaire de Pédagogie et d'instruction publique* (1911). Lyon : INRP, 2007. CDRom

SOUZA, André Wagner Rodrigues de. Ensino escolar, elemento de formação do Estado-Nação. São Paulo: FEUSP, s/d. 84p. http://www3.fe.usp.br/secoes/comissoes/cpesq/public2/cont/07.swf

TOLEDO, Maria Rita de Almeida. Inovação pedagógica, formação do professor e circulação de bibliotecas para professores: o caso da Biblioteca de Educação. In: *Anais do VI Congreso Iberoamericano de História de la Educación Latinoamericana.* Quito/Equador, 2005. CdRom 18 p.

VALDEMARIN, Vera Teresa. *Estudando lições de coisas.* Análise dos fundamentos filosóficos do método de ensino intuitivo. Campinas: Autores Associados, 2004.

VECHIA, Ariclê ; LORENZ, Karl Michael (Org.). *Programa de ensino da escola secundária brasileira* (1850-1951). Curitiba: Ed. do Autor, 1998.

VERÍSSIMO, José. A Educação Nacional. Porto Alegre : mercado Aberto, 1985. 3ª edição

VINCENT, Guy. *L'éducation prisionnière de la forme scolaire*? Scolarisation et socialization dans les sociétés industrielles. Lyon: PUFLyon, 1980.

Bibliografia de e sobre Antonio Firminio de Proença:

um instrumento de pesquisa

Monalisa Renata Gazoli

Por compreender que os instrumentos de pesquisa são importantes documentos para o desenvolvimento de pesquisas históricas, em especial em história da educação, por se caracterizarem como "[...] vias de acesso do historiador ao documento, sendo a chave da utilização dos arquivos como fontes primárias da História." (Bellotto, 2008, p. 133), iniciei, em 2007, ainda como graduanda do curso de Pedagogia (FFC-Unesp-Marília) e como bolsista de iniciação científica (IC) (Pibic/CNPq/Unesp), uma intensa, rigorosa e minuciosa pesquisa documental e bibliográfica, realizada por meio da utilização dos procedimentos de localização, recuperação, reunião, seleção e ordenação de referências de textos nos quais são apresentadas menções ao professor paulista Antonio Firmino de Proença (1880-1946), sua atuação profissional ou produção escrita e/ou citação de textos seus.

Antonio Firmino de Proença; Piracicaba, 1909 e São Paulo, 1939.

O interesse por desenvolver pesquisa sobre a bibliografia desse professor, em especial sobre os livros didáticos de sua autoria, originou-se após a leitura de dois livros (os únicos localizados naquele momento que mencionam textos didáticos desse professor): *O livro na educação*, de Pfromm Neto, Dib e Rosamilha (1974); e *Os sentidos da alfabetização*, de Mortatti (2000).

Após meses de visitas a instituições e acervos localizados em diversas cidades paulistas e na cidade do Rio de Janeiro, consultas a bases de dados de bibliotecas universitárias disponíveis *on-line* e consultas a sebos (físicos e virtuais), fui localizando uma quantidade considerável de textos com menções a Antonio Firmino de Proença, sua atuação profissional ou produção escrita e/ou citações de textos seus. Constatei, todavia, que, embora em número considerável, nenhum desses textos apresenta um estudo detalhado sobre esse professor ou sua bibliografia.

Ao reunir essas referências em um documento intitulado *Bibliografia de e sobre Antonio Firmino de Proença*: um instrumento de pesquisa (Gazoli, 2007a), foi possível eleger um livro didático, dentre os escritos por esse professor, para analisar sua configuração textual [1]. Elegi, então, a única cartilha de alfabetização escrita por Antonio Firmino de Proença intitulada Cartilha Proença (1926) [2].

Após o término da pesquisa de IC tive mais clareza de que "Os autores de livros didáticos não são simples espectadores de seu tempo: eles reivindicam um outro status, o de agente." (Choppin, 2004, p. 557). Assim, iniciei, em 2008, pesquisa em nível de mestrado junto ao Programa de Pós-Graduação da Unesp, campus de Marília, na qual optei pela continuidade da pesquisa realizada em nível de IC tendo mantido o objetivo de compreender um importante momento

---

1. Por meio da expressão "configuração textual", Mortatti nomeia: "[...] o conjunto de aspectos constitutivos de determinado texto, os quais se referem: às opções temático-conteudísticas (o quê?) e estruturais formais (como?), projetadas por um determinado sujeito (quem?), que se apresenta como autor de um discurso produzido de determinado ponto de vista e lugar social (de onde?) e momento histórico (quando?), movido por certas necessidades (por quê?) e propósitos (para quê), visando a determinado efeito em determinado tipo de leitor (para quem?) e logrando determinado tipo de circulação, utilização e repercussão, que vem ocorrendo por meio do método de análise da configuração textual." (Mortatti, 2000, p. 31).

2. Decorrente das atividades de iniciação científica (Bolsa Pibic/CNPq/Unesp), essa pesquisa foi desenvolvida sob orientação de Maria do Rosário Longo Mortatti e está vinculada à linha "Alfabetização" do Gphellb — Grupo de Pesquisa "História do Ensino de Língua e Literatura no Brasil", e do Projeto Integrado de Pesquisa "História do ensino de língua e literatura no Brasil" (Piphellb), ambos coordenados pela professora mencionada. O Gphellb (em funcionamento desde 1994) está cadastrado no Diretório dos Grupos de Pesquisa do Brasil – CNPq; certificado pela Unesp. Esse grupo se subdividi em cinco linhas de pesquisa: "Formação de professores"; "Alfabetização"; "Ensino de língua portuguesa"; "Ensino de literatura"; e "Literatura infantil e juvenil". O método de investigação está centrado em abordagem histórica, com análise da configuração textual de fontes documentais. Dessa pesquisa resultou um trabalho de conclusão de curso intitulado O método analítico para o ensino da leitura em Cartilha Proença (1926), de Antonio Firmino de Proença (Gazoli, 2007b). Foram membros da comissão julgadora desse TCC as professoras Márcia Razzini e Estela Bertoletti.

da história da alfabetização no Brasil, todavia, não mais por meio da análise da configuração textual apenas de *Cartilha Proença*, mas sim, de todos os livros didáticos que integram a "Série de leitura Proença".

A opção pela continuidade da pesquisa de IC demandou a complementaridade do instrumento de pesquisa (Gazoli, 2007a), por meio da localização de outras referências de textos com menções a Proença e/ou citações de textos seus, por meio da utilização dos mesmos procedimentos já descritos, o que originou versão atualizada desse instrumento de pesquisa (Gazoli, 2009).

Pelo exposto e com o objetivo de dar a conhecer o que escreveu Proença e o que escreveram sobre ele, focalizo, neste artigo, a bibliografia *de* e *sobre Antonio Firmino de Proença*, com base no documento intitulado Bibliografia de e sobre Antonio Firmino de Proença: um instrumento de pesquisa (Gazoli, 2009).

Para a elaboração das referências dos documentos localizados, recuperados, reunidos e selecionados, utilizei a Norma Brasileira de Referências (NBR 6023), da Associação Brasileira de Normas Técnicas (ABNT-2002). Foi necessário, porém, adequar essas normas às especificidades e aos objetivos da pesquisa histórica, no seguinte caso: repetir em todas as referências o nome do autor Antonio Firmino de Proença, que teve vários livros referenciados sucessivamente na mesma página (fiz essa opção para facilitar a organização e o remanejamento das referências, quando necessário) [3].

Por se tratar de pesquisa histórica, mantive a ortografia de época nos títulos de textos referenciados neste artigo, sendo que, nas referências em que não pude precisar o número da edição, utilizo um ponto de interrogação seguido da sigla "ed.".

Referências de textos de Antonio Firmino de Proença

Concomitantemente à sua intensa atuação profissional, Proença escreveu diversos artigos em revistas pedagógicas de destaque no momento histórico no qual atuou, assim como diversos livros didáticos. Os textos que compõem a bibliografia de Proença foram citados em textos escritos por seus contemporâneos e por pesquisadores décadas após sua morte.

No instrumento de pesquisa (GAZOLI, 2009), encontra-se um total de 177 referências de textos, sendo 111 de textos escritos por Antonio Firmino de Proença e 66 de textos com menções a esse professor, sua atuação profissional ou produção escrita e/ou citações de textos seus.

A primeira seção "Bibliografia de A. F. Proença" foi dividida em sete subseções, de acordo com o tipo de texto. Os títulos das subseções e a correspondente

3. Na Norma Brasileira de Referências (NBR 6023), da Associação Brasileira de Normas Técnicas (ABNT-2002), encontra-se a seguinte redação referente à indicação de nome de autor: "Eventualmente, o(s) nome(s) do(s) autor(es) de várias obras referenciadas sucessivamente, na mesma página, pode(m) ser substituído(s), nas referências seguintes à primeira, por um traço sublinear (equivalente a seis espaços) e ponto" (2002, p. 21)

quantidade de referências são: artigos em periódicos: 31; livros sobre educação: 2; cartilha de alfabetização: 17; livros de leitura: 54; livro de Geografia: 3; plano de aula: 1; e outros[4] : 3.

A fim de propiciar uma visão de conjunto apresento, no Quadro 1, a quantidade dos tipos de textos escritos por esse professor, distribuídos por ano de publicação, entre 1913 e 1959, contando-se as diferentes edições de um mesmo título, no caso de livros e cartilha de alfabetização.

Quadro 1 – Bibliografia de A. F. Proença, por tipo de texto e ano de publicação, entre 1913 e 1959.

Tipo de texto / Ano de publicação	Artigos em periódico	Livros sobre educação	Cartilha de alfabetização	Livros de leitura	Livros de Geografia	Plano de aula	Outros	Total por ano
1913	1	-	-	-	-	-	-	1
1916	2	-	-	-	-	-	-	2
1917	1	-	-	-	-	-	-	1
1918	1	-	-	-	-	-	-	1
1919	2	-	-	-	-	-	-	2
1920	3	-	-	-	-	-	-	3
1921	1	-	-	-	-	-	-	1
1922	2	-	-	-	-	-	-	2
1923	1	-	-	-	-	-	-	1
1926	-	-	1	2	-	-	-	3
1927	-	-	-	1	-	-	-	1
1928	3	-	1	6	1	-	-	11
1929	6	-	1	4	-	-	-	11
1930	4	1	-	-	1	-	-	6
1931	-	-	-	1	-	-	-	1
1932	-	-	-	-	1	-	-	1
1933	-	-	-	3	-	-	-	3
1934	4	-	-	2	-	-	-	6
1935	-	-	-	2	-	-	-	2
1938	-	1	-	-	-	-	-	1
1939	-	-	1	-	-	-	1	2

4. Essa subseção foi assim denominada porque é composta por referências de textos que não são didáticos, diferentemente das outras subseções que são compostas unicamente por referências de textos didáticos.

1940	-	-	-	1	-	-	1	2
1941	-	-	-	1	-	-	-	1
1941	-	-	1	1	-	-	-	2
1942	-	-	1	1	-	-	1	3
1943	-	-	1	-	-	-	-	1
1944	-	-	1	3	-	-	-	4
1945	-	-	1	4	-	-	-	5
1946	-	-	1	3	-	-	-	4
1947	-	-	2	4	-	-	-	6
1948	-	-	-	2	-	-	-	2
1949	-	-	1	2	-	-	-	3
1950	-	-	-	2	-	-	-	2
1951								
1952	-	-	-	1	-	-	-	1
1953	-	-	1	-	-	-	-	1
1954	-	-	1	2	-	-	-	3
1955	-	-	1	-	-	-	-	1
1956	-	-	-	1	-	-	-	1
1959	-	-	-	-	-	1	-	1
Total por tipo de texto	31	2	16	49	3	1	3	-
TOTAL GERAL								**105**

Fonte: Gazoli (2009)

No Quadro 1, a quantidade de publicações por ano se refere aos anos de edições que pude identificar, até o momento. No período compreendido entre 1913 e 1956, portanto 46 anos, observa-se que Antonio Firmino de Proença não teve textos publicados em apenas oito anos, ou seja, em: 1914, 1915, 1924, 1925, 1936, 1937, 1957 e 1958. Como se pode observar pelo exposto no Quadro 1, esse professor teve textos re-publicados após sua morte (1946), como é o caso da cartilha de alfabetização, dos livros de leitura e do plano de aula.

Observa-se que o maior número de textos publicados de Antonio Firmino de Proença se concentra nos anos de 1928 e 1929 (11 referências por ano), período em que atuou como inspetor geral do ensino. Os dados contidos no Quadro 1 permitem, ainda, considerar que a maior quantidade de publicações desse professor concentra-se em "livros de leitura", isso pode ser facilmente compreendido, uma vez que nessa categoria são contadas as diversas edições dos cinco livros desse tipo por ele escritos.

Destaco que os livros didáticos escritos por Antonio Firmino de Proença foram publicados pela Companhia Melhoramentos de São Paulo (Weiszflog Irmãos Incorporada), atualmente Editora Melhoramentos, sendo que, alguns deles circularam, durante três décadas, em outros estados brasileiros, como Ceará, Minas Gerais, Pernambuco e Santa Catarina, tendo contribuído para a formação de muitas gerações de brasileiros.

Sua produção didática é composta por uma cartilha, *Cartilha Proença* (1926), e cinco livros de leitura: *Leitura do principiante* (1926); *1º. livro de leitura* (1926); *2º. livro de leitura* (1927); *3º. livro de leitura* (1928); e *4º. livro de leitura* (1928). Esses seis livros integram a "Série de Proença".

Proença escreveu, ainda, um livro sobre geografia, intitulado *Como se ensina geographia* (1928), que integra a Coleção Biblioteca de Educação[5] , organizada por Lourenço Filho, em 1927, e editada pela citada editora.

Dois livros de sua autoria foram publicados por outras editoras: Escreva certo! (1939?), pela Atena Editora, cujo prefaciador é Dácio Pires Corrêa[6] ; e Palestras pedagogicas (1930)[7] , pela Diretoria Geral da Instrução Publica do Estado de São Paulo.

Com o objetivo de evidenciar o período em que esse professor mais teve textos publicados apresento, no Quadro 2, o ano da 1ª. edição de cada um dos livro de sua autoria.

Quadro 2 – Ano da 1ª. edição dos livros de A. F. Proença.

Ano de publicação da 1ª. edição	Cartilha Proença	Leitura do principiante	1º. livro de leitura	2º. livro de leitura	3º. livro de leitura	4º. livro de leitura	Como se ensina geographia	Palestras pedagogicas	Escreva certo!
1926	-	-	-	X	-	-	-	-	-
1927	-	-	-	-	X	X	X	-	-
1928	-	-	-	-	-	-	-	X	-
1930	-	-	-	-	-	-	-	-	X
1939?	-	-	-	1	-				

Fonte: Gazoli (2009)

5. A Coleção Biblioteca de Educação foi organizada por Lourenço Filho para a Editora Melhoramentos e foi publicada entre 1927 e 1970, totalizando 37 títulos. Sobre essa coleção ver, dentre outros, Carvalho e Toledo (2004).

6. Dácio Pires Corrêa nasceu em Tietê-SP em 26 de outubro de 1895 e exerceu diversos cargos no magistério nacional, dentre eles o de diretor geral da Instrução Pública do estado de São Paulo (Melo, 1954, p.161).

7. Palestras pedagogicas é também o título do livro do psicólogo e filósofo norte-americano Willian James (1842-1910), traduzido, em 1917, pelo professor Theodoro de Moraes (1877-1956). Para maiores detalhes sobre o livro de A. F. Proença, ver, especialmente, Gazoli (2008).

Como se pode observar pelos dados apresentados no Quadro 2, os anos em que Antonio Firmino de Proença mais teve textos publicados em livro foram 1926 e 1928, com três livros por ano, sendo que nesses anos, esse professor ocupou, respectivamente, os cargos de diretor da Escola Normal de São Carlos e Inspetor Geral do Ensino do Estado de São Paulo. A maior quantidade de livros desse professor, ou seja, oito entre nove livros concentra-se entre os anos de 1926 e 1930; no intervalo de apenas quatro anos, portanto, Antonio Firmino de Proença teve publicados, praticamente, todos os livros de sua autoria.

Além de livros, esse professor também teve publicados artigos em quatro revistas pedagógicas, assim distribuídos: 12, na *Revista da Escola Normal de São Carlos*[8] ; 2, na revista *Excelsior!*[9] ; 13, na revista *Educação*[10] ; e 4, na *Revista do*

---

8. A Revista da Escola Normal de São Carlos foi publicada entre 1916 e 1923 por iniciativa de professores da Escola Normal de São Carlos, poucos anos após a inauguração dessa instituição, em 1911. Nessa revista foram publicados somente artigos inéditos escritos por professores e diretores de escolas normais (Ozelin, 2006, p. 6). Os treze fascículos dessa Revista são compostos por artigos escritos por 27 colaboradores (Ozelin, 2006, p. 49), dentre eles Proença que, concomitantemente às atividades desenvolvidas como professor e diretor na Escola Normal de São Carlos, escreveu doze artigos para essa Revista, sendo que quatro desses 12 artigos integram a seção intitulada "Ensino primario".

9. A revista Excelsior! foi uma iniciativa do Grêmio Normalista "Vinte e dois de Março", da Escola Normal de São Carlos, desde a criação dessa escola, em 1911, até 1916. A circulação dessa revista era ampla e sua distribuída gratuita "[...] para todos os alunos da Escola Normal de São Carlos — todos sócios do grêmio normalista — [...] não há informações sobre vendas ou assinaturas para pessoas externas a essa instituição. [...] além de circular em toda a Escola Normal de São Carlos e da sociedade local, alcançava outras cidades do estado de São Paulo e até mesmo fora dele." (Silva, 2007, p. 30).

10. A Revista Educação foi fundada em 1927 pela fusão de duas outras revistas pedagógicas: a Revista da Sociedade de Educação, fundada em São Paulo, em 1922, por Lourenço Filho, Fernando de Azevedo e Renato Jardim; e a Revista Escolar, fundada também em São Paulo, em 1925, e dirigida pelo professor João Pinto da Silva, de responsabilidade da Diretoria Geral da Instrução Pública (Mortatti, 2000, p. 180-181). a A Revista Educação era, nos anos iniciais de sua publicação, portanto, de responsabilidade, tanto da Sociedade Brasileira de Educação quanto da Diretoria Geral da Instrução Pública. "Dessa fusão, resulta vitorioso o grupo de dissidentes, "modernistas estremados, que transformaram a revista em um órgão de cultura bastante elevado, o que desagradou o professorado primario" e gerou oposição à revista, determinando uma fase de baixas tiragens. Editada por Irmãos Ferraz, com periodicidade mensal e "Commissão de Redacção" compostas, até 1930, por: Dr. Amadeu Mendes, Dr. Roldão de Barros, Prof. João Toledo, Dr. Carlos da Silveira, Prof. Lourenço Filho, Prof. Pinto e Silva, Dr. A. Sampaio Dória e Dr. Mário S. Lima [...]." (Mortatti, 2000, p. 181). Catani (1994, p.122, grifos da autora) divide o "ciclo de vida" da Revista Educação em quatro fases assim caracterizadas: "1. Outubro de 1927 a Agosto de 1930: período em que a revista tem a responsabilidade dupla da Diretoria Geral da Instrução e da Sociedade de Educação. 2. Outubro de 1930 a Julho de 1931: corresponde à "2ª Fase da Revista Educação", tal como aparece escrito, o periódico é editado como com o nome de Escola Nova.3. Agosto de 1931 a Dezembro de 1947: período marcado por atrasos e dificuldades, a publicação ressurgiu com o nome original Educação e sem a participação da Sociedade de Educação. De dezembro de 1947 a março de 1951 dá-se a interrupção das edições. 4. Março de 1951 a Dezembro de 1952: a publicação ressurge, para novamente ser interrompida até 1961, quando dois últimos números marcam um esforço de retomar o empreendimento. Para Mortatti (2000a, p. 182) as dife-

Professor[11] . Nesses artigos, o autor aborda temas como: metodologia do ensino de geografia, de matemática, de ciências e de língua portuguesa; e homenagem póstuma. No Quadro 3, apresento o ano de publicação, a quantidade de artigos e títulos das revistas pedagógicas nas quais esses artigos foram publicados.

Quadro 3 – Ano de publicação, quantidade de artigos e revistas pedagógicas nas quais foram publicados artigos de A. F. Proença, entre 1913 e 1934

	Título das revistas pedagógicas				
Ano de publicação	***Excelsior!***	**Revista da *Escola Normal de São Carlos***	**Revista *educação***	**Revista do *professor***	**Total por ano**
1913	1	-	-	-	1
1916	1	1	-	-	2
1917	-	1	-	-	1
1918	-	1	-	-	1
1919	-	2	-	-	2
1920	-	3	-	-	3
1921	-	1	-	-	1
1922	-	2	-	-	2
1923	-	1	-	-	1
1928	-	-	3	-	3
1929	-	-	6	-	6
1930	-	-	4	-	4
1934	-	-	-	4	4
Total por revista	**2**	**12**	**13**	**4**	**-**
Total geral					**31**

Fonte: Gazoli (2009)

Pelos dados apresentados no Quadro 3, pode-se observar que, entre 1905 e 1912, ou seja, nos anos iniciais da atuação profissional de Antonio Firmino de Proença no magistério público paulista, esse professor não teve publicado ne-

rentes orientações às quais a Revista Educação é submetida "[...] resultam em diferentes revistas, cujo traço comum advém do fato de se apresentarem como 'órgão' da Diretoria (Geral) do Ensino do Estado de São Paulo ou do Departamento de Educação."

11. Em 1934 é publicado o primeiro número da Revista do Professor, órgão do Centro do Professorado Paulista (CPP), fundado em 1930, por Sud Mennucci, também fundador dessa revista. Esse professor "Contou com grande apoio e incentivo das autoridades governamentais, notadamente do Dr. Amadeu Mendes, Diretor Geral do Ensino do Estado de São Paulo, no ano de 1930." (Santos, 2001, p. 30), para a fundação dessa revista.

nhum artigo em revistas pedagógicas, aspecto que se repetiu nos anos finais de sua carreira, ou seja, entre 1935 e 1946. Entre 1913 e 1934, entretanto, foi o período em que teve publicados todos seus artigos, sendo que, apenas em 1929, teve publicados seis artigos, todos na *Revista Educação*, enquanto nos demais anos a quantidade variou entre um e quatro artigos.

Destaco que esse professor manteve certa regularidade em relação às revistas pedagógicas nas quais veiculou seus artigos e nos locais em que atuou. Observa-se que em um primeiro momento ele teve artigos publicados nas revistas que circularam principalmente na Escola Normal de São Carlos — *Excelsior!* e *Revista da Escola Normal de São Carlos*. Certo tempo depois, passou a ter artigos publicados na Revista Educação. Na Revista do professor teve somente um artigo, cuja publicação se deu em quatro partes.

Nos artigos publicados na Revista educação, Antonio Firmino de Proença apresenta diversos planos de aula — "sugestões didáticas" — sobre conteúdos de programas escolares primários. Nos artigos publicados na revista Excelsior! e na Revista da Escola Normal de São Carlos , além de planos de aula, apresenta considerações sobre "lições indutivas, dedutivas e intuitivas" nos quais defendeu o aprendizado pelo método ativo e direto.

O único livro sobre educação que Proença escreveu, intitulado Palestras pedagogicas, foi publicado duas vezes: em 1930 — ano em que Proença ocupava o cargo de diretor da Escola Normal da Praça da República; e em 1938, ano em que passa a responder pela direção da Escola Normal Modelo, na cidade de São Paulo. Considerando que esse livro foi publicado pela Diretoria Geral da Instrução Pública do Estado de São Paulo, é possível presumir que a proximidade de seu autor com tal órgão público pôde, como no caso dos artigos publicados, ter facilitado a publicação e reedição desse livro.

Referências de textos *sobre* Antonio Firmino de Proença

Ainda no instrumento de pesquisa mencionado na Introdução deste artigo, encontra-se um total de 66 referências de textos *sobre* Proença, assim distribuídos: texto acadêmico: 1; textos em anais de eventos: 6; artigo em periódico: 1; textos de homenagem póstuma: 5; e textos com menções a A. F. Proença, sua atuação profissional ou produção escrita e/ou citações de textos seus: 53. As 53 referências que integram a última subseção são distribuídas em quatro outras subseções, tendo obtido a seguinte quantidade em cada uma delas: menções e/ou citações em livros: 12; menções e/ou citações em artigos em periódicos: 15; menções e/ou citações em jornais de notícias: 3; e menções e/ou citações em textos acadêmicos: 23.

A fim de propiciar uma visão de conjunto apresento, no Quadro 4, a quantidade de textos escritos sobre esse professor, de acordo com os tipos de texto, distribuídos por ano de publicação, entre 1917 e 2009, cujas respectivas datas foi possível localizar.

Quadro 4 – Bibliografia sobre Antonio Firmino de Proença, por tipo de texto e ano de publicação, entre 1917 e 2009.

Tipo de texto / Ano de publicação	Texto acadêmico	Textos em anais de eventos	Artigo em periódico	Homenagem póstuma	Textos com menções a Proença, sua atuação profissional ou produção escrita e/ou citações de textos seus				Total por ano
					em livro	em artigo em periódico	em jornais de notícias	em textos acadêmicos	
1917	-	-	-	-	-	1	-	-	**1**
1928	-	-	-	-	-	1	-	-	**1**
1929	-	-	-	-	-	5	-	-	**5**
1930	-	-	-	-	1	4	-	-	**5**
1932	-	-	-	-	-	1	-	-	**1**
1934	-	-	-	-	-	1	-	-	**1**
1939	-	-	-	-	-	1	-	-	**1**
1946	-	-	-	3	-	-	2	-	**5**
1949	-	-	-	1	-	-	-	-	**1**
1954	-	-	-	-	1	-	-	-	**1**
1959	-	-	-	-	1	-	-	-	**1**
1968	-	-	-	-	-	1	-	-	**1**
1974	-	-	-	-	1	-	-	-	**1**
1976	-	-	-	-	1	-	-	-	**1**
1980	-	-	-	1	-	-	-	-	**1**
1990	-	-	-	-	1	-	-	-	**1**
1994	-	-	-	-	-	-	-	1	**1**
1997	-	-	-	-	1	-	-	1	**2**
1999	-	-	-	-	-	-	-	1	**1**
2000	-	-	-	-	1	-	-	-	**1**
2001	-	-	-	-	-	-	-	1	**1**
2002	-	-	-	-	1	-	-	-	**1**
2003	-	-	-	-	2	-	-	-	**2**
2004	-	-	-	-	-	-	-	1	**1**
2005	-	-	-	-	-	-	-	3	**3**

2006	-	-	-	-	-	-	-	8	**8**
2007	1	1	1	-	1	-	-	2	**6**
2008	-	4	-	-	-	-	-	2	**6**
2009	-	1	-	-	-	-	-	3	**4**
Total por tipo de texto	1	6	1	5	12	15	2	23	**-**
Total geral									**65**

Fonte: Gazoli (2009)

Como se pode observar por meio das informações apresentadas no Quadro 4, não localizei, com data de publicação até 2007, textos que tratam especificamente da bibliografia de Proença, em especial seus livros didáticos. A partir de 2007, entretanto, localizei um texto acadêmico, um artigo em periódico e seis textos em anais de eventos em que se apresentam resultados da análise da configuração textual de livros didáticos escrito por esse professor; esses textos resultam de pesquisas que tenho realizado, tanto em nível de IC, quanto de mestrado.

Os textos com menções a Proença, sua atuação profissional ou produção escrita e/ou citações de textos seus, entretanto, foram publicados desde 1917 até 2009, com intervalos consideráveis de publicação entre: 1918 e 1927; 1940 e 1945; 1960 e 1967; e 1981 e 1989. A partir do ano de 1990, iniciam-se publicações regulares de textos com menções a Proença, sua atuação profissional ou produção escrita e/ou citações de textos seus, com intervalos de publicação que variam entre um e três anos, sendo que, a partir do ano de 2000, essas publicações passaram a ocorrem em todos os anos.

Os textos publicados entre 1917 e 1968 com menções a Proença, sua atuação profissional ou produção escrita e/ou citações de textos seus têm características marcadamente distintas dos publicados após esse período. O conteúdo dos textos publicados entre 1917 e 1968 varia entre: a divulgação dos livros didáticos escritos por Proença, com destaque para a eficiência do método analítico neles "concretizados"[12] ; e entre homenagens póstumas a esse professor. Entre os anos de 1974 e 2009, entretanto, os textos com menções a Proença, sua atuação profissional ou produção escrita e/ou citações de textos seus apresentam, geralmente, um dos textos que integram a produção didática de Proença juntamente com outros livros didáticos publicados no mesmo período, ou em período

12. Neste artigo compreendo o termo "concretização" como propõe Mortatti (2000).

imediatamente anterior, com o objetivo de compreender o momento histórico no qual esses livros foram publicados.

Os textos sobre Proença são publicados, exclusivamente, por esta pesquisadora a partir de 2007, quando iniciei pesquisa científica com objetivo de contribuir para a compreensão de um importante momento da história da alfabetização no Brasil por meio da análise da configuração textual dos livros que integram a produção didática desse professor, em especial dos livros que integram a "Série de leitura Proença".

Com o objetivo de contribuir para pesquisas correlatas apresento, a seguir, o conjunto de referências de textos localizados até o momento, que integram a bibliografia *de* e *sobre* Antonio Firmino de Proença.

Bibliografia de Antonio Firmino de Proença

1. Artigos em periódicos

PROENÇA, A. F. A bandeira nacional – resumo histórico. *Excelsior!* (Escola Normal de S. Carlos). São Carlos, ano 2, n.5, p. 16-18, nov. 1913.

PROENÇA, A. F. No domínio da technica: lições inductivas. *Excelsior!* (Escola Normal de S. Carlos). São Carlos, n.7, p.8-9, set. 1916.

PROENÇA, A. F. O estudo da natureza nas classes primarias: ligeiras considerações á cerca do assunto. *Revista da Escola Normal de São Carlos*, São Carlos, ano 1, n. 1, p. 24-26, nov. 1916.

PROENÇA, A. F. Methodo didactico. Revista da Escola Normal de São Carlos, São Carlos, ano 1, n. 2, p. 25-26, jun. 1917.

PROENÇA, A. F. Ensino primario. *Revista da Escola Normal de São Carlos*, São Carlos, ano 2 n. 4, p. 46-56, jun. 1918.

PROENÇA, A. F. Juvenal Penteado. *Revista da Escola Normal de São Carlos,* São Carlos, ano 3, n. 6, p. 3-11, jun. 1919.

PROENÇA, A. F. Ensino primario. *Revista da Escola Normal de São Carlos*, São Carlos, ano 4, n. 7, p. 62-67, dez. 1919.

PROENÇA, A. F. A escola e a caserna - ensino primario. *Revista da Escola Normal de São Carlos*, São Carlos, ano 4, n. 8, p. 63-70, jun. 1920.

PROENÇA, A. F. Ensino primario. *Revista da Escola Normal de São Carlos*, São Carlos, ano 4, n. 8, p. 96-107, jun. 1920.

PROENÇA, A. F. Desperdicio de energia nas escolas. *Revista da Escola Normal de São Carlos*, São Carlos, ano 5, n. 9, p. 50-54, nov. 1920.

PROENÇA, A. F. Ensino primario. *Revista da Escola Normal de São Carlos*, São Carlos, ano 6, n. 10, p. 58-65, jun. 1921.

PROENÇA, A. F. A mosca. *Revista da Escola Normal de São Carlos*, São Carlos, ano 7, n. 12, p. 65-70, dez. 1922.

PROENÇA, A. F. Methodos de ensino elementar. *Revista da Escola Normal de São Carlos*, São Carlos, ano 7, n. 12, p. 72-73, dez. 1922.

PROENÇA, A. F. Lições de arithmetica. *Revista da Escola Normal de São Carlos*, São Carlos, ano 8, n. 13, p. 54-59, dez. 1923.

PROENÇA, A. F. Sciencias naturaes: crustaceos. *Educação*, São Paulo, v.4, n.1, p.60-63, jul.1928.

PROENÇA, A. F. Sciencias naturaes: insectos. *Educação*, São Paulo, v.4, n.2-3, p.162-166, ago./set.1928.

PROENÇA, A. F. Ensino primario-plano de lições. *Educação*, São Paulo, v.5, n.2-3, p.294-296, nov./dez.1928.

PROENÇA. A. F. Linguagem nas classes adiantadas: composição. *Educação*, São Paulo, v. 6, ano 2, p. 153-162, jan./fev. 1929.

PROENÇA, A. F. Planos de lições primarias: suggestões para o estudo da natureza no 1°. anno preliminar. *Educação*, São Paulo, v.6, n.3, p.303-309, mar. 1929.

PROENÇA, A. F. Planos de aulas: suggestões para o estudo da natureza no curso preliminar: Lepido'pteros. *Educação*, São Paulo, v.8, n.1, p.71-79, jul. 1929.

PROENÇA, A. F. Estudo da natureza: a mosca domestica. *Educação*, São Paulo, v.8, ano 2, p.227-236, ago. 1929.

PROENÇA, A. F. Planos de lições: o cheiro (lição de coisas). Educação, São Paulo, v.9, n.1, ano 3, p.136-142, out. 1929.

PROENÇA, A. F. Collecionação de insectos. *Educação*, São Paulo, v.9, n.1, ano 3, p.143-144, out. 1929.

PROENÇA, A. F. Ensino primário: orientações e planos de aulas. *Educação*, São Paulo, v.10, n.1, p. 59-70, jan. 1930.

PROENÇA, A. F. Ensino primario-Erros no ensino da aritmética elementar. *Educação*, São Paulo, v.11, n.2, p.207-212, mai.1930.

PROENÇA, A. F. Ensino primário: primeiras lições de botanica. Educação, São Paulo, v.12, ano 3, p. 196-203, ago. 1930.

PROENÇA, A. F. Questões de mathematica elementar. Educação, São Paulo, v.12, n.13, p.368-372, set.1930.

PROENÇA, A. F. Erros no ensino da aritmetica escolar - I. *Revista do Professor*, São Paulo, ano 1, n. 2, p.3-4, abr. 1934.

PROENÇA, A. F. Erros no ensino da aritmetica escolar- IV. Revista do Professor, São Paulo, ano 1, n. 3, p.3, mai. 1934.

PROENÇA, A. F. Erros no ensino da aritmetica escolar - VII. *Revista do Professor*, São Paulo, ano 1, n. 4, p.3, jun./jul. 1934.

PROENÇA, A. F. Erros no ensino da aritmetica escolar - XI. *Revista do Professor*, São Paulo, ano 1, n. 5, p.5-6, ago. 1934.

2. Livros sobre educação

PROENÇA, A. F. *Palestras pedagógicas*. São Paulo: Directoria Geral da Instrução Publica (Departamento de Publicidade), 1930. 34 p.

PROENÇA, A. F. *Palestras pedagógicas*. ?. ed. São Paulo: Directoria Geral da Instrução Publica (Departamento de Publicidade), 1938. 34 p.

3. Cartilha de alfabetização

PROENÇA, Antonio Firmino de. *Cartilha Proença*. São Paulo: Companhia Melhoramentos de São Paulo (Weiszflog Irmãos Incorporada), 1926. 105 p. il.col.

PROENÇA, A. F. *Cartilha Proença*. 5. a 10. ed. São Paulo: Melhoramentos, [1928?]. 107 p., algumas il. color.

PROENÇA, A. F. *Cartilha Proença*. 11 a 15 ed. São Paulo: Melhoramentos, [1929?]. 107 p., il.

PROENÇA, A. F. *Cartilha Proença*. 39. ed. São Paulo: Companhia Melhoramentos de São Paulo (Weiszflog Irmãos Incorporada), [19--]. 107 p.il. color.

PROENÇA, A. F. *Cartilha Proença*. 53. ed. São Paulo: Edições Melhoramentos, 1939. 107 p.

PROENÇA, A. F. *Cartilha Proença*. 55. ed. São Paulo: Ed. Melhoramentos, 1942. 107 p., il.

PROENÇA, A. F. *Cartilha Proença*. 57. ed. São Paulo: Ed. Melhoramentos, 1943. 107 p., il.

PROENÇA, A. F. *Cartilha Proença*. 59. ed. São Paulo: Ed. Melhoramentos, 1944. 106 p., il.

PROENÇA, A. F. *Cartilha Proença*. 61. ed. São Paulo: Melhoramentos, 1945. 106 p., il.

PROENÇA, A. F. *Cartilha Proença*. 63. ed. São Paulo: Melhoramentos, 1946. 106 p., il.

PROENÇA, Antonio Firmino de. *Cartilha Proença*. 65. ed. São Paulo: Ed. Melhoramentos, 1947. 106 p., il.

PROENÇA, A. F. *Cartilha Proença*. 66. ed. São Paulo: Edições Melhoramentos, 1948. 107 p., il. ("Uso autorizado pelo Ministério da Educação e Saúde" Registro nº. 938)

PROENÇA, A. F. *Cartilha Proença*. 71. ed. São Paulo: Edições Melhoramentos, 1948.

PROENÇA, A. F. *Cartilha Proença*. 75. ed. São Paulo: Editora Melhoramentos, 1950. 106 p., il.

PROENÇA, A. F. *Cartilha Proença*. 77. ed. São Paulo: Editora Melhoramentos, 1953.

PROENÇA, Antonio Firmino de. *Cartilha Proença*. 79. ed. São Paulo: Edições Melhoramentos, 1954. 96 p., il. ("Uso autorizado pelo Ministério da Educação e Cultura" Registro nº. 938)

PROENÇA, A. F. *Cartilha Proença*. 84. ed. São Paulo: Edições Melhoramentos, 1955. 88 p. ("Uso autorizado pelo Ministério da Educação e Cultura")

4. Livros de leitura

PROENÇA, A. F. *Leitura do principiante*. Ilustrações de Oswaldo Storni. 1 e 2 ed. São Paulo: Companhia Melhoramentos de São Paulo (Weiszflog Irmãos Incorporada), 1926.

PROENÇA, A. F. *Leitura do principiante*. Ilustrações de Oswaldo Storni. 5. a 8. ed. São Paulo: Melhoramentos, [1928?]. 111p., il.

PROENÇA, A. F. *Leitura do principiante*. Ilustrações de Oswaldo Storni. 12. ed. São Paulo: Melhoramentos, [1929?]. 111p., il.

PROENÇA, A. F. *Leitura do principiante*. Ilustrações de Oswaldo Storni. 20. ed. São Paulo: Melhoramentos, [1931?]. 111p., il.

PROENÇA, A. F. *Leitura do principiante*, para o 1°. anno escolar. Ilustrações de Oswaldo Storni. 22. ed. São Paulo: Melhoramentos, [1933?]. 111p., il.

PROENÇA, A. F. *Leitura do principiante*, para o 1°. ano escolar. Ilustrações de Oswaldo Storni. 26. ed. São Paulo: Melhoramentos, [1934?]. 111p., il.

PROENÇA, A. F. *Leitura do principiante*, para o 1°. anno escolar. Ilustrações de Oswaldo Storni. 28. ed. São Paulo: Melhoramentos, [19--]. 111p., il.

PROENÇA, A. F. *Leitura do principiante*, para o 1°. anno escolar. Ilustrações de Oswaldo Storni. 32. ed. São Paulo: Companhia Melhoramentos, [1934?]. 111p., il.

PROENÇA, A. F. *Leitura do principiante*, para o 1°. anno escolar. Ilustrações de Oswaldo Storni. 40. ed. São Paulo: Comp. Melhoramentos, [19--]. 111p., il.

PROENÇA, A. F. *Leitura do principiante*: para o 1°. ano escolar. Ilustrações de Oswaldo Storni. 59. ed. São Paulo: Edições Melhoramentos, 1943. 110p., il.

PROENÇA, A. F. *Leitura do principiante*: para o 1°. ano escolar. Ilustrações de Oswaldo Storni. 63. ed. São Paulo: Melhoramentos, 1945. 110p., il.

PROENÇA, A. F. *Leitura do principiante*: para o 1°. ano escolar. 65. ed. São Paulo: Melhoramentos, 1946. 109p., il.

PROENÇA, A. F. *Leitura do principiante*: para o 1°. ano escolar. Ilustrações de Oswaldo Storni. 67. ed. São Paulo: Melhoramentos, 1947.

PROENÇA, A. F. *Leitura do principiante*: para o 1°. ano escolar. Ilustrações de Oswaldo Storni. 70. ed. São Paulo: Edições Melhoramentos, 1948. 108p., il.

PROENÇA, A. F. *Leitura do principiante*: para o 1°. ano escolar. Ilustrações de Oswaldo Storni. 75. ed. São Paulo: Ed. Melhoramentos, 1949. 112p., il.

PROENÇA, A. F. *Leitura do principiante*: para o 1°. ano escolar. Ilustrações de Oswaldo Storni. 79. ed. São Paulo: Ed. Melhoramentos, 1951. 112p., il.

PROENÇA, A. F. *Leitura do principiante*: para o 1º. ano escolar. Ilustrações de Oswald Storni. 81. ed. São Paulo: Edições Melhoramentos, 1954. 112p., il.

PROENÇA, A. F. *Leitura do principiante*: para o 1º. ano escolar. Ilustrações de Oswaldo Storni. 83. ed. São Paulo: Edições Melhoramentos, 1954.

PROENÇA, A. F. *Leitura do principiante*: para o 1º. ano escolar. Ilustrações de Oswaldo Storni. 87. ed. São Paulo: Melhoramentos, 1956. 112p.

PROENÇA, A. F. *1°. livro de leitura*. São Paulo: Companhia Melhoramentos de São Paulo (Weiszflog Irmãos Incorporada), 1926.

PROENÇA, A. F. *1°. livro de leitura*. 5. a 10. ed. São Paulo: Melhoramentos, 1928. 160p., il.

PROENÇA, A. F. *1°. livro de leitura*, para o 2°. ano escolar. 35. ed. São Paulo: Melhoramentos, [19--]. 160p., il.

PROENÇA, A. F. *1°. livro de leitura*. ?. ed. São Paulo: Melhoramentos, [1935?]. 160p., il.

PROENÇA, A. F. *1°. livro de leitura*. 45. ed. São Paulo: Ed. Melhoramentos, 1940. 176p., il.

PROENÇA, A. F. *1°. livro de leitura*. 46. ed. São Paulo: Ed. Melhoramentos, 1946. 157p., il.

PROENÇA, A. F. *1°. livro de leitura*. 47. ed. São Paulo: Ed. Melhoramentos, 1947. 157p., il.

PROENÇA, A. F. *1°. livro de leitura*. 48. ed. São Paulo: Ed. Melhoramentos, 1948. 156p., il.

PROENÇA, A. F. *2°. livro de leitura*. São Paulo: Companhia Melhoramentos de São Paulo (Weiszflog Irmãos Incorporada), 1927.

PROENÇA, A. F. *2°. livro de leitura*. ? ed. São Paulo: Melhoramentos, [1928]. 198p., il. color.

PROENÇA, A. F. *2°. livro de leitura*. 3. a 6. ed. São Paulo: Melhoramentos, [1929?]. 198p., il.

PROENÇA, A. F. *2°. livro de leitura*. [14. ed.] São Paulo: Melhoramentos, [1929?]. 198p., il.

PROENÇA, A. F. *2°. livro de leitura*. 16. ed. São Paulo: Melhoramentos, [19--]. 198p., il.

PROENÇA, A. F. *2°. livro de leitura*: para o 3°. anno escolar. 16. ed. São Paulo: Melhoramentos, [1933?]. 198p., il.

PROENÇA, A. F. *2°. livro de leitura*. ? ed. São Paulo: Melhoramentos, [1933?]. 198p., il.

PROENÇA, Antonio Firmino de. *2°. livro de leitura*. [22. ed.] São Paulo: Melhoramentos, [1935?]. 198p.

PROENÇA, A. F. *2°. livro de leitura*. 30. ed. São Paulo: Melhoramentos, 1942. 194p., il.

PROENÇA, A. F.*2°. livro de leitura*. 31. ed. São Paulo: Edições Melhoramentos, 1945. 181p., il.

PROENÇA, A. F. *2°. livro de leitura*: para o 3°. ano escolar. 32. ed. rev. São Paulo: Ed. Melhoramentos, 1946. 181p., il.

PROENÇA, A. F. *2°. livro de leitura*. 33. ed. rev. São Paulo: Edições Melhoramentos, 1947. 176p., il. ("Uso autorizado pelo Ministério da Educação e Saúde" Registro n°. 944)

PROENÇA, A. F. *2°. livro de leitura*. 49. ed. São Paulo: Ed. Melhoramentos, 1949. 156p., il.

PROENÇA, A. F. *2°. livro de leitura*. 50. ed. São Paulo: Ed. Melhoramentos, 1950. 156p., il.

PROENÇA, A. F. *3°. livro de leitura*. São Paulo: Melhoramentos, 1928. 236p., il.

PROENÇA, A. F. *2°. livro de leitura*. 2. e 3. ed. São Paulo: Melhoramentos, [1928?]. 236p., il.

PROENÇA, A. F. *2°. livro de leitura*. [9. ed.] São Paulo: Melhoramentos, [1929?]. 236p., il.

PROENÇA, A. F. *2°. livro de leitura para o 4°. ano escolar*. 15. ed. São Paulo: Comp. Melhoramentos de São Paulo (Weiszflog irmãos incorporada), [19--]. 236p. il.

PROENÇA, A. F. *3°. livro de leitura para o 4°. ano escolar*. 17. ed. São Paulo: Comp. Melhoramentos de São Paulo (Weiszflog irmãos incorporada), 1941. 229p. il.

PROENÇA, A. F. *3°. livro de leitura para o 4º. ano escolar*. 19. ed. São Paulo: Ed. Melhoramentos, 1945. 229p.

PROENÇA, A. F. *3°. livro de leitura para o 4º. ano escolar*. 20. ed. Refundida. São Paulo: Edições Melhoramentos, 1946. 228p.

PROENÇA, A. F. *3°. livro de leitura*. 34. ed. rev. São Paulo: Edições Melhoramentos, 1948.

PROENÇA, A. F. *3°. livro de leitura*. 35. ed. São Paulo: Ed. Melhoramentos, 1950. 175p., il.

PROENÇA, A. F. *4°. livro de leitura, para o 4º. ano escolar*. São Paulo: Companhia Melhoramentos de São Paulo (Weiszflog irmãos incorporada), 1928.

PROENÇA, A. F. *4°. livro de leitura, para o 4º. ano escolar*. 21. ed. São Paulo: Ed. Melhoramentos, 1948. 228p., il.

PROENÇA, A. F. *4°. livro de leitura, para o 4º. ano escolar*. 22. ed. São Paulo: Ed. Melhoramentos, 1951. 228p., il. [

PROENÇA, A. F. *4°. livro de leitura, para o 4º. ano escolar*. ?. ed. São Paulo: Ed. Melhoramentos, 1952.

5. Livro de Geografia

PROENÇA, A. F. *Como se ensina geographia*. São Paulo: Companhia Melhoramentos de São Paulo (Weiszflog Irmãos Incorporada), 1928. 105p. (Bibliotheca de Educação, v.VII)

PROENÇA, A. F. *Como se ensina geographia*: metodologia. ? ed. São Paulo: Companhia Melhoramentos de São Paulo (Weiszflog irmãos incorporada), 1930. (Bibliotheca de Educação, v.VII)

PROENÇA, A. F. *Como se ensina geographia*. 2. ed. São Paulo: Comp. Melhoramentos de São Paulo (Weiszflog irmãos incorporada), 1932. 105p. (Bibliotheca de Educação, v.VII)

6. Plano de aula

PROENÇA, A. F. Colecionação de insetos: plano de trabalho de muito valor educativo. In: D'AVILA, Antônio. *Práticas escolares*. São Paulo: Edição Saraiva, 1959, p.110-116. v. 2.

7. Outros

[PROENÇA, A. F.]. *Escreva certo!* São Paulo: Atena Editora, 1939. 70p. (Prefácio de Dácio Pires Corrêa)

[PROENÇA, A. F.]. *Escreva certo!*: método prático para escrever corretamente e sem necessidade de consultar o dicionário. São Paulo: Atena Editora, 1940. 76p. (De acordo com a reforma ortográfica oficial/Decreto-Lei nº. 292, de 23 de fevereiro de 1938)

[PROENÇA, A. F.]. *Escreva certo!*: método prático para escrever corretamente e sem necessidade de consultar o dicionário. São Paulo: Atena Editora, 1943. 76p. (De acordo com a reforma ortográfica oficial/Decreto-Lei nº. 5186, de 13 de janeiro de 1943) (Prefácio de Dácio Pires Corrêa, Diretor da Escola de Comércio D. Pedro II)

Bibliografia sobre A. F. Proença

1. Texto acadêmico

GAZOLI, Monalisa Renata. *O método analítico para o ensino da leitura em Cartilha Proença* (1926), de Antonio Firmino de Proença. 2007. 92f. Trabalho de Conclusão de Curso de Pedagogia (Graduação em Pedagogia) – Faculdade de Filosofia e Ciências – Universidade Estadual Paulista, Marília. 2007.

2. Textos em anais de eventos

GAZOLI, Monalisa Renata. *Um estudo sobre Cartilha Proença* (1926), de Antonio Firmino de Proença. In: CONGRESSO DE LEITURA DO BRASIL, 16., 2007, Campinas, SP. Anais eletrônicos... Campinas: [s/l], p. 1-8, 2007. Disponível em: <http://www.alb.com.branais16sem07ss03_05.pdf.pdf>. Acesso em: 20 mai. 2008.

GAZOLI, Monalisa Renata. *O método analítico para o ensino da leitura em Cartilha Proença* (1926), de Antonio Firmino de Proença. In: SIMPÓSIO INTERNACIONAL LIVRO DIDÁTICO: EDUCAÇÃO E HISTÓRIA. Anais... São Paulo:[s/l], 2007. p. 830-839. 1 CD-ROM.

GAZOLI, Monalisa Renata. *Um estudo sobre palestras pedagogicas* (1930), de Antonio Firmino de Proença. In: SEMINÁRIO INTERNACIONAL: ESCOLA CULTURA, 5., 2008, São Paulo. Anais... São Paulo: [s/l], 2008. p. 1-12. 1 CD-ROM.

GAZOLI, Monalisa Renata. Bibliografia *de e sobre Antonio Firmino de Proença*: um instrumento de pesquisa. In: CONGRESSO BRASILEIRO DE HISTÓRIA DA EDUCAÇÃO: O ENSINO DE A PESQUISA EM HISTÓRIA DA EDUCAÇÃO, 5., 2008, Aracaju, SE. Anais.... São Cristóvão, SE: Universidade Federal de Sergipe; Aracaju: Universidade Tiradentes, 2008. p. 1-13.

GAZOLI, Monalisa Renata. O método analítico para o ensino da leitura em *Leitura do principiante* (1926) e *1º. livro de leitura* (1926), de Antonio Firmino de Proença. In: SEMINÁRIO DE PESQUISA, 10., 2008, Marília. Cadernos de áreas. Marília: Programa de Pós-Graduação em Educação – Unesp, campus de Marília, 2008. p. 1-7.

GAZOLI, Monalisa Renata. *1º. livro de leitura* (1926), de Antonio Proença, e a disseminação do método analítico para o ensino da leitura no Brasil. In: SEMINÁRIO BRASILEIRO LIVRO E HISTÓRIA EDITORIAL, 2., 2009, Rio de Janeiro. Anais eletrônicos.... Rio de Janeiro: Lihed – Núcleo de Pesquisa sobre livro e história editorial no Brasil, 2009. p. 1-13. 1 CD-ROM.

3. Artigo em periódico

GAZOLI, Monalisa Renata. Um estudo sobre *Cartilha Proença* (1926), de Antonio Firmino de Proença. *Revista de Iniciação Científica*. Universidade Estadual Paulista, Marília, v. 7, n.3, p. 246-257, 2007.
Disponível em: <http://www.portalppgci.marilia.unesp.br/ric/viewarticle.php?id=130&layout=abstract>

4. Textos de homenagem póstuma

A. I. Um vulto sorocabano. *Cruzeiro do Sul*, Sorocaba, p. 3, 29 mar. 1949.

D'ÁVILA, Antonio. História da educação. *Educação*, v.34, n.48-49, p.146-150, jul./dez. 1946.

D'ÁVILA, Antonio. Antonio Firmino de Proença. In: POLIANTÉIA *comemorativa do 1º. centenário do Ensino Normal de São Paulo*. São Paulo: Gráfica Bréscia, 1946. p. 107-108.

GOMES, Alfredo. Um grande educador: Proença. *Correio Paulistano*, São Paulo, p. 4, ano 92, n.27614, 6 abr. 1946.

PENNA, Helena et.al. *Antonio Firmino de Proença*: 1980, 1º centenário de nascimento. São Paulo: Gráfica da Secretaria da Indústria, Comércio, Ciência e Tecnologia, 1980.

5. Textos com menções a Proença, sua atuação profissional ou produção escrita e/ou citações de textos seus

5.1 Livros

CARVALHO, Marta Maria Chagas de. *A escola e a República e outros ensaios*. Bragança Paulista: EDUSF, 2003. (Série Historiografia)

D'ÁVILA, Antonio. *Práticas escolares*. 5. ed. melh. e acres. São Paulo: Saraiva, 1959.v. 2.

DONATO, Hernani. *100 anos da Melhoramentos*: 1890-1990. São Paulo: Melhoramentos, 1990.

EVANGELISTA, Olinda. *A formação universitária do professor*: o instituto de educação da Universidade de São Paulo (1934-1938). Florianópolis: NUP/CED/UFSC/Editora da Cidade Futura, 2002.

SUD MENNUCCI. *A escola paulista*. São Paulo: COPAC, 1930.

PFROMM NETO, Samuel; DIB, Carlos Z.; ROSAMILHA, Nelson. *O livro na educação*. Rio de Janeiro: Primor/INL, 1974.

MACIEL, Francisca Isabel P.; FRADE, Isabel Cristina A. S. Cartilhas de alfabetização e nacionalismo. In: PRERES, Eliane; TAMBARA, Elomar (orgs.). *Livros escolares e ensino a leitura e da escrita no Brasil* (século XIX – XX). Pelotas: Seivas, 2003. p.27-51.

MELO, Luis Correa. PROENÇA, Antonio Firmino. In: ______. Dicionário de autores paulistas. São Paulo: Irmãos Andriolis, 1954. p. 500-501.

MONARCHA, Carlos (Org.). *Lourenço Filho*: outros aspectos, mesma obra. Campinas: Mercado das Letras; Curso de Pós-graduação em Educação da Faculdade de Filosofia e Ciências da Universidade Estadual Paulista – campus de Marília, 1997.

MORTATTI, Maria do Rosário Longo. *Os sentidos da alfabetização*: São Paulo/ 1876-1994. 1.ed. 2. reimp. São Paulo: Editora Unesp, 2000.

NAGLE, Jorge. *Educação e sociedade na Primeira República*. São Paulo: EPU; Rio de Janeiro: Fundação Nacional de Material Escolar, 1976.

SILVA, Emerson Correia da. *O professor ideal em* ***Excelsior!*** (1911-1916): a revista dos alunos da Escola Normal de São Carlos. São Carlos: Rima, 2007.

5.2 Artigos em periódicos

AMARAL, A. B. do. Nossas revistas de cultura: ensaio histórico-literário. *Revista do Arquivo Municipal*, São Paulo, v.174, p.156-157, jul./set. 1968.

COLLABORADORES da "*Revista de Educação*", Revista de Educação, v.8, n.8, p.I-IV, dez. 1934.

D'ÁVILA, Antonio. Departamento de educação: edital. *Revista de Educação*, v.23-26, n.23-26, p.104-119, set./dez./mar.jun. 1939.

ESCOLA Normal de São Carlos. *Revista de ensino*, São Paulo, ano15, n.4, p. 36-41, mar. 1917.

ESTRADA, Alduino. Proença (Antonio Firmino de). *Educação*, São Paulo, v.6, n.3, p. 310-312, mar. 1929. Bibliografia Pedagógica.

FIRMINO PROENÇA – referencia ao livro *Como se ensina geografia*. Educação, São Paulo, v.7, n.3, p.333, jun. 1929. Biblioteca Pedagógica.

JARDIM, Renato. A escola paulista - III. *Educação*, São Paulo, v.11, n.1, p. 99-102, abr. 1930. Através de revistas e jornaes.

JARDIM, Renato. A escola paulista- V. *Educação*, São Paulo, v.11, n.3, p. 384-387, jul. 1930. Através de revistas e jornaes.

MENDES, Amadeu. Directoria Geral da Instrucção Publica: seriação dos livros didacticos. *Educação*, São Paulo, v.6, n.3, p.298-302, mar.1929.

MENNUCCI, Sud. *Como se ensina geografia* – A. F. Proença. Educação, São Paulo, v.5, n.1, p. 58-61, out/dez. 1928.

MENNUCCI, Sud. A escola paulista. *Educação*, São Paulo, v.9, n.2, p. 270-273, nov. 1929.

MENNUCCI, Sud. A escola paulista - V. *Educação*, São Paulo, v.11, n.3, p.387-390, jul. 1930. Através de Revistas e Jornaes.

MENNUCCI, Sud. A escola paulista VII. *Educação*, São Paulo, v.2, n.2, p.295-298, ago. 1930. Através de revistas e jornaes.

NOMEAÇÕES. *Educação*, São Paulo, v.7, n.3, p.339, jun.1929. Informações.

SOARES, Álvaro. Os primeiros ensinamentos de leitura e linguagem. *Educação*, São Paulo, v.10, n.10-11, p.131-140, out./nov. 1932.

5.3 Jornais de notícias

FALECIMENTOS. Antonio Firmino de Proença. *O Estado de São Paulo*, São Paulo, p. 6, 5 abr. 1946.

NECROLOGIA. *Folha da manhã*, São Paulo, p.?, 6 abr. 1946.

VERDADEIRO CENTRO de irradiação pedagogica vae ser a Escola Normal Modelo recentemente creada. Ultima hora, São Paulo, p.?, [19--].

5.4 Textos acadêmicos

CAMPELO, Kátia Gardênia Henrique da Rocha; MACIEL, Francisca Izabel Pereira. História da alfabetização mineira: um olhar sobre a circulação de cartilhas de alfabetização em Minas Gerais no período de 1930 a 1945. In: Congresso Luso-Brasileiro de História da Educação, 7., 2008, Portugal. Anais eletrônicos. Disponível em: <http://web.letras.up.pt/7clbheporto/trabalhos_final.aspx>. Acesso em: 21 mai. 2009.

CATANI, Denice Bárbara. *Ensaios sobre a produção e circulação dos saberes pedagógicos.* 1994. 166 f. Tese (Livre Docência em Didática) – Faculdade de Educação, Universidade de São Paulo, 1994.

FRADE, Isabel Cristina Alves da Silva (Coord.). Cartilhas escolares: ideários, práticas pedagógicas e editoriais: construção de repertórios analíticos e de conhecimento sobre a história da alfabetização e das cartilhas (MG/RS, 1870-1980). Net, Belo Horizonte/Pelotas, 2001. Disponível em: <http://www.ufpel.tche.br/fae/pesquisa/cartilha.htm>. Acesso em: 05 mar. 2007.

FREITAS, Itamar. Os impressos pedagógicos e o ensino de história no Brasil (1880-1940). In: SEMANA DE PÓS-GRADUAÇÃO DA UFS, 2006, São Cristóvão: [s/n], 2006. Disponível em: <http://www.ensinodehistoria.com.br/producao.htm>. Acesso em: 2 jun. 2008.

LABEGALINI, Andréia Cristina Fregate Baraldi. *A formação de professores alfabetizadores nos institutos de educação do estado de São Paulo* (1933 a 1975). 2005. 315 f. Tese (Doutor em Educação) – Faculdade de Filosofia e Ciências, Universidade Estadual Paulista, Marília, 2005.

MAGNANI, Maria do Rosário Mortatti. *Os sentidos da alfabetização:* a "questão dos métodos" e a constituição de um objeto de estudo (São Paulo – 1876/1994). 1997. 389 f. Tese (Livre-Docência em Metodologia do Ensino de 1º. Grau: Alfabetização) – Faculdade de Ciências e Tecnologia, Universidade Estadual Paulista, Presidente Prudente, 1997.

MESSENBERG, Cyntia Grizzo. Um estudo sobre Na roça (1935), de Renato Sêneca Fleury. 2008. 75 f. Trabalho de Conclusão de Curso. (Graduação em Pedagogia) – Faculdade de Filosofia e Ciências, Universidade Estadual Paulista, Marília, 2008.

MORTATTI, Maria do Rosário; PEREIRA, Bárbara C.; GAZOLI, Monalisa Renata; ORIANI, Angélica; MESSENBERG, Cyntia G. Cartilhas de professores paulistas do início do século XX e a conformação de práticas de alfabetização no Brasil. In: SEMINÁRIO BRASILEIRO LIVRO E HISTÓRIA EDITORIAL, 2., 2009, Niterói. Anais eletrônicos.... Niterói: Lihed – Núcleo de Pesquisa sobre livro e história editorial no Brasil, 2009. p. 1-15. 1 CD-ROM

NASCIMENTO, Jorge Carvalho do. Memória da escola no sertão do São Francisco: a Escola Nova e as contradições de um país plural (1910-1950). Net, [S.L], [2006?]. Disponível em: <http://jorge.carvalho.zip.net/arch2006-03-19_2006-03-25.html>. Acesso em: 22 jun. 2007.

NERY, Ana Clara Bortoleto. A sociedade de Educação de São Paulo: embates no campo educacional (1922-1931). 1999. 377 f. Tese (Doutorado em Educação) – Faculdade de Educação, Universidade de São Paulo, São Paulo, 1999.

NERY, Ana Clara Bortoleto. Impressos de e para professores: a conformação do campo pedagógico (1911-1930). In: CONGRESSO DE LEITURA DO BRASIL, 16., 2007, Campinas. Anais eletrônicos... Campinas: [s/n], 2007. Disponível em: <http://www.alb.com.br/anais16/prog_pdf/prog07_03b.pdf>. Acesso em: 2 jun. 2008.

NERY, A. C. B. Impressos de Professores: representação sobre educação e ensino nos periódicos paulistas (1911-1923). In: REUNIÃO ANUAL DA ANPED, 31., 2008, Caxambu, MG. Anais eletrônicos... Caxambu, MG: [s/n], 2008. Disponível em: <http://www.anped.org.br/reunioes/31ra/1trabalho/GT02-4219--Int.pdf>. Acesso em: 2 fev. 2009.

OZELIN, Jaqueline Rampeloti. Revista da Escola Normal de São Carlos (1916-1923): a formação do professor. 2006. 97 f. Trabalho de Conclusão de Curso (Graduação em Pedagogia) – Faculdade de Filosofia e Ciências, Universidade Estadual Paulista, Marília, 2006.

PEREIRA, Bárbara Cortella. Theodoro de Moraes (1877-1956): um pioneiro na história do ensino da leitura pelo método analítico no Brasil. 2009, 212 f. Dissertação (Mestrado em Educação) – Universidade Estadual Paulista, Faculdade de Filosofia e Ciências, Câmpus de Marília, 2009.

SANTOS, Fátima Aparecida dos. A Escola Nova e as prescrições destinadas ao ensino da disciplina de geografia da escola primária em São Paulo no início do século XX. 2005. 181 f. Dissertação (Mestrado em Educação: História, Política e Sociedade) – Pontifícia Universidade Católica, São Paulo, 2005.

SANTOS, Fátima Aparecida dos. A geografia no ensino primário: representações em confronto. In: CONGRESSO LUSO-BRASILEIRO DE HISTÓRIA DA EDUCAÇÃO, 6., 2006, Uberlândia. Anais eletrônicos... Uberlândia: Net, 2006. Disponível em: <http://www.faced.ufu.br/colubhe06/anais/arquivos/308F%L1timaAparecidaDosSantos%20.pdf->. Acesso em: 21 mai. 2007, às 15:08:13.

SILVA, Aldine Nogueira da. Estudos sobre a revista Educação (1927-1930). 2005. 49 f. Trabalho de Conclusão de Curso (Graduação em Pedagogia) – Faculdade de Filosofia e Ciências, Universidade Estadual Paulista, Marília, 2005.

SILVA, Emerson Correia da. O professor ideal em Excelsior! (1911-1916): a revista dos alunos da Escola Normal de São Carlos. 2006. 107 f. Trabalho de Conclusão de Curso (Graduação em Pedagogia) – Faculdade de Filosofia e Ciências, Universidade Estadual Paulista, 2006.

SILVA, Emerson Correia da; OZELIN, Jaqueline Rampeloti; INOUE, Leila Maria. A divulgação de saberes por meio de periódicos educacionais nas Escolas Normais de Piracicaba e São Carlos. In: ENCONTRO REGIONAL DE HISTÓRIA – O HISTORIADOR E SEU TEMPO, 18., 2006, Assis. Anais... Assis: ANPUH/SP – UNESP, 2006. Não paginado. CD-ROM.

SOBRAL, Patrícia de Oliveira. Um estudo sobre nova Cartilha analytico-synthética (1916), de Mariano de Oliveira. 2007. 59 f. Trabalho de Conclusão de Curso (Graduação em Pedagogia) – Faculdade de Filosofia e Ciências, Universidade Estadual Paulista, 2006.

SOUZA, Rosa Fátima de. Alicerces da pátria: escola primária e cultura escolar no estado de São Paulo (1890-1976). 2006. 367 f. Tese (Livre docência em História da Educação) – Faculdade de Ciências e Letras, Universidade Estadual Paulista, Araraquara, 2006.

VALDEZ, Diane. Livros de leitura seriados para a infância: fontes para a história da educação nacional (1866/1930). Net, [Campinas], 2004. Disponível em: <http://www.periodicos.udesc.br/linhas/ojs)include/getdoc.php?id=43&article=29&mode=pdf&OJSSID=8c17e4>. Acesso em: 22 jun. 2007.

VIDAL, Diana Gonçalves. Uma biblioteca escolar: práticas de formação docente no Rio de Janeiro, 1927-1935. Net, [S/L], 2005-2007. Disponível em: <http://www.extralibris.info/artigo/1>. Acesso em: 22 jun. 2007.

Considerações finais

Após mais de dois anos de pesquisa tendo como corpus os livros escritos pelo professor Antonio Firmino de Proença, é possível observar as mudanças consideráveis no que se refere à importância que se atribui ao estudo da vida desse professor, para o que penso ter modestamente contribuído com este estudo.

Como informei, quando iniciei a pesquisa, em 2007, localizei poucas referências sobre esse professor, entretanto, após diversas visitas a instituições, acervos e bases de dados de bibliotecas universitárias disponíveis on-line e sebos virtuais e físicos, pude localizar uma quantidade considerável de documentos com menção a Antonio Firmino de Proença e/ou citação de textos seus.

Ressalto, entretanto, que não localizei estudos pontuais sobre esse professor com data de publicação anterior a 2007. A partir desse ano, todavia, localizei sete textos acadêmicos e um artigo em periódico em que se apresentam resultados da análise da configuração textual de livros didáticos escrito por esse professor; esses textos resultam das pesquisas que desenvolvi em nível de iniciação científica e de mestrado.

Assim, o instrumento de pesquisa que elaborei e que aqui apresentei, contendo mais de uma centena de referências de textos de e sobre o professor Antonio Firmino de Proença, caracteriza-se como importante fonte de pesquisa para os que, como eu, se interessam por pesquisar, dentre outros aspectos, a bibliografia de e sobre esse professor.

Por meio da pesquisa desenvolvida é possível afirmar que os instrumentos de pesquisa apresentam-se como importantes subsídios para a pesquisa história, particularmente em educação, uma vez que possibilitam ao pesquisador organizar informações relevantes obtidas por meio de pesquisa documental e bibliográfica, além de serem fontes de consulta para o pesquisador que o elaborou e para outros pesquisadores que desenvolvem pesquisas correlatas.

Além dos objetivos específicos deste artigo, penso que, dando a conhecer esse importante aspecto da atuação profissional de Antonio Firmino de Proença, este artigo possa também contribuir, ainda que modestamente, para a produção de uma história do ensino da leitura e escrita e para a história da educação no Brasil.

Referências

ASSOCIAÇÃO BRASILEIRA DE NORMAS TÉCNICAS. NBR 6023: informação e documentação: referências: elaboração. Rio de Janeiro, 2002.

BELLOTTO, Heloísa Liberalli. Os instrumentos de pesquisa no processo historiográfico. In: CD-ROM COMEMORATIVO XIV CONGRESSO BRASILEIRO DE ARQUIVOLOGIA: a arquivologia e a construção social do conhecimento. [s/l]: FEMADE Tecnologia, 2008. 1 CD-ROM.

CARVALHO, Marta Maria Chagas de; TOLEDO, Maria Rita de Almeida. A coleção como estratégia de difusão de modelos pedagógicos: o caso da Biblioteca de Educação, organizada por Lourenço Filho. In: CONGRESSO BRASILEIRO DE HISTÓRIA DA EDUCAÇÃO, 3., 2004, Curitiba. Anais eletrônicos... Curitiba: Sociedade Brasileira de História da Educação, 2004. Disponível em: <http://www.sbhe.org.br/novo/congressos/cbhe3/Documentos/Individ/

Eixo3/259.pdf>. Acesso em: 18 fev. 2009.

CATANI, Denice Bárbara. Ensaios sobre a produção e circulação dos saberes pedagógicos. 1994. 166 f. Tese (Livre Docência em Didática) – Faculdade de Educação, Universidade de São Paulo, 1994.

GAZOLI, Monalisa Renata. Bibliografia de e sobre Antonio Firmino de Proença: um instrumento de pesquisa. Marília-SP, 2009. (Digitado).

______. Um estudo sobre palestras pedagogicas (1930), de Antonio Firmino de Proença. In: SEMINÁRIO INTERNACIONAL: ESCOLA CULTURA, 5., 2008, São Paulo. Anais... São Paulo: [s/l], 2008. p. 1-12. 1 CD.

______. Bibliografia de e sobre Antonio Firmino de Proença: um instrumento de pesquisa. Marília-SP, 2007a. (Digitado).

______. O método analítico para o ensino da leitura em Cartilha Proença (1926), de Antonio Firmino de Proença. 2007b. 92 f. Trabalho de Conclusão de Curso (Graduação em Pedagogia) – Faculdade de Filosofia e Ciências, Universidade Estadual Paulista, Marília, 2007b.

MELO, Luis Correa. Dicionário de autores paulistas. São Paulo: Irmãos Andriolis, 1954.

MORTATTI, Maria do Rosário Longo. Os sentidos da alfabetização: São Paulo 1876/1994. 1.ed. 2. reimp. São Paulo: Editora Unesp, 2000.

OZELIN, Jaqueline Rampeloti. Revista da Escola Normal de São Carlos (1916-1923): a formação do professor. 2006. 97 f. Trabalho de Conclusão de Curso (Graduação em Pedagogia) – Faculdade de Filosofia e Ciências, Universidade Estadual Paulista, Marília, 2006.

PFROMM NETO, Samuel; DIB, Carlos Z.; ROSAMILHA, Nelson. Cartilhas, gramáticas, livros de texto. In: ______. O livro na educação. Rio de Janeiro: Primor/INL, 1974. p. 153-204.

SANTOS, Maria de Lourdes da Silva. Revista do professor (1934-1939): contribuições para a formação do pensamento político-pedagógico do magistério primário do estado de São Paulo. 2001. 117 f. Dissertação (Mestrado em Educação) – Faculdade de Educação, Universidade Metodista de Piracicaba, Piracicaba, 2001.

SILVA, Emerson Correia da. O professor ideal em Excelsior! (1911-1916): a revista dos alunos da Escola Normal de São Carlos. São Carlos, SP: Rima, 2007.

Instituições, acervos e catálogos digitais e bases de dados de bibliotecas universitárias disponíveis on-line consultados

Acervos

Acervo do Grupo de Pesquisa "História do Ensino de Língua e Literatura do Brasil" - Faculdade de Filosofia e Ciências - Universidade Estadual Paulista - Marília-SP.

Acervo da Escola Normal "Caetano de Campos" - Centro de Referência em Educação "Mário Covas" - São Paulo-SP.

Biblioteca da Escola Estadual Prof. "Antonio Firmino de Proença" - São Paulo-SP.

Biblioteca do Livro Didático - Faculdade de Educação da Universidade de São Paulo - São Paulo-SP.

Biblioteca Infanto-Juvenil "Monteiro Lobato" - São Paulo-SP.

Biblioteca Municipal Prefeito "Prestes Maia" - São Paulo-SP.

Biblioteca Prof. "Sólon Borges dos Reis" - Instituto de Estudos Pedagógicos "Sud Mennucci" - Centro do Professorado Paulista – São Paulo-SP.

Biblioteca "Sérgio Millet" - Centro Cultural de São Paulo - São Paulo-SP.

CEDAE - Centro de Documentação Cultural "Alexandre Eulálio" - Instituto de Estudos da Linguagem - Universidade Estadual de Campinas - Campinas-SP.

Fundação Biblioteca Nacional - Rio de Janeiro-RJ.

Seção Obras Raras e Especiais - Sala "Paulo Prado" - Biblioteca Municipal "Mário de Andrade" - São Paulo-SP.

Serviço de Biblioteca da Faculdade de Filosofia e Ciências - Universidade Estadual Paulista - Marília-SP.

Serviço de Biblioteca da Faculdade de Ciências e Letras - Universidade Estadual Paulista -Araraquara-SP.

Serviço de Biblioteca e Documentação da Faculdade de Educação - Universidade de São Paulo - São Paulo-SP.

Catálogos digitais e bases de dados de bibliotecas universitárias disponíveis on-line

Base de dados Athena – Faculdade de Filosofia e Ciências – Universidade Estadual Paulista. Disponível em: <http://www.athena.biblioteca.unesp.br/F?RN=672374846>.

Base de dados CEDAE - Centro de Documentação "Alexandre Eulálio" – Faculdade de Educação - Universidade Estadual de Campinas. <http://www.cedae.iel.unicamp.br/biblioteca/catalogos.php>.

Catálogo Digital da Fundação Biblioteca Nacional. Disponível em: <http://www..bn.br/portal>.

Base de dados Dedalus – Faculdade de Educação - Universidade de São Paulo. Disponível em: <http://dedalus.usp.br:4500/ALEPH/por/USP/USP/DEDALUS/START>.

Catálogo Digital do Centro de Estudos e Investigações em História da Educação - CEIHE - Faculdade de Educação - Universidade Federal de Pelotas. Disponível em: <http://www.ufpel.tche.br/fae/pesquisa/cartilha.htm>.

Catálogo Digital "Memória da Cartilha" – Faculdade de Educação - Universidade Federal do Rio Grande do Sul. Disponível em: <http://www.ufrgs.br/faced/extensao/memoria/cartilhas_imagens/principiante.htm>.

Catálogo Digital "Memorial da Educação" - Centro de Referência em Educação "Mário Covas". Disponível em: <http://www.crmariocovas.sp.gov.br/memorial.php>.

Base de dados Scientifc Eletronic Library Online - SCIELO - Disponível em: <http://www.scielo.br/scielo.php?>.

Posfácio

Guardar: um baluarte contra o esquecimento

> Tudo o que é lembrado, pensado, [guardado],
> torna-se alicerce, moldura, baluarte, pedestal (...)
> que se somam para formar uma enciclopédia mágica.
>
> (Walter Benjamim)[1]

Guardar foi um verbo e uma prática, intensamente presentes na vida do Professor Antonio Firmino de Proença (1880-1946) que acumulou muitos documentos sobre sua trajetória profissional, os quais foram acrescidos de outros pela pertinaz busca empreendida por sua família que, zelosamente, os preservou como tesouros. Este ato de guardar não significou aos seus possuidores esconder os materiais, posto que se substantivou na constituição de um acervo pessoal que agora se dá a ver, através desse livro, idealizado pela persistência de sua bisneta, Inaiá Nogueira da Silva Diniz, com a colaboração de seu neto Luiz Cesar de Proença e competentemente organizado e coordenado pela Profª Marcia Razzini. Um livro que reúne 12 pesquisadores dedicados à História da Educação e à História dos Livros e da Leitura, oriundos de várias instituições e procedências geográficas e cujos trabalhos permitirão aos estudiosos as condições para reconfigurar um passado e pela via do escrito, dar-lhe perenidade, livrá-lo do esquecimento.

Os pesquisadores, aqui reunidos, mergulharam em papéis pessoais, em livros didáticos escritos pelo autor, na imprensa da primeira metade do século XX, em revistas educacionais específicas, na legislação do período, fontes essas que foram entrecruzadas com vasta bibliografia da área para apresentar, pelo espetáculo da pesquisa, o livro Antonio Firmino de Proença: professor, formador, autor.

Antonio Firmino de Proença foi professor formado pela Escola Normal da Praça, em São Paulo (1904) e exerceu, no magistério público oficial, cargos como professor, diretor e inspetor de ensino, carreira que foi consolidada nas décadas de 1920 a 1930, em instituições importantes como a Escola Normal de São Carlos, Escola Normal da Praça, Instituto de Educação de São Paulo. Sua atividade como autor de artigos na imprensa paulista de educação e ensino foi bastante profícua tendo escrito entre 1913 e 1934 numerosos artigos que contribuem, inclusive, para historiar a importância do impresso na formação de professores.

1 BENJAMIM, Walter. Rua de mão única. Obras Escolhidas II. São Paulo: Brasiliense, 1987, p.228.

A produção didática de Antonio Firmino de Proença foi, essencialmente, publicada pela Editora Melhoramentos de São Paulo, a partir de 1924 estendendo-se até 1962, como mostram os documentos do acervo pessoal do autor e se constituíam em uma cartilha e em quatro livros de leitura graduada, conhecida com Série Proença, utilizada nacionalmente e que foram meticulosamente estudados na presente obra. Homem de letras, capaz de acumular diferentes tipos de conhecimento e de exercer diferentes atividades no campo educacional, este livro mostra sua importância e seu protagonismo social que o aproximou de vasto público, quer pela sua produção didática, quer pela produção acadêmica visibilizada, aqui, pelos tantos artigos e livros que escreveu.

Precedido de diligente trabalho realizado pela família do Professor Proença, que não hesitou em rastrear fontes em várias cidades do Estado de São Paulo onde Antonio Proença morou e exerceu o magistério, o desafio enfrentado pela Profª Marcia Razzini, organizadora e também autora desse livro, e que consistiu em juntar pesquisadores de diferentes lugares em torno de um autor e com eles urdir uma teia para tecer uma vida, foi plenamente alcançado. Todos os estudos aqui reunidos colocam em cena, com precisão e sutileza, a obra de Antonio Firmino de Proença, educador, autor e homem público e funcionam como um convite à mais civilizada das paixões: a leitura.

Um livro, enfim, com densidade teórica e qualidade narrativa tecido com sensibilidade e que contribuiu p ara mostrar que os melhores trabalhos são aqueles em que a perspectiva peculiar dos autores age com liberdade, aliando teoria e empiria nesse estranho amálgama que faz nosso trabalho de pesquisadores.

Ganhamos todos, que poderemos descobrir nesta leitura a singularidade de um autor pela pluralidade de vários estudos que, ao fim e ao cabo, se somam para formar uma enciclopédia viva que, apresentada ao público, pode atuar como baluarte contra o esquecimento.

Maria Teresa Santos Cunha
Professora do Centro de Ciências Humanas e da Educação/FAED
Universidade do Estado de Santa Catarina/UDESC

Arquivo pessoal
de Antonio Firmino de Proença (AFP)
(arquivo que se encontra sob guarda da família Proença)

I – Diploma de normalista:
1) Diploma da Escola Normal de São Paulo, 28.11.1904. No verso aparecem as médias de aprovação, sendo que AFP concluiu todas as matérias dos três anos do curso normal com médias que variaram entre "plenamente" (notas 8 e 9) e com "distinção" (nota 10 e 12).

II – Capa do Prontuário oficial de AFP, junto à Secretaria do Interior, Directoria Geral de Instrucção Publica, onde se lê que a pasta contém os seguintes documentos: "1) identificação do funccionario; 2) nomeações, remoções, permutas e commissões; 3) Licenças; e 4) Documentos diversos":
2) Carta de quatro professoras de Piracicaba, de 13.11.1909, em solidariedade ao atentado sofrido por Antonio Proença
3) Carta de quatro professoras de Piracicaba, de 13.11.1909, em solidariedade ao atentado sofrido por Antonio Proença
4) envelope do Recenseamento Escolar, de setembro de 1920;
5) bcarta de Sampaio Dória, de 6 de setembro de 1920, em agradecimento à colaboração de Proença e equipe.
6) cópia de ofício, de Theodorico de Oliveira, Delegado Regional do Ensino, da 9ª Delegacia Regional de Ensino, de Casa Branca, de 08.04.1921, enviado a Antonio Proença, atendendo o seu pedido de retirada do cargo de auxiliar de inspeção.
7) Carta de congratulações, de Mariano de Oliveria, diretor da Escola Normal Secundária de São Carlos, de 12.11.1920, enviada a Antonio Proença em virtude de sua nomeação como diretor da Escola Normal de Pirassununga.
8) folha rasgada em que aparece a contagem de tempo de Antonio Proença no funcionalismo público de São Paulo, sendo registrado que ele começou sua carreira docente em 16.02.1905, na Escola Complementar de Guaratinguetá e a encerrou como Diretor do Instituto Caetano de Campos, em 30.09.1933. Há anotações a lápis, contando o tempo até janeiro de 1937, perfazendo o período de 34 anos de serviço público.
9) Nomeação para a Cadeira de Aritmética, Álgebra e Geometria da Escola Normal Primária de Piracicaba 29.03.1911
10) Nomeação para Diretor da Escola Normal Primária de Piracicaba 12.01.1912
11) Remessa de documento no Cargo de Diretor Piracicaba 18.01.1912
12) Nomeação para Lente da 13ª cadeira (métodos e processos de ensino, crítica pedagógica e exercícios de ensino da Escola Normal de São Carlos 05.02.1913
13) Nomeação para Diretor Substituto da Escola Normal de São Carlos 09.05.1913
14) Nomeação para Diretor interino da Escola Normal de São Carlos 14.02.1914
15) Nomeação para Diretor interino da Escola Normal Secundária de São Carlos 04.11.1915
16) Nomeação para Lente interino da Escola Normal Secundária de São Carlos, 13ª cadeira 10.02.1916
17) Nomeação para Diretor da Escola Normal Secundária de São Carlos por impedimento do natural 11.04.1916

18) Nomeação para Diretor Interino da Escola Normal de São Carlos 09.08.1916

19) Diploma que confere a AFP o título de sócio honorário do Grêmio Normalista 22 de Março, da Escola Normal de São Carlos

20) Nomeação para Diretor em comissão da Escola Normal Primária de Pirassununga 10.11.1920

21) Nomeação para Reger em comissão a cadeira de Psicologia e Pedagogia da Escola Normal de Pirassununga 31.01.1921

22) Nomeação para Reger a cadeira de Prática Pedagógica da Escola Normal de Pirassununga 31.01.1921

23) Nomeação para Diretor da Escola Normal de São Carlos 31.03.1922

24) Mensagem a AFP dos alunos da Escola Normal de Pirassununga, 10.04.1922

25) Nomeação para Diretor da Escola Normal de São Carlos 18.06.1925

26) Nomeação para Diretor do Ginásio do Estado, de Campinas, impedimento do efetivo. 31.08.1927

27) Nomeação para Diretor do Ginasio do Estado em Campinas 05.05.1928

28) Nomeação para Inspetor Geral do Ensino 23.05.1929

29) Nomeação para Diretor da Escola Normal da Praça da República 11.12.1930

30) Nomeação para Diretor do Instituto Pedagógico de São Paulo 13.02.1931

31) Nomeação para o Cargo de Professor Chefe da 5ª Seção (Prática do Ensino) 21.02.1933

32) Nomeação para Diretor do Instituto Caetano de Campos 21.02.1933

33) Nomeação para Diretor da Escola Normal Modelo da Capital 22.06.1938

III – Fotografias:

34) AFP, com oito anos, Sorocaba, 1888

35) AFP, com 24 anos, Sorocaba, 10.08.1904, no verso há dedicatória à noiva, Isaura Cyriaco de Arruda, assinada com o apelido de "Totó".

36) AFP com Alunos do 3º Anno da Escola Complementar de Piracicaba, 1908.

37) AFP, Piracicaba, s.d. (c. 1911)

38) Isaura Cyriaco de Proença, esposa de AFP, s.d. (São Carlos)

39) AFP com Professorandos de 1921, Pirassununga 30.09.1921

40) AFP com Alunas do 2º Anno da Escola Complementar de Pirassununga, 13.06.1922

41) AFP na Comissão de festejos do Centenário da Independência, na sala das sessões da Câmara Municipal de São Carlos, 07.09.1922

42) AFP em fotografia de casamento, oferecida por Camargo e Adelaide, 06.02.1924

43) AFP com Alunas do 2º Anno Complementar, 1925 (de São Carlos)

44) AFP com alunas e professores da Escola Complementar (de São Carlos), s.d.

45) Escola Normal de São Paulo, junho de 1933 (sem o terceiro andar)

46) Fotografia oferecida a AFP, referindo-se a ele como "diretor" (c. 1930 a 1938) da Escola Normal de São Paulo, na qual aparece também Fernando de Azevedo e outros professores.

47) AFP, fotografia oficial como diretor da Escola Normal de São Paulo, s.d.

48) AFP em visita à Escola Normal de S. Paulo, 28.03.1931

49) AFP, Antonio de Almeida Júnior e Fernando de Azevedo, em evento festivo, s.d.

50) AFP e Primeira Turma do Curso de Aperfeiçoamento, no dia da formatura, 07.01.1933

51) AFP (ao lado de Fernando de Azevedo), com alunos do Curso de Aperfeiçoamento, novembro de 1933

52) AFP e grupo de professores e convidados no hall da escadaria da Escola Normal de São Paulo (c. 1930-1939)

53) AFP e esposa com grupo de professores da Escola Normal de São Paulo (c. 1930-1939)

54) AFP e grupo de professores (Fernando de Azevedo) e alunos na Praça da República (c. 1930-1939)
55)
56) AFP com Primeira Turma de Professores Universitários do Instituto de Educação, 1939
57) Fotografia do prédio da Escola Estadual Prof. Antonio Firmino de Proença, localizada no bairro da Moóca, 2009

IV – Jornais e recortes:
58) Jornal manuscrito O Treze de Março, do Gremio Litterario 13 de Março, de Sorocaba, 28.11.1897, onde se noticia a "eleição da nova directoria do Gremio", da qual faz parte Antonio Firmino, que ocupa o cargo de Bibliothecario do Gremio.
59) Diario de São Paulo, 29.06.1938, em dá notícia da criação de uma escola normal modelo na capital, para "servir de padrão didactico aos estabelecimentos de ensino normal, gymnasial, primário e pré-primario do Estado", a qual, contudo, entraria em funcionamento a partir de 1939, no prédio da Escola Caetano de Campos, da Praça da República.
60) O Estado de São Paulo, de 05.04.1946, em que aparece notícia do falecimento de Antonio Proença, à página 6.
61) Dois recortes de jornal, sem identificação, de 05.04.1946, noticiando o falecimento de Antonio Proença.
62) O Cruzeiro do Sul, de 29.03.1949, em que aparece depoimento sobre Antonio de Proença, de um certo I.AL., intitulado "Reminiscências", p. 3.
63) Três recortes de jornais, sem identificação, sobre a comemoração do centenário de nascimento de Antonio Firmino de Proença, em Sorocaba, patrocinada pela prefeitura e pela Academia Paulistana de História (c. 1980).

V – Cópias digitais de documentos administrativos de escolas normais:
64) Livro de registro de correspondências da Escola Complementar de Piracicaba, de 1909 a 1912, em que o diretor, Honorato Faustino de Oliveira, dá a conhecer ao Diretor Geral da Instrucção Pública, Oscar Thompson, em 16.11.1909, "um fato grave que teve logar no dia 12, neste estabelecimento, por occasião do ultimo exame escripto deste anno", no qual o aluno do 3º ano, Acácio do Canto Junior, procurou o diretor para se queixar do professor AFP, "dizendo que este o perseguia e sahindo logo sensivelmente agitado, dizendo que não mais voltaria á escola". O professor Proença informou ao diretor que "tendo surprehendido o alumno em questão a copiar umas notas que lhe tinham sido fornecidas pelo seu collega Benedicto Rodrigues de Moraes, pediu-lhe o papel em que ellas estavam escriptas, como é regulamentar, o que bastou para que elle se retirasse, depois de se ter portado inconvenientemente em classe". Algum tempo depois o aluno voltou à escola "resolvido a tomar uma desforra do professor", mas foi impedido pelo diretor que o alcançou antes que entrasse na sala e o conduziu ao escritório, onde obrigou o aluno a entregar-lhe "um revolver que trazia num dos bolsos", punindo o aluno com a expulsão da escola e prestando queixa ao delegado de polícia de Piracicaba.
65) Livro de registro de Ponto da Escola Complementar de Piracicaba, 1907 a 1909, em que são registradas diariamente as assinaturas "do Ponto" dos professores.

VI – Livros didáticos de AFP

66) Leitura do Principiante. Para o 1º ano escolar. 59 ed. São Paulo: Edições Melhoramentos, 1943.
67) Segundo Livro de Leitura. 30 ed. São Paulo: Edições Melhoramentos, 1942.
68) Terceiro Livro de Leitura. 17 ed. São Paulo: Edições Melhoramentos, 1941.

VII – Documentos diversos coletados pela família Proença:

69) Carta da Prefeitura Municipal de Sorocaba, de 10.06.1980, endereçada à nora de Antonio Proença, Sra. Ana de Proença, informando sobre a homenagem prestada ao sogro, dando o seu nome a uma via pública da cidade, no bairro do Caguassu.
70) Certidão de nascimento de Fátima, única filha de AFP, Piracicaba, 10.10.1911
71) Registro da Cúria de Sorocaba, assento do batismo de Alzira, irmã de AFP, nascida a 15 de fevereiro de 1895 e batizada em 02.03.1895, em que sua mãe, Francisca Amélia de Proença aparece como "solteira", repetindo o mistério em torno da paternidade de AFP.
72) Registro da Cúria de Sorocaba, assento de batismo de Antonio (AFP), sem data de nascimento, com registro de que é "filho de Amélia de Proença e pai incognito", foram seus padrinhos Antonio H. de Araujo e Prudência Maria, 28.08.1880
73) Certidão de óbito de Francisca Amélia de Proença, nascida a , filha de Albino Jose de Proença e Delphina Rosa, estado civil viúva, falecida em Sorocaba, em 16.11.1929
74) livro Genealogia de famílias ilustres de Sorocaba, com registro da união entre Antonio Firmino de Proença e esposa, Isaura Ciríaco de Arruda Proença (de família tradicional)

Documentos da Companhia Melhoramentos de São Paulo

(arquivos digitalizados, fornecidos à família Proença pela Editora Melhoramentos)

1) Contrato assinado por AFP para "Cessão dos Direitos Autorais", referente a "uma serie de quatro obras para os Grupos Escolares", no valor de RS10:000$000 (dez contos de Réis), em favor da Companhia Melhoramentos de São Paulo, 21.10.1924
2) Recibo assinado por AFP, no valor de RS3:000$000 (três contos de Réis), referente "aos direitos autoraes sobre uma 'Cartilha' e uma 'Leitura Intermediaria', 30.09.1925
3) Recibo assinado por AFP, no valor de RS1:900$000 (um conto e novecentos mil Réis), referente aos "direitos autoraes plenos sobre o '1º Livro de Leitura', 05.07.1926
4) Recibo assinado por AFP, no valor de RS2:400$000 (dois contos e quatrocentos mil Réis), referente aos "direitos autoraes plenos sobre o '2º Livro de Leitura', 20.09.1926
5) Recibo assinado por AFP, no valor de RS2:700$000 (dois contos e setecentos mil Réis), referente aos "direitos autoraes plenos sobre o '3º Livro de Leitura', 25.07.1927
6) Contrato assinado por AFP para "Cessão dos Direitos Autorais" referente ao livro "Como se ensina a Geographia", no valor de RS1:200$000 (um conto e duzentos mil Réis), em favor da Companhia Melhoramentos de São Paulo, 14.08.1928
7) Recibo assinado por AFP, no valor de RS600$000 (seiscentos mil Réis), referente à "1ª prestação" dos "direitos autoraes plenos e absolutos sobre a obra" intitulada "Como se ensina a Geographia", 14.08.1928
8) Recibo assinado por AFP, no valor de RS600$000 (seiscentos mil Réis), referente à "2ª e ultima prestação" dos "direitos autoraes plenos sobre a obra" intitulada "Como se ensina a Geographia", 17.10.1928
9) Lista de livros de Antonio Firmino de Proença, com data de algumas edições e respectiva quantidade de exemplares;

Sobre os Autores

Ana Clara Bortoleto Nery

Doutora em Educação pela Faculdade de Educação da Universidade de São Paulo (1999). Realizou estágio Pós-Doutoral na Universidade de Lisboa (2005) e na Universidade de São Paulo (2008). É livre-docente da Universidade Estadual Paulista (UNESP), campus de Marília, no Programa de Pós-Graduação em Educação e no Curso de Pedagogia. Dentre suas publicações destacam-se: o verbete Renato Jardim no Dicionário de Educadores do Brasil (Ed. da UFRJ, 2002), os livros Na Rede da Escola (Alínea, 2006), Divulgando Práticas e Saberes: a produção de impressos pelos docentes das Escolas Normais (M3T, 2007), e A Sociedade de Educação de São Paulo (Ed. UNESP, 2009), artigos em periódicos e trabalhos em anais de eventos.

Ana Chrystina Venancio Mignot

Professora adjunta do Programa de Pós-Graduação em Educação da Universidade do Estado do Rio de Janeiro. Pesquisadora do CNPq. Cientista de Nosso Estado/ FAPERJ. Procientista UERJ/FAPERJ. Promoveu exposições sobre a escrita ordinária em importantes espaços culturais do Rio de Janeiro, São Paulo, Niterói e Natal. Tem publicações no Brasil, em Portugal, na Itália, na França e na Espanha. Apresentou trabalhos em eventos científicos de História da Educação na Argentina, Chile, México, Espanha, Portugal, Itália e Inglaterra. É autora do livro Baú de memórias, bastidores de histórias: o legado pioneiro de Armanda Álvaro Alberto. Bragança Paulista: EDUSF, 2002. Organizadora de Cadernos à vista: escola, memória e cultura escrita, Rio de Janeiro: EdUERJ, 2008; Co-organizadora de O Tempo na escola, Porto: Profedições, 2008; Histórias de vida e formação de professores, Rio de Janeiro: Quartet, 2008; Viagens Pedagógicas, São Paulo: Cortez, 2007; Práticas de memória docente, São Paulo: Cortez, 2003; Destinos das letras: história, educação e escrita epistolar. Passo Fundo: EDUPF, 2002; Cecília Meireles: a poética da educação. Rio de Janeiro: Editora PUC-Rio/Editora Loyola, 2001; e, Refúgios do eu: educação, história, escrita autobiográfica, Florianópolis: Mulheres, 2000.

Francisca Izabel Pereira Maciel

Professora de graduação e pós-graduação da Faculdade de Educação da Universidade Federal de Minas Gerais (UFMG). Possui graduação em Pedagogia pela Universidade Federal de Minas Gerais (1985), Mestrado em Educação pela Universidade Federal de Minas Gerais (1994), Doutorado em Educação pela Universidade Federal de Minas Gerais (2001) e pós-Doutorado pela Pontifícia Universidade Católica de São Paulo (2006). Pesquisadora e coordenadora do Centro de Alfabetização, Leitura e Escrita (Ceale/FAE/UFMG). Tem experiência na área de Educação, com ênfase em Ensino-Aprendizagem, atuando principalmente nos seguintes temas: alfabetização de crianças, jovens e adultos; história da alfabetização e letramento. Dentre suas publicações destacam-se: Alfabetização no Brasil: o estado do conhecimento; As cartilhas e a História da Educação; co-organizadora do livro História da alfabetização: produção, difusão e circulação de livros (MG, RS, MT séc XIX e XX).

Isabel Cristina Alves da Silva Frade

Pedagoga (PUC/MG), com mestrado (1993) e doutorado em Educação pela UFMG (2000) e pós-doutorado na FE/USP/Brasil e INRP/França (2006/2007). É professora da graduação e pós-graduação da Faculdade de Educação da UFMG e pesquisadora do CEALE (Centro de Alfabetização, Leitura e Escrita), da mesma universidade. Tem realizado pesquisas que articulam educação, linguagem e história da cultura escrita, nos seguintes temas: alfabetização, história da alfabetização e das cartilhas, impressos, visualidade de livros escolares, imprensa pedagógica, mídias, história do livro e da edição, alfabetização e letramento digital, cultura escrita. Algumas publicações recentes: História da Alfabetização: produção, difusão e circulação de livros . (MG/RS/MT – Séc. XIX e XX). Belo Horizonte: UFMG/FAE. CEALE/FAPEMIG, 2006. Co-organizadora do livro Estudos de historia da alfabetização e da leitura na escola. Vitória, ES. EDUFES, 2010.

Kátia Gardênia Henrique da Rocha Campelo

Doutoranda na Faculdade de Educação da Universidade Federal de Minas Gerais (UFMG). Graduada em Pedagogia pela Universidade Federal de Viçosa (1997). Mestre em Educação pela Universidade Federal de Minas Gerais (2007). Professora da Faculdade de Educação da Universidade do Estado de Minas Gerais. Tem experiência na área de Educação, com ênfase em Orientação Sobre Os Espaços de Atuação do Pedagogo e Alfabetização, atuando principalmente nos seguintes temas: história da alfabetização, currículo, prática pedagógica e projetos de trabalho. Dentre suas publicações, destacam-se: História da Alfabetização Mineira: um olhar sobre a circulação de cartilhas em Minas Gerais no período de 1930 a 1945; Produção e circulação dos livros de leituras graduadas de João Lúcio Brandão no ensino primário mineiro nas primeiras décadas do século XX.

Luiz Carlos Barreira

Doutor em Filosofia e História da Educação pela Universidade Estadual de Campinas, com Estágio Pós-Doutoral na Universidade de Lisboa; foi professor dos Programas de Pós-Graduação em Educação da PUC de São Paulo (1995-2003) e da Universidade de Sorocaba (2001-2009). Atualmente é professor do Programa de Pós-Graduação em Educação da Universidade Católica de Santos. Desde 1995, participa de encontros de pesquisadores nas áreas de História e História da Educação, dentro e fora do País. Publicou trabalhos sobre história da escola, imprensa periódica de educação e ensino e intelectuais da educação, em periódicos e coletâneas organizadas por pesquisadores da área da História da Educação. Dos trabalhos publicados, destacam-se: (a) "A Imprensa Operária no Processo de Formação da Classe Trabalhadora Brasileira: A Experiência do Operariado Sorocabano no Início do Século XX", In: PINTASSILGO, J. et alli. História da Escola em Portugal e no Brasil. Lisboa, Edições Colibri; Centro de Investigação em Educação da Faculdade de Ciências da Universidade Lisboa, 2006; (b) "Contribuições da História da Escola Pública

Sorocabana para a História da Educação Brasileira", In: SAVIANI, D. et alli. A Escola Pública no Brasil. Campinas, SP, Autores Associados, 2005; (c) "Everardo Adolpho Backheuser", In: FÁVERO, M. L. A. & BRITTO, J. M. Dicionário de Educadores no Brasil. Rio de Janeiro, Editora da UFRJ; Brasília, MEC-INEP, 2002; (d) "Anísio Teixeira e a Doutrina do Nacional-Desenvolvimentismo". In: MONARCHA, C. Anísio Teixeira: A Obra de Uma Vida. Rio de Janeiro, DP&A Editora, 2001; (e) "Escola e Formação da Mentalidade do Desenvolvimento no Discurso Político-Pedagógico de Anísio Teixeira". In: SMOLKA, A. L. B. & MENEZES, M. C. Anísio Teixeira, 1900-2000. Provocações em Educação. Campinas, SP, Autores Associados, 2000.

Marcia de Paula Gregorio Razzini

Doutora em Letras IEL-UNICAMP (2000), realizou pesquisas de pós-doutorado em Educação, sobre a história das edições escolares, na FE-USP (2003-2005) e no EHPS-PUC-SP (2005-2007), período em que participou do Projeto Temático "Educação e Memória: Organização de Acervos de Livros Didáticos", apoiado pela FAPESP e desenvolvido na Faculdade de Educação da Universidade de São Paulo (2003-2007). Trabalhou em projetos de formação de professores e de recuperação do patrimônio histórico escolar, no CRE Mário Covas, da Secretaria de Estado da Educação-SP (2001-2005). Foi professora-colaboradora da sub-área Leitura e Literatura no Centro de Formação Continuada de Professores do Instituto de Estudos da Linguagem/ UNICAMP, em convênio com o MEC/SEB (2007-2009). É pesquisadora associada do CEFIEL-IEL-UNICAMP (Centro de Pesquisa e Desenvolvimento da Educação na área de Estudos da Linguagem e Formação de Professores). Desenvolve pesquisa de pós-doutorado junto ao DTL-IEL-UNICAMP. É pesquisadora do grupo "História das Disciplinas Escolares e dos Livros Didáticos", do EHPS-PUC-SP, cadastrado no CNPQ. Publicou: "Livro didático e expansão escolar em São Paulo (1889-1930)", in Língua Escrita. n. 1, jan./abr., Belo Horizonte, 2007; "Instrumentos de escrita na escola elementar: tecnologias e práticas", in MIGNOT, A.C.V. (Org.) Cadernos à vista: escola, memória e cultura escrita. Rio de Janeiro: EdUERJ, 2008; "Falar bem a própria língua não é uma prenda é um dever. O cultivo da linguagem no curso de prática pedagógica de Lourenço Filho no Ceará", in BASTOS, M.H.C. e CAVALCANTE, M.J.M. O curso de Lourenço Filho na Escola Normal do Ceará (1922-1923). Campinas: Alínea, 2009.

Maria Stephanou

Graduada em História pela Universidade Federal do Rio Grande do Sul (1982). Mestre em Educação (1990) e doutora em Educação (1999), ambos pela UFRGS. Professora Associada II desta Universidade, atuando junto ao Programa de Pós-Graduação em Educação. Presidente da Associação Sul-Rio-Grandense de Pesquisadores em História da Educação (ASPHE). Tem experiência nas áreas de História e Educação, com ênfase em história da educação e história cultural, especialmente os estudos sobre: discursos médicos e educação; manuais de civilidade; álbuns de memórias. Integra o conselho editorial, dentre outros, dos seguintes periódicos: Anais do Museu Paulista, Revista Brasileira de História da Educação e Revista Aulas. É uma das organizadoras da coleção Histórias e Memórias da Educação no Brasil, editada pela

Vozes em 2005 e que se encontra em sua 3ª edição. Possui artigos publicados em periódicos e, mais recentemente, a publicação de capítulos em dois livros: O Curso de Lourenço Filho na Escola Normal do Ceará (1922-1923): as normalistas e a pedagogia da Escola Nova (Alínea, 2009) e Infâncias brasileiras: experiências e discursos (2009, UNIOESTE).

Maria Helena Camara Bastos

Doutora em História e Filosofia da Educação (USP); Professora Titular em História da Educação; Pós-doutora no Service d'histoire de l'éducation (França, 2000; 2010); Professora do Programa de Pós-Graduação em Educação e do Programa de Pós-Graduação em História da Pontifícia Universidade Católica do Rio Grande do Sul – PUCRS; Professora visitante do Institut National de Recherche Pedagogique (1996 e 2005); Pesquisadora do CNPQ; FAPERGS; Editora da revista Educação-PUCRS (2004-2009); Editora da revista História da Educação/ASPHE-UFpel. Autora de inúmeros livros, artigos e co-organizadora das coletâneas: A Educação em Revista: A imprensa Periódica e a história da educação (1997); A Escola Elementar no século XIX: método monitorial/mútuo (1999); Pro Patria Laboremus. Joaquim José de Menezes Vieira (1848-1897), (2002); Destinos das Letras. História e educação na escrita epistolar (2002); Histórias e Memórias da educação do Rio Grande do Sul (2002); Uma cartografia da pesquisa em História da Educação na Região Sul: Paraná, Santa Catarina e Rio Grande do Sul (1980-2000) (2002); Histórias e Memórias da Educação no Brasil (3 vol., 2004, 2005, 2006); A Revista do Ensino do Rio Grande do Sul (1939-1942): o novo e o nacional em revista (2005); O curso de Lourenço Filho na Escola Normal do Ceará (1922-1923): as normalistas e a pedagogia da Escola Nova (2009).

Maria do Rosário Longo Mortatti

Graduada em Letras pela Faculdade de Filosofia Ciências e Letras de Araraquara (1975), Mestre em Educação pela Universidade Estadual de Campinas (Unicamp) (1987), Doutora em Educação pela Universidade Estadual de Campinas (Unicamp) (1991) e Livre-docente em Metodologia da Alfabetização pela Universidade Estadual Paulista (Unesp) (1997). Atua no curso de Pedagogia e no Programa de Pós-graduação em Educação da Unesp - Marília. É coordenadora do Gphellb - Grupo de Pesquisa "História do Ensino de Língua e Literatura no Brasil", em funcionamento desde 1994 e que se subdivide em cinco linhas de pesquisa: alfabetização; ensino de língua portuguesa; ensino de literatura; literatura infantil e juvenil; formação de professores. Atuou, também: como professora e orientadora junto ao Programa de Pós-graduação em Letras da Unesp-Assis; como professora em vários cursos de especialização; e como professora de língua portuquesa e literatura, na rede pública estadual de ensino paulista. Tem proferido, como convidada oficial, conferências e palestras em eventos nacionais e internacionais. Foi sócio-honorário da Associação de Leitura do Brasil (ALB), biênio 2007-2008. É autora, dentre outros, de artigos em periódicos impressos e eletrônicos, de capítulos de livros e dos livros: Os sentidos da alfabetização: São Paulo-1876/1994 (Ed. Unesp); Educação e letramento (Ed. Unesp); Em sobressaltos: formação de professora (Ed. Unicamp); Leitura, literatura e escola: sobre a formação do gosto (Martins Fontes). É co-autora de Quem sabe ensina; quem não sabe aprende: a educação em Cuba (Papirus) e organizadora de: Formação de professores e Atuação de professores (JM Editora).

Marta Maria Chagas de Carvalho

Doutora em História e Filosofia da Educação (1986) pela Universidade de São Paulo. É pesquisadora bolsista do Conselho Nacional de Desenvolvimento Científico e Tecnológico (CNPq) e assessora ad hoc dessa instituição. Foi professora do Departamento de Filosofia e Ciências da Educação da Faculdade de Educação da USP (1971-1997); do Programa de Estudos Pós-Graduados em Educação da PUC de São Paulo (1997-2005); do Mestrado em Educação da Universidade de Sorocaba (2004-2009) e professora visitante do Institut National de Recherche Pedagogique (1996 e 2001). Foi vice-presidente (1999-2001) e presidente (2001-2003) da Sociedade Brasileira de História da Educação. Publicou, entre outros, os artigos: "School and Modernity Representations as Pedagogical Models: a study on their circulation and usages in Brazil (1889-1940)". Paedagogica Historica, v.41, p.259-273, 2005; "Uma biblioteca pedagógica francesa para a Escola Normal de São Paulo (1882): livros de formação profissional e circulação de modelos culturais", In: Culturas escolares, saberes e práticas educativas: itinerários históricos. 1 ed. São Paulo: Cortez, 2007, p. 17-41; "Livros e revistas para professores: configuração material do impresso e circulação internacional de modelos pedagógicos", In: História da Escola em portugal e no Brasil. Circulação e apropriação de modelos culturais.1 ed. Lisboa: Edições Colibri/ Centro de Investigação em Educação da Faculdade de Ciências da Universidade Lisboa, 2006, v.1, p. 141-175.

Monalisa Renata Gazoli

Graduada em Pedagogia pela Faculdade de Filosofia e Ciências (FFC) – Universidade Estadual Paulista (Unesp) (2007) – campus de Marília e bolsista Pibic/CNPq/Unesp (2007); mestre junto ao programa de Pós-Graduação em Educação da Unesp-Marília e bolsista Fapesp (2008-2010); integrante do Grupo de Pesquisa "História do Ensino de Língua e Literatura do Brasil". É autora da dissertação intitulada O método analítico para o ensino da leitura em "Série de leitura Proença" (1926-1928), de Antonio Firmino de Proença (2010), de textos completos em anais de eventos científicos nacionais e internacionais e do artigo: "Um estudo sobre Cartilha Proença (1926), de Antonio Firmino de Proença" (2007). Revista de Iniciação Científica. Universidade Estadual Paulista, Marília, v. 7, n.3, 2007.

Genealogia da Família Proença

Antonio Firmino de Proença ∞ Isaura Ciríaco de Arruda Proença

Filhos	**Netos**	**Bisnetos**	**Tataranetos**
Alaor Proença	José Carlos de Proença		
	Rubens Carlos de Proença	Rubens Carlos de Proença Filho	
	Luiz Cesar de Proença		
	Sonia Maria de Proença Cury	Claudio de Proença Cury	
		Felipe de Proença Cury	
	Ana Lúcia de Proença Gianico		
Cleófanes Proença	Margot Proença Gallo	Maitê Proença Gallo	Maria Proença Marinho
		René Augusto Proença Gallo	
Fátima Proença Nogueira da Silva	Marisa Nogueira da Silva Cardillo	José Carlos Nogueira da Silva Cardillo	Camila Silva de Castro Cardillo
			Mariana Silva de Castro Cardillo
		Carlos Eduardo Nogueira da Silva Cardillo	Priscila Pereira Cardillo
			Maria Eduarda Gonçalves Cardillo
		Maria Cláudia Nogueira da Silva Cardillo	Patrícia Cardillo Pereira
			Juliana Cardillo Pereira
	Marilena Nogueira da Silva Sollia	Flávia Nogueira da Silva Sollia Soares	Marcela Sollia Soares
			Giovanna Sollia Soares
			Mariana Sollia Soares
		Marco Antonio Sollia	Maria Carolina Abdelmassih Sollia

Filhos	Netos	Bisnetos	Tataranetos
			Marcelo Augusto Abdelmassih Sollia
		Paula Nogueira da Silva Sollia	Laura Sollia Tassi
			João Francisco Sollia Tassi
	Zeyneb Nogueira da Silva Diniz	Maetê Nogueira da Silva Diniz Neves	Cauan Eduardo Diniz Neves
			Tainá Hainê Diniz Neves
			Moara Hainê Diniz Neves
		Anaí Nogueira da Silva Diniz (gêmea de Inaiá)	
		Inaiá Nogueira da Silva Diniz (gêmea de Anaí)	
	Mariângela Proença Nogueira da Silva Reis		
	Ivanhoé Proença Nogueira da Silva	Daniela Oliveira Nogueira da Silva Pimentel	Maria Eduarda Nogueira da Silva Pimentel
			Ana Carolina Nogueira da Silva Pimentel
		Ivan Oliveira Nogueira da Silva	Júlia Nogueira Machado
		Alexandre Oliveira Nogueira da Silva	
Aristofanes Proença			

Porto
de Idéias
EDITORA

www.portodeideias.com.br